道路与桥梁专业“十一五”高职高专应用型规划教材

水力学与桥涵水文

（第2版）

主　编　刘文灵　谢静如
副主编　卢军燕　张宇华
主　审　周　娟

黄河水利出版社
·郑州·

内 容 提 要

本书按照道路与桥梁专业水力学与桥涵水文课程教学大纲编写，是在原《水力学与桥涵水文》的基础上修订再版的，是道路与桥梁专业的通用教材。全书共分十二章，包括绪论、水静力学、水动力学、水流阻力和水头损失、明渠水流、河流水文、水文统计的基本原理与方法、桥涵设计流量及水位推算、大中桥桥位勘测设计、桥梁墩台冲刷计算、小桥涵勘测设计、水力学实验。各章有例题、习题和常用图表。

本书也适用于水文水资源工程、给水排水、水利工程监理、水土保持、水电站动力设备、水电站建筑、治河与防洪等专业使用，并可用于成人专科学校以及普通本科院校的高等职业技术学院同类专业教学，还可供水利水电工程技术人员参考。

图书在版编目(CIP)数据

水力学与桥涵水文/刘文灵，谢静如主编．—2 版．—郑州：黄河水利出版社，2012．8

道路与桥梁专业“十一五”高职高专应用型规划教材

ISBN 978－7－5509－0320－3

Ⅰ．①水… Ⅱ．①刘…②谢… Ⅲ．①水力学－高等职业教育－教材 ②桥涵工程－工程水文学－高等职业教育－教材 Ⅳ．①TV13 ②U442．3

中国版本图书馆 CIP 数据核字(2012)第 183037 号

出 版 社：黄河水利出版社

地址：河南省郑州市顺河路黄委会综合楼 14 层　　邮政编码：450003

发行单位：黄河水利出版社

发行部电话：0371－66026940、66020550、66028024、66022620(传真)

E－mail：hhslcbs@126．com

承印单位：河南承创印务有限公司

开本：787 mm×1 092 mm　1/16

印张：19

字数：439 千字　　印数：4 101—8 100

版次：2008 年 3 月第 1 版　　印次：2012 年 8 月第 2 次印刷

2012 年 8 月第 2 版

定价：39．00 元

再版前言

本书作为道路与桥梁专业“十一五”高职高专应用型规划教材之一，自2008年3月首次出版以来，深受广大读者的青睐，在使用的过程中同行们也提出了宝贵的意见，再版之际，编者会同专家对教材的部分内容做了一定的修改，主要是对教材中存在的问题进行了修改和处理，并增添了部分内容。

本书以工程应用为指导，注重高等职业教育的特点，内容以实用、实际、够用为原则，侧重介绍基本方法，同时紧密跟踪水力学与桥涵水文学科的新发展，以最新版的设计规范为依据，充分考虑到教学规律，力求做到理论联系实际，以利于学生综合素质的提高。此次修订，为了使教材用工程实践更紧密的结合，我们特别邀请企业一线工程技术人员参与编写，以利于提高学生的实践能力。

参加本书编写的有：开封大学李君（第一章、第二章），华北水利水电学院刘凤莲（第三章、第四章），江西交通职业技术学院刘文灵（第五章、第十二章）、王彪（第十一章），黄河水利职业技术学院张宇华（第六章），山东水利职业技术学院高振芬（第七章），德州黄河河务局齐河黄河河务局陈峰（第八章），江西应用技术职业学院谢静如（第九章），济南黄河河务局平阴黄河河务局王科新（第十章）。全书由刘文灵、谢静如担任主编，张宇华、刘凤莲担任副主编，由江西交通职业技术学院周娟担任主审。

本教材在修订过程中参考了有关文献、资料，谨此对文献、资料的作者致以深深的谢意。

由于编者水平有限，加上时间仓促，书中疏漏之处在所难免，敬请读者批评指正，以便今后教材的再次修订和完善。

编　者

2012年6月

目 录

第一章　绪　论

本章重点

本章是水力学的开篇，概述有关水力学的研究对象和研究方法及一些基本概念。本章重点掌握理想液体、连续介质、表面力和质量力的概念；液体的主要物理力学性质。

第一节　水力学的任务和研究方法

一、水力学的任务

水力学是研究液体机械运动规律及其实际应用的一门学科。分析此定义可以概括出三层涵义：

第一，水力学的研究对象是液体。自然界物质存在的一般形式有 3 种，即固体、液体和气体。液体和气体统称为流体。由于液体和气体在性质上有很多相同之处，因此在一定条件下，水力学的运动规律也适用于气体运动。

第二，水力学的研究内容是液体机械运动的规律。液体的机械运动遵循物质机械运动的普遍规律，包括牛顿运动定律、质量守恒定律、能量转换和守恒定律、动量定理等，并以这些普遍规律作为建立水力学理论的理论基础。

第三，水力学的研究目的是应用于工程实践。水力学是力学的一个分支，是专门研究水流运动的一门基础科学，与工农业生产有着密切的联系。所以，水力学在环境保护、市政建设、给水排水、土木建筑、交通运输、供热通风、化工、机械、动力、能源、水利、气象、航空、国防、医学、生物等工程中得到广泛的应用。

二、水力学的研究方法

水力学作为一门科学，在它的历史发展过程中产生了一些特殊的研究和解决问题的方法。掌握这些方法对获得水力学的知识、体系和提高能力等都是很重要的。水力学的研究方法主要有理论分析、实验和数值计算 3 种。它们之间既有区别，又有联系，互为结合，互为补充，相得益彰，相互促进。

（一）理论分析方法

理论分析方法是通过对液体物理性质和液体特性的科学抽象（近似），提出合理的理论模型。根据机械运动的普遍规律，结合液体运动的特点，通过数理分析，建立液体运动的基本方程组，将原来的具体流动问题转化为数学问题，在相应的边界条件和初始条件下求解。

理论分析方法的关键在于提出理论模型，并运用数学方法求出理论结果，达到揭示液体运动规律的目的。在分析液体运动、建立模型时，根据研究对象的不同，常用以下两种方法。

1. 微元体分析法

设在运动液体占据的空间中取一固定的微小控制体为研究对象，在直角坐标系中，其中心为(x,y,z)，边长分别为 dx、dy、dz。根据物理学的普遍规律，建立微小控制体的运动微分方程。当微小控制体趋于无穷小，即趋于一点(x,y,z)时，可得出该点的运动情况。因此，利用微元体分析方法，可得出液体所占据的任一空间点上、在任何时间的液体质点的运动情况。此法是理论分析方法中最基本、最常用的方法。

2. 有限体分析法（元流或总流分析法）

在水力学中，常不需要知道液体所占据的每一空间点上的液体质点运动的情况，而只需要知道这个物理量或那个物理量在某一体积或面积的平均值。有限体分析法是在运动液体占据的空间中取一固定的有限控制体，建立以平均值表示的液体运动方程。

理论分析方法揭示了客观实际液体运动的物理本质和各物理量之间的内在联系及规律，具有重要的指导意义和普遍的适用性。但是理论分析方法往往只能局限于比较简单的物理模型，对于更为复杂、更符合实际的液体运动问题，由于液体运动和边界条件的复杂性，难以精确求解。

（二）实验方法

实验方法是通过对具体流动的观察和测量来认识流动的规律。水力学的实验方法主要有以下四个方面。

1. 原型观测

对工程中的实际液体运动直接进行观测，收集第一手资料，为检验理论分析或总结某些基本规律提供依据。

2. 模型试验

以相似理论或量纲分析法为指导，把实际工程（原型）缩小（或放大）为模型，在模型上预演相应的液体运动，得出在模型中的液体运动规律，然后将其按照相似关系换算为原型的结果，以满足实际工程的需要。

3. 系统试验

由于原型观测受到某些条件的局限或因液体运动的相似规律在理论上还没有建立，在实验室内小规模地造成某种流体运动用以进行系统的观测实验，从中找出规律性。

4. 模拟试验

根据水流与电流的相似性或水流与气流的相似性，进行水电模拟或水气模拟试验等，通过电流或气流的实测结果来解答液流问题。

（三）数值计算法

数值计算法是在计算机应用的基础上，采用各种离散化方法（有限差分法、有限元法等），建立各种数值模型，通过计算机进行数值计算的数值实验，得到在时间和空间上许多数字组成的集合体，最终获得定量描述流场的数值解。近二三十年来，这一方法得到很大发展，已形成一个专门学科——计算流体力学。

第二节　液体的主要物理性质

液体运动的规律与作用于液体的外部因素、条件以及液体的内在物理性质有关。在此节内容中，就液体的易流动性、惯性、黏滞性、压缩性和热胀性作一些必要的阐述和讨论。

一、易流动性

固体在静止时，可以承受切应力。液体在静止时，不能承受切应力，只要在微小的切应力作用下，就会发生流动而变形。液体在静止时不能承受剪力、抵抗剪切变形的性质称为易流动性。同时，液体也被认为不能承受拉力，而只能抵抗对它的压力。

二、惯性

惯性是物体维持原有运动状态能力的性质，它主要取决于质量的大小。质量越大，惯性越大，运动状态越难改变。质量是物体惯性大小的量度。

对于均质液体，单位体积液体的质量叫做液体的密度，以 ρ 表示，即

$$\rho = \frac{m}{V} \tag{1-1}$$

式中　ρ——液体的密度，kg/m^3；

m——液体的质量，kg；

V——该质量液体的体积，m^3。

对于均质液体，单位体积液体的重量叫做液体的容重，以 γ 表示，即

$$\gamma = \frac{G}{V} \tag{1-2}$$

式中　γ——液体的容重，N/m^3；

G——体积为 V 的液体所受的重力，$G = mg$，N；

V——重力为 G 的液体的体积，m^3。

密度和容重之间的关系为

$$\gamma = \rho g \tag{1-3}$$

液体的密度随压强和温度的变化很小，一般可视为常数。在温度为4℃，压强为一个大气压的条件下水的密度为 1 000 kg/m^3，水银的密度为 13 600 kg/m^3。

在一个标准大气压下，水的密度和容重见表 1-1，几种常见流体的容重见表 1-2。

三、黏滞性

当液体处于运动状态时，若液体质点之间存在着相对运动，则质点间要产生内摩擦力抵抗其相对运动，这种性质称为液体的黏滞性，此内摩擦力称为黏滞力。

黏滞性是液体固有的属性。由于它的存在，液体在流动过程中，为了克服内摩擦力必然要做功，从而消耗液体内部的机械能，因此黏滞性是造成液体在流动过程中能量损失的

根源之一。

表 1-1　水的密度和容重

温度(℃)	0	4	10	20	30
密度(kg/m^3)	999.87	1 000.00	999.73	998.23	995.67
容重(N/m^3)	9 798.73	9 800.00	9 797.35	9 782.65	9 757.57
温度(℃)	40	50	60	80	100
密度(kg/m^3)	992.24	988.07	983.24	971.83	958.38
容重(N/m^3)	9 723.95	9 683.09	9 635.75	9 523.94	9 372.12

表 1-2　几种常见流体的容重

液体名称	空气	水银	汽油	酒精	四氯化碳	海水
容重(N/m^3)	11.82	133 280	6 664 ~ 7 350	7 778.3	15 600	9 966 ~ 10 084
测定温度(℃)	20	0	15	15	20	15

经试验证明,流体的内摩擦力 T 与流速梯度$\frac{\mathrm{d}u}{\mathrm{d}y}$成正比,与流层的接触面积 A 成正比,与流体的性质有关,与接触面上的压力无关。即

$$T = \mu A \frac{\mathrm{d}u}{\mathrm{d}y} \tag{1-4}$$

切应力表示为

$$\tau = \mu \frac{\mathrm{d}u}{\mathrm{d}y} \tag{1-5}$$

式(1-4)或式(1-5)称为牛顿内摩擦定律。

以上两式中　μ——比例系数,称为动力黏滞系数,简称黏度,Pa · s;

A——相邻流层间的接触面面积,cm^2;

$\frac{\mathrm{d}u}{\mathrm{d}y}$——流速梯度,它反映流速沿 y 方向的变化率。

动力黏滞系数是液体黏滞性大小的量度,μ 值越大,液体的黏滞性越大,其流动性越差。

另外,液体的黏滞性还可用动力黏滞系数 μ 与液体密度 ρ 的比值表示,即

$$\nu = \frac{\mu}{\rho}$$

式中　ν——液体的运动黏滞系数,m^2/s。

液体的 μ 或 ν 值随压力变化甚微,随温度变化较为明显。不同温度下水的黏滞系数见表 1-3。

表 1-3　不同温度下水的黏滞系数

t(℃)	μ(10^{-3}Pa·s)	ν(10^{-6}m^2/s)	t(℃)	μ(10^{-3}Pa·s)	ν(10^{-6}m^2/s)
0	1.792	1.792	40	0.654	0.659
5	1.519	1.519	45	0.597	0.603
10	1.310	1.310	50	0.549	0.556
15	1.145	1.146	60	0.469	0.478
20	1.009	1.011	70	0.406	0.415
25	0.895	0.897	80	0.357	0.367
30	0.800	0.803	90	0.317	0.328
35	0.721	0.725	100	0.284	0.296

由表 1-3 可看出，液体的黏滞性随温度升高而减小。其原因是液体分子间的距离很小，分子间的引力是形成黏性的主要因素，温度升高，分子间距离增大，分子间作用力减小，黏滞性随之减小。

四、压缩性和热胀性

（一）液体的压缩性

液体受压时体积减小、密度增大的性质称为液体的压缩性。液体的压缩性可用体积压缩系数 β 表示。体积压缩系数 β 是液体体积的相对缩小值与压强增加值之比。设液体压缩前的体积为 V，压强增加 Δp 后，体积减小 ΔV，其体积压缩系数为

$$\beta = -\frac{\Delta V/V}{\Delta p} \tag{1-6}$$

式(1-6)中负号表示压强增大，体积减小，Δp 与 ΔV 的符号始终是相反的，所以上式右端加一个负号就是为了保持 β 为正值。β 越大，则液体的压缩性越大。β 的单位是 m^2/N。

液体的压缩系数随温度和压强而变化。水在 0 ℃时不同压强下的压缩系数见表 1-4。表 1-4 中符号 at 表示工程大气压，1 at ＝98 kN/m^2。

表 1-4　水在 0 ℃不同压强下的压缩系数

压强(at)	5	10	20	40	80
$\beta\times10^9$(m^2/N)	0.538	0.536	0.531	0.528	0.515

（二）液体的热胀性

液体受热时体积膨胀密度减小的性质称为液体的热胀性。液体的热胀性可用体积膨胀系数 α 表示。体积膨胀系数 α 是液体体积的相对增加值与温度的增加值之比。设液体膨胀前的体积为 V，温度升高 ΔT 后，体积增大 ΔV，其体积膨胀系数为

$$\alpha = \frac{\Delta V/V}{\Delta T} \tag{1-7}$$

α 值越大，液体越易膨胀。α 的单位是 1/℃或 1/K。

液体的膨胀系数随压强和温度而变化。在 1 标准大气压下，不同温度时水的膨胀系

数见表 1-5。

表 1-5 不同温度时水的膨胀系数

温度(℃)	1 ~ 10	10 ~ 20	40 ~ 50	60 ~ 70	90 ~ 100
$\alpha \times 10^4$(1/℃)	0.14	0.15	0.42	0.55	0.72

从表 1-4 及表 1-5 看出，压强每升高一个大气压，水的密度约增加 1/2 000 000。在温度较低时(10 ~ 20 ℃)，温度每增加 1 ℃，水的密度减小约为 1.5/10 000；在温度较高时(90 ~ 100 ℃)，水的密度减小也只有 7/10 000。这说明水的热胀性和压缩性是很小的，一般情况下可忽略不计，只有在某些特殊情况下，例如水击、热水采暖等问题时，才需要考虑水的压缩性和热胀性。

第三节 液体的力学模型

客观存在的实际液体物质结构和物理性质是非常复杂的。如果我们全面考虑它的所有因素，将很难提出它的力学关系式。为此，我们在分析考虑水力学问题时，根据抓主要矛盾的观点，建立力学模型，对液体加以科学的抽象，简化液体的物理结构和物理性质，以便于列出液体运动规律的数学方程式。这种研究问题的方法，在固体力学中也常使用，如刚体、弹性体等。所以，力学模型的概念具有普遍意义。下面介绍几个主要的液体力学模型。

一、连续介质模型

我们知道，液体是由无数的分子所组成的，分子间有一定的间隙，也就是说，液体实质上是不连续的。但是，水力学是研究宏观的机械运动(无数分子总体的力学效果)，而不是研究微观的分子运动。因此，在水力学中，把液体作为连续介质看待，即假设液体是一种充满其所占据空间毫无间隙的连续体。把液体看做连续介质后，液体运动中的物理量都可视为空间和时间的连续函数，这样，就可以利用连续函数的分析方法来研究液体运动。

二、理想液体

实际液体都是有黏滞性的。黏滞性的存在往往给液体运动规律的研究带来极大困难。为了简化理论分析，特引入理想液体的概念。所谓理想液体，是指不考虑黏滞性作用的液体。理想液体实际上是不存在的，它只是一种对物理性质进行简化的力学模型。如果在实际问题中，黏滞性不起作用或不起主要作用，简化后的结果能较好地符合实际；如果黏滞性影响较大不能忽略，简化后的结果需通过实验加以修正，使其真实反映流动特点。

三、不可压缩液体模型

由于液体的压缩性和热胀性很小，密度可视为常数，此简化模型称为不可压缩液体模型。

第四节　作用在液体上的力

作用在液体上的力，按其物理性质来看，有重力、摩擦力、弹性力、表面张力及惯性力等。为了便于分析液体的平衡和运动规律，又可按力的作用方式分为表面力和质量力两大类。

一、表面力

表面力是指作用在液体的表面上，其大小与受作用的液体表面积成正比的力。表面力可分为垂直于作用面的压力和平行于作用面的切力。

液体表面力的大小除用总作用力来度量外，也常用单位面积上所受的表面力即应力来度量。设在液体隔离体的表面上，围绕任意点 A 取一面积 ΔA，作用在 ΔA 上的法向力为 ΔP，切向力为 ΔT，则 A 点的表面应力可表示为

$$\bar{p} = \frac{\Delta P}{\Delta A} \tag{1-8}$$

$$\bar{\tau} = \frac{\Delta T}{\Delta A} \tag{1-9}$$

式中　$\bar{p}$——面积 ΔA 上的平均正应力或平均压强；

　　　$\bar{\tau}$——面积 ΔA 上的平均切应力。

如果令面积 ΔA 无限缩小至 A 点，则

$$p = \lim_{\Delta A \to 0} \frac{\Delta P}{\Delta A} \tag{1-10}$$

$$\tau = \lim_{\Delta A \to 0} \frac{\Delta T}{\Delta A} \tag{1-11}$$

式中　p——A 点压强或法向应力或正应力；

　　　τ——A 点的切应力。

二、质量力

质量力是作用于液体的每个质点上，其大小与受作用液体的质量成正比的力。常见的质量力是重力和惯性力。

液体质量力除用总作用力来度量外，还常用单位质量力来度量。单位质量力是指作用在单位质量液体上的质量力。设均质液体的质量为 M，所受的总的质量力为 F，则单位质量力 f 为

$$f = \frac{F}{M} \tag{1-12}$$

若 F 在坐标轴上的投影分别为 F_X、F_Y、F_Z，则单位质量力 f 在相应坐标轴上的投影分别为

$$\begin{cases} X = \dfrac{F_X}{M} \\ Y = \dfrac{F_Y}{M} \\ Z = \dfrac{F_Z}{M} \end{cases} \tag{1-13}$$

用矢量表示

$$f = Xi + Yj + Zk$$

式中　i、j、k——x、y、z 轴方向的单位矢量。

复习思考题

1-1　什么是连续介质假设？为什么在研究液体机械运动规律时要引入连续介质模型？

1-2　按作用方式的不同，以下作用力中压力、重力、引力、摩擦力、惯性力哪些是表面力？哪些是质量力？

1-3　怎样表示液体的压缩性和热胀性？

1-4　理想液体和不可压缩液体的特点是什么？

1-5　某种汽油的容重为 7.00 kN/m^3，问其密度为多少？

1-6　20 ℃的水，其体积为 2.5 m^3，当温度升至 80 ℃时，求体积增加值及增加率各为多少？

1-7　使 10 ℃的水的体积减小 0.1% 及 1.0% 时，应增大压强各为多少？

1-8　一封闭容器盛以水或油，在地球上静止时，其单位质量力为多少？

第二章　水静力学

本章重点

水静力学是研究液体在静止状态下的力学规律及实际应用。本章以压强为中心，阐述了静水压强的特性、分布规律以及静水总压力的计算方法。教学重点有：静水压强的概念及基本特性；重力作用下静水压强的基本方程；静水压强分布图和压力体剖面图的绘制方法；等压面概念和连通器原理；压强的表示方法、单位；平面壁和曲面壁上的静水总压力的计算。

第一节　静水压强及特性

水静力学是研究液体处于静止状态下的平衡规律及其实际应用。静止状态是指液体质点之间没有相对运动。通常把静止分为绝对静止和相对静止两类，两者划分的依据在于所选的参照系不同。如果选地球为参照系，液体质点相对地球没有运动，则称液体处于绝对静止状态；如果以盛装液体的容器为参照系，液体和容器一起做加速运动，则液体与容器之间或液体质点之间处于相对静止状态。

由黏滞性的定义可推断出，由于静止液体质点间没有相对运动，液体的黏滞性不起作用，故静止液体不呈现黏滞性。又由于液体不能承受拉力，所以静止液体质点之间的相互作用力只能沿作用面的内法线方向，通过压应力（静水压强）形式表现出来。因此，水静力学的主要任务就是研究静水压强在空间的分布规律，并在此基础上解决一些实际工程问题。

一、静水压强定义

静止液体作用在与之接触的表面上的水压力称为静水压力。静水压力不仅表现为液体对其接触的固体边壁的压力，还表现为液体内部一部分液体对相邻的另一部分液体的压力。

在静止液体中，取任意形状的微团，如图 2-1 所示。用一假想平面 *abcd* 将它分割成Ⅰ、Ⅱ两部分。假定把Ⅰ部分移走，Ⅱ部分液体就要流动。为了保持原有的平衡，就必须外加一个等效的力 P 来代替Ⅰ部分液体对Ⅱ部分液体的作用。假设作用在 *abcd* 平面中某一微小面积 ΔA 上的静水总压力为 ΔP，当 ΔA 缩小为一点 A 时，平均压强 $\bar{p}=\dfrac{\Delta P}{\Delta A}$的极限值就是该点的静水压强，通常以符号 p 表示，即

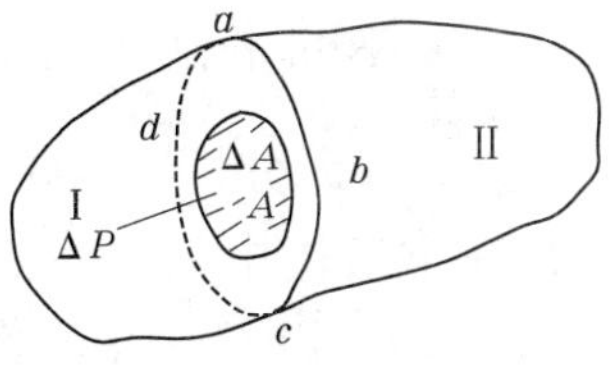

图 2-1

$$p = \lim_{\Delta A \to 0} \frac{\Delta P}{\Delta A} \tag{2-1}$$

在国际单位制中,静水压力 P 的单位为牛顿(N)或千牛顿(kN);静水压强 p 的单位为牛顿/米^2(N/m^2)或千牛顿/米^2(kN/m^2),牛顿/米^2 又称帕斯卡(Pa)。

二、静水压强特性

(1)静水压强方向沿作用面的内法线方向,即垂直指向。假设静水压强 p 的方向为任意方向,则 p 可分解为沿作用面法向的分力 p_n 和沿作用面切向的分力 τ。由于静止液体黏滞性不起作用,不能承受剪切变形,故静止液体在切向力的作用下将会产生流动,这与静止液体的假设前提不符,故 $\tau=0$。因此,静水压强方向必须垂直于其作用面。又由于液体不能受拉,静水压强 p 的作用方向只能是指向受压面。

(2)静止液体中某一点静水压强的大小与作用面的方位无关,或者说作用于同一点各方向的静水压强大小相等。证明略。下面通过一个例子说明该特性的含义。

如图 2-2(a)所示,静止液体中有一垂直平板 AB,设平板上 C 点的静水压强为 p_C,p_C 垂直指向平板。若 C 点位置固定不变,平板绕 C 点转动,如图 2-2(b)所示,C 点的静水压强方向发生变化,但其大小仍为 p_C。

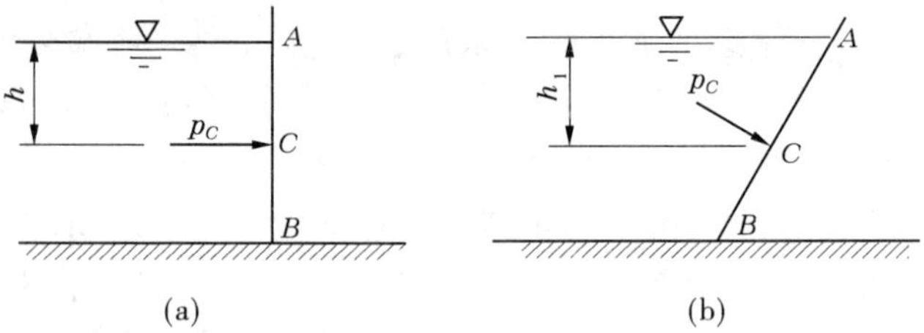

图 2-2

该特性表明,在连续介质的平衡液体内,任一点的静水压强的大小仅是空间坐标的连续函数,而与受压面的方位无关。所以

$$p = p(x,y,z) \tag{2-2}$$

第二节 水静力学基本微分方程

一、液体的平衡微分方程

下面以微元分析法推导液体的平衡微分方程。

在静止液体中任取一点 $O'(x,y,z)$,该点压强 $p=p(x,y,z)$。以 O'为中心作微元直角六面体,正交的三个边分别与坐标轴平行,长度分别为 dx、dy、dz,如图 2-3所示。由于微小六面体处于静止状态,各方向的作用力相互平衡。以 x 方向为例,所受的力有表面力和质量力,且它们二者的合力为零。

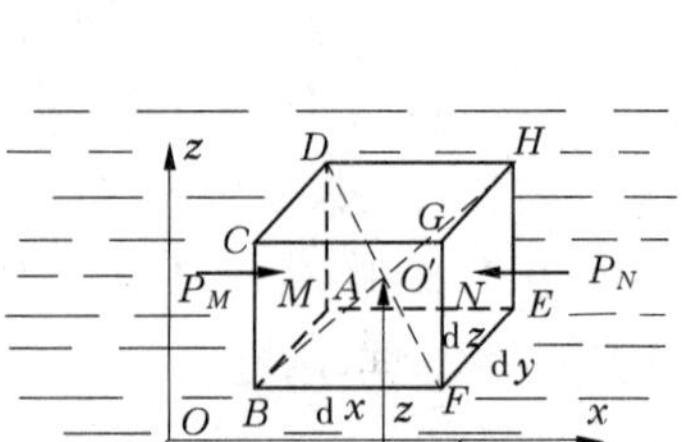

图 2-3

1. 表面力

x 方向的表面力只有作用在 $ABCD$ 和 $EFGH$ 面上的压力，这两个平面的中心 M、N 的坐标与 O' 相差微小量分别为 $-\frac{1}{2}\mathrm{d}x$、$\frac{1}{2}\mathrm{d}x$，压强用泰勒公式的前两项表示

$$p_M = p - \frac{1}{2}\frac{\partial p}{\partial x}\mathrm{d}x$$

$$p_N = p + \frac{1}{2}\frac{\partial p}{\partial x}\mathrm{d}x$$

由于受压面是微小平面，可将 p_M、p_N 视为所在面的平均压强，故 $ABCD$ 和 $EFGH$ 面上的压力为

$$P_M = (p - \frac{1}{2}\frac{\partial p}{\partial x}\mathrm{d}x)\mathrm{d}y\mathrm{d}z$$

$$P_N = (p + \frac{1}{2}\frac{\partial p}{\partial x}\mathrm{d}x)\mathrm{d}y\mathrm{d}z$$

2. 质量力

$$F_{BX} = X\rho\mathrm{d}x\mathrm{d}y\mathrm{d}z$$

由 $\sum F_x = 0$ 得

$$(p - \frac{1}{2}\frac{\partial p}{\partial x}\mathrm{d}x)\mathrm{d}y\mathrm{d}z - (p + \frac{1}{2}\frac{\partial p}{\partial x}\mathrm{d}x)\mathrm{d}y\mathrm{d}z + X\rho\mathrm{d}x\mathrm{d}y\mathrm{d}z = 0$$

化简得

$$X - \frac{1}{\rho}\frac{\partial p}{\partial x} = 0$$

同理，y、z 方向可得

$$Y - \frac{1}{\rho}\frac{\partial p}{\partial y} = 0$$

$$Z - \frac{1}{\rho}\frac{\partial p}{\partial z} = 0$$

可统一写为

$$\begin{cases} X - \frac{1}{\rho}\frac{\partial p}{\partial x} = 0 \\ Y - \frac{1}{\rho}\frac{\partial p}{\partial y} = 0 \\ Z - \frac{1}{\rho}\frac{\partial p}{\partial z} = 0 \end{cases} \tag{2-3}$$

式(2-3)为液体平衡微分方程。因为它是 1775 年由瑞士学者欧拉写出的，故又称为欧拉平衡微分方程。该方程表明，液体处于平衡状态时，单位质量液体所受的表面力和质量力相等。

二、平衡微分方程积分

将式(2-3)依次乘以 $\mathrm{d}x$、$\mathrm{d}y$、$\mathrm{d}z$，并将它们加起来，得

$$\frac{\partial p}{\partial x}\mathrm{d}x + \frac{\partial p}{\partial y}\mathrm{d}y + \frac{\partial p}{\partial z}\mathrm{d}z = \rho(X\mathrm{d}x + Y\mathrm{d}y + Z\mathrm{d}z)$$

上式左边是连续函数 $p(x,y,z)$ 的全微分，故上式又可写为

$$\mathrm{d}p = \rho(X\mathrm{d}x + Y\mathrm{d}y + Z\mathrm{d}z) \tag{2-4}$$

式(2-4)称为液体平衡微分方程综合式。当液体所受的质量力已知时，可以从式(2-4)求出液体内的压强分布规律。

第三节　重力作用下静水压强的分布规律

一、水静力学基本方程

在实际工程中，作用于静止液体上的质量力常常只有重力，因此在液体平衡一般规律的基础上，研究重力作用下静止液体中压强的分布规律更有实用意义。

设在质量力只有重力的静止液体内选取坐标系 $Oxyz$，并令坐标面 xOy 与自由液面重合，液面上的压强为 p_0，如图 2-4 所示。

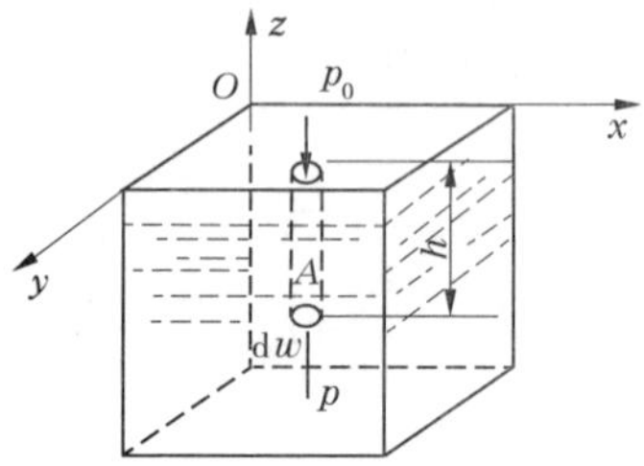

图 2-4

根据液体平衡微分方程综合式

$$\mathrm{d}p = \rho(X\mathrm{d}x + Y\mathrm{d}y + Z\mathrm{d}z))$$

其中

$$X = 0 \quad Y = 0 \quad Z = -g$$

得

$$\mathrm{d}p = -\rho g\mathrm{d}z$$

两边积分

$$p = -\gamma z + c'$$

或

$$z + \frac{p}{\gamma} = \frac{c'}{\gamma} = c \tag{2-5}$$

式中　c'——积分常数；

c——常数，根据边界条件确定。

式(2-5)就是重力作用下水静力学基本方程。由式(2-5)可以看出，对液体内任意两点有

$$z_1 + \frac{p_1}{\gamma_1} = z_2 + \frac{p_2}{\gamma_2}$$

当 $z=0$ 时，$p=p_0$，代入式(2-5)可得 $c'=p_0$

则式(2-5)可写为

$$p = p_0 - \gamma z$$

或

$$p = p_0 + \gamma h \tag{2-6}$$

式中　γ——液体的容重，$\mathrm{N/m^3}$；

h——液体质点的水深与坐标的关系为 $h=-z$，m。

式(2-6)为重力作用下水静力学基本方程的常用方程式。

静水压强的常用方程式(2-6)表明:

(1)静止液体中,静水压强的大小与水深成正比。

(2)液体内任一点的静水压强 p 由两部分组成,一部分是自由液面上的表面压强 p_0,另一部分是单位面积上的垂直液柱重量 γh。

(3)液体中各点压强相等的面称为等压面。在静止液体中,同种相连通的液体,等压面是水平面。

二、压强的表示方法

根据零点(基准)选取的不同,压强的大小可用绝对压强和相对压强表示。

以设想没有大气分子存在的绝对真空状态作为零点(基准)的压强,称为绝对压强,以 p' 表示。

以当地大气压为零点(基准)的压强称为相对压强,以 p 表示。

绝对压强和相对压强之间相差一个当地大气压,即

$$p = p' - p_a \tag{2-7}$$

绝对压强 p' 总是正值,而相对压强 p 可正可负。当液体中某点的绝对压强 p' 小于当地大气压 p_a 时,$p<0$,则称该点处于真空状态。真空程度用真空值 p_V 或真空度 h_V 表示。

真空值 p_V 是指该点绝对压强 p' 小于当地大气压 p_a 的数值,即

$$p_V = p_a - p' \tag{2-8}$$

$$p_V = -p \tag{2-9}$$

真空度是用液柱高度表示真空值的大小,即

$$h_V = \frac{p_V}{\gamma} \tag{2-10}$$

上述绝对压强、相对压强及真空值三者的关系见图 2-5。

三、压强的计量单位

目前,常用的压强单位有以下 3 种。

(一)应力单位

它的国际单位制单位是 Pa,或直接用 N/m^2、kN/m^2。如果压强很高,常采用 MPa(兆帕,$1\ MPa = 10^3 kPa = 10^6 Pa$)。

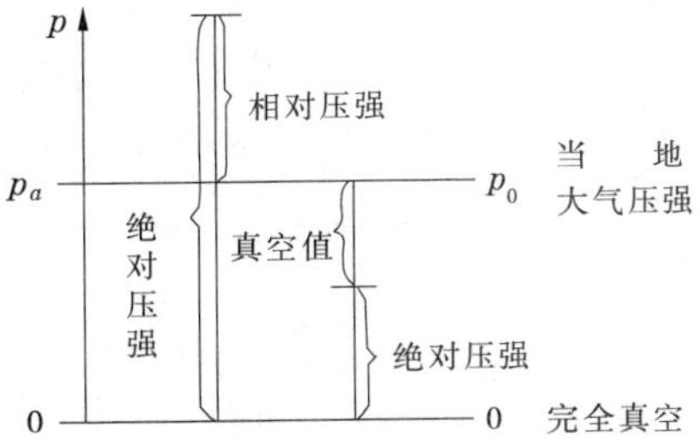

图 2-5 绝对压强、相对压强及真空值三者的关系

(二)液柱单位

压强可用液柱高度表示。常用单位是 mH_2O(水柱)、mmHg(汞柱)。

(三)大气压单位

用大气压的倍数来表示压强的大小。国际上规定,标准大气压符号为 atm,1 atm = 101 325 N/m^2。此外,工程界常采用工程大气压,符号为 at,1 at = 98 000 N/m^2,误差在为 2% 以内,也可用 1 at = 0. 1 MPa。如某点绝对压强为 $p = 196$ kPa ,其压强值也可表示为

$p = \dfrac{196}{98} = 2$ at，即等于两个工程大气压。

3 种计量单位的换算关系见表 2-1。

表 2-1　压强计量单位的换算关系

压强单位	Pa（N/m^2）	水柱（mmH_2O）	at	atm	汞柱（mmHg）
换算关系	9.8	1	10^{-4}	9.67×10^{-5}	0.073 5
	98 000	10^4	1	0.967	735
	101 325	10 339.3	1.033	1	760
	133.33	13.6	1.36×10^{-3}	13.16×10^{-3}	1

四、压强的测量

测量液体静水压强的仪表较多，在水力学中最常用的是液柱式测压计。本节主要讨论测压管和 U 形水银测压计两种测量设施。

（一）测压管

一端与被测点容器壁的孔口相连，另一端与大气相通的玻璃管，称为测压管。如图 2-6所示，一封闭容器，自由液面压强为 p，在 A 点压强 p_A 的作用下，液体将沿测压管上升至 h 高度。

设被测液体的容重为 γ，大气压强为 p_a，则从测压管看

$$p'_A = p_a + \gamma h$$

$$p_A = p'_A - p_a = \gamma h \tag{2-11}$$

式中　h ——测压管高度。

可见，液体中任一点的相对压强都可以用测压管内的液柱高度表示。

（二）U 形水银测压计

图 2-6 所示为 U 形水银测压计，它是根据连通器原理（同种相连通液体，等压面是水平面），确定等压面 $N—N$。设水银容重为 γ'，按照水静力学基本方程

$$p_M = \gamma' h_2$$

$$p_N = p_B + \gamma h_1$$

$$p_M = p_N$$

$$\gamma' h_2 = p_B + \gamma h_1$$

$$p_B = \gamma' h_2 - \gamma h_1$$

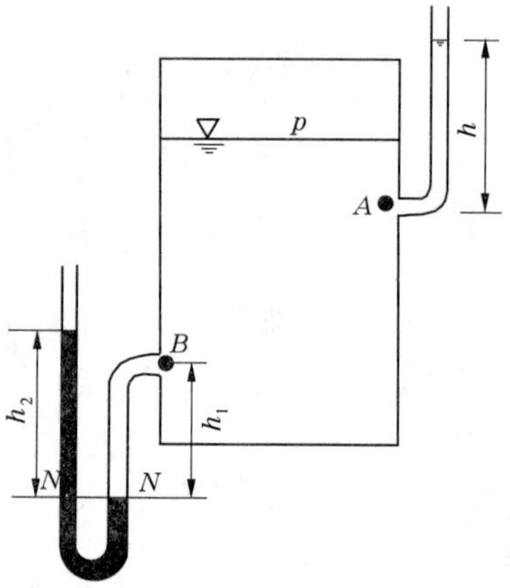

图 2-6

五、静水压强分布图

静水压强分布图是根据水静力学基本方程式$p = p_0 + \gamma h$绘出作用在受压面上各点的压强方向及其大小的图形，即用线段长度表示各点压强大小，用箭头方向表示压强的方向，

如此绘成的压强分布图形，称为压强分布图。

根据选取的基准面不同，压强分布图有绝对压强分布图和相对压强分布图，对实际工程计算有用的是相对压强分布图。因此，一般只画相对压强分布图。现列举几种相对压强分布图以作示例，见图 2-7。

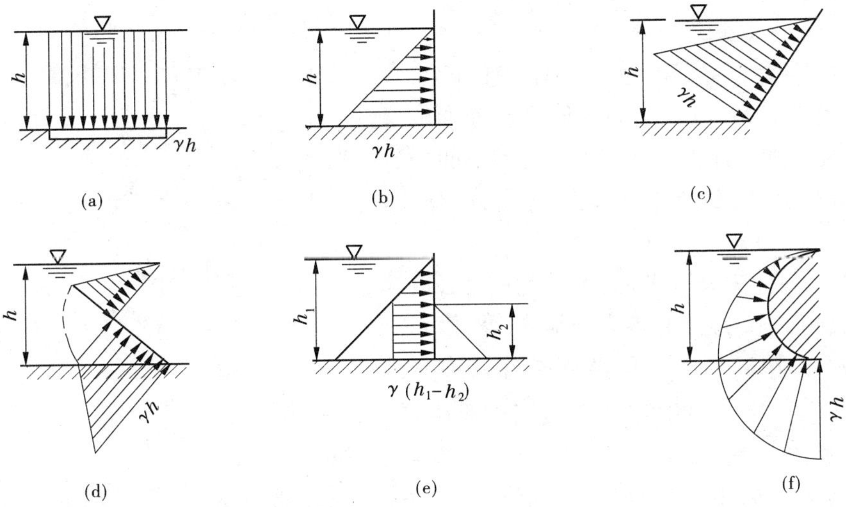

图 2-7

由此可见，压强分布图的绘制与应用要点有：

(1) 压强分布图中各点压强方向恒垂直指向作用面，两受压面交点处的压强具有各向等值性。

(2) 压强分布图与受压面所构成的体积，即为作用于受压面上的静水总压力，其作用线通过此图体积的重心。

(3) 压强分布图可叠加。

(4) 工程应用中可绘制建筑物有关受压部分的压强分布图。

【例 2-1】 设自由表面处压强 $p_0 = p_a$，求淡水自由表面下 2 m 深度处的绝对压强和相对压强。

解：绝对压强 p'

$$p' = p_0 + \gamma h = 98 + 9.8 \times 2 = 117.6 (\text{kPa})$$

相对压强 p

$$p = \gamma h = 9.8 \times 2 = 19.6 \ (\text{kPa})$$

第四节 静水总压力

以上几节讨论了静止液体中静水压强的分布规律。在工程技术中，常常需要计算静止液体作用在某个平面或曲面的总压力。本节将讨论这方面的内容。

一、作用在平面上的总压力

作用在平面上的静水总压力的大小、方向和作用点的确定是许多工程技术上必须解决的实际工程问题，其解法有解析法和图解法两种。

(一)解析法

1. 总压力的大小

设任意形状平面面积为 A，与水平面的夹角为 α，选直角坐标系，以平面的延伸面与液面的交线为 ox 轴，oy 轴垂直于 ox 轴向下。将平面所在坐标面绕 oy 轴旋转 90°，展现受压平面，如图 2-8 所示。

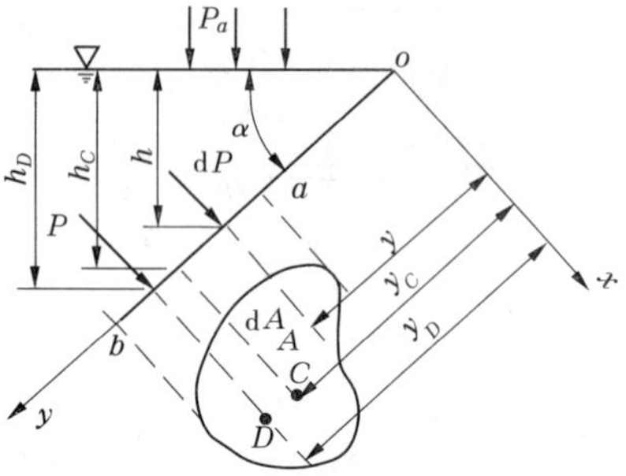

图 2-8

在受压面上，任取以平面上一点为中心的微元面积 dA，可以认为其上各点压强相等，该点在水面下的深度为 h，由于平面两侧都作用有大气压力，故作用在 dA 上的静水压力可用相对压强来表示，即

$$dP = \gamma h dA = \gamma y \sin\alpha dA$$

因为各微元面积所受的压力组成平行力系，故可以直接求和求出作用在平面上的总压力 P。即

$$P = \int dp = \int_A \gamma y \sin\alpha dA = \gamma \sin\alpha \int_A y dA$$

其中积分 $\int_A y dA$ 是受压面 A 对 ox 轴的静矩，$\int_A y dA = y_C A$

所以，上式就写为

$$P = \gamma \sin\alpha y_C A = \gamma h_C A = p_C A \tag{2-12}$$

式中 p_C——受压面形心的相对压强；

h_C——受压面形心在水面下的深度。

式(2-12)表明，作用在任意形状平面上的静水总压力等于受压面面积与其形心点的静水压强的乘积。换句话说，任意受压面上的平均压强等于形心点上的压强。

式(2-12)的适用范围：

(1)液体为同种液体；

(2)液体表面相对压强为零；

(3)受压面单侧受压。

2. 静水总压力的方向

根据静水压强的特性，静水总压力的方向为沿作用面的内法线方向。

3. 总压力作用点

静水总压力的作用点又称压力中心，即图 2-8 中的 D 点位置。它可以利用合力矩定理(合力对某一轴的力矩等于各分力对该轴力矩的代数和)求出。即

对 ox 轴有

$$P \cdot y_D = \int y\mathrm{d}P = \int_A \gamma y^2 \sin\alpha \mathrm{d}A = \gamma\sin\alpha \int y^2 \mathrm{d}A = \gamma \sin\alpha I_X$$

式中 I_X——受压面面积 A 对 ox 轴的惯性矩，$I_X = \int_A y^2 \mathrm{d}A$。

$$y_D = \frac{\gamma\sin\alpha I_X}{P} = \frac{\gamma\sin\alpha I_X}{\gamma\sin\alpha y_C A} = \frac{I_X}{y_C A}$$

由平行移轴定理

$$I_X = I_C + y_C^2 A$$

式中 I_C——该受压面对通过它的形心并与 x 轴平行的轴的惯性矩。

于是

$$y_D = \frac{I_C + A y_C^2}{y_C A} = y_C + \frac{I_C}{y_C A} \tag{2-13}$$

由式(2-13)知$\frac{I_C}{y_C A} \geqslant 0$，故 $y_D \geqslant y_C$，即 D 点一般在 C 点的下面。只有受压面水平时，D 点与 C 点重合。

在实际工程中，受压面是轴对称面（此轴与 oy 轴平行），总压力 P 的作用点必位于对称轴上，此时 y_D 值算出后，总压力的作用点 D 的位置便完全确定。

表 2-2 列出常见图形的几何特征量。

表 2-2 常见图形的几何特征量

几何图形名称		面积 A	形心坐标 l_c	对通过形心轴的惯性矩 I_c
矩 形	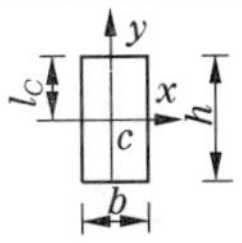	bh	$\frac{1}{2}h$	$\frac{1}{12}bh^3$
三角形	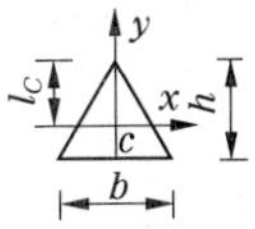	$\frac{1}{2}bh$	$\frac{2}{3}h$	$\frac{1}{36}bh^3$
梯 形	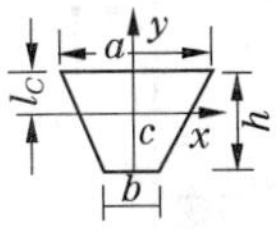	$\frac{h}{2}(a+b)$	$\frac{h}{3}\left(\frac{a+2b}{a+b}\right)$	$\frac{h^3}{36}\left(\frac{a^2+4ab+b^2}{a+b}\right)$
圆	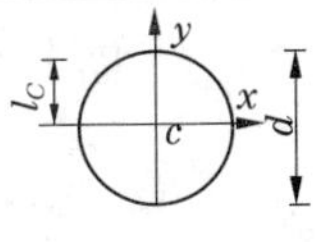	$\frac{\pi}{4}d^2$	$\frac{d}{2}$	$\frac{\pi}{64}d^4$

续表 2-2

几何图形名称		面积 A	形心坐标 l_C	对通过形心轴的惯性矩 I_C
半　圆	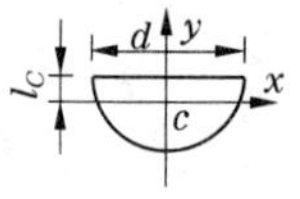	$\frac{\pi}{8}d^2$	$\frac{2d}{3\pi}$	$\frac{9\pi^2-64}{1152}d^4$
椭　圆	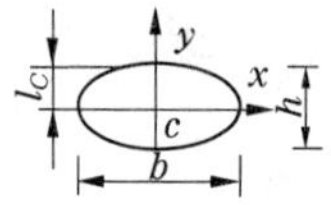	$\frac{\pi}{4}bh$	$\frac{h}{2}$	$\frac{\pi}{64}bh^3$

(二)图解法

利用压强分布图计算作用在倾斜平面上的静水总压力,一般适用于矩形平面。

1. 静水总压力的大小

以高度等于水深的矩形平面为例,压强分布图如图 2-9 所示。

此时,作用在平面上的静水总压力

$$P=\gamma\cdot\frac{h}{2}\cdot h\cdot b=\frac{1}{2}\gamma h\cdot h\cdot b$$

其中$\frac{1}{2}\gamma h\cdot h$恰好为压强分布图的面积 S,即

$$P=S\cdot b=\Omega \tag{2-14}$$

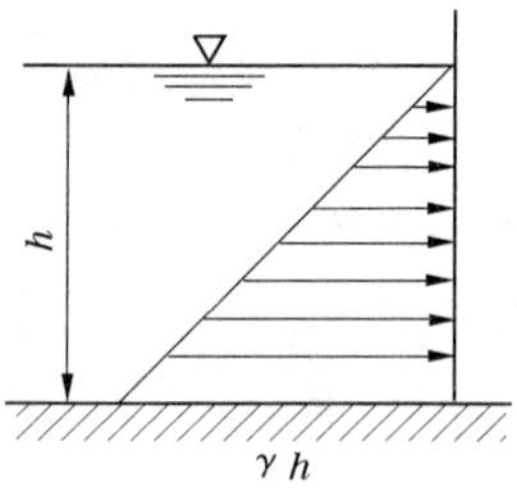

图 2-9

式中　Ω——压强分布图的体积;

S——压强分布图的面积。

即作用在平面上的静水总压力恰好等于压强分布图的体积。

2. 总压力的方向

总压力的方向沿作用面的内法线方向。

3. 总压力作用点的位置

总压力的作用线通过压强分布图的形心,作用线与受压面的交点就是总压力的作用点。

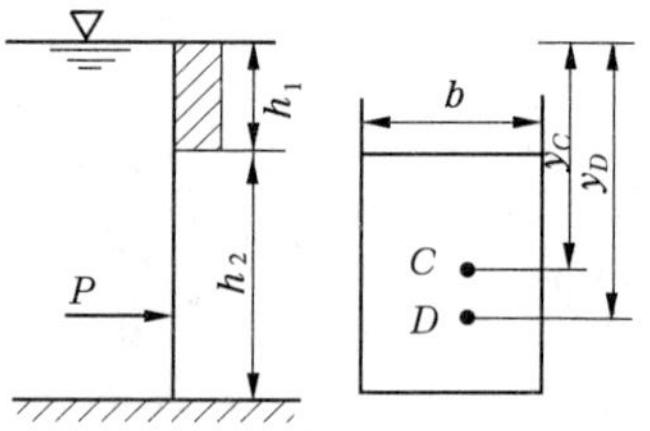

图 2-10

【例 2-2】　一铅垂矩形闸门如图 2-10 所示。已知 h_1 为 1 m,h_2 为 2 m,闸门宽度 b 为 1.5 m,求水体作用在该闸门平面上的静水总压力的大小及其作用点的位置。

解:总压力的大小为

$$P=p_CA=\gamma h_CA=9.8\times\left(1+\frac{2}{2}\right)\times 2\times 1.5=58.8(\text{kN})$$

压力作用点的位置为

$$y_D = y_C + \frac{I_C}{y_C A} = 2 + \frac{\frac{1}{12} \times 1.5 \times 2^3}{2 \times 1.5 \times 2} = 2.17(\text{m})$$

总压力的方向如图 2-10 所示。

【例 2-3】 矩形平板一侧挡水如图 2-11 所示，与水平面夹角 $\alpha = 60°$，平板上边与水面齐平，水深 $h = 4$ m，平板宽 $b = 5$ m。试求作用在平板上的静水总压力。

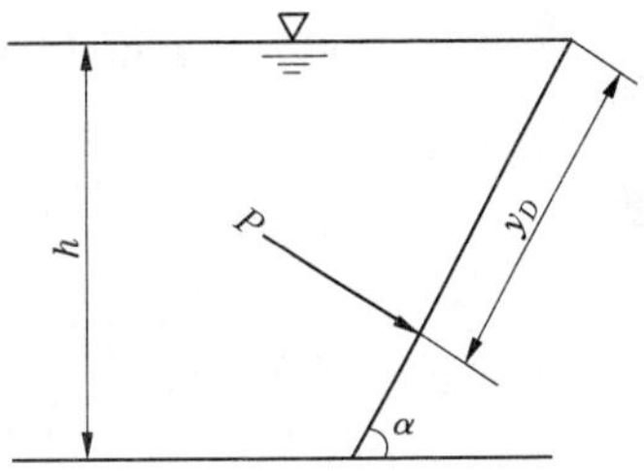

图 2-11

解：总压力的大小为

$$P = p_C A = \gamma h_C A = 9.8 \times \frac{h}{2} \times b \times \frac{h}{\sin 60°}$$

$$= 9.8 \times 2 \times 5 \times 4 \times \frac{2}{\sqrt{3}} = 452.64(\text{kN})$$

总压力的方向为受压面内法线方向。

总压力的作用点的位置为

$$y_D = y_C + \frac{I_C}{y_C A} = \frac{l}{2} + \frac{\frac{bl^3}{12}}{\frac{l}{2} \times bl} = \frac{2}{3}l = \frac{2}{3} \times \frac{h}{\sin 60°} = 3.08(\text{m})$$

二、作用在曲面上的总压力

作用于曲面任意点的静水压强都沿其作用面的内法线方向垂直于作用面，但曲面各处的内法线方向不同，彼此互不平行，不能用直接求和的方法来求合力。因此，求曲面上的静水总压力时，一般将其分为水平方向和铅直方向的分力分别进行计算，然后合成求合力。本节主要研究工程中常见的柱体曲面。

（一）总压力的大小

如图 2-12(a)所示，以一母线垂直于纸面（即平行于 oy 轴）的柱体曲面为研究对象，曲面 AB 的一侧受静水压力作用。在曲面上沿母线方向将曲面分割成无数微小曲面，并认为每个微小曲面为平面，以 EF 表示其中之一，其面积为 $\mathrm{d}A$，其形心在液面下的深度为 h，作用在 $\mathrm{d}A$ 上的静水压力为

$$\mathrm{d}P = p\mathrm{d}A = \gamma h \mathrm{d}A$$

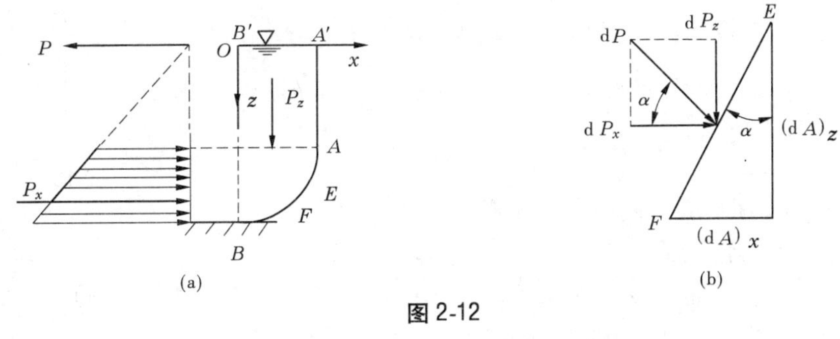

图 2-12

其方向垂直指向 EF，与水平面成 α 角，如图 2-12(b)所示。此力可以分解为水平和铅直的两个分力。

水平分力为 $$\mathrm{d}P_x=\mathrm{d}P\cos\alpha=\gamma h\mathrm{d}A\cos\alpha$$

铅直分力为 $$\mathrm{d}P_z=\mathrm{d}P\sin\alpha=\gamma h\mathrm{d}A\sin\alpha$$

因为 $\mathrm{d}A\cos\alpha$ 和 $\mathrm{d}A\sin\alpha$ 分别等于微小面积 dA 在铅直面上和水平面上的投影。令 $\mathrm{d}A_z=\mathrm{d}A\cos\alpha$，$\mathrm{d}A_x=\mathrm{d}A\sin\alpha$，所以

$$\mathrm{d}P_x=\gamma h\mathrm{d}A_z$$

$$\mathrm{d}P_z=\gamma h\mathrm{d}A_x$$

上两式分别积分得

$$P_x=\int\mathrm{d}P_x=\int\gamma h\mathrm{d}A_z=\gamma\int_{A_z}h\mathrm{d}A_z \tag{2-15}$$

$$P_z=\int\mathrm{d}P_z=\int\gamma h\mathrm{d}A_x=\gamma\int_{A_x}h\mathrm{d}A_x \tag{2-16}$$

公式(2-15)右边的积分为投影面 A_z 对水平轴 ox 轴的静矩。设 h_c 为 A_z 的形心在水面下的淹没深度，则 $\int_{A_z}h\mathrm{d}A_z=h_cA_z$。因此

$$P_x=\gamma h_cA_z \tag{2-17}$$

即作用在曲面 AB 上的静水总压力 P_x 等于作用在该曲面的铅直投影面上的静水总压力。

公式(2-16)右边的 $h\mathrm{d}A_x$ 是以 $\mathrm{d}A_x$ 为底面积，水深 h 为高的柱体体积。所以 $\int_{A_z}h\mathrm{d}A_x$ 即为受压曲面 AB 与其在自由面上的投影面积 $A'B'$ 这两个面之间的柱体 $AB\,B'A'$ 的体积，该部分称为压力体，以 V 表示。所以

$$P_z=\gamma\int_{A_x}h\mathrm{d}A_x=\gamma V \tag{2-18}$$

即作用在曲面 AB 上的静水总压力的铅直分力 P_z 等于压力体内的水重。可见，正确绘制压力体是求解铅直分力的关键。压力体一般是三种面所封闭的体积，即底面是受压曲面，顶面是受压曲面边界线所封闭的面积在自由面或其延伸面上的投影面，中间是通过受压曲面边界线所作的铅直投影面。水力学中规定，当液体和压力体位于受压面同侧时，压力体是实压力体，P_z 向下(见图 2-12(a))。当液体和压力体位于受压面异侧时，压力体称为虚压力体，P_z 向上(见图 2-13)。

有了 P_x 和 P_z，便可求出总压力 P 的大小和方向。

$$P=\sqrt{P_x^2+P_z^2} \tag{2-19}$$

$$\tan\alpha=\frac{P_z}{P_x} \tag{2-20}$$

式中 α——总压力 P 的作用线与水平线之间的夹角。

(二)总压力的作用点

水平分力 P_x 通过曲面投影面 A_z 的压力中心，铅直分力 P_z 通过压力体 V 的重心，过 P_x 的作用线与 P_z 作用线的交点，作

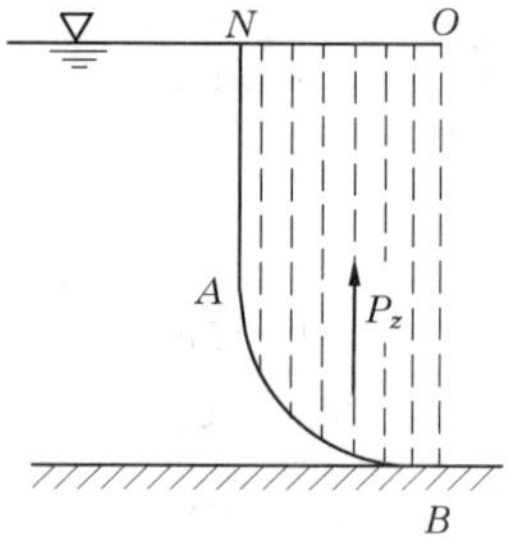

图 2-13

与水平线成 α 的直线就是总压力的作用线，该线与曲面的交点就是总压力的作用点。

【例 2-4】 一弧形闸门如图 2-14 所示。闸门宽度 $b=4$ m，圆心角 $\varphi=45°$，半径 $r=2.0$ m，闸门旋转轴恰与水面齐平。求水对闸门轴的压力（静水总压力的大小及作用点的位置）。

解：闸门前水深

$$h=\gamma\sin\alpha=2\times\sin 45°=2\times0.707=1.414(\mathrm{m})$$

水对闸门轴的压力为

$$P=\sqrt{P_x^2+P_z^2}$$

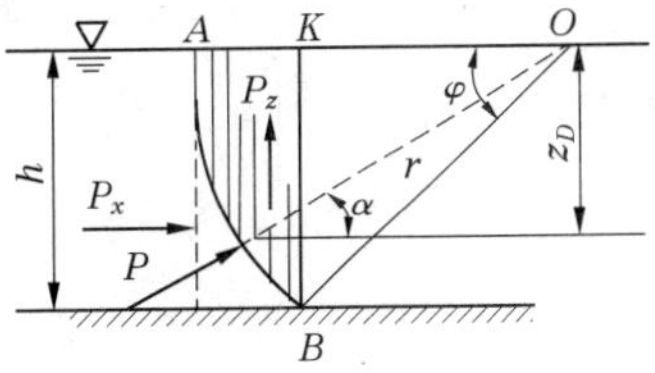

图 2-14

其中

$$P_x=\gamma h_C A_x=\frac{1}{2}\gamma h^2 b=\frac{1}{2}\times9.8\times1.414^2\times4$$

$$=39.19(\mathrm{kN})$$

$$P_z=\gamma V=\gamma(b\times S_{ABK})=\gamma b(S_{AOB}-S_{BOK})$$

$$=\gamma b(\frac{1}{8}\pi r^2-\frac{1}{2}h^2)=9.8\times4\times(\frac{1}{8}\times3.14\times2^2-\frac{1}{2}\times1.414^2)$$

$$=22.34(\mathrm{kN})$$

得

$$P=\sqrt{39.19^2+22.34^2}=45.11(\mathrm{kN})$$

又

$$\tan\alpha=\frac{P_z}{P_x}=\frac{22.34}{39.19}=0.57$$

故力 P 对水平线的倾角

$$\alpha=\arctan0.57=29.68°\approx30°$$

由于力 P 必然通过闸门的旋转轴，因此，力 P 在弧形闸门上的作用点的垂直位置为

$$z_D=r\cdot\sin\alpha=r\sin30°=2\times\frac{1}{2}=1(\mathrm{m})$$

复习思考题

2-1 试述静止液体中应力的特性。

2-2 绝对压强、相对压强、真空度是怎样定义的？相互之间如何换算？

2-3 怎样绘制液体静水压强分布图？

2-4 何谓压力体？实压力体和虚压力体如何构成？

2-5 液体的表面压强（以相对压强计）$p_0\neq0$ 时，怎样计算作用在平面或曲面上的静水总压力？

2-6 一封闭容器如图 2-15 所示，测压管液面高于容器液面 h 为 1.5 m，若容器盛的是水或汽油，求容器液面的相对压强 p_0。汽油容重采用 7 350 N/m^3。

2-7 题 2-6 中，若测压管液面低于容器液面 h 为 1.5 m，问容器内是否出现真空，其最大真空值是多少？

2-8 一封闭容器如图 2-16 所示，金属测压计测得的压强为 4 900 N/m^2（相对压强），

金属测压计中心比 A 点高 0.5 m，而 A 点在液面下 1.5 m。问液面的绝对压强及相对压强为多少？

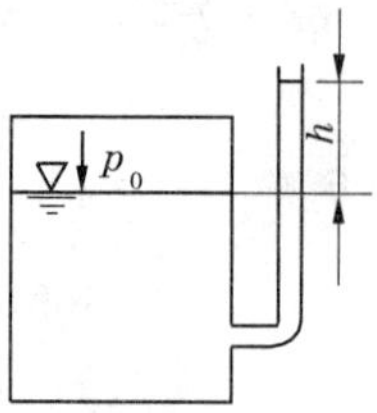

图 2-15

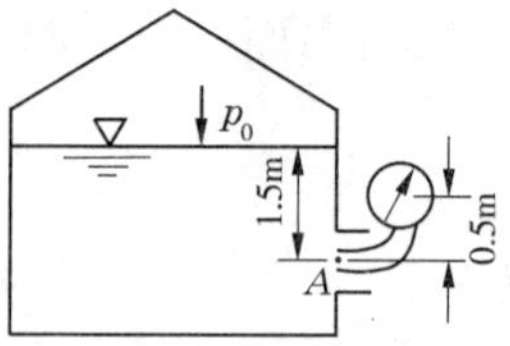

图 2-16

2-9 绘出图 2-17 中 AB 面上的静水压强分布图。

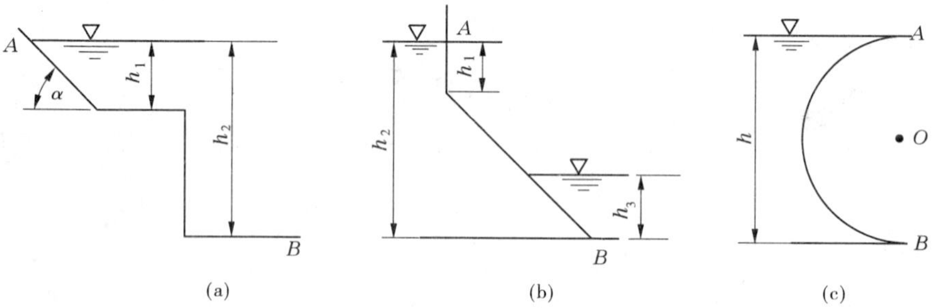

图 2-17

2-10 根据复式水银测压管如图 2-18 所示读数：$z_1 = 1.80$ m，$z_2 = 0.7$ m，$z_3 = 2.0$ m，$z_4 = 0.9$ m，$z_A = 1.5$ m，$z_0 = 2.5$ m，试求压力箱中液面的相对压强 p_0。水银的容重为 133.28 kN/m^3。

2-11 一矩形闸门的位置与尺寸如图 2-19 所示，闸门上缘 A 处设有轴，下缘连接铰链以备开闭。若忽略闸门自重及轴间摩擦力，求开启闸门所需的拉力 T。

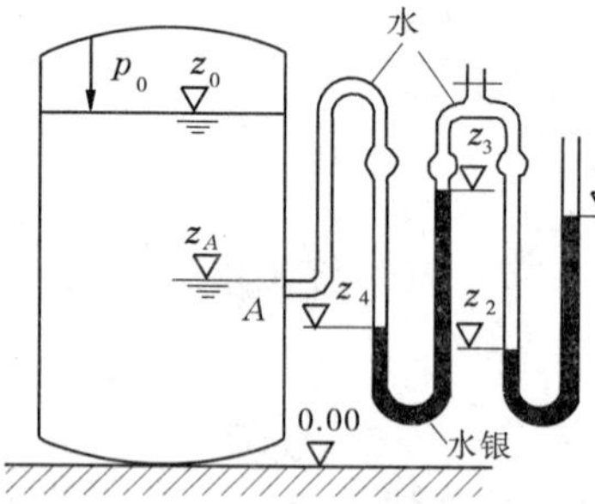

图 2-18

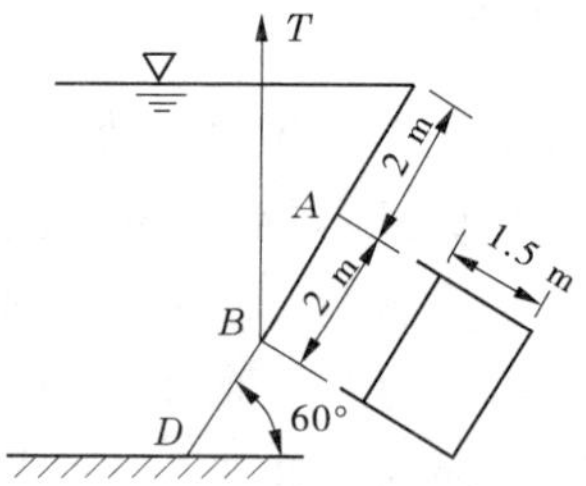

图 2-19

2-12 如图 2-20 所示平面 AB 宽 1 m，倾角为 45°，左侧水深 $h_1 = 3$ m，右侧水深 $h_2 = 2$ m，试求静水总压力及其作用点。

2-13 绘出图 2-21 中两个 AB 曲面上的压力体，若图 2-21(b) 为宽 1 m 的半圆柱面，且 D 为 3 m，求该面上的静水总压力的大小和方向。

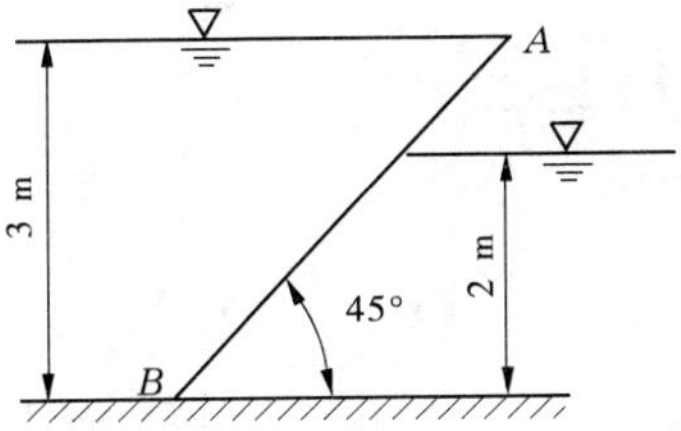

图 2-20

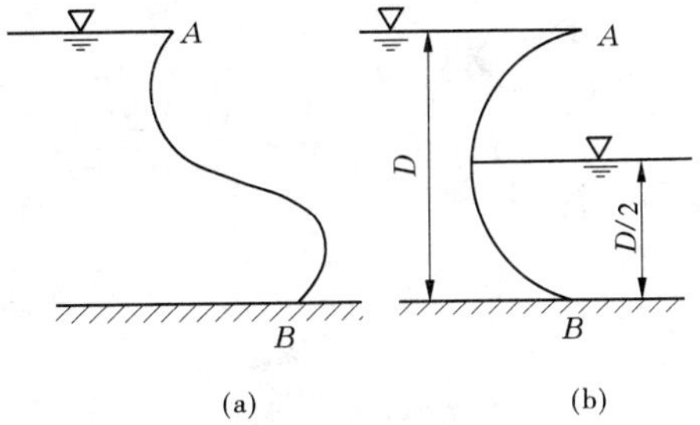

图 2-21

2-14　一扇形门如图 2-22 所示，圆心角 α 为 45°，半径 r 为 4.24 m，闸门所挡水深 H 为 3 m。求闸门每米宽所承受的水压力及其方向。

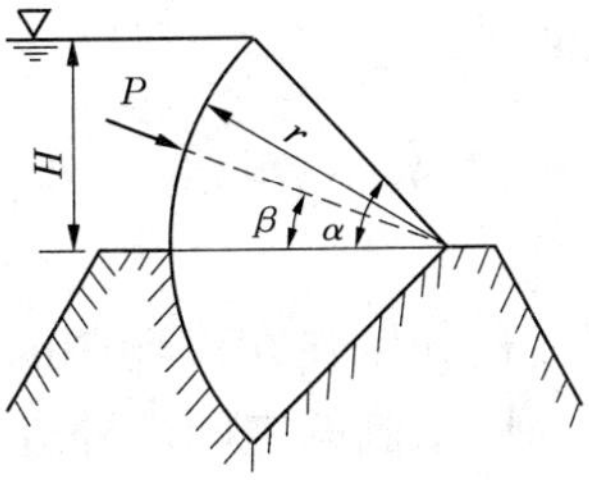

图 2-22

第三章　水动力学

本章重点

理解并掌握一些水动力学的相关概念，深刻领会水动力学三大方程——连续性方程、能量方程、动量方程，并能掌握其实际应用。

第一节　液体运动的基本概念

一、描述液体运动的两种方法

液体的物理特性是具有流动性，其静止只是相对的，而运动才是绝对的，因此进一步研究液体的运动规律有其重要意义。

水动力学研究的主要问题是流速和压强在流场中的分布。所谓流场，即液体流动的空间。液体流动一般都在固体壁面所限制的空间内外进行。如水在管道、河道、渠道内流动，均处于边界固体限制的空间之内，而河流绕桥墩的流动，对桥墩而言，则属于固体所限制空间之外。这些流动空间即为流场。液体在流动中，将同时出现惯性力和黏性力的相互作用，欧拉平衡微分方程中的表面力和质量力的平衡关系将因此被破坏。惯性力是液体质点流速变化的结果，而黏性力则产生于液体质点间或流动层间的流速梯度，即产生于液体质点间的黏性和流速分布不均匀性。因此，流速不但是液体流动状态的数学描述，而且是水动力学研究的基本问题。有关液体流动的分类、计量及一系列概念，都将围绕着流速提出。

水动力学的基本任务就是研究液体在流场中压强和流速的分布规律，它将建立液体运动的质量守恒定律、能量守恒定律和动量守恒定律的数学表达式。这些定律也是水力学的理论基础。

为建立描述液体运动的数学物理方程，通常有两种方法，即拉格朗日法和欧拉法，现分述如下。

（一）拉格朗日法

拉格朗日法把液体运动看成是无数液体质点的集合，每一质点运动有其运动迹线，由此可进一步获得液体质点流速及加速度等运动要素的数学表达式。所谓迹线，即单个液体质点的运动轨迹线。

拉格朗日法以研究个别液体质点的运动过程作为基础，通过对各个液体质点运动的研究以获得整个液体的运动规律，这就需要区别不同的质点的运动情况。

设 $t=t_0$ 时，某液体质点的初始坐标为 (a,b,c)，则任意时刻 t，此质点的迹线方程可表达为

$$\begin{cases} x = x(a,b,c,t) \\ y = y(a,b,c,t) \\ z = z(a,b,c,t) \end{cases} \tag{3-1}$$

式中 a、b、c、t——拉格朗日常数。

不同的初始值(a,b,c,t)表示流场中不同液体质点的初始位置。因此，每一质点的流速 u 及加速度 a 可表达为

$$\begin{cases} u_x = \dfrac{\partial x}{\partial t} = u_x(a,b,c,t) \\ u_y = \dfrac{\partial y}{\partial t} = u_y(a,b,c,t) \\ u_z = \dfrac{\partial z}{\partial t} = u_z(a,b,c,t) \end{cases} \tag{3-2}$$

$$\begin{cases} a_x = \dfrac{\partial u_x}{\partial t} = a_x(a,b,c,t) \\ a_y = \dfrac{\partial u_y}{\partial t} = a_y(a,b,c,t) \\ a_z = \dfrac{\partial u_z}{\partial t} = a_z(a,b,c,t) \end{cases} \tag{3-3}$$

式中 u_x、u_y、u_z——液体质点流速 u 沿三坐标轴的分量；

a_x、a_y、a_z——液体质点加速度 a 沿三坐标轴的分量。

由式(3-3)可知，按拉格朗日法确定流场中液体质点的流速及加速度等运动要素分布关系的先决条件是建立确定的迹线方程。但是，这在数学上往往难以实现。因此，除分析波浪运动等个别情况外，水力学中较少采用这一方法。

(二)欧拉法

欧拉法以各空间点位置处的流速、压强等运动要素变化规律为研究对象，把液体质点运动的几何图线用流线来描述，即把液体质点运动的几何图像看成由无数流线所组成。所谓流线，即同一瞬间与各空间点流速矢量相切的曲线。它用以描述某一瞬间各空间点的液体运动方向。在欧拉法中，用一系列流线来描绘流场中的流动状况，由此构成的流线图称为流谱。如图 3-1(a)所示为流线，图 3-1(b)及(c)为水流经桥墩绕墩流动和在管道中沿程变化流动的流谱。可以证明流线密集处流速大，流线稀疏处流速小。

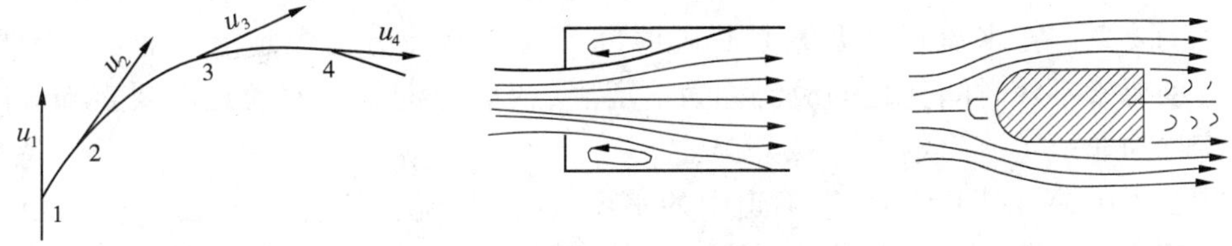

(a)流线定义 (b)断面突然扩大河渠中的流谱 (c)桥墩周围的流谱

图 3-1

按流线定义，它有如下特性：

(1)流线是一根光滑曲线。因为液体为连续介质，运动要素的空间分布为连续函数。

(2)流线一般不相交，也不折转。否则，在折点或交点处将出现两种运动方向的矛盾结果。

欧拉法与拉格朗日法的不同点是欧拉法研究任意液体质点在某一瞬时通过某一固定空间点时的运动方向，并不涉及液体质点的运动过程，也不考虑各点流速及加速度属于哪一质点。这就大大简化了对运动的分析方法。实际工程问题绝大多数也不需要追求流体流动的全过程，而只需确定流场中每一固定点的运动要素。例如，水流流过桥孔、涵洞或从自来水龙头处流出，工程设计只需掌握在桥涵或自来水龙头处的水位、流速及压强，并不需要追究水从何处来，到何处去。因此，欧拉法便成了液体力学中用以理论分析的主要方法。用此法描述运动时有

$$\begin{cases} u_x = u_x(x,y,z,t) \\ u_y = u_y(x,y,z,t) \\ u_z = u_z(x,y,z,t) \end{cases} \tag{3-4}$$

$$\begin{cases} a_x = \dfrac{\mathrm{d}u_x}{\mathrm{d}t} = \dfrac{\partial u_x}{\partial t} + u_x\dfrac{\partial u_x}{\partial x} + u_y\dfrac{\partial u_x}{\partial y} + u_z\dfrac{\partial u_x}{\partial z} \\ a_y = \dfrac{\mathrm{d}u_y}{\mathrm{d}t} = \dfrac{\partial u_y}{\partial t} + u_x\dfrac{\partial u_y}{\partial x} + u_y\dfrac{\partial u_y}{\partial y} + u_z\dfrac{\partial u_y}{\partial z} \\ a_z = \dfrac{\mathrm{d}u_z}{\mathrm{d}t} = \dfrac{\partial u_z}{\partial t} + u_x\dfrac{\partial u_z}{\partial x} + u_y\dfrac{\partial u_z}{\partial y} + u_z\dfrac{\partial u_z}{\partial z} \end{cases} \tag{3-5}$$

式中 x、y、z、t——欧拉变数；

$\dfrac{\partial u}{\partial t}$——当地加速度；

$u_x\dfrac{\partial u_x}{\partial x}$、$u_y\dfrac{\partial u_y}{\partial y}$、$u_z\dfrac{\partial u_z}{\partial z}$、$u_y\dfrac{\partial u_x}{\partial y}$、$u_z\dfrac{\partial u_x}{\partial z}$、$u_x\dfrac{\partial u_y}{\partial x}$、$u_z\dfrac{\partial u_y}{\partial z}$、$u_x\dfrac{\partial u_z}{\partial x}$、$u_y\dfrac{\partial u_z}{\partial y}$——迁移加速度。

当地加速度是因时间推移出现的速度变化；迁移加速度是不同空间点液体速度的变化。

二、水流运动的分类

(一)恒定流与非恒定流

水力学中把表征液体运动状态的各种物理量(如流速、流向、加速度、动水压强等)称为水流的运动要素。按水流运动要素是否随时间变化将水流分为恒定流和非恒定流两类。水流运动要素不随时间变化的液流称为恒定流(或称稳定流)；水流运动要素随时间变化的液流称为非恒定流(或称非稳定流)。

在实际工程中，平水期和枯水期河道中的水位、流速和流量随时间变化缓慢，可近似认为是恒定流。洪水期，由于上游洪峰的影响，使河道中的水位、流速和流量随时间有显著变化，则属于非恒定流。本课程仅讨论恒定流。

(二)均匀流与非均匀流

按水流的运动要素是否随空间位置而变化，水流又可分为均匀流和非均匀流两类。

凡流线呈彼此平行直线的流动称为均匀流,否则称为非均匀流。

液体在等截面长直管道中的流动,或在断面形状及大小沿程不变的长直渠道中的流动均属于均匀流;液体在断面沿程收缩或扩大的管道中的流动,或在等截面弯曲管道中的流动,以及在断面形状大小沿程变化的渠道中的流动,均属于非均匀流。

应该注意恒定流和非恒定流的区别是运动要素是否随时间变化,而均匀流与非均匀流的划分标准是流线是否为彼此平行的直线。因此,恒定流和非恒定流中也可有均匀流和非均匀流。

(三)渐变流和急变流

非均匀流又可分为渐变流和急变流。

凡流线间夹角很小接近平行直线的流动称为渐变流,否则称为急变流。

渐变流实际上是一种近似的均匀流。因此均匀流所建立的基本理论在渐变流中同样适用。例如,在断面形状大小沿程变化很小的长直渠道中因渠底突降引起水深沿程变化的明渠水流,或在这类河渠中因桥涵压缩断面引起上游河中水深沿程变化的水流,均属渐变流,如图 3-2 所示。跌坎及桥涵入口处的水流则属急变流。

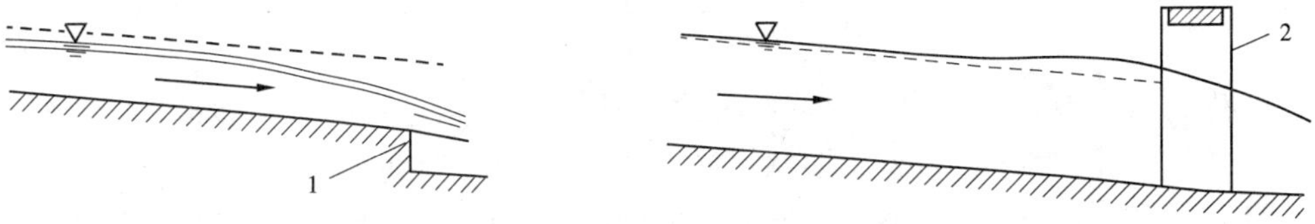

图 3-2　河渠中的渐变流

1—跌坎;2—桥涵

(四)有压流与无压流

水流运动按受力来源不同可分为有压流和无压流。

受固体边界限制且无自由表面流动的水流称为有压流。如自来水管、水电站的压力管中的水流。

具有自由表面流动的水流称为无压流,又称为明渠水流。例如渠道、河流以及未充满管道排水管中的水流。

三、水流运动的基本概念

(一)过水断面

横截面无限小的水流称微小流速,无数微小流速的总和称为总流。与微小流速或总流的流线正交的横断面,称为过水断面,常用 A 表示,单位为 m^2。

当水流为均匀流或渐变流时,过水断面为一平面或近似平面,如图 3-3(a)所示;当水流为急变流时,过水断面呈曲面,如图 3-3(b)所示。显然,由于过水断面垂直于流线,沿过水断面方向将不会有液体流动。

(二)流量

单位时间内通过某一过水断面的液体体积称为流量,以 Q 表示,单位为 m^3/s。

(三)断面平均流速

某一时刻通过某一断面的液体质点的平均速度称为断面平均流速,单位为 m/s,其表

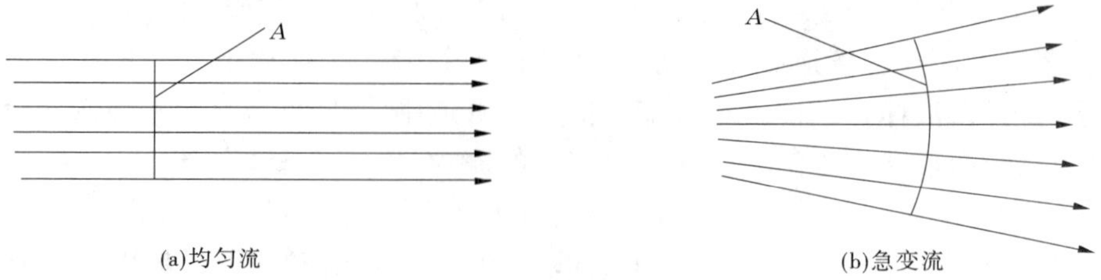

图 3-3　过水断面

达式为

$$v = \frac{Q}{A} \tag{3-6}$$

（四）湿周

液流过水断面和固体边界接触的周界线长称为湿周。以 χ 表示，单位为 cm 或 m。

（五）水力半径

过水断面面积与湿周之比称为水力半径。以 R 表示，单位为 m。其数学表达式为

$$R = \frac{A}{\chi} \tag{3-7}$$

过水断面面积越大，过水能力越强，反之亦然。但相同过水面积，若形状不同，水力半径也不一样，这是因为它们随断面形状不同有不同长度的湿周，而长的湿周必然产生较大的黏滞阻力，相应过水能力就小。显然，水力半径是更为鲜明地反映过水能力强弱的一个特征量，水力半径越大，过水能力越大。

第二节　恒定总流的连续性方程

在连续不可压缩液体恒定总流中任意两个过水断面所通过的流量相等。水力学中把质量守恒定律在液体流动中的这种特殊表现形式，称为连续性原理。

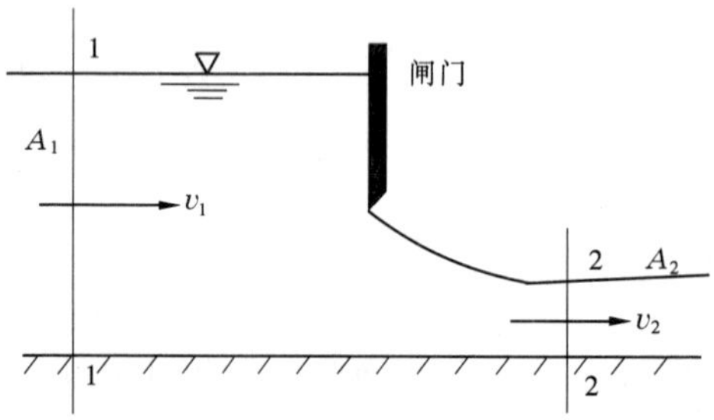

图 3-4

如图 3-4 所示为通过水闸的恒定流，在闸上、下游取过水断面 1—1 和 2—2，设总流过水断面 1—1 和 2—2 的面积分别为 A_1、A_2，平均流速和流量分别为 v_1、v_2 和 Q_1、Q_2。根据质量守恒定律可得

$$Q_1 = Q_2 \tag{3-8}$$

由 $Q = vA$ 可知

$$v_1A_1 = v_2A_2 \tag{3-9}$$

式（3-8）和式（3-9）是恒定总流连续性方程。它表明在不可压缩液体的恒定总流中，任意两过水断面的平均流速与过水断面面积成反比。

式（3-9）和式（3-6）不同，式（3-6）是断面平均流速的定义式，它指的是任一断面上断面平均流速与流量的关系，即流量越大，断面平均流速也越大；式（3-9）所指的是两断面间断面平均流速与两断面面积的关系。

式(3-9)是在流量沿程不变的条件下导出的,若有流量汇入或分出(如图 3-5 所示)时,根据质量守恒定律,总流连续性方程应为

流量汇入
$$\begin{cases} Q_1 = Q_2 + Q_3 \\ v_1A_1 = v_2A_2 + v_3A_3 \end{cases} \tag{3-10}$$

流量分出
$$\begin{cases} Q_2 = Q_3 - Q_1 \\ v_2A_2 = v_3A_3 - v_1A_1 \end{cases} \tag{3-11}$$

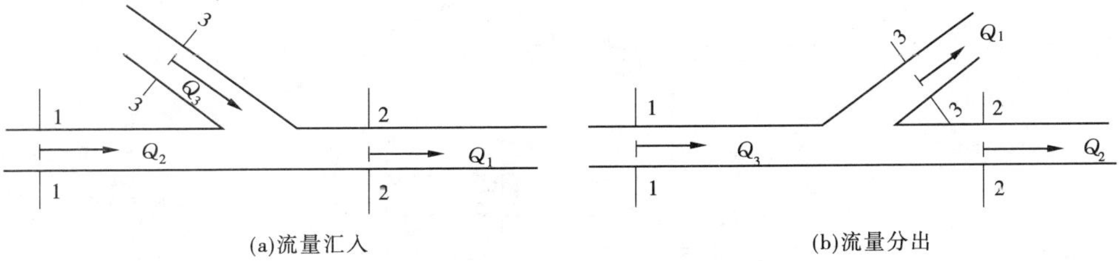

图 3-5　有流量汇入或分出的液流

连续性方程中既没有涉及任何力,也没有含时间条件,是个运动方程,它所反映的是沿程两断面间的流速关系,它对理想液体与实际液体、恒定流与非恒定流、均匀流与非均匀流、渐变流与急变流以及有压流与无压流等水流运动都适用。

【例 3-1】　已知输水管各段直径分别为 $d_1=2$ cm,$d_2=5$ cm,$d_3=10$ cm,第一管段中的断面平均流速 $v_1=8$ m/s,如图 3-6 所示,求流量及其他各管段的断面平均流速。

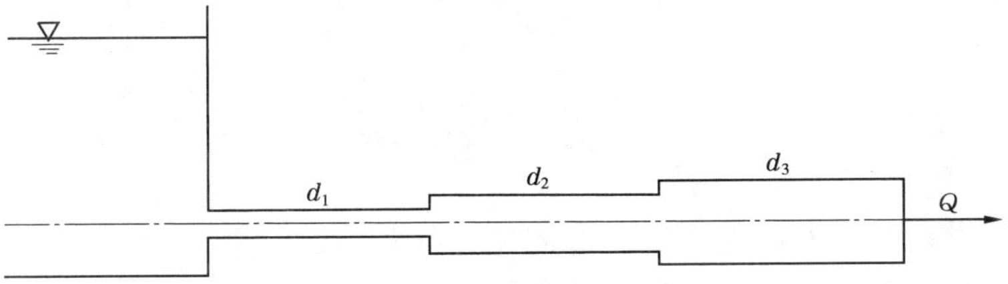

图 3-6

解:

$$Q = v_1A_1 = \frac{1}{4}\pi d_1^2 v_1 = \frac{1}{4} \times 3.14 \times 0.02^2 \times 8 = 0.0025\ (\text{m}^3/\text{s})$$

$$v_2 = \frac{Q}{A_2} = \frac{4Q}{\pi d_2^2} = \frac{4 \times 0.0025}{3.14 \times 0.05^2} = 1.27(\text{m/s})$$

$$v_3 = \frac{Q}{A_3} = \frac{4Q}{\pi d_3^2} = \frac{4 \times 0.0025}{3.14 \times 0.1^2} = 0.32(\text{m/s})$$

第三节　恒定总流的能量方程

一、实际液体总流能量方程

液流和其他运动物质一样具有动能和势能两种机械能,其中势能又可分为位置势能

和压力势能两种。液流的各种机械能之间以及液流机械能与其他形式能量之间也可相互转化，其转化关系也必须遵循能量转化与守恒定律。

如图 3-7 所示，当阀门关闭时，管内为静水。根据水静力学基本公式，管中 1、2 两点的位置高度 z 与压强高度 $\frac{p}{\gamma}$ 之和为一常数 c，即

$$E = z + \frac{p}{\gamma} = c \tag{3-12}$$

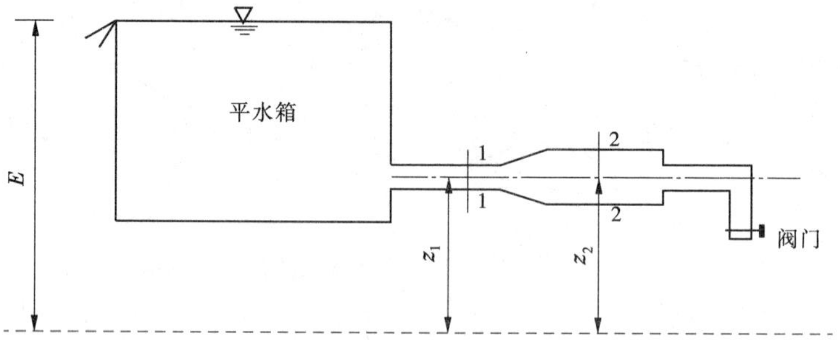

图 3-7

当阀门开启时，管内由静水变为动水，任意截面中单位重力液体除具有位置势能、压强势能外，还具有了动能。由于单位重力液体的动能为

$$\frac{1}{2}\frac{mv^2}{mg} = \frac{v^2}{2g} \tag{3-13}$$

则

$$E = z + \frac{p}{\gamma} + \frac{\alpha v^2}{2g} \tag{3-14}$$

式中　α——动能修正系数。

但由于管壁对水流的摩阻力等会造成能量损失，所以当水流从 1—1 断面到 2—2 断面之间存在能量损失 h_w，根据能量守恒定律得

$$z_1 + \frac{p_1}{\gamma} + \frac{\alpha_1 v_1^2}{2g} = z_2 + \frac{p_2}{\gamma} + \frac{\alpha_2 v_2^2}{2g} + h_{w1-2} \tag{3-15}$$

式(3-15)即为恒定总流的伯诺里方程，又称能量方程，是水力学中第二个重要方程。它反映了恒定总流能量转化与质量守恒定律，同时表达了各项运动要素之间的关系。

二、能量方程的三大意义

能量方程中各项的意义如下。

1. 几何意义

z ——计算点到基准面的位置高度；

$\frac{p}{\gamma}$ ——计算点处测压管中上升的液柱高度；

$z + \frac{p}{\gamma}$ ——计算点处测压管中液面距基准面的高度；

$\frac{\alpha v^2}{2g}$ ——测速管中的液面与测压管中液面的高差。

2. 水力学意义

z ——位置水头；

$\frac{p}{\gamma}$ ——压强水头；

$\frac{\alpha v^2}{2g}$ ——流速水头；

$z+\frac{p}{\gamma}$ ——测压管水头；

$z+\frac{p}{\gamma}+\frac{\alpha v^2}{2g}$ ——总水头。

3. 物理意义

z——单位重力液体的位置势能(位能)；

$\frac{p}{\gamma}$ ——单位重力液体的压强势能(压能)；

$z+\frac{p}{\gamma}$ ——单位重力液体的总势能；

$\frac{\alpha v^2}{2g}$ ——单位重力液体的动能；

$z+\frac{p}{\gamma}+\frac{\alpha v^2}{2g}$ ——单位重力液体的总机械能。

三、水头线的绘制

液流沿程各点水头的连线称为水头线。其中各点总水头的连线称为总水头线；测压管水头的连线称为测压管水头线；用以表示液流 3 种水头沿程变化情况的图形称为水头线图，如图 3-8 所示。

由于理想液体是一种假想的连续介质，液体在流动中无能量损失，故理想液体的总水头线是一根水平线，而实际液体并非连续介质，液体质点与质点之间有空隙，流动过程中会发生能量的损失，故实际液体的总水头线是呈一条下降的曲线。至于测压管水头线，由于沿程流速可能有变化，所以测压管水头线沿程可升可降。

水头线是能量方程的一种几何图示，物理概念明确，可借以分析问题。绘制水头线时，应先绘出总水头线，而后扣除流速水头即得测压管水头线。若沿程流速不变，则总水头线与测压管水头线互相平行；流速越大，两水头线相距越大。

四、水力坡度及测压管坡度

水力坡度是指单位长度上总水头线的下降值即总水头线的斜率，用 J 表示；测压管坡度是指单位长度上测压管水头的变化值即测压管水头线的斜率，用 J_p 表示。同时，水力坡度也表示单位重量液体在单位长度上的机械能损失，测压管坡度则表示单位重量液体在单位长度上的势能变化值。由此可推出

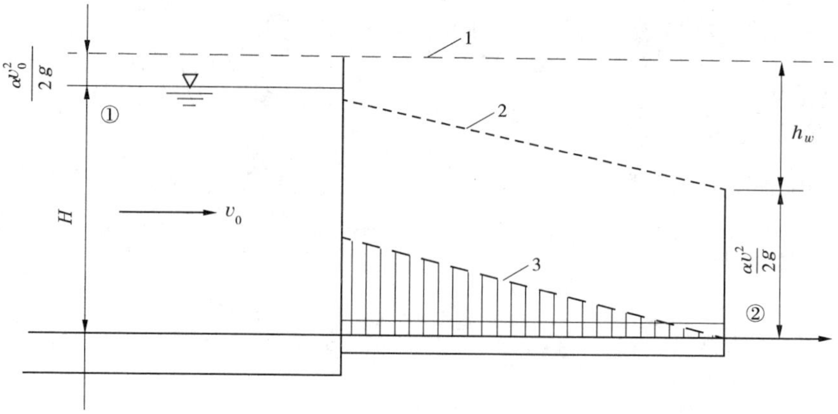

图 3-8　水头线图

1—理想液体的总水头线;2—实际液体的总水头线;3—实际液体的测压管水头线

$$J = -\frac{\mathrm{d}H}{\mathrm{d}s} = \frac{\mathrm{d}h_w}{\mathrm{d}s} \tag{3-16}$$

$$J_p = -\frac{\mathrm{d}H_p}{\mathrm{d}s} = -\frac{\mathrm{d}}{\mathrm{d}s}\left(z + \frac{p}{\gamma}\right) \tag{3-17}$$

由于总水头线沿程下降,则 $\mathrm{d}H<0$,为保证 $J>0$,故引入“ - ”号。当 $J>0$,$J_p>0$ 时,测压管水头线沿程下降;当 $J=J_P$ 时,测压管水头线沿程不变;当 $J_P<0$ 时,测压管水头线沿程上升;当 $J_p=0$ 时,测压管水头线为一水平线。

第四节　恒定总流能量方程的应用

一、能量方程的适用条件

能量方程的适用条件包括:

(1)水流必须是恒定流;

(2)液体为不可压缩液体且作用于液体上的质量力只有重力,即为重力液体;

(3)两计算断面处必须为渐变流或均匀流,但两断面间可有急变流存在;

(4)在所取的两过水断面间,流量保持不变,即 $Q_1=Q_2=Q$。

二、能量方程的应用要点

能量方程的应用要点主要有:

(1)两计算断面应选在渐变流或均匀流处,但两断面间允许存在急变流。

(2)选取合适的基准面。与能量方程有关的未知数有 3 个,即 z、p、v,其中 v 与计算点的位置无关,z、p 与计算点的位置有关。因此,应用能量方程时,应先选定计算基准面 0—0,即零点标高。它可任意选取,但一般应保证基准面不高于计算点的位置,即使计算点的位置高度 $z\geq0$。

(3)选定计算点。恰当地选取计算点,可以简化计算。例如,计算点选在自由表面或管道出口处时,$p=0$;计算点选在基准面上时,$z=0$。但两过水断面的计算点必须取同一个基准面。

(4)列能量方程时,两断面的压强可用相对压强或绝对压强。但一般以采用相对压强较为方便,此时,凡与大气接触处的 p 值均为零。

(5)当两过水断面面积 A_1、A_2 确定后,相应流速 v_1、v_2 关系由连续性方程确定。

(6)此能量方程只适用于沿程流量不变情况,即 $Q_1=Q_2$。

(7)不同过水断面上的动能修正系数 α_1 与 α_2 严格来讲是不相等的,且不等于1,实用上对渐变流占多数的情况,可令 $\alpha_1=\alpha_2=1$,但在某些特殊情况下,α 值需根据具体情况而定。

三、虹吸管原理

虹吸管是一种常见的泄水管道。它可使水越过一定高度下泄,但虹吸管进水口水位必须高于其出口或出口端的水位。工作原理是在泄水时须先造成虹吸管段出现真空,然后利用大气压强使水越过一定高度下泄。通过在顶部抽气,或使管内充水排气后再把进口放入水中并使出口低于进口水位,待虹吸管泄水启动后,管段即可呈真空状态。只要真空不被破坏,虹吸管即可连续泄水。

【例3-2】 如图3-9所示,已知虹吸管直径 $d=50$ mm,不计管中水头损失,求虹吸管的泄水流量和2点处的压强,若2点处为真空,求出其真空值。(设 $\alpha_1=\alpha_2=\alpha_3=1$)。

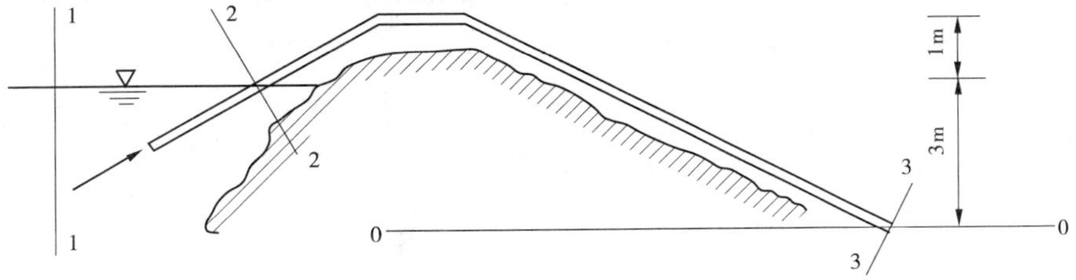

图3-9 虹吸管

解:选取过水断面1—1、2—2、3—3,取通过3—3断面处管道中点的水平面作为基准面。

(1)求流量。

列1—3断面间能量方程

$$3+0+0=0+0+\frac{v_3^2}{2g}+0$$

$$v_3=\sqrt{2\times9.8\times3}=7.67(\mathrm{m/s})$$

由 $Q=v_3A$ 可得

$$Q=\frac{\pi}{4}d^2v_3=\frac{\pi\times0.05^2}{4}\times7.67=0.015(\mathrm{m^3/s})$$

(2)求2点处的压强和真空值。

由连续性方程可知 $v_2=v_3=7.67(\mathrm{m/s})$

列2—3断面间能量方程

$$3 + \frac{p_2}{\gamma} + \frac{v_2^2}{2g} = 0 + 0 + \frac{v_3^2}{2g} + 0$$

得

$$p_2 = -3 \times 9.8 = -29.4(\text{kPa})$$

则其真空值为29.4kPa。

四、有压涵管

【例3-3】 如图3-10所示一水平放置的有压涵管，直径 $d = 1.8$ m，长 $l = 103$ m，出口底部高程 $\nabla_0 = 95.7$ m，上、下游水位分别为 $\nabla_1 = 118.5$ m、$\nabla_2 = 98.5$ m，全涵管水头损失 $h_w = 12$ m（水柱），求涵管内的泄水流量。

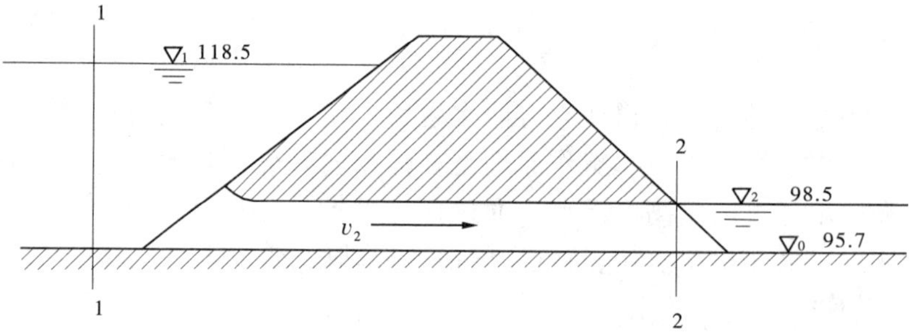

图3-10 有压涵管水力计算 （单位：m）

解：在上、下游分别选取1—1、2—2断面，以渠底作为基准面，列两断面间的能量方程，取 $\alpha_1 = \alpha_2 = 1$，有

$$\nabla_1 + 0 + 0 = \nabla_2 + 0 + \frac{\alpha_1 v_2^2}{2g} + h_w$$

则

$$\begin{aligned} v_2 &= \sqrt{2g(\nabla_1 - \nabla_2 - h_w)} \\ &= \sqrt{2 \times 9.8 \times (118.5 - 98.5 - 12)} \\ &= 12.5(\text{m/s}) \end{aligned}$$

由 $Q = v_2 A$ 可得

$$Q = \frac{\pi}{4} d^2 v_2 = \frac{\pi \times 1.8^2}{4} \times 12.5 = 31.8(\text{m}^3/\text{s})$$

第五节 恒定总流的动量方程

恒定总流的动量方程是动量定理在水流运动中的表达式，它可以解决急变流中水流对边界的作用力问题。例如闸门前水流对闸门的动水压力；弯道中水流对弯道的作用力以及河道弯段中水流对凹岸的侧向作用力，在该力的作用下，使凹岸产生冲刷（不通）等。

一、恒定总流的动量方程

固体力学中的质点动量定理与流体力学中欧拉法描述的动量定理略有不同。

固体力学中的质点动量指的是某一质点在某一空间位置处，其速度与质量的乘积，其动量变化是指同一质点在 Δt 时段内始末动量的差异。

欧拉法描述的流体质点动量指的是任意质点流经某空间位置时，其速度与流经该点液体质量的乘积，而所谓的动量变化，则是指在 Δt 时段内，任意质点流经始末两点空间位置时的动量变化。

理论力学中质点系的动量定理指出：单位时间内，物体动量的增量 $\mathrm{d}k$，等于物体所受外力的合力 $\sum F$，即

$$\sum F = \frac{\mathrm{d}k}{\Delta t} \tag{3-18}$$

恒定总流中，截取任意流段 1—2，如图 3-11 所示。其中微小流束段，经过 Δt 时段后，由原来的 1—2 位置移动到于 1′—2′位置。对恒定流，1′—2′流段内部所含液体的动量在 Δt 时段前后并没有变化，故微小流束 1—2 段经过 Δt 时段后的动量增量等于 2—2′段微小流束的动量减去 1—1′段微小流束的动量。通过对总流上所有微小流束动量增量的积分，可得到总流 1—2 段经过 Δt 时段的动量增量，即

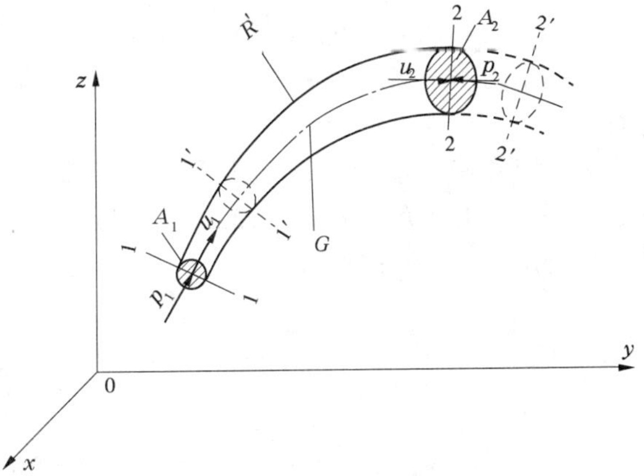

图 3-11　液流动量变化与外力的关系

$$\mathrm{d}k = \alpha'_2 \rho Q v_2 \Delta t - \alpha'_1 \rho Q v_1 \Delta t \tag{3-19}$$

将式(3-19)与式(3-18)联立，可得恒定总流的动量方程为

$$\sum F = \rho Q(\alpha'_2 v_2 - \alpha'_1 v_1) \tag{3-20}$$

式中的 $\sum F$、v_1 和 v_2 均为矢量，故式(3-20) 为矢量方程，实用上常用3 个坐标轴上的投影式表示，即

$$\begin{cases} \sum F_x = \rho Q(\alpha'_2 v_{2x} - \alpha'_1 v_{1x}) \\ \sum F_y = \rho Q(\alpha'_2 v_{2y} - \alpha'_1 v_{1y}) \\ \sum F_z = \rho Q(\alpha'_2 v_{2z} - \alpha'_1 v_{1z}) \end{cases} \tag{3-21}$$

式中　α'——动量修正系数，其值与断面流速分布情况有关，一般 $\alpha' = 1.02 \sim 1.05$，在粗略计算中可近似取 $\alpha' = 1.0$。

动量方程中外力 $\sum F$ 的来源有：

(1) 两过水断面动水压力；

(2) 隔离体的重量；

(3) 固体边界作用于隔离体上的反作用力 R'。

二、恒定总流动量方程的应用

动量方程是水动力学三大方程之一，应用也较广泛。应用时应注意以下几点：

(1)先选取隔离体，并对隔离体进行受力分析，标明外力及其方向。注意隔离体应包括待求未知力作用在内的液体。

(2)隔离体两过水断面必须取在渐变流或均匀流区段，液流也须是恒定流，且流量沿程不变。

(3)动量方程中右侧表示液流动量的增加率，为流出动量减去流入动量，切不可颠倒。

(4)式中 F 和 v 都是矢量，它们在坐标轴上的投影分量应注意其正、负。一般以坐标轴方向为正。

(5)欲求水流对外界的反力 R，只需将所得合外力 R' 取反向符号，即 $R=-R'$。

(6)动量方程只能求解一个未知数，若要求解多个时，需与能量方程和连续性方程联合求解。

【例3-4】 有一溢流式混凝土坝如图3-12所示，上游断面1—1处的水深 $h_1=2$ m，下游断面2—2的水深 $h_2=1$ m，断面1—1和断面2—2之间的水头损失略去不计，求水流对每米宽过水坝的水平推力 R。

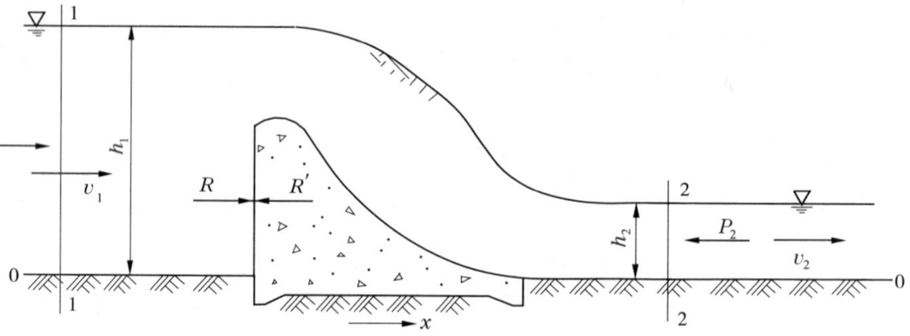

图3-12

解：取渐变流断面1—1和断面2—2为控制断面，以坝底为基准面，取断面1—1和断面2—2之间的液体为隔离体。令 $\alpha_1=\alpha_2=1$，$\alpha'_1=\alpha'_2=1$。

列断面1—1和断面2—2间的能量方程

$$2+\frac{v_1^2}{2g}=1+\frac{v_2^2}{2g}$$

列断面1—1和断面2—2间的连续性方程，取宽度为1 m。

$$A_1v_1=A_2v_2$$

$$1\times 2v_1=1\times v_2$$

求得 $v_2=2v_1$，代入能量方程

$$2+\frac{v_1^2}{2g}=1+\frac{(2v_1)^2}{2g}$$

解得

$$v_1=2.56(\text{m/s})$$

$$v_2 = 2v_1 = 2 \times 2.56 = 5.12(\text{m/s})$$

流量为
$$Q = v_1 A_1 = 2.56 \times 1 \times 2 = 5.12(\text{m}^3/\text{s})$$

作用在断面 1—1 和断面 2—2 上的动水压力为

$$P_1 = \frac{1}{2}\gamma h_1^2 b = \frac{1}{2} \times 9.8 \times 2^2 \times 1 = 19.6(\text{kN})$$

$$P_2 = \frac{1}{2}\gamma h_2^2 b = \frac{1}{2} \times 9.8 \times 1^2 \times 1 = 4.9(\text{kN})$$

设坝每米宽度上对水流的水平推力为 R'，方向如图 3-12 所示。重力在水平方向的分力为零，列水平方向（即 x 方向）的总流能量方程：

$$\sum F_x = P_1 - P_2 - R' = \rho Q(\alpha_2' v_2 - \alpha_1' v_1)$$

$$\begin{aligned} R' &= P_1 - P_2 - \rho Q(\alpha_2' v_2 - \alpha_1' v_1) \\ &= 19.6 - 4.9 - 1 \times 5.12 \times (1 \times 5.12 - 1 \times 2.56) \\ &= 1.59(\text{kN}) \end{aligned}$$

由于求得 R' 为正值，说明 R' 的初设方向正确（向左），水流对坝宽 1 m 的水平推力 R 与 R' 大小相等，方向相反，即 $R = 1.59(\text{kN})$（向右）。

【例 3-5】 如图 3-13 所示为桥涵下游的消力墩，它位于下游渠道的混凝土底板上，以消减水流对下游渠道的冲刷作用。若 $v_1 = 10$ m/s，$h_1 = 0.8$ m，$h_2 = 2.4$ m，消力墩在渠道中横向布设，中心间距 $b = 1.5$ m，求水流对单个消力墩的作用力。

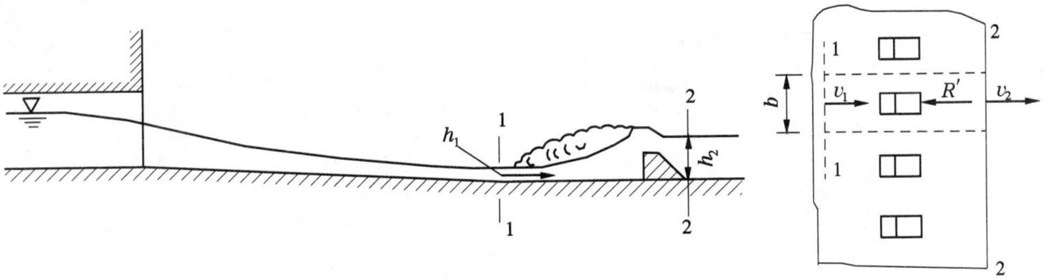

图 3-13 消力墩受力计算

解：(1) 选取隔离体，如图 3-13 所示。

(2) 计算 Q 和 v_2。

$$Q = v_1 b h_1 = 10 \times 1.5 \times 0.8 = 12\ (\text{m}^3/\text{s})$$

$$v_2 = \frac{Q}{bh_2} = \frac{12}{2.4 \times 1.5} = 3.33(\text{m/s})$$

(3) 求消力墩反力 R'（方向如图 3-13 所示）。

列动量方程（取 $\alpha_1' = \alpha_2' = 1$）

$$P_1 - P_2 - R' = \rho Q(v_2 - v_1)$$

$$\begin{aligned} R' &= \frac{1}{2}\gamma h_1^2 b - \frac{1}{2}\gamma h_2^2 b - \rho Q(v_2 - v_1) \\ &= \frac{1}{2} \times 9.8 \times 0.8^2 \times 1.5 - \frac{1}{2} \times 9.8 \times 2.4^2 \times 1.5 + 1 \times 12 \times (10 - 3.33) \\ &= 42.4(\text{kN}) \end{aligned}$$

复习思考题

3-1　什么是理想液体及实际液体？

3-2　什么是流线和迹线？二者有何区别？

3-3　何谓过水断面？在选取时应注意什么？

3-4　恒定总流的能量方程反映了什么规律？方程中各项的几何意义和物理意义是什么？

3-5　应用能量方程时，为什么要先确定计算基准面？计算断面为什么只能选用渐变流断面？在两渐变流断面间为什么允许存在急变流？

3-6　建立动量方程的条件是什么？方程中 $\sum F$ 共包括哪些力？应用时注意哪些问题？

3-7　设有 3 个不同直径的水管串联，其直径顺序为 50 cm、80 cm、120 cm。假设在 50 cm 的水管中，水流速度为 5 m/s，试求其他管中的水流速度。

3-8　水管内径 $d=100$ mm，在 1 h 内输水 11 m^3，求其输水流量 Q 及断面平均流速 v。

3-9　某公路跨越一条渠道处拟修建一座小桥，如图 3-14 所示，渠道断面为梯形，底宽 $b_1=10$ m，边坡为 1∶1.5，桥位处断面为矩形，底宽 $b_2=8$ m。已知渠道水深 $h_1=3$ m，断面平均流速 $v_1=0.75$ m/s，桥下水深 $h_2=2.7$ m，求桥下的断面平均流速 v_2。

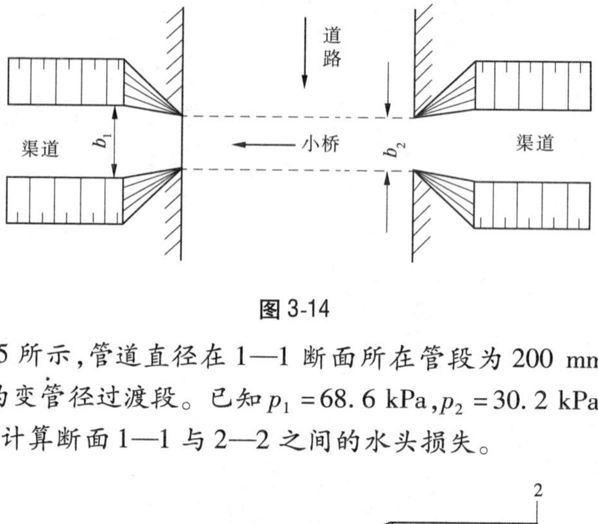

图 3-14

3-10　如图 3-15 所示，管道直径在 1—1 断面所在管段为 200 mm，2—2 断面所在管段为 400 mm，中间为变管径过渡段。已知 $p_1=68.6$ kPa，$p_2=30.2$ kPa，$v_2=1$ m/s，试确定水流的流动方向，并计算断面 1—1 与 2—2 之间的水头损失。

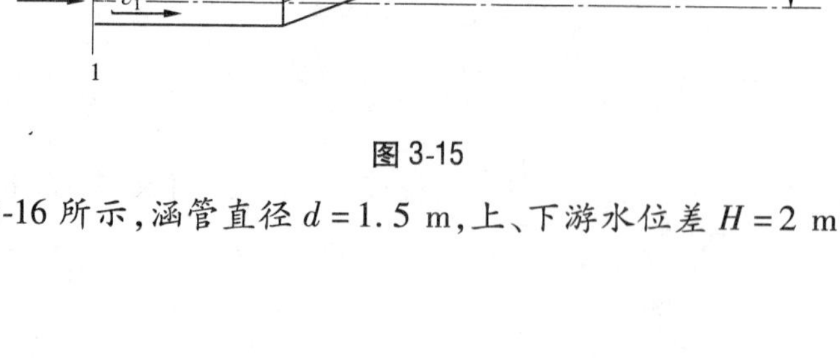

图 3-15

3-11　如图 3-16 所示，涵管直径 $d=1.5$ m，上、下游水位差 $H=2$ m，设进出口水头损

失 $h_\omega = 1.47\dfrac{v^2}{2g}$，求有压涵管的泄水流量 Q。

3-12　如图 3-17 所示为一矩形断面平底渠道，宽 1 m，河底上升的坎高 $p = 0.5$ m，坎前渐变流断面上的水深 $H = 1.8$ m，坎后水面下降 $\Delta z = 0.3$ m，坎顶水流为渐变流，上、下游河底为水平，忽略水头损失，求渠中通过的流量 Q。

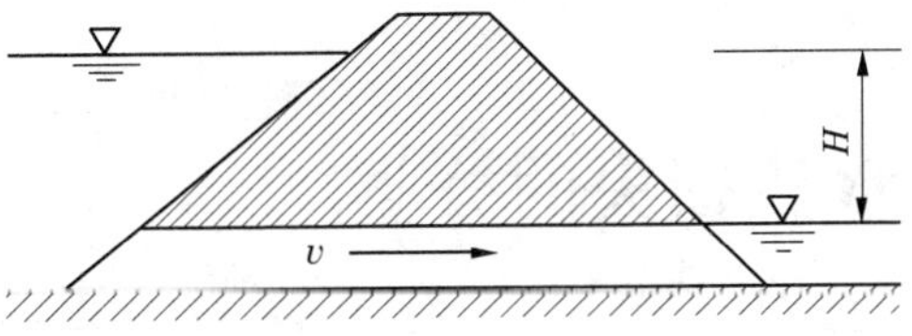

图 3-16

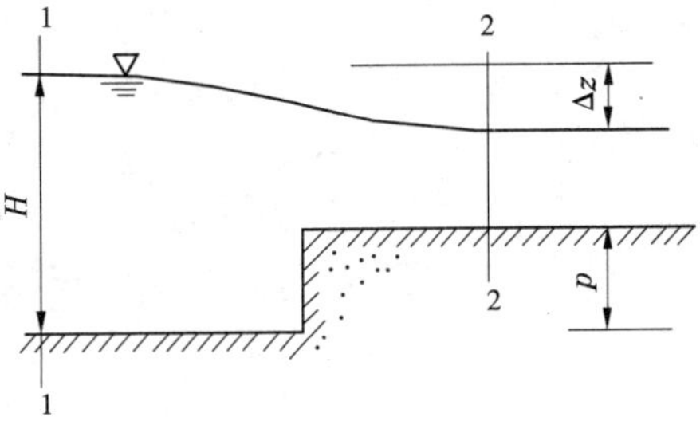

图 3-17

3-13　如图 3-18 所示为一矩形断面渠道，渠宽 $B = 10$ m，渠内插入一直立式平板闸门，已知闸前水深 $H = 5$ m，闸前行进流速 $v_0 = 0.96$ m/s，闸门后收缩断面水深 $h_c = 0.8$ m，求水流对闸门的水平推力 R。

3-14　如图 3-19 所示，水平放置的弯管，弯转角度 $\alpha = 45°$，其出口流入大气，恒定出流，已知上游管道直径 $d_1 = 600$ mm，下游管道直径 $d_2 = 400$ mm，上游流速 $v_1 = 1.5$ m/s，压强 $p_1 = 245$ kPa，求水流对这段弯管头的作用力。

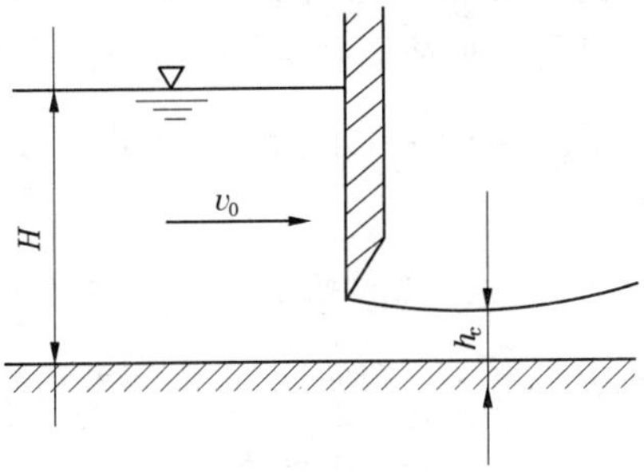

图 3-18

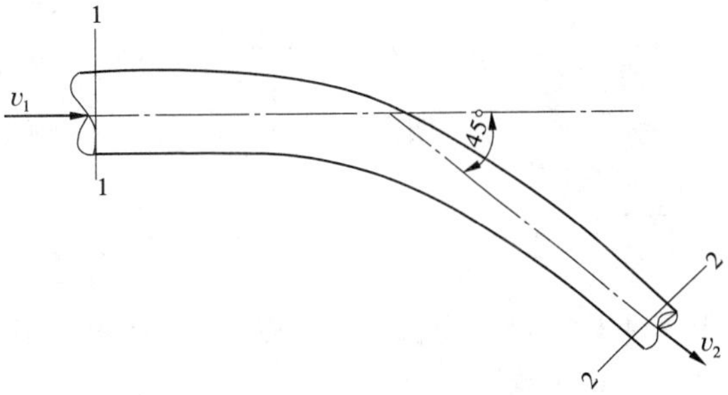

图 3-19

第四章　水流阻力和水头损失

本章重点

本章从水流运动特征入手，介绍水流阻力、水头损失及其分类、水头损失的计算；研究简单管路的水力计算问题。

第一节　水流阻力及水头损失的分类

一、水流阻力

水流在运动时，由于实际液体存在黏滞性和局部固体边界条件发生变化，必然存在水头损失。通过下面的实验可以证明。

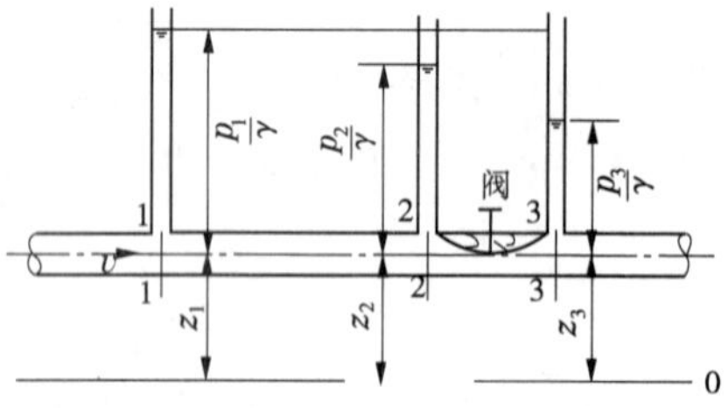

图 4-1

如图 4-1 所示为一等直径、水平放置的管道，在恒定流条件下进行实验观察。从断面 1—1、2—2、3—3 的测压管中观察水流的变化情况。

由于水流为恒定流，管径 d 不变，故断面 1—1 和断面 2—2 的断面平均流速 v 相等。又因为管轴线水平，两断面位置高度 z 也相等，但测压管高度（单位压能）由断面 1—1 的$\frac{p_1}{\gamma}$减小到断面 2—2 的$\frac{p_2}{\gamma}$。同样断面 2—2 和阀门下游断面 3—3 的测压管中水面也呈下降趋势，由图 4-1 可知，断面 2—2 至断面 3—3 间的长度小于断面 1—1 至断面 2—2 间的长度，但其下降量更大。

由此可见，液体的黏滞性和局部边界条件发生变化对水流运动产生阻碍作用，这种阻碍水流运动的作用力为水流阻力，是产生水头损失的原因。水头损失是单位重量水体为克服水流阻力而损失的能量。

二、水头损失的分类

水流在不同边界情况下的运动情况是十分复杂的，为了便于计算水头损失，通常把水头损失分为两类即沿程水头损失与局部水头损失。

（一）沿程阻力与沿程水头损失

当水流的边界条件不变，水流只受内摩擦力（黏滞力）作用，所产生的阻力为沿程阻力，为克服沿程阻力所损失的能量为沿程水头损失，用 h_f 表示。图 4-1 中断面 1—1、断面 2—2 间的水头损失即为沿程水头损失。所以在恒定流条件下，管径不变的长直管道和断面形状、尺寸不变的长直渠道中的水流为均匀流，只有沿程阻力和沿程水头损失，沿程阻力的特征是沿水流长度均匀分布，所以沿程水头损失的大小与流程成正比。均匀流时，断面平均流速沿程不变，流速分布沿程不变，则 $h_f = h_w(\alpha_1 = \alpha_2, v_1 = v_2)$。

$$h_f = h_w = (z_1 + \frac{p_1}{\gamma}) - (z_2 + \frac{p_2}{\gamma}) \tag{4-1}$$

由式(4-1)可知，水流在均匀流情况下，两过水断面间的沿程水头损失即等于两断面间的测压管水头差，因此可以得出 $J = J_P$，即水力坡度等于测压管坡度。

(二)局部阻力与局部水头损失

当水流固体边界的形状、尺寸发生急剧变化(例如输水道的过水断面突然扩大、缩小、转弯或安装阀门的地方)，引起水流紊乱、流速分布沿程变化，使水流流速大小、方向发生急剧变化所形成的附加阻力为局部阻力，水流克服局部阻力所损失的能量称为局部水头损失，用 h_j 表示。图 4-1 中断面 2—2、3—3 之间的水头损失主要是局部水头损失。

由此可知，形成水头损失有两个因素：一个是液体的黏滞性，液体的黏滞性是流动液体造成能量损失的根本原因(内因)；一个是液体的固体边界条件(纵向、横向轮廓的形状和大小)发生变化，是造成能量损失的客观条件(外因)。横向轮廓的形状和大小对水头损失的影响可用水力半径 R 表示，即

$$R = \frac{A}{\chi} \tag{4-2}$$

式中　R——水力半径，m。

水力半径是衡量过水断面输水能力的一个非常重要的水力要素，当过水断面为圆形，直径为 d，则

$$R = \frac{A}{\chi} = \frac{\frac{\pi}{4}d^2}{\pi d} = \frac{d}{4}$$

式中　A——过水断面面积，m^2；

χ——湿周，即液流与固体边界相接触的长度，m。

实际水流在整个流程中存在各流段的沿程水头损失和各种局部水头损失，所以水流在全流程上的水头损失 h_w 等于水流各流段的沿程水头损失和各种局部水头损失的总和，即

$$h_w = \sum h_f + \sum h_j \tag{4-3}$$

式中　$\sum h_f$—— 全流程上各流段沿程水头损失之和；

$\sum h_j$—— 全流程上各种局部水头损失之和 。

第二节　雷诺试验——层流与紊流

19 世纪初水力学家发现，水流的水头损失与流速有关，流速很小时，水头损失与流速的一次方成正比，流速较大时，水头损失与流速的二次方或接近二次方成正比。1883 年，英国物理学家雷诺(O · Reynolds)通过大量试验研究，证实了水流运动存在有层流、紊流

两种型态，流动型态不同，其水头损失的计算方法也不同，明确了上述两种水头损失与流速间的关系是由于水流流动时存在两种性质不同的流动型态——层流和紊流。

一、雷诺试验

图 4-2 为雷诺试验装置的示意图。试验时，管径不变，管内水流为恒定流。

试验时，先将阀门 A 缓缓打开，管内水流以很小的速度流动，然后将颜色水开关 B 打开。随着颜色水流入玻璃管内，可以看到玻璃管内出现了一条稳定而明显的着色水流流束，此着色水流呈直线并向前运动，不与管内未着色水体相混掺，这种水流质点作有条不紊的分层流动为层流型态，如图 4-3(a)所示。

逐渐开大阀门 A，管中水流的流速逐渐增大，着色的直线水流开始颤动，并弯曲成波形，如图 4-3(b)所示；进而着色线逐渐变粗，先在个别地方出现断裂，失去原清晰形状；最后完全破裂形成小涡体，向四周扩散，使全部水流染色，如图 4-3(c)所示。这种水流质点一边运动一边扩散、相互混掺的流动型态为紊流。

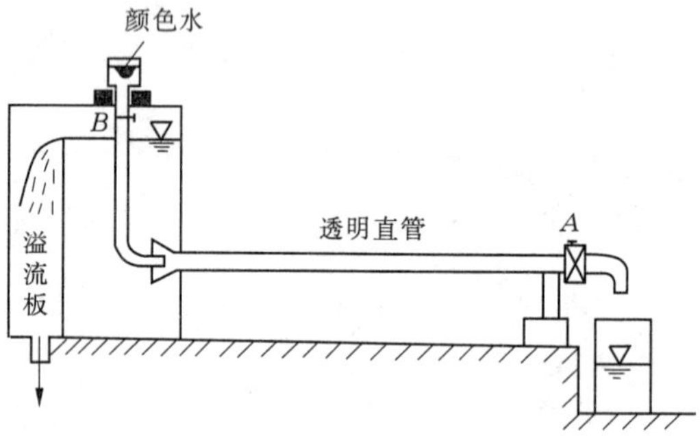

图 4-2

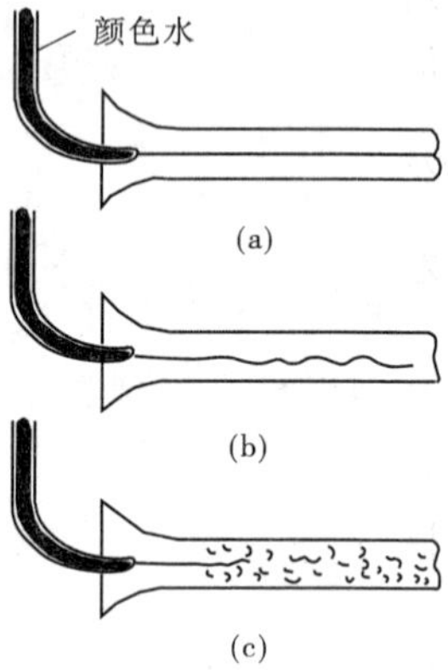

图 4-3

如果将阀门 A 全部打开，试验以相反的程序进行，即流速由大到小地进行逆向试验，则着色水流逐渐再现为直线，即表明水流从紊流可以转化为层流。

雷诺试验表明了实际液体具有层流、紊流两种不同的流动型态，这两种流态时的水头损失是不同的，因此计算水头损失应先判别水流型态。

二、层流和紊流的判别

雷诺通过大量试验得出，从层流转化为紊流，从紊流转化为层流总是存在一种临界状态，水流在临界状态时总存在一个比值不变，这个比值即为雷诺数 Re，雷诺数 Re 的表达式为

管流
$$Re = \frac{vd}{\nu} \tag{4-4}$$

渠道和河道的明渠水流
$$Re = \frac{vR}{\nu} \tag{4-5}$$

式中　Re——实际液体的雷诺数；

R——水力半径，m；

ν——液体的运动黏滞系数，m^2/s；

v——断面平均流速，m/s；

d——圆管直径，m。

层流和紊流转换时的雷诺数叫临界雷诺数，用 Re_k 表示。当实际雷诺数大于临界雷诺数（$Re > Re_k$）时，水流型态为紊流；当实际雷诺数小于临界雷诺数（$Re < Re_k$）时，水流型态为层流。试验还表明：对于不同种类液体在同一边界形状、不同的边界尺寸、不同温度时的流动，临界雷诺数为常数。过水断面为圆形时，临界雷诺数 $Re_k = 2\ 320$；过水断面为明渠时，临界雷诺数 $Re_k = 500$。

【例 4-1】　某矩形试验明槽水流，底宽 $b = 0.2$ m，水深 $h = 0.2$ m，测得其过水断面平均流速 $v = 0.10$ m/s，水温为 20 ℃，试判别水流型态。

解：根据已知条件，计算水流的运动要素。

过水断面面积　　$A = bh = 0.2 \times 0.2 = 0.04(m^2)$

湿周　　$\chi = b + 2h = 0.2 + 0.4 = 0.6(m)$

水力半径　　$R = \dfrac{A}{\chi} = \dfrac{0.04}{0.6} = 0.067(m)$

水温为 20 ℃时，查表 1-3 得运动黏滞系数　$\nu = 1.011 \times 10^{-6}\ m^2/s$

则

$$Re = \frac{vR}{\nu} = \frac{0.10 \times 0.067}{1.011 \times 10^{-6}} = 6\ 627 > 500$$

因为 $Re > Re_k$，则明槽中的水流为紊流。

一般情况下，天然河道、人工渠道和输水管中的水流大多为紊流，层流很少发生，所以实际工程很少对水流型态进行判别。

第三节　沿程水头损失的计算

一、均匀流基本方程

在恒定均匀流中，过水断面尺寸、断面平均流速及流速分布沿程不变，各单位流程上的沿程水头损失均相等。如图 4-4 所示，沿均匀段取断面 1—1、2—2 的水体为隔离体，进行受力分析。

设流段轴线与水平面的夹角为 α，流段长度为 L，过水断面面积为 A，用 p_1 和 p_2 分别表示作用在过水断面 1—1 和 2—2 形心的动水压强，z_1 和 z_2 分别为过水断面 1—1 和2—2 形心距离基准面的高度，则作用于该流段上的外力有：

作用在断面 1—1 和 2—2 上的动水压力为 $P_1 = p_1A_1$、$P_2 = p_2A_2$，重力 $G = \gamma AL$，方向向下。设流段内固体边界单位面积上的平均阻力 T 为 $\tau_0 L\chi$，其中 χ 为湿周。摩擦阻力与水流的方向相反。

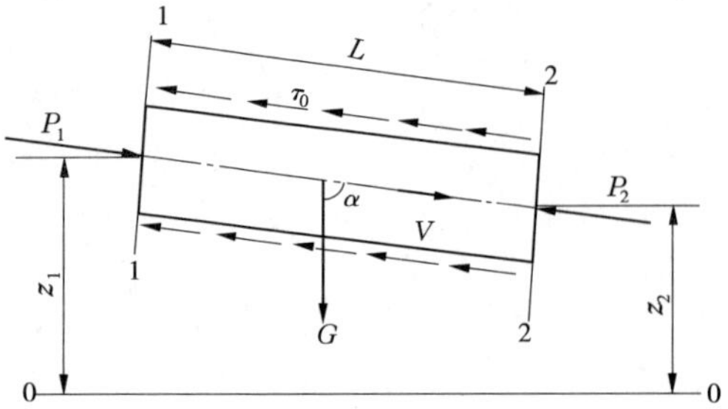

图 4-4

则隔离体上的平衡方程为

$$P_1 - P_2 + G\sin\alpha - T = 0$$

$$p_1A_1 - p_2A_2 + \gamma AL\sin\alpha - \tau_0\chi L = 0$$

由图 4-4 可知 $\sin\alpha = \frac{z_1 - z_2}{L}$，将之代入上式，并将上式（4-6）中各项都除以 γA，经整理后得

$$(z_1 + \frac{P_1}{\gamma}) - (z_2 + \frac{P_2}{\gamma}) = \frac{L\chi}{A}\frac{\tau_0}{\gamma} \tag{4-6}$$

以 0—0 为基准面，列断面 1—1 和 2—2 的能量方程

$$z_1 + \frac{P_1}{\gamma} + \frac{\alpha_1 v_1^2}{2g} = z_2 + \frac{P_2}{\gamma} + \frac{\alpha_2 v_2^2}{2g} + h_w$$

在均匀流中 $v_1 = v_2$，取 $\alpha_1 = \alpha_2 = 1$，$h_w = h_f$ 代入上式化简得

$$(z_1 + \frac{P_1}{\gamma}) - (z_2 + \frac{P_2}{\gamma}) = h_f \tag{4-7}$$

由式（4-6）、式（4-7）得

$$h_f = \frac{\tau_0}{\gamma}\frac{\chi}{A}L = \frac{L}{R}\frac{\tau_0}{\gamma}$$

因 $\frac{h_f}{L} = J$，故上式可以写成为

$$\tau_0 = \gamma RJ \tag{4-8}$$

式中 J——水力坡度，在均匀流中 J 为常数；
R——水力半径，m。

式（4-8）为均匀流的基本方程，反映了沿程水头损失与切应力关系。

二、沿程水头损失的计算公式

（一）沿程水头损失的理论计算公式——达西 - 魏斯巴哈公式

1. 达西 - 魏斯巴哈公式

在均匀流中，对任意两断面列能量方程，并通过改变试验条件探讨影响沿程水头损失的因素，从而得到沿程水头损失的计算公式

$$h_f = \lambda\frac{L}{4R}\cdot\frac{v^2}{2g} \tag{4-9}$$

式中 h_f——沿程水头损失，m；
λ——沿程水头损失系数，它反映了水流型态、边界粗糙度对水头损失的影响，为无单位数；
L——计算段长度，m；
R——水力半径，m；

$\frac{v^2}{2g}$——计算段流速水头，m；

式(4-9)就是沿程水头损失计算公式，即达西－魏斯巴哈公式，对于圆管，$R = \frac{d}{4}$，故圆管沿程水头损失的表达式可写为

$$h_f = \lambda \frac{L}{d} \frac{v^2}{2g} \tag{4-10}$$

式中　d——圆管直径，m；

其他符号意义同前。

2. 沿程水头损失系数 λ 的测定

利用达西－魏斯巴哈公式计算水头损失的关键是确定沿程水头损失系数 λ，λ 的测定一般由试验测得。

如图 4-5 所示，对某已知管长为 L、管径为 d 的圆管中水流，只要测出该段水流的沿程水头损失 h_f 和流量 Q，就可由式(4-10)算出该流量时的沿程水头损失系数 λ 值。

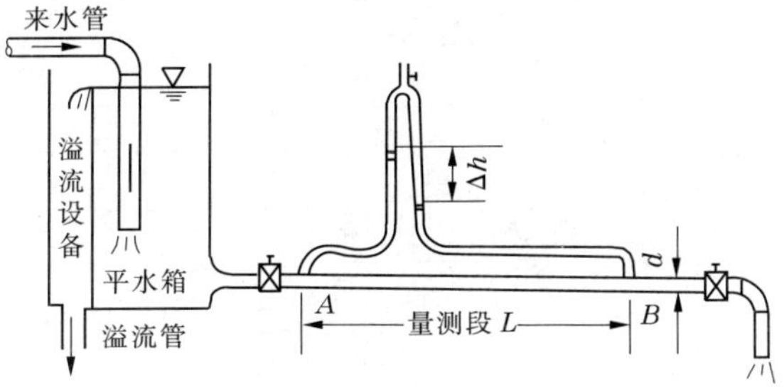

图 4-5

试验时应保持水流为恒定流，量测段 AB 距管道进、出口应有一定距离，保证水流为均匀流，两端设置测压管。用管道末端阀门来调节流量，并用体积法或重量法等方法量测流量。

根据能量方程

$$z_A + \frac{P_A}{\gamma} + \frac{v_A^2}{2g} = z_B + \frac{P_B}{\gamma} + \frac{v_B^2}{2g} + h_{wA-B}$$

因为 AB 段管径不变，各断面平均流速相同，无局部水头损失，则

$$z_A + \frac{p_A}{\gamma} = z_B + \frac{p_B}{\gamma} + h_f$$

$$h_f = \left(z_A + \frac{p_A}{\gamma}\right) - \left(z_B + \frac{p_B}{\gamma}\right) = h_1 - h_2 = \Delta h$$

可见，两断面间的沿程水头损失 h_f 等于两断面的测压管水头差。又由于管轴水平放置，$z_A = z_B$，两断面间的 h_f 就等于两断面间的压强水头差。

根据实测的 d、L、h_f、$v(v = Q/A)$ 值，代入式(4-10)，即可求出沿程水头损失系数 λ 值。

$$\lambda = \frac{h_f}{\frac{L}{d} \frac{v^2}{2g}} \tag{4-11}$$

3. 沿程水头损失系数 λ 的分布规律

为了探讨沿程水头损失系数 λ 在不同流态的变化规律，前人做过大量的试验，尼库拉兹曾用不同粒径的人工砂，在不同直径的管道上作了一系列的试验，根据试验数据绘制了 λ 的变化规律曲线。之后，蔡克士达用同样的方法在矩形渠道中进行了试验，得到了类似的反映 λ 变化规律的曲线。摩迪在总结前人试验研究的基础中，对工业管道进行了试验研究，并绘制了不同相对粗糙度管道的沿程阻力系数与雷诺数 Re 的关系曲线，称为摩迪图，如图 4-6 所示。该图的横坐标为 Re，纵坐标为 λ，相对粗糙度用 $\frac{\Delta}{d}$ 表示，d 为管道直径。

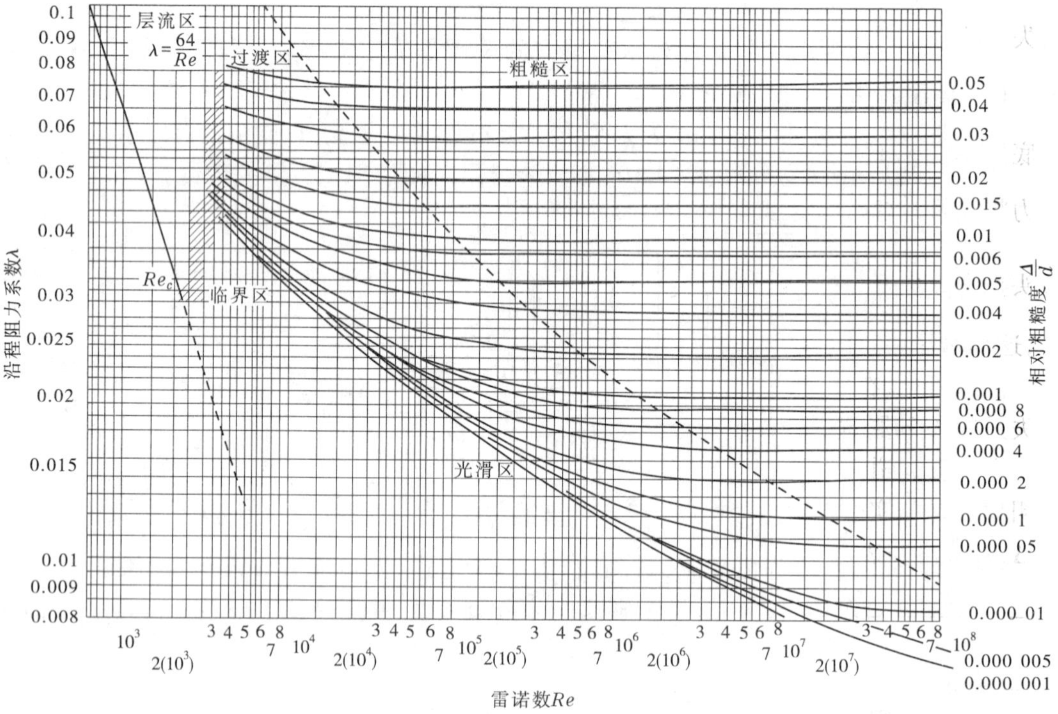

图 4-6

在摩迪图中，液体在流动时存在有层流区、紊流水力光滑区、紊流水力过渡区和紊流水力粗糙区 4 个不同的流区。在 4 个不同流区中 λ 遵循不同的规律。

(1) 层流区（$Re<2\ 320$）。整个水流都是层流，绝对粗糙度 Δ 完全掩盖在层流中。这时，水头损失系数 λ 与边壁粗糙度 Δ 无关，而仅与 Re 有关，即 $\lambda=f(Re)$。

在圆管中
$$\lambda=\frac{64}{Re} \tag{4-12}$$

在层流区相对粗糙度对系数 λ 值没有影响。由于 $Re=\frac{vd}{\nu}$，所以水头损失 $h_f=\lambda\frac{L}{d}\frac{v^2}{2g}\propto v^{1.0}$，即层流区水头损失与断面平均流速的一次方成正比。

(2) 紊流水力光滑区（$\frac{\Delta}{\delta_0}<0.04$）（$\delta_0$ 为黏性底层的厚度）。此时水流是紊流，流速较

大，边界粗糙度 Δ 完全被淹没在黏性底层中，对外部紊流不产生影响。此时，水头损失系数 λ 与绝对粗糙度 Δ 无关，仅是 Re 的函数，即 $\lambda = f(Re)$，则 $h_f = \lambda \frac{L}{d}\frac{v^2}{2g} \propto v^{1.75}$，即水头损失与断面平均流速的 1.75 次方成正比。

(3)紊流水力过渡区（$0.4 < \frac{\Delta}{\delta_0} < 6$）。此时水流是紊流，流速很大，$\delta_0$ 已不能完全掩盖住 Δ 的作用。这时水头损失系数 λ 既与 Re 有关，又与$\frac{\Delta}{d}$有关，即 $\lambda = f(Re, \frac{\Delta}{d})$。在紊流过渡区水头损失系数 λ 既与 Re 有关，又与$\frac{\Delta}{d}$有关，水头损失 $h_f = \lambda \frac{L}{d}\frac{v^2}{2g} \propto v^{1.75 \sim 2.0}$，即水头损失与断面平均流速的 1.75 ~ 2.0 次方成正比。

(4)紊流水力粗糙区（$\frac{\Delta}{\delta_0} > 6$）。此时水流是紊流，流速 v 和雷诺数 Re 相当大，近壁黏性底层厚度 δ_0 比绝对粗糙度 Δ 小的多，近壁层流对边壁的粗糙不能掩盖。这种管道称为水力粗糙管，这时，水头损失系数 λ 与 Re 无关，仅与相对粗糙度$\frac{\Delta}{d}$有关，即 $\lambda = f(\frac{\Delta}{d})$。其水头损失 $h_f = \lambda \frac{L}{d}\frac{v^2}{2g}$，由于 h_f 与流速的平方成正比，故紊流水力粗糙区又称为阻力平方区，这种水流在工程中最为常见。

由此可见，在紊流的 3 个不同流区中，流动特征、水流的切应力、流速分布和影响水头损失系数 λ 的影响因素等也不相同。

在计算管道的沿程水头损失系数值时，是用当量粗糙度来表示其绝对粗糙度的。当量粗糙度是与实际管道具有同一沿程水头损失系数 λ 值的人工贴砂加糙管的绝对粗糙度 Δ，其值可查表 4-1。

表 4-1　常见实际管道的当量粗糙度

壁面种类	当量粗糙度值 Δ(mm)	壁面种类	当量粗糙度值 Δ(mm)
新的无缝钢管	0.04 ~ 0.17	磨光的水泥管	0.33
一般状况的钢管	0.19	玻璃管	0.001 5 ~ 0.01
焊接钢管	0.046	镀锌管	0.152
旧的生锈钢管	0.60	木管	0.45 ~ 0.60
新的铸铁管	0.2 ~ 0.3	混凝土管及钢筋混凝土管	1.8 ~ 3.5
旧的铸铁管	0.5 ~ 1.6		

工业用的各种管道，用摩迪图查得的沿程水头损失系数 λ 值所计算的成果与实际情况较为符合，所以工业管道中的沿程水头损失 h_f 常用通用公式来计算。工程中的各种管道和天然河道目前没有较完善的表面粗糙均匀化的当量粗糙度资料，所以在沿程水头损失 h_f 的计算中，很少采用通用公式，而常用经验公式来确定沿程水头损失 h_f。

【例 4-2】　一引水管采用工业用钢管，管径 $d = 0.2$ m，管长 $L = 100$ m，管壁状况一般，管内水温为 10 ℃，当引用流量为 $Q = 60$ L/s 时，求该管中的沿程水头损失 h_f。

解:(1)计算雷诺数。

过水断面面积 $A=\frac{\pi}{4}d^2=\frac{3.14}{4}\times 0.2^2=0.0314(\mathrm{m}^2)$

断面平均流速 $v=\frac{Q}{A}=\frac{0.060}{0.0314}=1.911(\mathrm{m/s})$

由水温 $t=10\ ℃$,查表 1-3 得运动黏滞系数 $\nu=1.31\times 10^{-6}\ \mathrm{m^2/s}$,则雷诺数 Re 为

$$Re=\frac{vd}{\nu}=\frac{1.911\times 0.2}{1.31\times 10^{-6}}=2.92\times 10^5$$

水流为紊流。

(2)沿程水头损失系数 λ 确定。

由表 4-1 看出,一般钢管介于新无缝钢管和旧生锈钢管之间,在旧钢管和涂柏油的钢管范围内,取 $\Delta=0.2\ \mathrm{mm}$,则相对粗糙度为$\frac{\Delta}{d}=\frac{0.2}{200}=0.001$。

用计算出的 $Re=2.92\times 10^5$ 和$\frac{\Delta}{d}=0.001$ 查摩迪图,得 $\lambda=0.021$。

(3)沿程水头损失计算。

沿程水头损失 h_f 的公式为

$$h_f=\lambda\frac{L}{d}\frac{v^2}{2g}$$

将已知值 $L=100\ \mathrm{m}$,$d=0.2\ \mathrm{m}$ 及计算、查图而得到的 $v=1.911\ \mathrm{m/s}$ 和 $\lambda=0.021$ 代入上式,则可算出沿程水头损失

$$h_f=\lambda\frac{L}{d}\frac{v^2}{2g}=0.021\times\frac{100}{0.2}\times\frac{1.911^2}{19.6}=1.96(\mathrm{m})$$

(二)沿程水头损失计算的经验公式——谢才公式

明渠(渠道、河道等)水流是道路与桥梁、土木、水利及给水排水工程中常见的水流现象,所以明渠的沿程水头损失的计算是工程中比较常见的。

法国工程师谢才根据丰富的工程实践总结了明渠均匀流的谢才公式

$$v=C\sqrt{RJ} \tag{4-13}$$

或

$$h_f=\frac{v^2 l}{C^2 R} \tag{4-14}$$

式中 C——谢才系数;

其他符号意义同前。

谢才系数 C 与沿程水头系数 λ 一样,也是综合反映 Re 和边壁粗糙影响的阻力系数,它们的区别在于两者的表示形式不同。式(4-13)不仅适用于明渠恒定均匀流,同时也适用于有压管恒定均匀流。

谢才系数 C 与沿程水头损失系数 λ 有以下关系 $\lambda=\frac{8g}{C^2}$或 $C=\sqrt{\frac{8g}{\lambda}}$

谢才系数常用以下两个经验公式计算。

(1)曼宁公式

$$C = \frac{1}{n}R^{1/6} \tag{4-15}$$

(2)巴甫洛夫斯基公式

$$C = \frac{1}{n}R^{y} \tag{4-16}$$

式中的指数 y 可由下式确定

$$y = 2.5\sqrt{n} - 0.13 - 0.75\sqrt{R}(\sqrt{n} - 0.10) \tag{4-17}$$

对于紊流粗糙区,多用曼宁公式计算谢才系数 C 值。

式中 R——水力半径;

n——综合反映衡量边界形状不规则和边壁粗糙度影响的一个无量纲综合系数,称为粗糙系数或糙率。

目前,n 值已积累了较多资料为工程所采用。不同输水道边壁的 n 值列于表 4-2。曼宁公式形式简单,计算方便,且能获得较满意的结果,因此受到较广泛的采用。在河渠水力计算时一般可以直接利用谢才-曼宁公式计算。

表 4-2　输水管道表面各种材料的糙率 n 值

输水道表面性质	表面粗糙程度		
	较光滑	中等	较粗糙
玻璃管、有机玻璃管	0.007 5 ~ 0.008 3	—	—
铸铁管、钢管	0.011	0.012 5	0.014
木质管道、木槽	0.011	0.013	0.015
陶土管(缸瓦管)	0.012	0.013	—
混凝土管道或渠道	0.013	0.015	0.017
抹灰的混凝土或钢管混凝土护面	0.011	0.012	0.013

【例 4-3】 混凝土护面的梯形渠道,如图 4-7 所示,底宽 $b = 6$ m,水深 $h = 2$ m,边坡系数 $m = 1$,糙率 $n = 0.017$。水流在紊流粗糙区,水力坡度 $J = 0.000\ 2$,求渠道的流量。

解:边坡系数　$m = 1$

过水断面面积　$A = bh + mh^2 = 6 \times 2 + 1 \times 2^2 = 16\ (\mathrm{m}^2)$

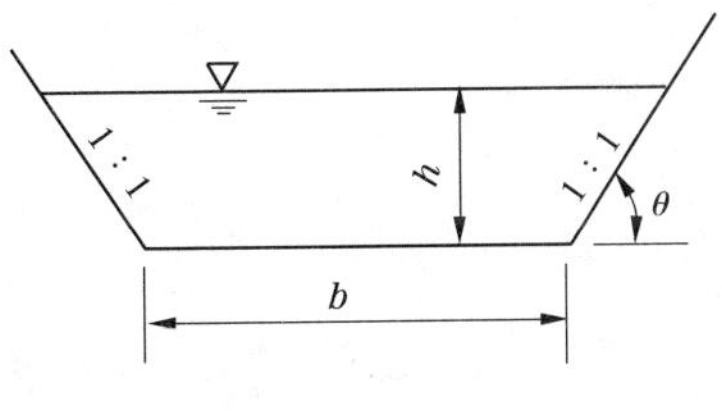

图 4-7　梯形渠道

湿周　$\chi = b + 2\sqrt{1 + m^2}h = 6 + 2 \times \sqrt{1 + 1^2} \times 2 = 11.66(\mathrm{m})$

水力半径　$R = \frac{A}{\chi} = \frac{16}{11.66} = 1.37(\mathrm{m})$

由曼宁公式计算谢才系数

$$C = \frac{1}{n}R^{1/6} = \frac{1}{0.017} \times 1.37^{1/6} = 61.99(\mathrm{m}^{1/2}/\mathrm{s})$$

渠道的流量　$Q = Av = AC\sqrt{RJ} = 16 \times 61.99 \times \sqrt{1.37 \times 0.000\ 2} = 16.42(\mathrm{m}^3/\mathrm{s})$

【例 4-4】 如图 4-8 所示某混凝土矩形渠道，水流为均匀流，底宽 $b=5$ m，当通过的流量 $Q=6\ \mathrm{m^3/s}$ 时，水深 $h=1.5$ m，渠道的沿程水头损失系数 $\lambda=0.011\,5$，求相距 1 000 m 的两个断面的水面落差为多少？

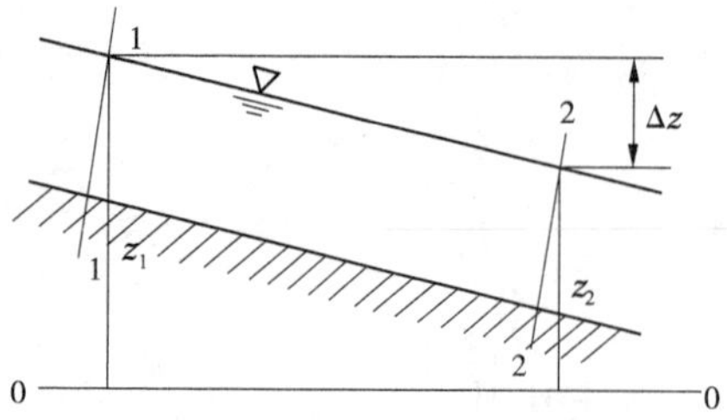

图 4-8

解：选水平面为基准面，代表点选在水面，建立断面 1—1、2—2 的能量方程

$$z_1+\frac{p_1}{\gamma}+\frac{\alpha_1 v_1^2}{2g}=z_2+\frac{p_2}{\gamma}+\frac{\alpha_2 v_2^2}{2g}+h_{w1-2}$$

$p_1=p_2=0$，水流为均匀流，$v_1=v_2$，$h_{w1-2}=h_{f1-2}$，取 $\alpha_1=\alpha_2=1.0$，则水面落差为 $\Delta z=z_1-z_2=h_{f1-2}$。

计算断面 1—1、2—2 之间的沿程水头损失

过水面积 $A=bh=5\times1.5=7.5(\mathrm{m^2})$

湿周 $\chi=b+2h=5+2\times1.5=8(\mathrm{m})$

水力半径 $R=A/\chi=7.5/8=0.94(\mathrm{m})$

流速 $v=Q/A=6/7.5=0.8(\mathrm{m/s})$

代入式(4-9)得

$$h_f=\lambda\frac{L}{4R}\frac{v^2}{2g}=0.011\,5\times\frac{1\,000}{4\times0.94}\times\frac{0.8^2}{2\times9.8}=0.1(\mathrm{m})$$

因此，两断面的水面落差 Δz 为 0.1 m。

【例 4-5】 有一混凝土衬砌的引水隧洞，洞径 $d=2.0$ m，洞长 $L=1\,000$ m，求引水隧洞通过流量 $Q=5.65\ \mathrm{m^3/s}$ 时的沿程水头损失，并求其对应的 λ 值。

解：(1) 计算隧洞的水力要素。

过水面积 $A=\frac{\pi}{4}d^2=\frac{3.14}{4}\times2^2=3.14(\mathrm{m^2})$

湿周 $\chi=\pi d=3.14\times2.0=6.28(\mathrm{m})$

水力半径 $R=\frac{A}{\chi}=\frac{d}{4}=0.5(\mathrm{m})$

断面平均流速 $v=\frac{Q}{A}=\frac{5.65}{3.14}=1.80(\mathrm{m/s})$

(2) 查表 4-2 选用 $n=0.014$。

(3) 求 h_f。由式(4-15)、式(4-14)得

$$C=\frac{1}{n}R^{1/6}=\frac{1}{0.014}\times(0.5)^{1/6}=63.64(\mathrm{m^{1/2}/s})$$

$$h_f=\frac{v^2}{C^2R}L=\frac{1.8^2}{63.64^2\times0.5}\times1\,000=1.60(\mathrm{m})$$

(4) 求 λ。 $\lambda=\frac{8g}{C^2}=\frac{8\times9.8}{63.64^2}=0.019\,4$

第四节　局部水头损失的分析和计算

局部水头损失就是由于水流边界发生突然改变，水流的惯性导致水流与边壁脱离而产生的水头损失。水流在边界的分离现象，在工程中经常遇到，边界突然变化形式是多种多样的，例如管道或渠道的突然扩大、突然缩小、流动方向的改变等，但在水流结构上都具有共同的特点：

（1）凡在局部水头损失的地方，都有水流脱离边界层的现象，产生旋涡加大能量的消耗。

（2）凡在局部水头损失的地方，都有流速分布的急剧改变、调整，因而质点内部相对运动加强，碰撞、摩擦作用加剧，如图 4-9 所示，相应地加大了能量损失。

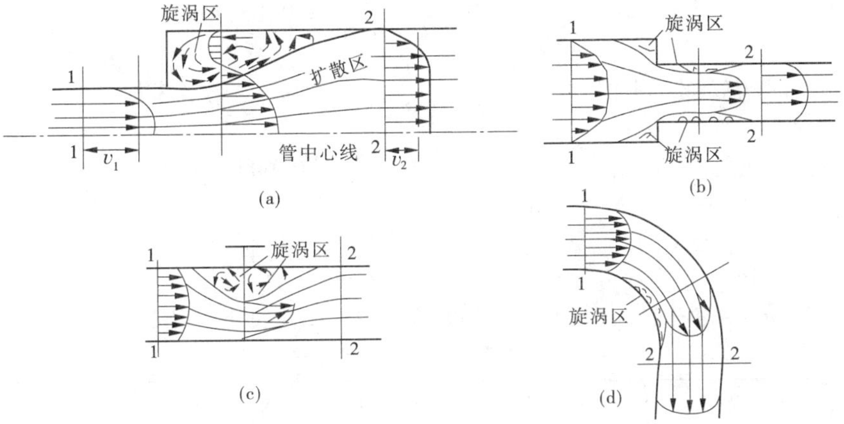

图 4-9

局部水头损失产生处的边界条件各种各样，相当复杂，目前还没有理论计算公式，通常用经验公式计算，即

$$h_j = \zeta \frac{v^2}{2g} \tag{4-18}$$

其中 ζ 为局部水头损失系数，由实验测定，列表于 4-3、表 4-4 中。必须指出 ζ 是对应于某一流速水头而言，因此，在选用时应注意二者的关系，选用与 ζ 相应的流速水头，在表 4-3、表 4-4 中已标明，若不加特殊标明者，该 ζ 值皆相应于局部阻力后的流速水头而言。

【例 4-6】 从水箱引出一直径不同的管道，如图 4-10 所示。已知 $d_1=150$ mm，$L_1=30$ m，$\lambda_1=0.036$，$d_2=125$ mm，$L_2=20$ m，$\lambda_2=0.038$，第二段管子上有一平板闸阀，其开度为 $a/d=0.5$。当输送流量 $Q=25$ L/s 时，求沿程水头损失 $\sum h_f$、局部水头损失 $\sum h_j$ 和水箱的水头 H。

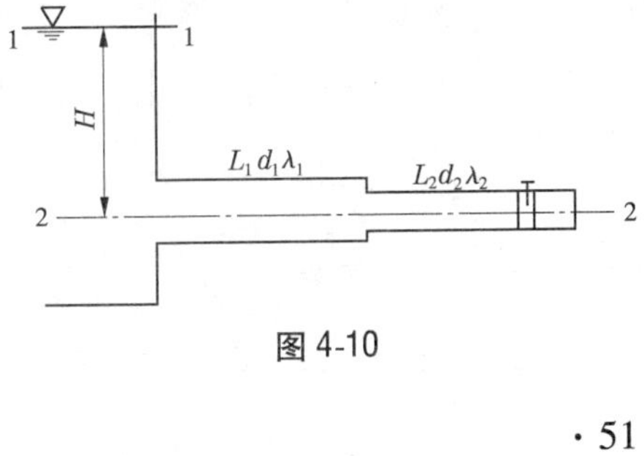

图 4-10

解：（1）沿程水头损失。

$$Q = 25 \text{ L/s} = 0.025(\text{m}^3/\text{s})$$

第一段断面平均流速 $v_1=\dfrac{Q}{A}=\dfrac{4\times 0.025}{3.14\times 0.15^2}=1.42(\text{m/s})$

则沿程水头损失 $h_{f1}=\lambda_1\dfrac{L_1}{d_1}\dfrac{v_1^2}{2g}=0.036\times\dfrac{30}{0.15}\times\dfrac{1.42^2}{19.6}=0.741(\text{m})$

第二段断面平均流速 $v_2=\dfrac{Q}{A_2}=\dfrac{4\times 0.025}{3.14\times 0.125^2}=2.04(\text{m/s})$

则沿程水头损失 $h_{f2}=\lambda_2\dfrac{L_2}{d_2}\dfrac{v_2^2}{2g}=0.038\times\dfrac{20}{0.125}\times\dfrac{2.04^2}{19.6}=1.291(\text{m})$

$$\sum h_f=h_{f_1}+h_{f_2}=0.741+1.291=2.032(\text{m})$$

(2)局部水头损失。

进口损失查表4-3中直角进口 $\zeta_{进口}=0.5$,则

$$h_{j1}=\zeta_{进口}\frac{v_1^2}{2g}=0.5\times\frac{1.42^2}{19.6}=0.051(\text{m})$$

管道缩小时的局部水头损失,根据 $\dfrac{A_2}{A_1}=\left(\dfrac{d_2}{d_1}\right)^2=0.694$,查表4-3得

$$\zeta_{缩}=0.5\times\left(1-\frac{A_2}{A_1}\right)=0.5\times(1-0.694)=0.153$$

则 $$h_{j2}=\zeta_{缩}\frac{v_2^2}{2g}=0.153\times\frac{2.04^2}{19.6}=0.032(\text{m})$$

闸阀处的局部水头损失,由闸阀的开度 $a/d=0.5$,查表4-3得 $\zeta_{闸}=2.06$,

表4-3 管道各种局部水头损失系数

名称	简图	ζ	名称	简图	ζ
突然缩小	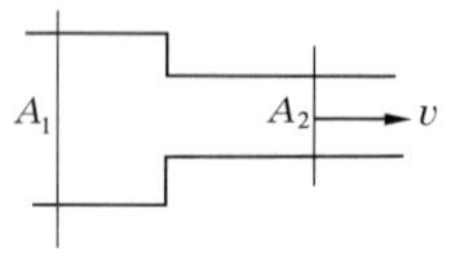	$0.5\left(1-\dfrac{A_2}{A_1}\right)$	进口	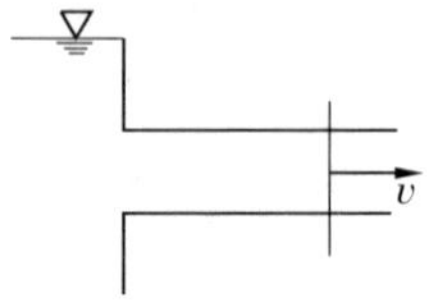	锐缘0.5 修圆0.2~0.25
出口	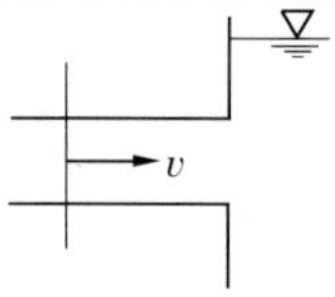	1.0	蝶阀	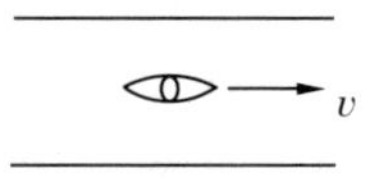	全开0.1~0.3
渐缩	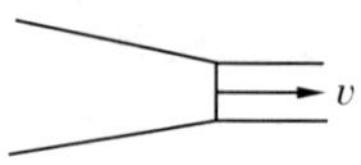	0.03~0.3	底阀	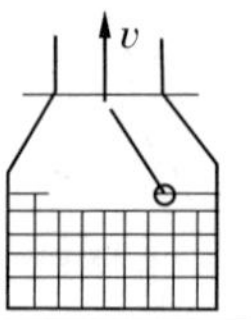	全开5~10
渐扩	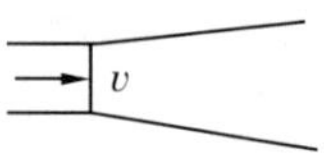	0.06~0.8	突然扩大	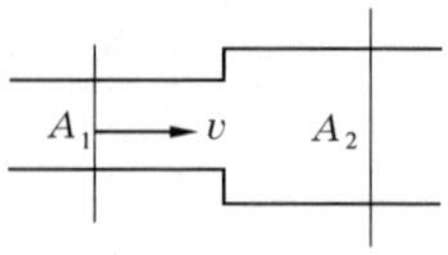	$\left(1-\dfrac{A_1}{A_2}\right)^2$

续表 4-3

名称	简图	ζ	名称	简图	ζ
90°圆弯	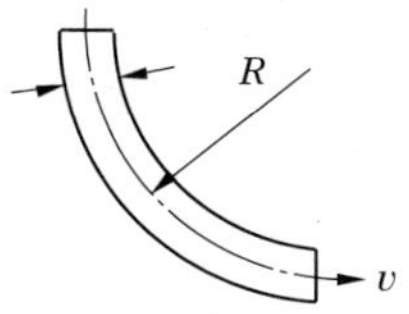	$0.131+0.163\left(\frac{d}{R}\right)^{3.5}$	等径分流	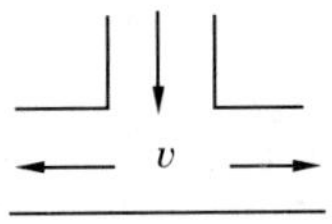	1.5
截止阀	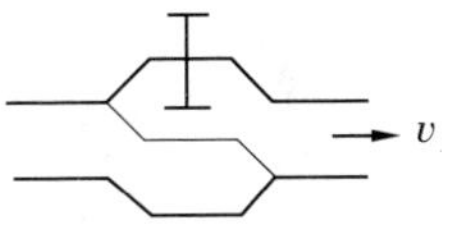	全开 4.3 ~6.1	等径合流	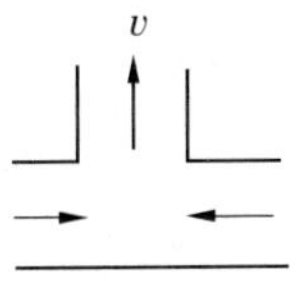	3.0

则

$$h_{j3}=\zeta_{闸}\frac{v_2^2}{2g}=2.06\times\frac{2.04^2}{19.6}=0.437(\mathrm{m})$$

$$\sum h_j=h_{j1}+h_{j2}+h_{j3}=0.051+0.032+0.437=0.520(\mathrm{m})$$

表 4-4　渠道各种局部水头损失系数

名称	简图	ζ						
平板门槽	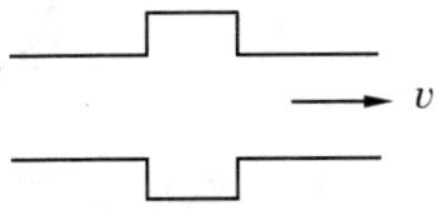	0.05 ~0.2						
明渠突缩	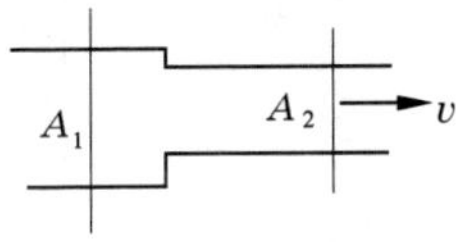	$\frac{A_2}{A_1}$	0.1	0.2	0.4	0.6	0.8	1.0
		ζ	1.49	1.36	0.46	0.84	1.14	0
明渠突扩	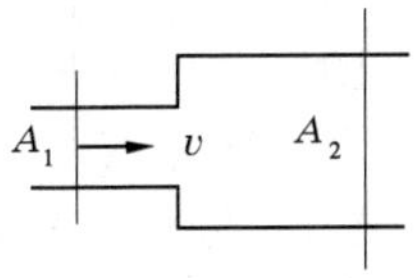	$\frac{A_2}{A_1}$	0.1	0.2	0.4	0.6	0.8	1.0
		ζ	0.81	0.64	0.36	0.16	0.04	0
渠道入口	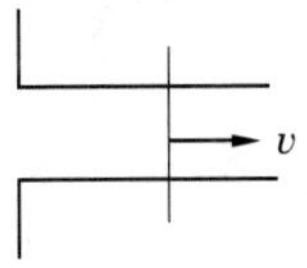	直角 0.4,圆角 0.1						
格栅	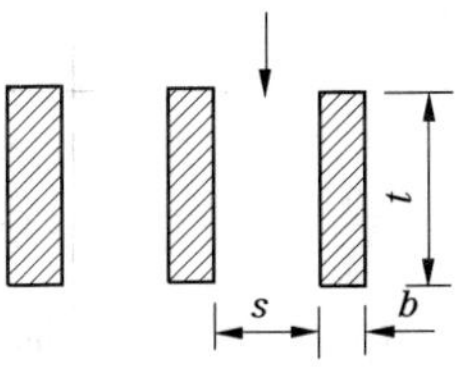	$\zeta=k\left(\frac{b}{s}\right)^{1.83}\sin\theta$,$\theta$ 为水流与栅条方向夹角,矩形栅 $k=2.42$,半圆头栅 $k=1.83$,圆柱栅 $k=1.79$						

(3)水箱的水头 H。

以管轴线为基准面，取水箱内断面和管道出口断面为计算断面。断面 1—1 取水面点，其位置高度为 H，压强为大气压，流速近似为零。断面 2—2 取中心点，位置高度为零，因断面四周为大气压强，故中心点也近似为大气压强，流速为 v_2，则列能量方程后得

$$H = \frac{\alpha v_2^2}{2g} + h_w = \frac{\alpha v_2^2}{2g} + \sum h_f + \sum h_j$$

将上述已算的数值代入，得 $H = \frac{1 \times 2.04^2}{19.6} + 2.032 + 0.520 = 2.764(\mathrm{m})$

第五节　简单管路的水力计算

有压管流是指管道的整个横断面均被水流所充满，横断面的周长即是湿周，没有自由水面，管道的边壁处处受到水流压力的作用，液体的压强一般不等于大气压强。管道中的水流属于有压流，一般简称管流。

压力隧洞、水泵装置、虹吸管、倒虹吸的管道等都是工程中常见的有压管道。

一、管流的分类

根据管流水力要素随时间是否变化可分为恒定管流与非恒定管流。

根据管道出流条件可分为自由出流与淹没出流。

根据有压管道中水流的沿程水头损失、局部水头损失及流速水头所占的比重不同，可分为长管和短管。

长管是指管道中水流的沿程水头损失较大，而局部水头损失和流速水头较小，此两项之和小于沿程水头损失的 5%，局部水头损失和流速水头可以忽略不计。当管道中局部水头损失与流速水头两项之和大于沿程水头损失的 5%，则局部水头损失和流速水头不能忽略不计，这种管道称为短管。

长管和短管不能简单地用管道的绝对长度来判别，当管道中的局部水头损失较大时，即使管道很长，局部水头损失也不能略去，必须按短管计算。一般工程中的有压输水管道以及常见的抽水装置、虹吸管、倒虹吸管多按短管计算，给水管道大部分按长管计算。

根据管道的布设情况，可分为简单管道和复杂管道。简单管道是指管径、沿程糙率及流量沿程不变、无分支的管道；复杂管道是指管径不同或有分叉的管道，主要有串联管道、并联管道、分汊管道和环状管网等。

二、简单短管的水力计算

(一)基本公式

根据管道出流条件，简单短管的水力计算分为自由出流和淹没出流两种。

1. 自由出流

如图 4-11 所示，当管道出口的水流流入大气，称为自由出流。

以管道出口断面中心点的水平面为基准面，取距管道进口有一定距离，水流满足渐变

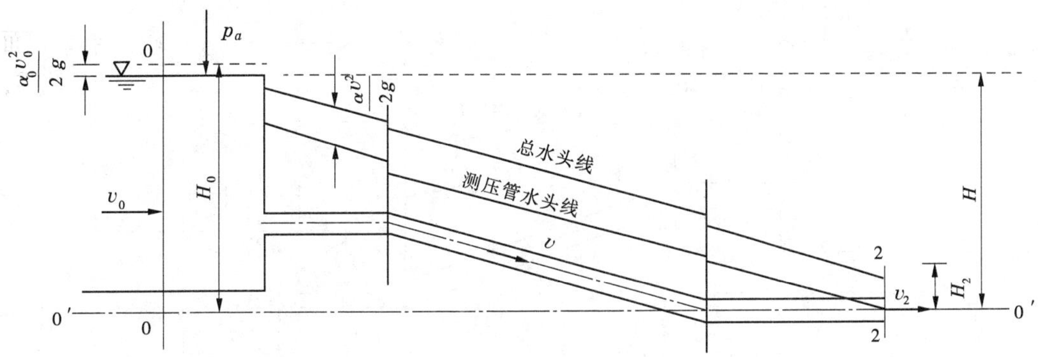

图 4-11

流条件的断面 0—0 和出口断面 2—2 为计算断面，以断面 0—0 水面上的点和出口断面 2—2 中心点为代表点，建立断面 0—0 和断面 2—2 的能量方程

$$z_0 + \frac{p_0}{\gamma} + \frac{\alpha_0 v_0^2}{2g} = z_2 + \frac{p_2}{\gamma} + \frac{\alpha v_2^2}{2g} + h_{\omega 0-2}$$

因为 $z_0 = H$，$p_0 = p_2 = p_a = 0$，$z_2 = 0$，上式可写为

$$H + \frac{\alpha_0 v_0^2}{2g} = \frac{\alpha_2 v_2^2}{2g} + h_{\omega 0\text{-}2}$$

令 $H_0 = H + \frac{\alpha_0 v_0^2}{2g}$，$h_{\omega 0-2} = h_f + h_j = \lambda \frac{L}{d}\frac{v_2^2}{2g} + \sum \zeta \frac{v_2^2}{2g}$，上式可变为

$$H_0 = (\alpha_2 + \lambda \frac{L}{d} + \sum \zeta)\frac{v_2^2}{2g}$$

取 $\alpha_2 = 1.0$，代入得 $v_2 = \frac{1}{\sqrt{1 + \lambda \frac{L}{d} + \sum \zeta}}\sqrt{2gH_0}$

令 $\mu_c = \frac{1}{\sqrt{1 + \lambda \frac{L}{d} + \Sigma \zeta}}$，称为管道自由出流时的流量系数，则

$$Q = vA = \mu_c A\sqrt{2gH_0} \tag{4-19}$$

式中 A——管道过水断面面积，m^2；

H——上游水面到管道出口中心点的距离，称为作用水头，m；

H_0——包括行近流速水头在内的作用总水头，m。

式(4-19)即为简单管道自由出流的流量公式，当 0—0 断面的行近流速 v_0 很小时，$v_0 \approx 0$，则

$$Q = \mu_c A\sqrt{2gH} \tag{4-20}$$

2. 淹没出流

当管道出口水流淹没在下游水面以下，管道出口水流受下游水位影响时为淹没出流，如图 4-12 所示。

当下游过水断面面积远大于管道过水面积，以管道出口下游水面 0—0 为基准面，建

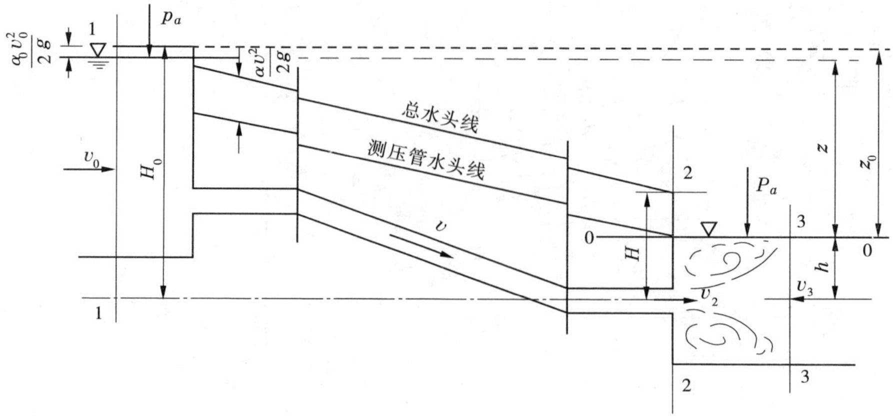

图 4-12

立断面 1—1 和断面 3—3 的能量方程

$$z_1 + \frac{p_1}{\gamma} + \frac{\alpha_0 v_0^2}{2g} = z_3 + \frac{p_3}{\gamma} + \frac{\alpha_3 v_3^2}{2g} + h_{\omega 1-3}$$

因为 $z_1 = z, p_1 = p_3 = p_a = 0, z_3 = 0$，上式可写为

$$z + \frac{\alpha_0 v_0^2}{2g} = \frac{\alpha_3 v_3^2}{2g} + h_{\omega 1-3}$$

令 $z_0 = z + \frac{\alpha_0 v_0^2}{2g}, h_{w1-3} = h_f + h_j = \lambda \frac{L}{d}\frac{v^2}{2g} + \sum\zeta \frac{v^2}{2g}, v_3$ 很小可以忽略不计，上式可变为

$$z_0 = \left(\lambda \frac{L}{d} + \sum \zeta\right) \frac{v^2}{2g}$$

$$v = \frac{1}{\sqrt{\lambda \frac{L}{d} + \sum \zeta}} \sqrt{2gz_0}$$

令 $\mu_c = \frac{1}{\sqrt{\lambda \frac{L}{d} + \sum\zeta}}$，称为管道淹没出流时的流量系数，则

$$Q = vA = \mu_c A \sqrt{2gz_0} \tag{4-21}$$

式中 z——上下游水位差，亦称作用水头；

z_0——包括行近流速水头在内的上下游水位差，亦称作用总水头。

式(4-21)即为简单管道淹没出流的流量公式，当进口前断面 1—1 的断面行近流速 v_0 很小时，$v_0 \approx 0$，则

$$Q = \mu_0 A \sqrt{2gz} \tag{4-22}$$

从形式上看自由出流的流量系数与淹没出流的流量系数不一样，实际上，当淹没出流下游水池流速很小时，其他条件不变，自由出流的流量系数与淹没出流的流量系数值大小相等。因为当管线布设条件相同时，淹没出流中局部水头损失比自由出流中局部水头损失多了管道出口处的局部水头损失，此处的局部水头损失系数近似为 1.0。

由上述可知，自由出流与淹没出流的泄流量公式的区别在于作用水头不同。自由出

流时的作用水头 H 大于淹没出流时的作用水头 z。所以自由出流时的流量大于淹没出流时的流量。

（二）简单短管的水力计算举例

利用简单短管的流量计算公式，可以进行管道输水能力、作用水头、管道断面尺寸及断面压强的计算。

1. 倒虹吸的水力计算

倒虹吸是河道或渠道通过公路或河道（沟道）时的交叉输水建筑物，如图 4-13 所示。倒虹吸一般按短管进行计算。

【例 4-7】 某渠道与河道相交，用钢筋混凝土管穿过河道，如图 4-13 所示。已知通过的流量 $Q=2\ \mathrm{m^3/s}$，管径 $d=1$ m，管长 $L=30$ m，折角 30°处局部水头损失系数均为 0.21，进口局部水头损失系数为 0.5，出口局部水头损失系数为 1.0，上下游渠道中的流速相等，试确定倒虹吸上下游水位之差 z。

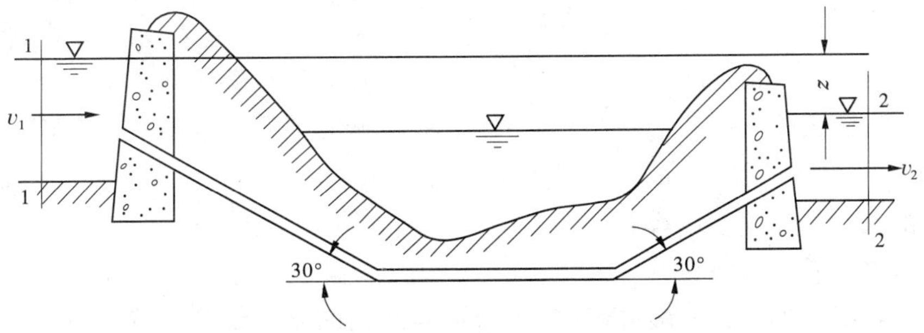

图 4-13

解： 该问题为简单短管的淹没出流，根据式（4-22）求上下游水位差 z。其中过水面积 A 已知，流量系数 $\mu_c=\dfrac{1}{\sqrt{\lambda\dfrac{L}{d}+\sum\zeta}}$，要求流量系数就要先求沿程水头损失系数 λ。

（1）沿程水头损失系数 λ 确定。

$$C=\frac{1}{n}R^{1/6}=\frac{1}{0.014}\times\left(\frac{1}{4}\right)^{1/6}=56.69(\mathrm{m^{1/2}/s})$$

由

$$\lambda=\frac{8g}{C^2}=\frac{8\times9.8}{56.69^2}=0.024$$

（2）流量系数 μ_c 确定。

$$\mu_c=\frac{1}{\sqrt{\lambda\dfrac{L}{d}+\sum\zeta}}=\frac{1}{\sqrt{0.024\times\dfrac{30}{1}+0.5+0.21\times2+1.0}}=0.615$$

（3）上下游水位差 z 确定。

根据式（4-22）可得

$$z = \frac{Q^2}{2g(\mu_c A)^2} = \frac{2^2}{2 \times 9.8 \times (0.615 \times \frac{\pi}{4} \times 1^2)^2} = 0.876(\mathrm{m})$$

2. 虹吸管的水力计算

虹吸管是一种跨越河堤、土坝或高地，由高处向低处输水的简单管道，虹吸管一般采用等直径的简单管道，所以按简单短管进行水力计算，其布置如图 4-14 所示。

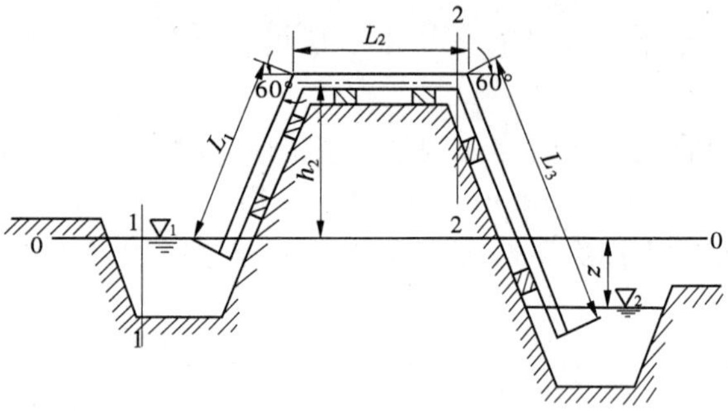

图 4-14

虹吸管的工作原理是先将管内空气抽出，使管内形成一定的真空值，由于虹吸管进口处水流的压强大于大气压强，因此在管内外形成压强差，迫使水流由压强大的地方向压强小的地方流动。如果保持虹吸管中有一定的真空值以及一定的上、下游水位差，水就不断地由上游通过虹吸管流向下游。为了保证虹吸管能正常工作，一般虹吸管内的真空值不能太大，限制在 7 ~ 8 m 水柱高以下。

虹吸管的水力计算主要内容有：

(1) 计算虹吸管的泄流量；

(2) 确定虹吸管的允许安装高度（虹吸管最高断面的管轴线到上游水面的铅直距离为虹吸管的安装高度(h_s))。

【例 4-8】 有一混凝土虹吸管，直径 $d = 1.0$ m，如图 4-14 所示。渠道上、下游水位差 $z = 1$ m，虹吸管长度 $L_1 = 12$ m，$L_2 = 10$ m，$L_3 = 15$ m，中间有两个 60°弯头，每个弯头的局部水头损失系数 $\zeta_{弯} = 0.365$。若已知进口局部水头损失系数为 $\zeta_{进} = 0.5$，下游水池流速忽略不计，试确定：

(1)虹吸管的泄流量；

(2)当虹吸管中的最大允许真空值为 7 m 时，计算虹吸管的允许安装高度是多少？

解：(1) 计算虹吸管的泄流量。

虹吸管出口为淹没出流，由式(4-22)计算。

虹吸管的作用水头 $z = 1$ m，混凝土管糙率 $n = 0.014$，用曼宁公式计算谢才系数

$$C = \frac{1}{n}R^{1/6} = \frac{1}{0.014} \times \left(\frac{1}{4}\right)^{1/6} = 56.7(\mathrm{m}^{1/2}/\mathrm{s})$$

沿程水头损失系数 $\lambda = \frac{8g}{C^2} = \frac{8 \times 9.8}{56.7^2} = 0.024$

流量系数为

$$\mu_c = \frac{1}{\sqrt{\lambda \frac{L}{d} + \sum \zeta}} = \frac{1}{\sqrt{\lambda \frac{(L_1 + L_2 + L_3)}{d} + \zeta_{进} + 2\zeta_{弯} + \zeta_{出}}}$$

$$= \frac{1}{\sqrt{0.024 \times \frac{37}{1} + 0.5 + 2 \times 0.365 + 1.0}} = 0.566$$

虹吸管的泄流量为 $Q = \mu_c A \sqrt{2gz} = 0.566 \times \frac{3.14 \times 1^2}{4} \times \sqrt{2 \times 9.8 \times 1} = 1.967(m^3/s)$

(2)计算虹吸管允许安装高度 h_s。

虹吸管中最大真空发生在第二个弯头处,即断面 2—2。以上游自由水面为基准面,建立上游断面 1—1 及断面 2—2 能量方程

$$0 + 0 + \frac{\alpha_1 v_1^2}{2g} = h_s + (-7) + \frac{\alpha_2 v_2^2}{2g} + h_f + \sum h_j$$

取 $\alpha_1 = \alpha_2 = 1.0, \frac{\alpha_1 v_1^2}{2g} \approx 0, v_2 = v = \frac{Q}{A} = \frac{4 \times 1^2 \times 1.967}{3.14} = 2.51(m/s)$

$$h_s = 7 - \left(1 + \lambda \frac{(L_1 + L_2)}{d} + \zeta_{进} + \zeta_{弯}\right)\frac{v_2^2}{2g}$$

$$= 7 - (1 + 0.024 \times \frac{22}{1} + 0.5 + 0.365) \times \frac{2.51^2}{2 \times 9.8}$$

$$= 6.23(m)$$

故虹吸管的允许安装高度为 6.23 m。

3. 抽水装置的水力计算

如图 4-15 所示为一抽水系统,由吸水管、压水管、水泵及其配套的动力机械和一些管道附件组成。水泵的工作原理:抽水前先将吸水管及水泵内充满水,水泵工作时通过水泵将吸水管中的水输入压力管,在水泵进口端形成真空,水流在池面大气压作用下不断沿水管上升,水流流经水泵不断获得新的能量,进入压水管,再流入水池。

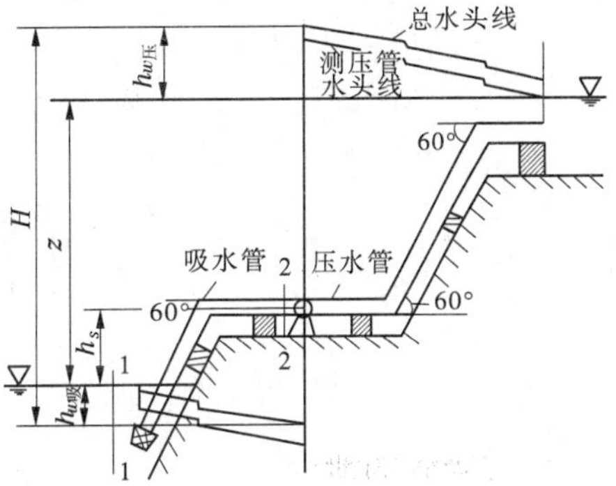

图 4-15

水泵装置的水力计算主要有:

(1)确定水泵的允许安装高度(水泵轴线到上游水面的垂直距离为水泵的安装高度);

(2)确定水泵的扬程。

【例 4-9】 水泵装置系统如图 4-15 所示。水泵流量 $Q = 25\ m^3/h$,吸水管长度为 5 m,压水管长度为 20 m。60°弯头的局部水头损失系数为 0.6,沿程水头损失系数 $\lambda = 0.045$。水泵提水高度 $z = 18$ m。水泵最大允许真空值不超过 6 m,吸水管直径与压水管直径均为 75 mm。试确定:(1)水泵的允许安装高度;(2)水泵的扬程。

解:(1)水泵的允许安装高度。

吸水管流速

$$v_{吸} = \frac{Q}{\frac{\pi}{4}d_{吸}^2} = \frac{25}{\frac{3.14}{4} \times 0.075^2 \times 3\ 600} = 1.57(\mathrm{m/s})$$

以上游水池水面为基准面，对进口 1—1 断面和水泵入口 2—2 断面列能量方程，忽略水池流速水头，得

$$0 + 0 + 0 = h_s + (-6) + \frac{\alpha_2 v_2^2}{2g} + h_f + \sum h_j$$

取 $\alpha_2 = 10$，因为 $v_2 = v_{吸}$，则

$$h_s = 6 - \left(\alpha_2 + \lambda \frac{L_{吸}}{d_{吸}} + \sum \zeta\right)\frac{v_{吸}^2}{2g}$$

查表 4-4 知底阀局部水头损失系数 $\zeta_{阀} = 8.5$，将已知数据代入上式

$$h_s = 6 - \left(1 + 0.045 \times \frac{5}{0.075} + 8.5 + 0.6\right) \times \frac{1.57^2}{2 \times 9.8} = 4.35(\mathrm{m})$$

故水泵最大安装高度为 4.35 m。

(2)确定水泵的扬程。

在水泵的作用下水流经过吸水管和压水管，水由低处流向高处，增加了能量，水流在流动过程中克服阻力损失能量，这两部分能量均由水泵提供，水泵向单位重量液体所提供的能量即水泵的扬程。设水泵的提水高度为 z，吸水管水头损失为 $h_{\omega吸}$，压水管水头损失为 $h_{w压}$，水泵的扬程为 H，则

$$H = z + h_{w吸} + h_{w压} \tag{a}$$

压水管流速 $v_{压} = v_{吸} = 1.57\ \mathrm{m/s}$，取出口处局部水头损失系数为 1.0。

$$h_{w吸} = \left(\lambda \frac{L_{吸}}{d_{吸}} + \sum \zeta\right)\frac{v_{吸}^2}{2g}$$

$$= \left(0.045 \times \frac{5}{0.075} + 8.5 + 0.6\right) \times \frac{1.57^2}{2 \times 9.8} = 1.52(\mathrm{m})$$

$$h_{w压} = \left(\lambda \frac{L_{压}}{d_{压}} + \sum \zeta\right)\frac{v_{压}^2}{2g}$$

$$= \left(0.045 \times \frac{20}{0.075} + 0.6 + 0.6 + 1\right) \times \frac{1.57^2}{2 \times 9.8} = 1.79(\mathrm{m})$$

由式(a)计算水泵扬程

$$H = z + h_{w吸} + h_{w压} = 18 + 1.52 + 1.79 = 21.31(\mathrm{m})$$

三、简单长管的水力计算

(一)基本公式

如图 4-11、图 4-12 所示的管道，当按长管进行计算时，忽略流速水头和局部水头损失，则能量方程为

$$H' = h_f \tag{4-23}$$

式中　H'——作用水头。

由谢才公式得 $Q = Av = AC\sqrt{RJ} = AC\sqrt{R\frac{h_f}{L}}$

令 $K = AC\sqrt{R}$，则 $$H' = h_f = \frac{Q^2}{K^2}L \tag{4-24}$$

对于自由出流 $H' = H$；对于淹没出流 $H' = z$。

式(4-24)中 K 为流量模数，是综合反映管道的断面形式、尺寸及边壁粗糙度对过水能力影响的系数，具有与流量相同的单位。当管流中流速 $v > 1.2$ m/s 时，由曼宁公式 $C = \frac{1}{n}R^{1/6}$ 计算出不同直径、不同糙率的流量模数 K，如表 4-5 所示。当管中流速 $v < 1.2$ m/s 时，工程实际中一般对式(4-24)进行修正，即在式(4-24)中乘以修正系数 k，得

$$H' = h_f = k\frac{Q^2}{K^2}L \tag{4-25}$$

其中 $k = \frac{1}{v^{0.2}}$，对于钢管和铸铁管，修正系数 k 可由表 4-6 查得。

表 4-5 给水管道的流量模数 K 的数值(按 $C = \frac{1}{n}R^{1/6}$ 计算)

直径 d (mm)	K(L/s)			直径 d (mm)	K(L/s)		
	清洁管 $\frac{1}{n}=90$ ($n=0.011$)	正常管 $\frac{1}{n}=80$ ($n=0.012\ 5$)	污秽管 $\frac{1}{n}=70$ ($n=0.014\ 3$)		清洁管 $\frac{1}{n}=90$ ($n=0.011$)	正常管 $\frac{1}{n}=80$ ($n=0.012\ 5$)	污秽管 $\frac{1}{n}=70$ ($n=0.014\ 3$)
50	9.624	8.460	7.403	500	4.467×10^3	3.927×120^3	3.436×10^3
75	28.37	24.94	21.83	600	7.264×10^3	6.386×10^3	5.587×10^3
100	61.11	53.72	47.01	700	10.96×10^3	9.632×10^3	8.428×103
125	110.80	97.40	85.23	750	13.17×10^3	11.58×10^3	10.13×10^3
150	180.20	158.40	138.60	800	15.64×10^3	13.57×10^3	12.03×10^3
175	271.80	238.90	209.00	900	21.42×10^3	18.83×10^3	16.47×10^3
200	388.00	341.10	298.50	1 000	28.36×10^3	24.93×10^3	21.82×10^3
225	531.20	467.00	408.60	1 200	46.12×10^3	40.55×10^3	35.48×10^3
250	703.50	618.50	541.20	1 400	69.57×10^3	61.16×10^3	53.52×10^3
300	1.144×10^3	1.006×10^3	880.00	1 600	99.33×10^3	87.32×10^3	76.41×10^3
350	1.726×10^3	1.517×10^3	1.327×10^3	1 800	136.00×10^3	119.50×10^3	104.60×10^3
400	2.464×10^3	2.166×10^3	1.895×10^3	2 000	180.10×10^3	158.30×10^3	138.50×10^3
450	3.373×10^3	2.965×10^3	2.594×10^3				

表 4-6　钢管和铸铁管的修正系数 k

v(m/s)	k	v(m/s)	k	v(m/s)	k	v(m/s)	k
0.20	1.41	0.45	1.175	0.70	1.085	1.00	1.03
0.25	1.33	0.50	1.15	0.75	1.07	1.10	1.015
0.30	1.28	0.55	1.13	0.80	1.06	1.20	1.00
0.35	1.24	0.60	1.115	0.85	1.05		
0.40	1.20	0.65	1.10	0.90	1.04		

(二)简单长管的水力计算类型及举例

对于简单长管的水力计算主要有下列几方面的问题：

1. 已知管道长度 L、流量 Q，在给定作用水头 H' 的情况下，求所需的管道直径 d

【例 4-10】　一混凝土输水管道，流量 $Q=2.5\ m^3/s$，管道长 $L=1\ 000\ m$，若使沿程水头损失不超过 8 m，求输水管的直径。

解：(1)流量模数 K 的确定。

根据式
$$K=\frac{Q}{\sqrt{\frac{h_f}{L}}}=\frac{2.5}{\sqrt{\frac{8}{1\ 000}}}=27.95(m^3/s)=27.95\times10^3(L/s)$$

(2)输水管的直径确定。

取混凝土管道糙率 $n=0.014\ 3$，查表 4-5，当 $d=1.0$ m 时，$K=21.82\times10^3$ L/s；当 $d=1.2$ m 时，$K=35.48\times10^3$ L/s，为了保证输水量，采用较大的管径 $d=1.2$ m。

2. 已知管长 L、管径 d、作用水头 H'，求管道的输水量

【例 4-11】　一铸铁管简单管道，管径 $d=0.2$ m，管长 $L=1\ 200$ m，作用水头 $H'=20$ m，按长管计算通过管道的流量。

解：取铸铁管糙率 $n=0.012\ 5$

管道过水断面面积　$A=\frac{\pi}{4}d^2=0.785\times0.2^2=0.031\ 4(m^2)$

水力半径　$R=\frac{d}{4}=\frac{0.2}{4}=0.05(m)$

谢才系数　$C=\frac{1}{n}R^{1/6}=\frac{1}{0.012\ 5}\times0.05^{1/6}=48.56(m^{1/2}/s)$

流量模数　$K=AC\sqrt{R}=0.031\ 4\times48.56\times\sqrt{0.05}=0.341(m^3/s)$

由式(4-24)求流量得

$$Q=K\sqrt{\frac{H}{L}}=0.341\times\sqrt{\frac{20}{1\ 200}}=4.4\times10^{-2}(m^3/s)$$

管中流速　$v=\sqrt{\frac{4Q}{\pi d^2}}=\sqrt{\frac{4\times4.4\times10^{-2}}{3.14\times0.2^2}}=1.184(m/s)<1.2m/s$

查表 4-6 求修正系数 $k=1.003$，修正后流量为

$$Q = K\sqrt{\frac{H}{kL}} = 0.341 \times \sqrt{\frac{20}{1.003 \times 1\ 200}} = 4.396 \times 10^{-2}(m^3/s)$$

另外若已知流量 Q、管道长度 L，计算沿程水头损失，还可确定水塔高度（或水泵扬程）。

复习思考题

4-1　什么是层流和紊流？怎样判别水流的型态？

4-2　产生水头损失的原因是什么？如何分类？什么是沿程水头损失？什么是局部水头损失？

4-3　试说明雷诺数 Re 的物理意义，管流与明渠的雷诺数表达式分别是什么。

4-4　什么是水力半径？什么是湿周？它们之间的关系式是什么？

4-5　沿程水头损失系数 λ 和谢才系数 C 之间的关系式是什么？试述糙率 n 的意义。

4-6　有压管流的主要特点是什么？

4-7　简单管道的水力计算有哪些类型？计算步骤如何？

4-8　判别短管和长管的标准是什么？

4-9　圆管直径 $d=15$ mm，流速为 $v=150$ mm/s，水的运动黏滞系数 $\nu=0.012\ 39$ cm^2/s，试判别水流是层流还是紊流？当流速为 $v=500$ mm/s，其他条件不变时，水流是层流还是紊流？

4-10　一矩形断面渠道，宽度 $b=2$ m，水深 $h=0.5$ m，若测得流速 $h=0.5$ m/s，水的运动黏滞系数 $\nu=0.010\ 10$ cm^2/s，试判别其流动型态。如果保持水温和水深不变，流速减小到多大时水流为层流？

4-11　有一梯形断面为坚实的黏土渠道，已知底宽 $b=10$ m，均匀流水深 $h=3$ m，边坡系数 $m=1$，土壤的粗糙系数 $n=0.020$，通过的流量 $Q=39$ m^3/s。试求在 1 000 m 渠道长度上的水头损失。

4-12　有一浆砌块石护面的矩形渠道，糙率 $n=0.015$，底宽 $b=6$ m，水深 $h=3.2$ m，水力坡度 $J=1/400$，计算渠道的流速及流量。

4-13　如图 4-16 所示为一输水管路，已知铸铁管的管长 $L=250$ m，管径 $d=100$ mm，管路进口为直角进口，有一个弯头和一个闸阀，弯头的局部损失系数 $\zeta_{变}=0.8$。当闸门全开时，管路出口流速 $v=1.6$ m/s，求水塔的水面高度 H。

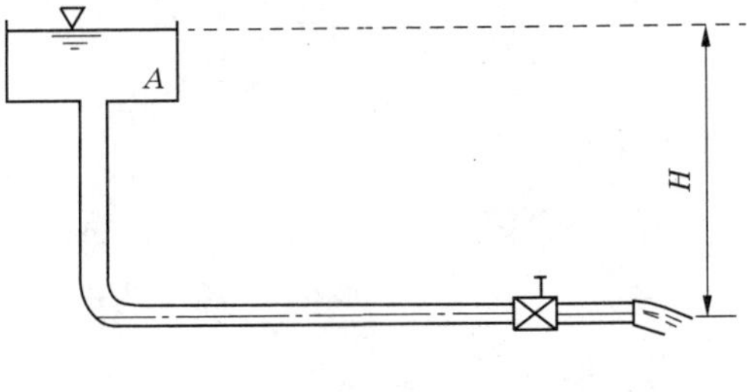

图 4-16

4-14　如图 4-17 所示，为测定 90°弯头的局部阻力系数 ζ，可在 A、B 两断面处各接一测压管，已知管径 $d=50$ mm，AB 段管长 $L=10$ m，管中流量 $Q=2.74$ L/s，管道的沿程阻力系数 $\lambda=0.03$，测压管水头差 $\Delta h=0.629$ m。试求该弯头的局部阻力系数 ζ 值。

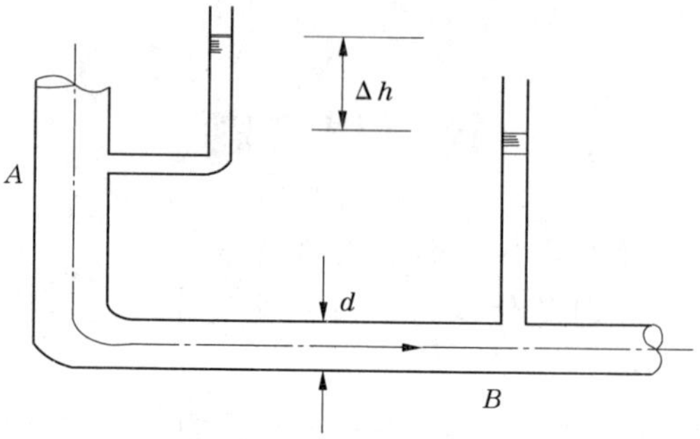

图 4-17

4-15　坝下埋设一预制混凝土引水管，如图 4-18 所示，直径 D 为 1 m，长为 40 m，进口处有一道平板闸门控制流量，引水管出口底部高程▽62.0 m，当上游水位为▽70 m，下游水位为▽60.5 m，问闸门全开时能引多大流量？

4-16　一路堤下设有钢筋混凝土泄水管，如图 4-19 所示。管长 $L=50$ m，路堤上游面与水平面的夹角为 30°，进口局部阻力系数 $\zeta_{进口}=0.91$，上下游水位差 $z=20$ m。若要求管内泄流量 $Q=15$ m^3/s，水管粗糙系数 $n=0.013$，试确定所需要的管道直径。

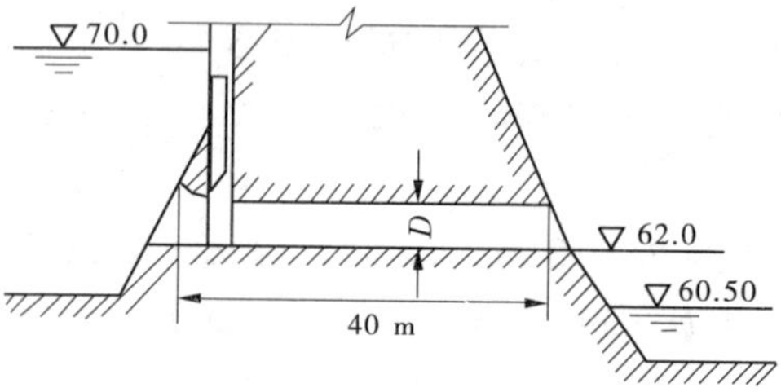

图 4-18

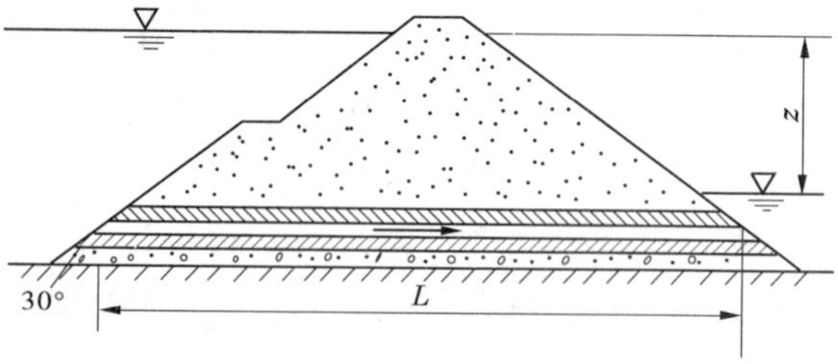

图 4-19

4-17　如图 4-20 所示为一横穿公路的钢筋混凝土倒虹吸管，管中通过的流量 $Q=6$ m^3/s，管长 $L=50$ m，有两个 45°的折角转弯，其局部水头损失系数 $\zeta_{弯}=0.2$，沿程水头损失系数 $\lambda=0.025$，上、下游水位差 $z=2.0$ m，当上、下游的流速水头忽略不计时，求管道的直径 d。

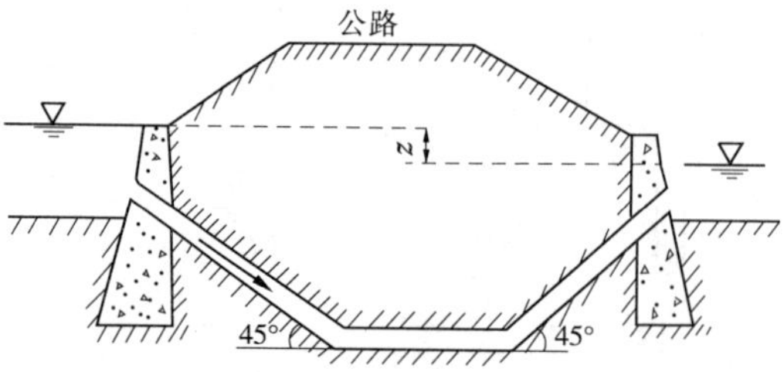

图 4-20

第五章　明渠水流

本章重点

本章是工程水力学部分内容最丰富也是实际应用最广泛的一章。有4个重点:明渠均匀流水力计算;明渠水流3种流态的判别;明渠恒定非均匀渐变流水面曲线分析;水跃的特性和共轭水深计算。学习中应围绕这4个重点,掌握相关的基本概念和计算公式。

第一节　概　述

一、明渠水流概念

具有自由表面的泄水渠道,称为明渠。明渠中的水流称为明渠水流。其表面压强一般为大气压强,相对压强为零,因此也称为无压流。由于明渠中的水流运动是直接依靠重力作用而产生的,因此明渠水流也叫重力流。常见的水流现象如下水管道、路堑边沟、各种输水渠道、天然河道及水流未充满全断面的管道等均属于明渠水流。明渠水流的水力计算是路桥工程中的常遇问题。

二、明渠水流分类

明渠水流可分为恒定流与非恒定流。当明渠水流运动时,在任一过水断面上任一点的运动要素不随时间而变化,称为明渠恒定流;反之,则为明渠非恒定流。明渠恒定流又可分为均匀流与非均匀流两类。当明渠水流的水深、流速以及流速分布沿程不变,流线为一系列相互平行的直线时,这种流动称为明渠恒定均匀流,简称为明渠均匀流。当明渠过水断面的大小、形状、水流方向和流速的大小、分布等因素中,至少有一个是沿程变化的,就属于明渠非均匀流。

三、明渠断面形状

明渠水流的过水断面形状可有多种,如图5-1所示,有梯形、矩形、圆形、半圆形、抛物线形及复式断面等。

四、明渠底坡

渠底沿程一般为平面,在纵剖面上为一直线,并称之为渠底线,渠底线的坡度称为渠道底坡,在工程界称为比降,常以 i 表示,等于渠底线与水平线夹角的正弦,如图5-2所示,渠底坡度可用式(5-1)表示:

$$i = \sin\theta = \frac{z_1 - z_2}{l} \tag{5-1}$$

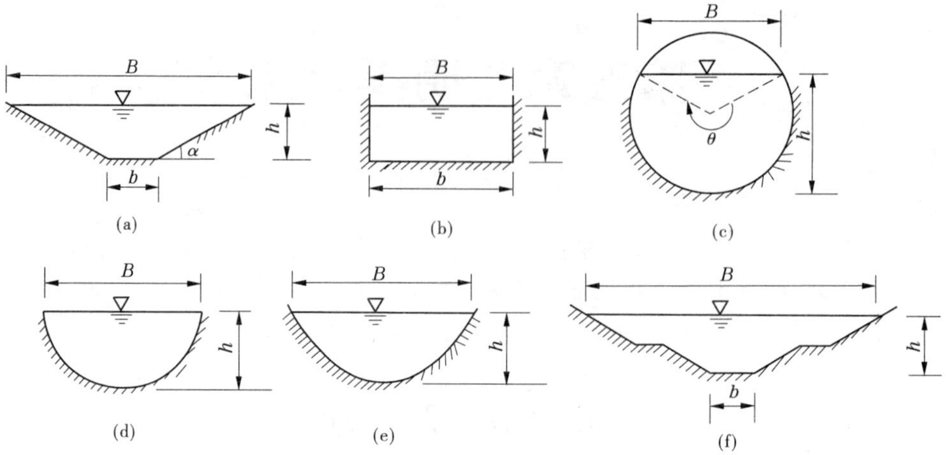

图 5-1 明渠的断面形状

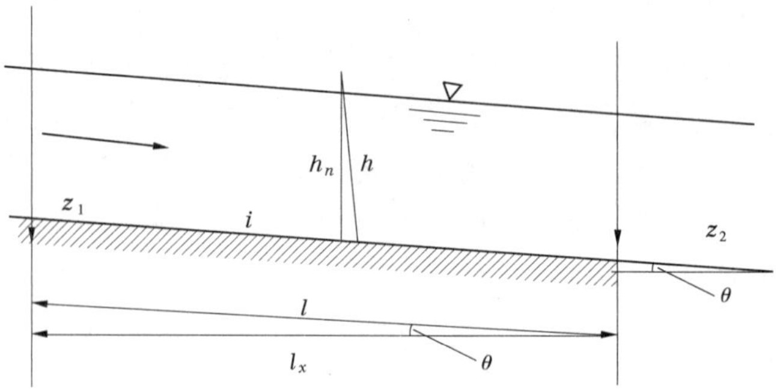

图 5-2 渠道底坡

式中 z_1、z_2——前、后断面处的渠底高程；

l——渠段长度；

θ——渠底线与水平线的夹角。

通常渠道的底坡都比较小，山区河道 $i>2\%$；平面河道 $i<1‰$，即 θ 值很小，$\sin\theta \approx \tan\theta$。因此，实用上常取地形图中的水平距离 l_x 代替流程长度 l，用铅垂断面的水深 h 代替过水断面方向的水深 h_n，即

$$\begin{cases} i = \dfrac{z_1 - z_2}{l_x} = \tan\theta \\ h = h_n \end{cases} \tag{5-2}$$

当 $i>0$，即渠底高程沿程下降的渠道，称为顺坡渠道；当 $i=0$，即渠底高程沿程不变（水平）的渠道，称为平坡渠道；当 $i<0$，即渠底高程沿程上升的渠道，称为逆坡渠道。3 类渠道的底坡形式如图 5-3 所示。

渠道底坡 i 反映了重力在流动方向的分力，表征了水流的推动力。i 愈大，水流愈快。

五、明渠的类型

明渠可分为棱柱形渠道与非棱柱形渠道。凡断面形状及大小沿程不变的长直渠道，

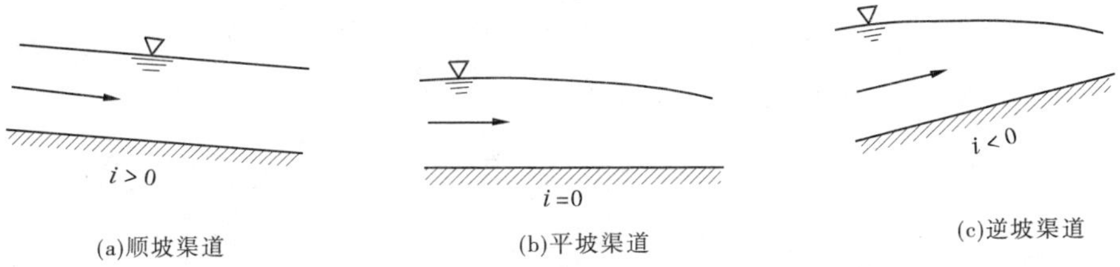

图 5-3　3 类渠道的底坡

称为棱柱形渠道。天然河流中的直段河道，其断面形状及大小沿程变化较小，可看做此种类型。凡过水断面的形状及大小沿程变化的渠道，称为非棱柱形渠道。棱柱形渠道的过水断面面积只随渠中水深 h 而变；而非棱柱形渠道的过水断面面积不但随渠中水深 h 而变，且与该断面位置的起点距 l 有关，因此，对于过水断面面积，有

棱柱形渠道　　$A = A(h)$

非棱柱形渠道　　$A = A(h,l)$

第二节　明渠均匀流的水力特性和基本公式

一、明渠均匀流的产生条件及水力特性

（一）均匀流的产生条件

（1）必须是长直的棱柱形顺坡渠道（$i>0$）；

（2）渠道糙率 n 及底坡 i 沿程不变；

（3）渠道中水流为恒定流，沿程流量不变。

如图 5-4 所示，列前、后两断面的动量方程，有

$$P_1 - P_2 - T + G\sin\theta = 0$$

$$P_1 = P_2,\quad \sin\theta = i$$

因此

$$G \cdot i = T \tag{5-3}$$

式(5-3)便是明渠均匀流的水力条件，它表明，当重力沿流向的分力与摩擦力平衡时则产生明渠均匀流。其中 $T\neq0$，$G\neq0$，因此渠道底坡必须为 $i>0$，当 $i=0$ 或 $i<0$ 时，都将产生非均匀流。

（二）明渠均匀流的水力特性

由于明渠均匀流流线彼此平行且为直线，因此，它具有以下特性：

（1）过水断面上的流速分布、过水断面大小和形状、断面平均流速 v、流量、水深及水流动能校正系数 α 等均沿程不变。

（2）由于断面平均流速 v 及水流动能校正系数 α 等均沿程不变，故水流的流速水头 $\frac{\alpha v^2}{2g}$ 亦沿程不变，从而总水头线、测压管水头线（水面线）及底坡三者互相平行。即

$$J = J_p = i$$

式中　J——水力坡度；

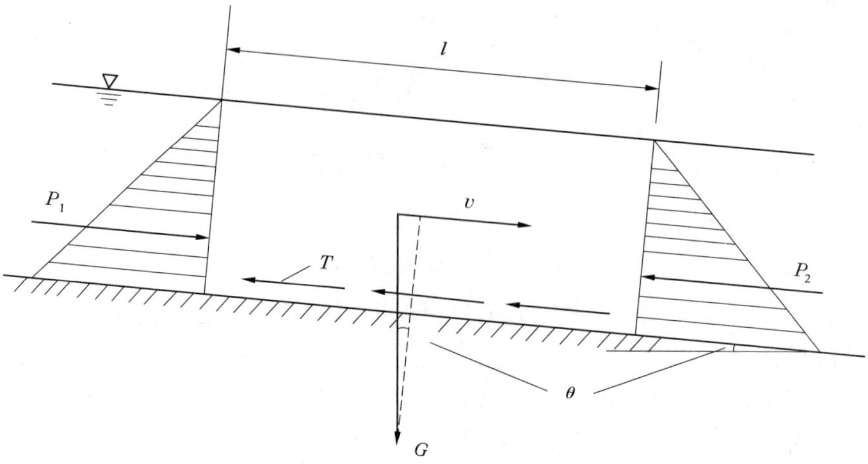

图 5-4　明渠均匀流水力条件

J_p——测压管坡度；

i——渠底坡度。

由此可见，在顺坡长直的棱形渠道中，远离“干扰”端的渠段内必有均匀流。

二、明渠均匀流基本公式

若为明渠均匀流时，有 $J = J_p = i$，即水力坡度、测压管坡度及底坡三者相等，谢才公式 $v = C\sqrt{RJ}$ 可改写为

$$\begin{cases} v = C\sqrt{Ri} \\ Q = Av = AC\sqrt{Ri} = K\sqrt{i} \\ K = AC\sqrt{R} = \dfrac{Q}{\sqrt{i}} \end{cases} \tag{5-4}$$

式中　i——渠道底坡；

K——流量模数，其单位与流量相同；

C——谢才系数，在公路桥涵工程中，广泛采用曼宁公式，即 $C = \dfrac{1}{n}R^{\frac{1}{6}}$；

n——粗糙系数（又称糙率）。

式（5-4）即为明渠均匀流的基本计算方式。若渠道的断面形状和渠中粗糙系数 n 一定时（如梯形断面的底宽 b 及边坡系数 m 一定），则 $K = K(h)$。

渠中水流作均匀流时的水深称为正常水深，常以 h_0 表示。一般通过绘制 $K = K(h)$ 曲线并由 $K_0(h_0) = \dfrac{Q}{\sqrt{i}}$ 即可求得渠中正常水深，如图 5-5(a)所示。此外，由式(5-4)及图 5-5(b)可得

$$\begin{cases} h_0 = f(\text{断面尺寸}, n, Q, i) \\ h \propto \dfrac{1}{i} \end{cases} \tag{5-5}$$

糙率 n 值的大小反映着河渠壁面对水流阻力的大小，是明渠水力计算中的主要因素

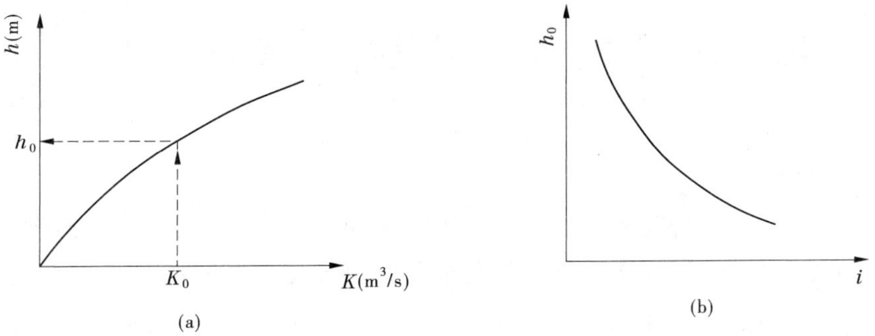

图 5-5　$h_0 \sim K$ 及 $h_0 \sim i$ 曲线

之一。人工渠道的糙率不仅和渠道表面材料有关，同时和施工质量以及渠道修成以后的使用和养护情况等因素有关。糙率 n 值选择的是否恰当，对计算成果和工程造价有很大影响。而天然河道的糙率 n 值决定于许多因素，首先是河床泥沙、砾石颗粒的大小及光滑程度等对 n 有决定性的影响，一般地说，细小而光滑的颗粒 n 值较小，河道断面的不规则、河身的弯曲、滩地上植物种类、河床被水流冲刷程度等因素都会对糙率 n 产生影响。我国公路和铁路系统曾根据全国主要大、中河流的资料编制了全国各大区的糙率系数表，使用时可参考查找相应书籍。

三、明渠断面水力要素

明渠断面形状类型如图 5-1 所示，其中梯形断面应用较广，梯形两侧的倾斜程度用边坡系数 $m = \cot\theta$ 表示（θ 为边坡与水平面的夹角）。明渠断面水力要素如表 5-1 所示。

表 5-1　矩形、梯形、圆形过水断面水力要素

断面形状	过水断面面积 A	湿周 χ	水力半径 R	水面宽度 B
矩形 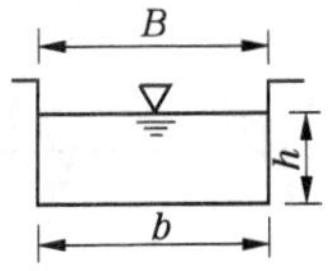	bh	$b+2h$	$\dfrac{bh}{b+2h}$	b
梯形 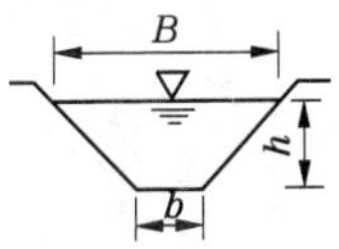	$(b+mh)h$	$b+2h\sqrt{1+m^2}$	$\dfrac{(b+mh)h}{b+2h\sqrt{1+m^2}}$	$b+2mh$
圆形 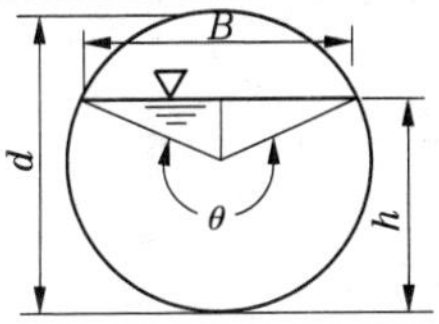	$\dfrac{d^2}{8}(\theta-\sin\theta)$	$\dfrac{d}{2}\theta$	$\dfrac{d}{4}\left(1-\dfrac{\sin\theta}{\theta}\right)$	$d\sin\dfrac{\theta}{2}$

注：b 为渠道底宽；h 为渠中水深；m 为边坡系数；d 为圆形断面的直径；θ 为充满角，以弧度计。

第三节　明渠水力最佳断面及允许流速

一、水力最佳断面

过水断面面积一定时，渠道泄水流量最大的断面形状，称为水力最佳断面。或者说，在 Q、i、n 已知的条件下，过水面积最小。它对于减少渠道土石方量，减少有关建筑材料以及降低工程投资等都有重要意义。

采用曼宁公式(4-15)有

$$C = \frac{1}{n}R^{\frac{1}{6}} \quad R = \frac{A}{\chi},$$

则流量

$$Q = AC\sqrt{Ri} = \frac{1}{n}AR^{\frac{2}{3}}i^{\frac{1}{2}} = \left(\frac{i^{\frac{1}{2}}A^{\frac{5}{3}}}{n}\right)\frac{1}{\chi^{\frac{2}{3}}}$$

其中 i、n、A 均已定，可见欲使渠道泄水流量 Q 最大的断面形状，应使其湿周 χ 最小。研究得出：当面积相等时，湿周最小的断面形状是圆形或半圆形。因此有压管流的管道多采用圆形。但对于渠道水流，考虑到土渠边坡稳定的需要，渠道断面多做成梯形。半圆形断面除需用钢筋混凝土衬砌使造价较高外，其施工要求也比较高，因此用得较少。

对于梯形断面，最接近半圆形的是半个正六边形，这种渠道的边坡系数为

$$m = \cot\theta = \cot 60° = 0.577$$

而实际上 m 值对大多数种类的土壤渠道边坡是不稳定的，在工程实践中，土渠的取决于开挖时土壤情况，如表 5-2 所示。一般只能先根据渠面土壤或护面材料性质来确定它的边坡系数，然后在这一前提下，确定水力最佳断面形状。

表 5-2　各类土壤常用的边坡系数 m 值

土壤种类	m
细粒沙土	3.0 ~ 3.5
沙壤土或松散土壤	2.0 ~ 2.5
密实沙壤土和轻壤土	1.50 ~ 2.0
砾石和沙、砾石土	1.5
重壤土，密实的黄土和普通黏土	1.0 ~ 1.5
密实的重黏土	1.0
风化的岩石	0.25 ~ 0.5
未风化的岩石	0 ~ 0.25

梯形断面中

$$A = (b + mh)h$$

$$\chi = b + 2h\sqrt{1 + m^2} = \frac{A}{h} - mh + 2h\sqrt{1 + m^2} = \chi(h)$$

$$\frac{d\chi}{dh} = -\frac{A}{h^2} - m + 2\sqrt{1 + m^2}$$

$$\frac{d^2\chi}{dh^2} = 2\frac{\omega}{h^3} > 0$$

这表明χ有最小值，令$\frac{d\chi}{dh}=0$，得

$$-\frac{A}{h^2} - m + 2\sqrt{1 + m^2} = 0$$

将$A=(b+mh)h$代入上式

有
$$-\frac{b}{h} - 2m + 2\sqrt{1 + m^2} = 0$$

故有
$$\beta_0 = (\frac{b}{h})_0 = 2(\sqrt{1 + m^2} - m) = f(m) \qquad (5\text{-}6)$$

式中　β_0——水力最佳断面的宽深比。

公式(5-7)即水力最佳梯形断面的宽深比。表明β_0只与边坡系数有关，不同m值时的β_0见表5-3。

表5-3　梯形断面水力最佳宽深比

m	0	0.25	0.5	0.75	1.0	1.25	1.50	1.75	2.00	3.00
$\beta_0=(\frac{b}{h})_0$	2.00	1.56	1.24	1.00	0.83	0.70	0.61	0.53	0.47	0.32

当为矩形渠道时，$m=0$，水力最佳断面的宽深比由公式(5-6)，有

$$b = 2h$$

可见当为矩形渠道水力最佳断面时，渠道宽度b为水深h的2倍。

当为梯形渠道时，由公式(5-6)得$b+2mh=2h\sqrt{1+m^2}$，因水面宽$B=b+2mh$，即水面宽B等于两侧边长与底宽之和。这是梯形渠道水力最佳断面时的几何特性之一。水力最佳断面的水力半径

$$R = \frac{A}{\chi} = \frac{(b + mh)h}{b + 2h\sqrt{1 + m^2}} = \frac{(b + mh)h}{b + b + 2mh} = \frac{h}{2}$$

即水力半径为水深的一半。

从表5-3可见，当$m>0.75$时，$\beta_0<1$；土渠的边坡系数一般为$m=1.5\sim3.0$，则$\beta_0=0.61\sim0.32$，水力最佳断面呈窄而深形状。水力最佳断面形状只是从水力学角度去考虑的，对于大型渠道，若断面过于窄而深，取土太深，会受到地质条件和地下水的影响，且增加了施工困难，从而会提高土石方单价和总的建造费用。因此水力最佳断面可能不是经济最佳断面，应用中往往有局限性。另外，开挖渠道往往不是单纯为了输水，例如运河需要一定的宽度和深度，过多地超过吃水所需的深度，也无必要。对于大型渠道，常因此取

$\beta_0 = 3 \sim 4$，做成宽而浅的形式。但对于中、小型渠道，其建造费用主要取决于土方量，一般多按水力最佳条件设计。

二、允许流速

不使渠道遭受冲刷也不发生淤积的设计流速，称为允许流速。因此，设计渠道时，除考虑水力最佳条件及经济最佳因素外，还应使渠中流速 v 在不冲、不淤流速范围之内。即

$$v_{\min} < v < v_{\max}$$

式中 $v_{\min}$——不淤允许流速；

$v_{\max}$——不冲允许流速。

允许流速由实验确定。其中 $v_{\max}$ 取决于土质情况，即土壤种类、颗粒大小及密实程度，或取决于渠道的衬砌材料以及渠中流量等因素。$V_{\max}$ 视水中含沙量、含沙粒径及水深而定。为防止渠中滋生植物或淤泥或沙的沉积，渠中流速分别应不低于 0.6 m/s 或 0.2 m/s 或 0.4 m/s，也可按经验公式(5-7)计算，即

$$v_{\min} = \beta h_0^{0.64} \tag{5-7}$$

式中 h_0——渠中正常水深，m；

β——淤积系数，与水流挟沙情况有关。

挟带粗沙时，$\beta = 0.60 \sim 0.70$；挟带中沙时，$\beta = 0.54 \sim 0.57$；挟带细沙时，$\beta = 0.39 \sim 0.41$。

注意：如果水力计算结果出现 $v > v_{\max}$，则可以考虑改变渠道的衬砌材料或设法减小渠底坡度；如果出现 $v < v_{\min}$，则可考虑在渠首设沉沙池或增大渠底坡度。下面列出了部分容许不冲刷平均流速，其他容许不冲刷平均流速可查相应《公路设计手册》，见表 5-4。

表 5-4(a) 人工加固工程的容许不冲刷平均流速 $v_{\max}$

编号	加固工程种类	水流平均深度(m)			
		0.4	1.0	2.0	3.0
		平均流速(m/s)			
1	平铺草皮(在坚实基底上) 叠铺草皮	0.9 1.5	1.2 1.8	1.3 2.0	1.4 2.2
2	用大圆石或片石堆积，当石块平均尺寸为 1)20 ~ 30 cm 2)30 ~ 40 cm 3)40 ~ 50 cm 及以上	 3.3 — —	 3.6 4.1 1.0	 4.0 4.3 4.6	 4.3 4.6 4.9
3	在篱格内堆两层大石块，当石块平均尺寸为 1)20 ~ 30 cm 2)30 ~ 40 cm 3)40 ~ 50 cm 及以上	 4.0 — —	 4.5 5.0 —	 4.9 5.4 5.7	 5.3 5.7 5.9

续表 5-4(a)

编号	加固工程种类	水流平均深度(m)			
		0.4	1.0	2.0	3.0
		平均流速(m/s)			
4	青苔上单层铺砌(青苔层厚度不小于 5 cm) 1)用 15 cm 大小的圆石(或片石) 2)用 20 cm 大小的圆石(或片石) 3)用 25 cm 大小的圆石(或片石)	 2.0 2.5 3.0	 2.5 3.0 3.5	 3.0 3.5 4.0	 3.5 4.0 4.5
5	碎石(或砾石)上的单层铺砌(碎石层厚度不小于 10 cm): 1)用 15 cm 大小的片石(或圆石) 2)用 20 cm 大小的片石(或圆石) 3)用 25 cm 大小的片石(或圆石)	 2.5 3.0 3.5	 3.0 3.5 4.0	 3.5 4.0 4.5	 4.0 4.5 5.0
6	单层细面粗凿石料铺砌在碎石(或砾石)上(碎石层厚度不小于 10 cm) 1)用 20 cm 大小的石块 2)用 25 cm 大小的石块 3)用 30 cm 大小的石块	 3.5 4.0 4.0	 4.5 4.5 5.0	 5.0 5.5 6.0	 5.5 5.5 6.0
7	铺在碎石(或砾石)上的双层片石(或圆石) 下层用 15 cm 石块,上层用 20 cm 石块(碎石厚度不小于 10 cm)	3.5	4.5	5.0	5.5
8	铺在坚实基底上的枯枝铺面及枯枝铺褥(临时性加固工程用) 1)铺面厚度 $\delta=20\sim25$ cm 2)铺面为其他厚度时	—	2.0	2.5	—
		按上值乘以 $0.2\sqrt{\delta}$			
9	柴排: 1)厚度 =50 cm 时 2)其他厚度时	2.5	3.0	3.5	—
		按上值乘以 $0.2\sqrt{\delta}$			
10	石笼(尺寸不小于 0.5 m×0.5 m×1.0 m 者)	4.0 及以下	5.0 及以下	5.5 及以下	6.0 及以下
11	在碎石层上 5 号水泥砂浆砌双层片石,其石块尺寸不小于 20 cm	5.0	6.0	7.5	
12	5 号水泥砂浆砌坚硬的粗凿片石圬工(石料极限强度不小于 10 MPa)	3.0	3.5	4.0	4.5

续表 5-4(a)

编号	加固工程种类	水流平均深度(m)			
		0.4	1.0	2.0	3.0
		平均流速(m/s)			
13	5 号水泥砂浆砌坚硬的粗凿片石圬工(石料极限强度不小于 30 MPa)	6.5	8.0	10.0	12.0
14	20 号混凝土护面加固 15 号混凝土护面加固 10 号混凝土护面加固	6.5 6.0 5.0	8.0 7.0 6.0	9.0 8.0 7.0	10.0 9.0 7.5
15	混凝土水槽表面光滑者: 1)20 号混凝土 2)15 号混凝土 3)10 号混凝土	 13.0 12.0 10.0	 16.0 14.0 12.0	 19.0 16.0 13.0	 20.0 18.0 15.0
16	木料光面铺底,基层稳固及水流顺木纹者	8.0	10.0	12.0	14.0

注:表列流速值不得用内插法,水流深度在表值之间时,流速数值采用接近于实际深度的流速。

表 5-4(b) 石质土的容许不冲刷平均流速 v_{max}

编号	土的名称	水流平均深度(m)			
		0.4	1.0	2.0	3.0
		平均流速(m/s)			
1	砾岩、泥灰岩、页岩	2.0	2.5	3.0	3.5
2	多孔的石灰岩、紧密的砾岩、成层的石灰岩、石灰质砂岩、白云石质石灰岩	3.0	3.5	4.0	4.5
3	白云石质砂岩、紧密不分层的石灰岩、硅质石灰岩、大理石	4.0	5.0	6.0	6.5
4	花岗岩、辉绿岩、玄武岩、安山岩、石英岩、斑岩	15.0	18.0	20.0	22.0

注:1. 表列的流速值不可内插,当水流深度在表列水深值之间时,则流速应采取与实际水流深度最接近时的数值;
2. 当水流深度大于 3.0 m(在缺少特别观测与计算的情况下)时,容许流速采用上列二表中水深为 3.0 m 时的数值。

表 5-4(c)　渠道的不冲允许流速 v_{max}

(一)坚硬岩石和人工护面渠道

岩石和护面种类	渠道流量(m^3/s)		
	<1	1~10	>10
软质小成岩(泥灰岩、页岩、软砾岩)	2.5	3.0	3.5
中等硬质水成岩(致密砾石、多孔石灰岩层状石灰岩、白云石灰岩、灰质砂岩)	3.5	4.25	5.0
硬质水成岩(白云砂岩、砂质石灰碉)	5.0	6.0	7.0
结晶岩、火成岩	8.0	9.0	10.0
单层块石铺砌	2.5	3.5	4.0
双层块石铺砌	3.5	4.5	5.0

(二)土质渠道

均质黏性土质	v_{max}(m/s)	
软壤土	0.60~0.80	
中壤土	0.65~0.85	
重壤土	0.70~1.00	
黏土	0.75~0.95	
均质无黏性土质	**粒径(mm)**	**v_{max}(m/s)**
极细砂	0.05~0.1	0.35~0.45
细砂、中砂	0.25~0.5	0.45~0.60
粗砂	0.5~2.0	0.60~0.75
细砾石	2.0~5.0	0.75~0.90
中砾石	5~10	0.90~1.10
粗砾石	10~20	1.10~1.30
小卵石	20~40	1.30~1.80
中卵石	40~60	1.80~2.20

说明:

(1)均质黏性土质渠道中各种土质的干容重为 1 300~1 700 kgf/m^2。

(2)表中所列为水力半径 $R=1$ m 情况;如 $R \neq 1$ m 时,应将表中允许流速值乘以 R^{α} 得相应的不冲允许流速。对于砂、砾石,卵石、疏松的土壤 $\alpha=\frac{1}{3}\sim\frac{1}{4}$;对于密实的壤土黏土 $\alpha=\frac{1}{4}\sim\frac{1}{5}$。

第四节　明渠均匀流的水力计算

一、梯形断面

梯形断面明渠均匀流的水力计算,主要有以下 3 类基本问题,验算渠道的泄水能力、设计渠道底坡、设计渠道断面尺寸。此外,一般还需要校核是否满足允许流速要求。

(一)验算渠道泄水能力(即验算断面尺寸)

已知渠道断面形状和大小,渠壁的粗糙系数及渠道的底坡,求渠道的输水能力。这类问题常见于启用已成渠道并作校核性水力计算。由于渠道已定,b、m、n、i 均已知,当给定水深后,Q 可按式(5-4)求出。在此情况下,可根据已知值先求出 A、χ、R、C,而后代入式(5-5)求 Q,并验算渠中流速。

【例 5-1】 有一情况较坏的土质渠道,断面为梯形,长 = 1 km,底宽 $b=3$ m,边坡系数 $m=1.5$,渠底部落差 $\Delta z=0.5$ m,$n=0.03$,取渠中水深 $h_0=0.8$ m,试验算渠道的泄水能力和流速。

解:(1)计算有关水力要素。

$$i=\frac{\Delta z}{l}=\frac{0.5}{1\ 000}=0.000\ 5$$

$$A=(b+mh)h=(3+1.5\times0.8)\times0.8=3.36(\mathrm{m}^2)$$

$$\chi=b+2h\sqrt{1+m^2}=2+2\times0.8\times\sqrt{1+1.5^2}=4.88(\mathrm{m})$$

$$R=\frac{A}{\chi}=\frac{3.36}{4.88}=0.69(\mathrm{m})$$

因 $R<1$ m,按巴甫洛夫斯基公式有

$$y=1.5\sqrt{n}=1.5\times\sqrt{0.03}=0.259\ 8$$

$$C=\frac{1}{n}R^y=\frac{1}{0.03}\times0.69^{0.259\ 8}=30.27(\mathrm{m}^{\frac{1}{2}}/\mathrm{s})$$

(2)Q 和 v 的计算。

$$Q=AC\sqrt{Ri}=3.36\times30.27\times\sqrt{0.69\times0.000\ 5}=1.89(\mathrm{m}^3/\mathrm{s})$$

$$v=\frac{Q}{A}=\frac{1.89}{3.36}=0.563(\mathrm{m/s})$$

【例 5-2】 某渠道断面为矩形,按水力最优断面设计,底宽 $b=8$ m,渠壁用石料筑成,$n=0.028$,底坡 $i=\frac{1}{8\ 000}$,试校核能否通过设计流量 20 m^3/s。

解:因渠道较长,断面规则,底坡较一致,故可按均匀流计算。由于是水力最优的矩形断面,所以

$$h=\frac{b}{2}=\frac{8}{2}=4(\mathrm{m})$$

$$A=bh=8\times4=32(\mathrm{m}^2)$$

$$\chi=b+2h=8+2\times4=16(\mathrm{m})$$

$$R=\frac{A}{\chi}=\frac{32}{16}=2(\mathrm{m})$$

$$C=\frac{1}{n}R^{1/6}=\frac{1}{0.28}\times2^{\frac{1}{6}}=40.09(\mathrm{m}^{\frac{1}{2}}/\mathrm{s})$$

$$Q=AC\sqrt{Ri}=32\times40.09\times\sqrt{2\times\frac{1}{8\ 000}}=20.28(\mathrm{m}^3/\mathrm{s})>20(\mathrm{m}^3/\mathrm{s})$$

所得结果满足设计要求。

(二)设计渠道底坡

这类问题一般是已知修建渠道处的土壤性质或护面材料,设计流量及断面几何尺寸,即已知 b、m、n、h、Q,要求确定渠道底坡 i。例如下水道为避免沉积淤塞,要求有一定的"自清"流速,这就要求有一定的底坡。又如兼作通航的渠道,由要求的流速来设计底坡等。

在此情况下,应依次求出 A、χ、R、C、K,然后按式(5-4)确定底坡 i 并验算渠中流速。有

$$i = \frac{Q^2}{K^2}$$

【例 5-3】 某灌区兴建一条跨公路的钢筋混凝土矩形输水渡槽,$b=5.1$ m,$h=3.08$ m,粗糙系数 $n=0.014$,设计流量 $Q=25.6\ \mathrm{m^3/s}$,试求均匀流条件下的渠道底坡和流速。

解:(1)计算有关水力要素

$$A = bh = 5.1 \times 3.08 = 15.71(\mathrm{m^2})$$

$$\chi = b + 2h = 5.1 + 2 \times 3.08 = 11.26(\mathrm{m})$$

$$R = \frac{A}{\chi} = \frac{15.71}{11.26} = 1.395(\mathrm{m})$$

按巴甫洛夫斯基公式,有

$$y = 1.3\sqrt{n} = 1.3 \times \sqrt{0.014} = 0.153\ 8$$

$$C = \frac{1}{n}R^y = \frac{1}{0.014} \times 1.395^{0.153\ 8} = 75.18(\mathrm{m^{\frac{1}{2}}/s})$$

$$K = AC\sqrt{R} = 15.71 \times 75.18 \times \sqrt{1.395} = 1\ 395(\mathrm{m^3/s})$$

(2)i 和 v 的计算。

$$i = \frac{Q^2}{K^2} = \left(\frac{25.6}{1\ 395}\right)^2 = 0.000\ 337$$

$$v = \frac{Q}{A} = \frac{25.6}{15.71} = 1.63(\mathrm{m/s})$$

关于渠道底坡的确定,本例仅考虑水力条件的要求,但还应考虑降低渠道的土石方量及防冲刷或淤积等问题。为此,应尽可能与地面坡度一致。当地形坡度过陡,可能使渠中流速大于最大允许流速时,还可采用其他方式如跌水等以集中降低地面高差,并借以减小渠道底坡。

(三)设计渠道断面尺寸

渠道的断面尺寸指 b 和 h 值。在此情况下,一般已知 n、m、i、Q,求 b 和 h。在 $Q=Av=f(b,m,i,n,h)$ 的函数关系式中,需求的未知数有两个(b,h),可能有许多组(b,h)值能满足这个方程,即出现了不定解。为使问题的解答能确定,必须结合工程技术经济要求再附加一个条件,即先选定 b 或 h 或 $\beta=\dfrac{b}{h}$的值,有时还可选定渠道的最大允许流速 $v_{\max}$,然后再求 h 和 b 的值。下面就这几种情况分别说明。

1. 选定水深,求渠道底宽 b

当 h 已知时,则 $K=\dfrac{Q}{\sqrt{i}}$只与 b 有关,即 $K=K(b)$。一个方程只有一个未知数 b,显然 b

有确定解。但 $K \sim b$ 关系复杂,b 为隐函数,只能通过试算求解。由已知条件中的流量 Q 及底坡 i 已知,相应的 K_0 有定值:$K_0 = \dfrac{Q}{\sqrt{i}}$。

上述情况也可以采用图解方法。即先假定一系列 b 值,绘制 $K = K(b)$ 曲线,再计算 $K_0 = \dfrac{Q}{\sqrt{i}}$,并在曲线上查出对应于 K_0 的 b 值,此即所求,如图 5-6(a)所示。

2. 选定底宽 b,求渠中正常水深 h_0

当 b 已知时,则 K 只与 h 有关,即 $K = K(h)$,此算式中只有一个未知数 h,解法与求 b 方法相同,只是将求解 b 换成求解 h 而已。

同样,这种情况也可以采用图解方法。即先假定一系列 h 值,绘制 $K = K(h)$ 曲线,然后由 $K_0 = \dfrac{Q}{\sqrt{i}}$ 在曲线上查出对应于 K_0 值,即为所求,如图 5-6(b)所示。

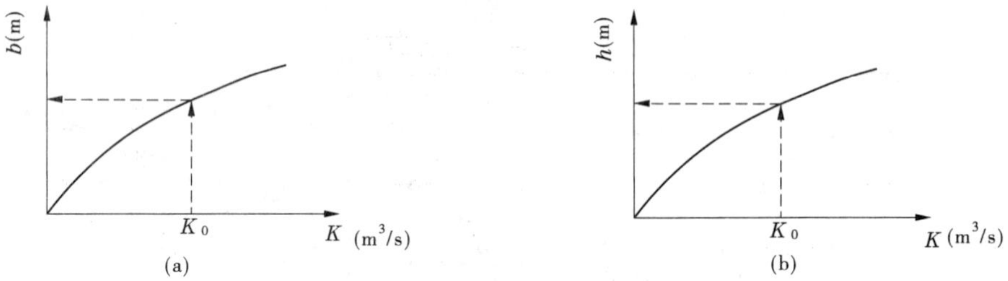

图 5-6　明渠均匀流断面尺寸确定方法

3. 选合适的宽深比($\beta = \dfrac{b}{h}$),求渠中正常水深 h_0 及底宽 b

对于中、小型渠道,一般采用水力最佳断面的宽深比,即取

$$\beta_0 = \frac{b}{h} = 2(\sqrt{1 + m^2} - m)$$

对于大型渠道,一般 $\beta_0 = 3 \sim 4$

选定 β_0,有 $b = \beta_0 h_0$,代入式(5-4)求出水深 h_0。再由 $b = \beta_0 h_0$ 的关系,求出 b 值。

4. 按渠道最大允许流速 $v_{\max}$ 设计渠道断面尺寸 b 和 h_0

梯形断面水力要素有

$$\begin{cases} A = (b + mh_0)h_0 \\ R = \dfrac{A}{\chi} = \dfrac{(b + mh_0)}{b + 2h_0\sqrt{1 + m^2}} \\ v = C\sqrt{Ri} \end{cases}$$

采用曼宁公式 $C = \dfrac{1}{n}R^{\frac{1}{6}}$,则渠中的过水面积及水力半径控制条件为

$$\begin{cases} A = \dfrac{Q}{v_{\max}} \\ R = \left(\dfrac{nv_{\max}}{\sqrt{i}}\right)^{\frac{3}{2}} \end{cases} \tag{5-8}$$

把式(5-8)代入上述断面水力要素算式即可求得 b 和 h_0。

【例5-4】 有一路基边沟梯形排水渠道,已知流量 $Q=3\ m^3/s$,底坡 $i=0.0049$,糙率 $n=0.025$,边坡系数 $m=1.0$,求渠中正常水深 h_0。

解:(1)计算断面水力要素。

题中 b、h_0 均待求,根据地形条件,取 $b=1$ m,则有

$$A=(b+mh_0)h_0=(1+h_0)h_0$$

$$\chi=b+2h_0\sqrt{1+m^2}=1+2h_0\times\sqrt{1+1^2}=1+2\sqrt{2}h_0$$

$$C=\frac{1}{n}R^{\frac{1}{6}}$$

$$K=AC\sqrt{R}=A(\frac{1}{n})R^{\frac{1}{6}}R^{\frac{1}{2}}=\frac{A^{\frac{5}{3}}}{n\chi^{\frac{2}{3}}}=\frac{[(1+h_0)h_0]^{\frac{5}{3}}}{0.0225\times(1+2\sqrt{2}h_0)^{\frac{2}{3}}}=K(h_0)$$

利用上式,列表试算,见表5-5。

表5-5 $K=K(h)$ 计算值

h(m)	0	0.5	0.75	0.86	0.861	1.00
K(m^3/s)	0	15.290	32.740	42.730	42.830	57.658

(2)渠中正常水深 h_0。

由已知的 Q、i 得 $$K_0=\frac{Q}{\sqrt{i}}=\frac{3.0}{\sqrt{0.0049}}=42.86(m^3/s)$$

由表5-5可知 $$K(0.861)=42.83\approx K_0。$$

故 $h_0=0.861$ m。

上述 h_0 值也可采用如图5-5(b)所示的方法求解。

【例5-5】 同例5-4数据,试用水力最佳断面条件确定渠中正常水深 h_0。

解:依题意

$$\beta_0=2(\sqrt{1+m^2}-m)=2\times(\sqrt{1+1^2}-1)=0.8284$$

$$b=\beta_0h_0=0.8284h_0$$

$$A=(b+mh_0)h_0=(0.8284h_0+1\times h_0)h_0=1.8284h_0^2$$

$$R=0.5h_0(\text{水力最佳断面特性})$$

$$C=\frac{1}{n}R^{\frac{1}{6}}=\frac{1}{0.0225}\times(0.5h_0)^{\frac{1}{6}}(m^{\frac{1}{2}}/s)$$

$$Q=AC\sqrt{Ri}=(1.8284h_0^2)\times\frac{1}{0.0225}\times(0.5h_0)^{\frac{2}{3}}\times\sqrt{0.0049}$$

$$=3.5834h_0^{\frac{8}{3}}$$

已知 $Q=3\ m^3/s$,代入上式得

$$h_0=(\frac{Q}{3.5834})^{\frac{3}{8}}=(\frac{3}{3.5834})^{\frac{3}{8}}=0.936(m)$$

$$b=0.8284h_0=0.8284\times0.936=0.775(m)$$

【例 5-6】 同例 5-4 数据，试按最大允许流速 v_{max} 设计渠道断面尺寸。设 $v_{max}=0.9$ m/s。

解：由式(5-8)有

$$A=\frac{Q}{v_{max}}=\frac{3.0}{0.9}=3.333(\mathrm{m}^2)$$

$$R=(\frac{nv_{max}}{\sqrt{i}})^{\frac{3}{2}}=(\frac{0.0225\times0.9}{\sqrt{0.0049}})^{\frac{3}{2}}=0.1556(\mathrm{m})$$

又

$$\chi=b+2h\sqrt{1+m^2}=b+2h\sqrt{1+1^2}=b+2.8284h$$

由此

$$\begin{cases}(b+h)h=3.333\\ \dfrac{(b+h)h}{b+2.8284h}=0.1556\end{cases}$$

联立上述方程组得

$$h=0.155\ \mathrm{m},b=21.35\ \mathrm{m}$$

复核结果

$$A=(b+mh)h=(21.35+1\times0.155)\times0.155=3.333(\mathrm{m}^2)$$

$$v=\frac{Q}{A}=\frac{3}{3.333}=0.9(\mathrm{m/s})$$

二、无压圆涵管均匀流水力计算

（一）无压圆涵管均匀流的水力特性

有自由表面且不满流的管道，称为无压圆涵管，又称不满流管道。在这类涵管的分析计算中，常取满流情况为其极限。

这种涵管力学性能好、结构简单，便于预制、施工及运输等，常用作路基下的泄水涵管，或作下水道的排污管道。它具有良好的封闭性，既可使路基保持干燥，以免泄水时影响交通，又可避免污水气体污染环境。无压圆涵管中的水流，可以发生均匀流，也可以发生非均匀流。无压圆涵管中的均匀流水力特性和前述均匀流的完全相同，它只能发生在顺坡长直等截面圆涵管中，但因过水断面为圆形，不满流时的过水面积、水深、湿周、水力半径等几何关系比梯形或矩形断面复杂，计算较繁，故常按预先编制的专用计算图表查算。

无压圆涵管在充水极限状态且仍为均匀流时的水力要素可按下式计算，并用下标“0”区别不满管流的各水力要素，即

$$\begin{cases}Q_0=A_0C_0\sqrt{R_0i}\\ A_0=\dfrac{1}{4}\pi d^2\\ R_0=\dfrac{d}{4}\\ C_0=\dfrac{1}{n}R_0^{\frac{1}{6}}\text{（曼宁公式）}\end{cases}\tag{5-9}$$

式中　d——涵管直径；

Q_0——涵管在充水极限状态时的流量。

无压圆涵管均匀流的最大流速和最大泄水流量并不发生在满流的极限状态。如图 5-7 所示，设水深为 h，它与直径 d 的比值 $\alpha=\dfrac{h}{d}$ 称为充满度，θ 称为充满角。可以证明：

当 $\theta=302.41°$时，有

$$\alpha_m = \frac{h}{d} = \sin^2\left(\frac{302.41°}{4}\right) \approx 0.938\ 2$$

$$Q = Q_{\max}$$

当 $\theta_n=257.45°$时，有

$$\alpha_n = \frac{h}{d} = \sin^2\left(\frac{257.45°}{4}\right) = 0.812\ 8$$

$$v = v_{\max}$$

以上便是无压圆涵管均匀流的水力特性。

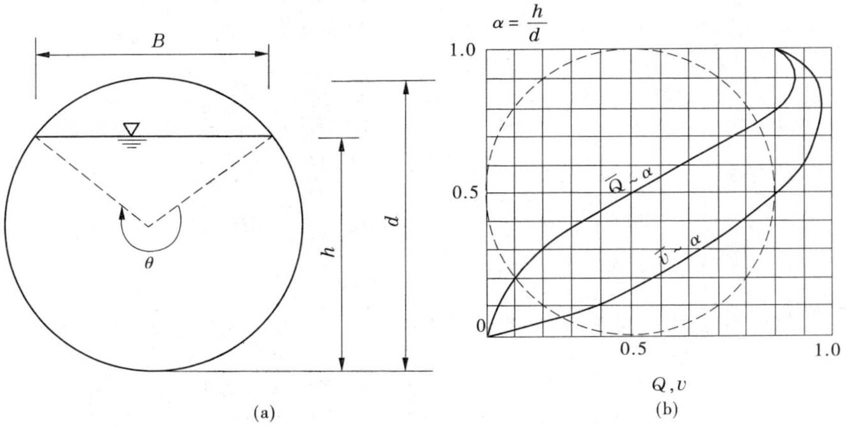

图 5-7　无压圆涵管均匀流的水力特性

(二)无压圆涵管均匀流的水力计算方法

无压圆涵管均匀流的水力计算公式为

$$\begin{cases} Q = \overline{Q}Q_0 & (\text{其中 } Q_0 = A_0C_0\sqrt{R_0i} = K_0\sqrt{i}\ \ (\text{满流时})) \\ v = \bar{v}v_0 & (\text{其中 } v_0 = C_0\sqrt{R_0i}(\text{满流时})) \end{cases} \tag{5-10}$$

式中　$\overline{Q}$——比流量；

$\bar{v}$——比流速。

由式(5-9)及式(5-10)，有

$$\begin{cases} \overline{Q} = \dfrac{Q}{Q_0} = \dfrac{A}{A_0}\left(\dfrac{R}{R_0}\right)^{\frac{2}{3}} = \dfrac{(\theta-\sin\theta)}{2\pi\theta^{\frac{2}{3}}} \\ \bar{v} = \dfrac{C\sqrt{Ri}}{C_0\sqrt{R_0i}} = \left(\dfrac{R}{R_0}\right)^{\frac{2}{3}} = \left(1-\dfrac{\sin\theta}{\theta}\right)^{\frac{2}{3}} \end{cases} \tag{5-11}$$

按式(5-11)可制成 $\overline{Q}$ 及 $\bar{v}$ 的计算用表(如表 5-6 所示)，对于各种直径的圆管，由

按式(5-11)可制成 $\overline{Q}$ 及 $\overline{v}$ 的计算用表(如表 5-6 所示),对于各种直径的圆管,由式(5-11)可得

当 $\theta_m = 302.41°$时

$$\frac{h}{d} = 0.938\ 2, \overline{Q}_{max} = \frac{Q_{max}}{Q_0} = 1.078\ 5$$

当 $\theta_n = 257.45°$时

$$\frac{h}{d} = 0.818\ 2, \overline{v}_{max} = \frac{v_{max}}{v_0} = 1.14$$

$\overline{Q}_{max}$ 及 $\overline{v}_{max}$ 如图 5-7 所示。

表 5-6　无压圆涵管比流量 $\overline{Q}$ 值

$\alpha = \frac{h}{d}$	$A(m^2)$	$R(m)$	$\overline{Q}(m^3/s)$	$\alpha = \frac{h}{d}$	$A(m^2)$	$R(m)$	$\overline{Q}(m^3/s)$
0.05	$0.014\ 7d^2$	$0.032\ 5d$	0.004 8	0.55	$0.442\ 5d^2$	$0.264\ 9d$	0.586 0
0.10	$0.040\ 8d^2$	$0.063\ 5d$	0.020 4	0.60	$0.491\ 9d^2$	$0.277\ 6d$	0.672 1
0.15	$0.073\ 0d^2$	$0.092\ 8d$	0.048 7	0.65	$0.540\ 3d^2$	$0.288\ 2d$	0.756 7
0.20	$0.111\ 8d^2$	$0.120\ 6d$	0.087 6	0.70	$0.587\ 1d^2$	$0.296\ 2d$	0.837 6
0.25	$0.153\ 5d^2$	$0.146\ 6d$	0.137 0	0.75	$0.631\ 8d^2$	$0.301\ 7d$	0.912 4
0.30	$0.198\ 1d^2$	$0.170\ 9d$	0.195 9	0.80	$0.673\ 5d^2$	$0.304\ 2d$	0.978 0
0.35	$0.244\ 9d^2$	$0.193\ 5d$	0.263 1	0.85	$0.711\ 4d^2$	$0.303\ 3d$	1.031 0
0.40	$0.293\ 3d^2$	$0.214\ 2d$	0.337 2	0.90	$0.744\ 4d^2$	$0.298\ 0d$	1.066 2
0.45	$0.342\ 7d^2$	$0.233\ 1d$	0.416 8	0.95	$0.770\ 6d^2$	$0.286\ 5d$	1.075 2
0.50	$0.392\ 6d^2$	$0.250\ 0d$	0.500 3	1.00	$0.785\ 3d^2$	$0.250\ 9d$	1.000

按不同类型涵管的 n 值,通常可以预制成计算用表供查算。例如钢筋混凝土管 $n = 0.013$,则可制成 $K_0 \sim d$ 关系如表 5-7 所示。

表 5-7　钢筋混凝土管($n = 0.013$)$K_0 \sim d$ 关系

d(mm)	500	550	600	650	700	750	800
$K_0(m^3/s)$	3.78	4.87	6.15	7.61	9.27	11.14	13.24
d(mm)	850	900	950	1 000	1 250	1 500	2 000
$K_0(m^3/s)$	15.56	18.12	20.93	24.00	43.51	70.76	152.39

(三)无压圆涵管均匀流的水力计算问题

由均匀流基本公式有

$$Q = AC\sqrt{Ri} = f(d, \alpha, n, i)$$

由此可知其水力计算问题有 3 类:

(3)已知 Q、α、n、i，求 d。

上述问题的计算结算还应考虑有关规范的规定，在实际工作中可参阅有关设计手册。

【例 5-7】 直径为 600 mm的钢筋混凝土排水管，底坡 $i=0.005$，糙率 $n=0.013$，求设计充满度 $\alpha=\dfrac{h}{d}=0.75$ 时的流量和流速。

解：查表 5-6 及表 5-7，有

$$d=600\ \text{mm 时},K_0=6.15(\text{m}^3/\text{s})$$

$$\frac{h}{d}=0.75\ \text{时},\overline{Q}=0.912\,4,A=0.631\,8d^2$$

故

$$Q=\overline{Q}K_0\sqrt{i}=0.912\,4\times6.15\times\sqrt{0.005}=0.397(\text{m}^3/\text{s})$$

$$v=\frac{Q}{A}=\frac{0.397}{0.631\,8\times0.6^2}=1.75(\text{m/s})$$

在实际工程中，有时还需验算流速 v 是否在允许流速范围之内，即应满足 $v_{min}<v<v_{max}$，本例为钢筋混凝土管，$v_{max}=6$ m/s，$v_{min}=0.8$ m/s，所得管中流速 $v=1.75$ m/s，$v_{min}<v<v_{max}$，管中流速在允许流速范围之内。

三、复式断面明渠均匀流水力计算

(一)复式断面明渠的水力特性

矩形、梯形、半圆形等单一形状的断面，称为单式断面。两个以上单式断面组合成的多边形断面，称为复式断面，如图 5-8(a)所示。具有主槽和边滩的天然河道也属此类，如图 5-8(c)所示。

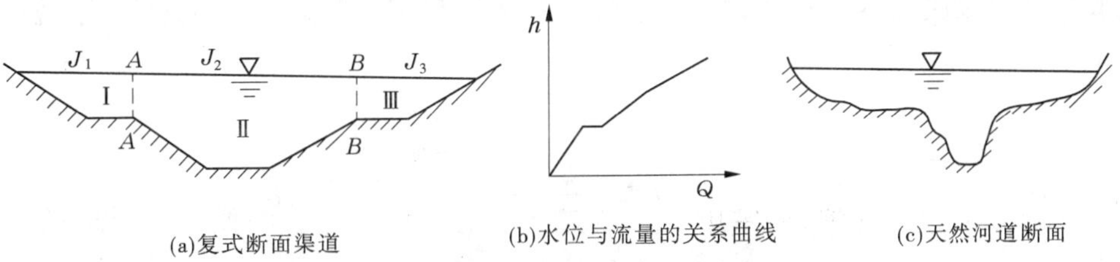

图 5-8 复式断面明渠水力特性

复式断面渠道的几何形状多呈上部宽而浅，下部窄而深，过水断面有突变；过水断面面积和湿周都不是水深的连续函数，水位流量关系曲线也不连续，如图 5-8(b)所示，全断面的糙率也可能不一致，随地质和护面情况而定。在天然河道中，主槽和边滩的粗糙系数一般也不一致。主槽水深流急，常年受冲刷，壁面光滑，糙率小；边滩沙波起伏，水草丛生，壁面糙率大。因此复式断面渠道的水力计算方法与单式断面的略有分别。通常是使湿周在不出现剧增的原则下，先分部计算其泄流能力，再求和。如图 5-8(a)所示，分部面积中，主槽边滩分界线 $A—A$、$B—B$ 为液体界面，并非液体与固体的接触面，不能作湿周计算。此外，断面中Ⅰ、Ⅱ、Ⅲ部分的水力坡度可以认为相等，即

$$J_1=J_2=J_3=J$$

(二)复式断面明渠均匀流基本公式

如图 5-8(a)所示,按分部计算而后求和的方法有

$$Q_1 = A_1C_1\sqrt{R_1 i} = K_1\sqrt{i}$$
$$Q_2 = A_2C_2\sqrt{R_2 i} = K_2\sqrt{i}$$
$$Q_3 = A_3C_3\sqrt{R_3 i} = K_3\sqrt{i}$$

从而得泄水总流量

$$\begin{cases} Q = (K_1 + K_2 + K_3)\sqrt{i} = K\sqrt{i} \\ K = (K_1 + K_2 + K_3) \end{cases} \tag{5-12}$$

式(5-12)就是复式断面明渠均匀流水力计算的基本公式。

第五节　明渠非均匀流的类型

一、明渠非均匀流类型

1. 明渠渐变流

水深沿程渐变,流线接近平行直线的流动,称为明渠渐变流。这类水流,过水断面上的压强分布规律与静水相同,过水断面及流速沿程渐变。桥涵及水跌上游的水流多属此类,如图 5-9(a)、(b)所示。

2. 明渠急变流

水深沿程变化急剧,流线急剧弯曲或流线夹角很大的水流,称为明渠急变流。这类水流,过水断面及流速沿程变化急剧,水深在局部渠段呈突跃性增高或急剧下降,如图 5-9(c)所示。

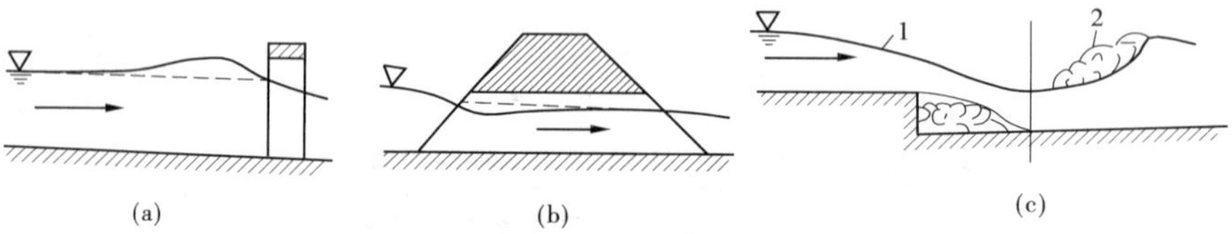

图 5-9　明渠非均匀流类型

二、明渠非均匀流现象及原因

明渠中水深沿程变化所构成的水面线,称为水面曲线,常用 $h=h(l)$ 表示。水面曲线的形状及变化有 4 种类型:

(1)壅水曲线——渠中水深沿程增大的水面线,如图 5-10(a)所示,有$\frac{dh}{dl}>0$;

(2)降水曲线——渠中水深沿程减小的水面线,如图 5-10(b)、(c)所示$\frac{dh}{dl}<0$;

(3)水跌现象——水面曲线在局部渠段呈急剧下降的水力现象,又称跌水,如图 5-9(c)所示,上游渐变流水面曲线到水跌处终止;

(4)水跃现象——局部渠段内流速急剧变化，水深呈突跃式增高，表面出现逆流漩滚的水力现象，如图 5-10(c)所示。

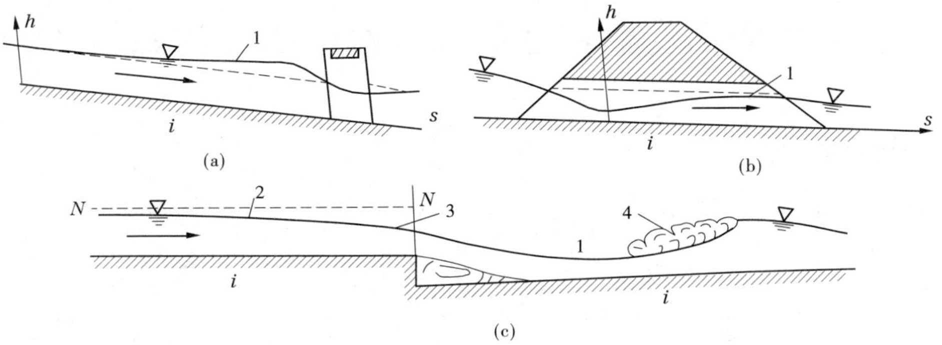

图 5-10　明渠非均匀流类型

1—壅水曲线；2—降水曲线；3—水跌；4—水跃

产生明渠非均匀流的原因：

(1)河渠为非棱柱形，水流过水断面的几何形状和尺寸沿程变化，如渠底坡度折变或局部断面突变等，均会产生非均匀流。

(2)在棱柱体顺坡渠道上修建了水工建筑物，如渠中有桥、涵、堰、坝、水闸、跌坎等建筑物，使原有均匀流受到扰动，破坏渠中的均匀流条件而产生非均匀流现象。

明渠非均匀流的水力计算问题大多是水面曲线的分析与计算，渠中流量、渠道断面、渠底坡度及糙率等一般都已知。

对于棱柱形长直渠道，当渠长足够时，远离“干扰”端必有均匀流段，因此，渠中流量可用两种公式表达：

$$\begin{cases} Q = A_0 C_0 \sqrt{R_0} i = K_0 \sqrt{i} \\ Q = AC \sqrt{RJ} = K \sqrt{J} \end{cases} \tag{5-13}$$

式中　A_0——均匀流段过水断面面积；

C_0——均匀流段谢才系数；

R_0——均匀流段水力半径；

i——渠底坡度；

K_0——均匀流段流量模数；

A——非均匀流段过水断面面积；

C——非均匀流段谢才系数；

R——非均匀流段水力半径；

K——非均匀流段流量模数；

J——非均匀流段水力坡度。

三、明渠非均匀流水力特性

明渠非均匀流的水力特征是流线为相互不平行的直线，同一条流线上各点的流线

(包括大小和方向)不同,水深和流速沿程变化,水面线为一曲线。三个坡度互不相等,即总水头坡度 $J\neq$ 测压管水头线坡度 $J_P\neq$ 渠底坡度 i。

第六节　断面比能与水流的临界状态

一、断面比能

明渠渐变流的任一过水断面内,单位重量液体对基准面 0—0 的机械能 E 为

$$E = z_A + \frac{p_A}{\gamma} + \frac{\alpha v^2}{2g} = z_0 + h + \frac{\alpha v^2}{2g}$$

式中　z_A——A 点的位置水头;

h——断面最大水深;

$\frac{\alpha v^2}{2g}$——平均流速水头;

z_0——断面最低点的位置水头(取决于基准面,而与水流的运动状态无关)。

若将断面最低点作为基准面,如图 5-11 所示的 0′—0′,则单位重量液体所具有的机械能为 $h+\frac{\alpha v^2}{2g}$,称为断面比能 E_s。则

$$E_s = h + \frac{\alpha v^2}{2g} \tag{5-14}$$

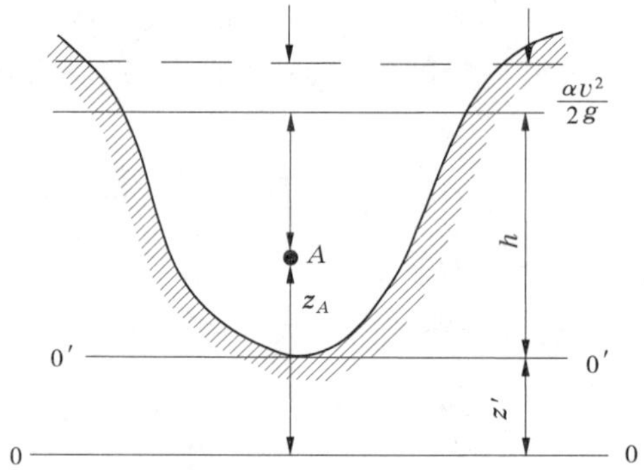

图 5-11　断面比尺 E_s

断面比能 E_s 反映了水流的运动状态,由图 5-11 不难看出,E_s 也就是渠底坡线与总水头之间的铅直距离。E 与 E_s 的关系为

$$E = E_s + z_0 \tag{5-15}$$

E_s 和 E 是两个不同的概念,区别在于:

(1)E_s 只是 E 中反映了水流运动状况的那一部分能量,两者相差一个渠底高程。计算各断面的 E 值时,应取同一基准面(两者相差一个渠底位置高度),而计算 E_s 时则以各断面的最低点为基准。

(2)由于能量损失,E 总是沿程减少,即 $\frac{\mathrm{d}E}{\mathrm{d}s}<0$;但 E_s 却不同,可以沿程减少、不变或

增加，如均匀流的水深及流速均不变，E_s 为常量，其$\frac{dE_s}{ds}=0$。

一般称 E_s 沿程增大的明渠流为储能流；而将 E_s 沿程减少的明渠流为减能流。

二、断面比能 E_s 在断面内随水深的变化

当 Q 及明渠断面形状尺寸给定后，A 是 h 的函数，$v=\frac{Q}{A}$，所以 v 也是 h 的函数，则

$$E_s = h + \frac{\alpha v^2}{2g} = h + \frac{\alpha Q^2}{2gA^2} = f(h) \tag{5-16}$$

为便于分析 E_s 与 h 的关系，把 E_s 看成 E_{s1} 与 E_{s2} 之和，即 $E_s = E_{s1} + E_{s2}$，其中 $E_{s1} = h = f_1(h)$，$E_{s2} = \frac{\alpha Q^2}{2gA^2} = f_2(h)$，并假定 h 从 0 变到∞。

将 $E_{s1} \sim h$ 和 $E_{s2} \sim h$ 关系曲线分别绘出，而后叠加为 $E_s \sim h$ 曲线，如图 5-12 所示。其中 $E_{s1} = h = f_1(h)$ 为一条与横轴成 45°夹角的直线，而 $E_{s2} = \frac{\alpha Q^2}{2gA^2} = f_2(h)$ 则是两端分别以横轴和纵轴为渐近线的曲线。

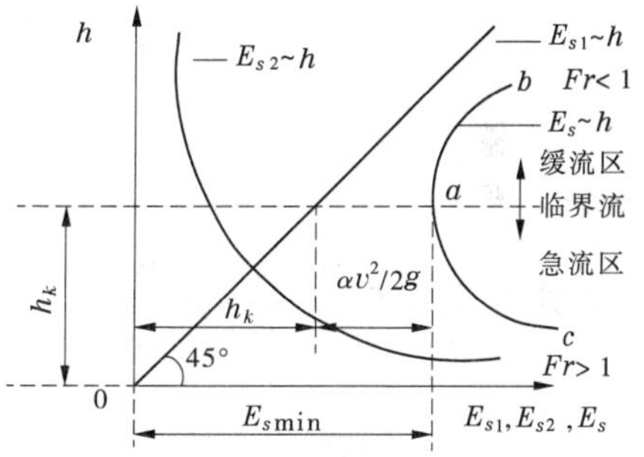

图 5-12　断面比能曲线

两线叠加后的曲线 $E_s \sim h$ 的特点是上半支以 45°直线为渐近线，下半支则以横轴为渐近线。在水深 h 从 0 到∞ 的变化过程中，E_s 值相应地从∞逐渐减小，到某一最小值 E_s，然后又增大。

三、临界水深 h_k 及其计算

（一）临界水深方程

在渠道的流量、断面形状和大小均给定的条件下，相应于断面比能最小值时所对应的水深称为临界水深，以 h_k 表示。

根据 h_k 的定义，将式(5-16)对 h 求导

$$\frac{dE_s}{dh} = \frac{d}{dh}\left(h + \frac{\alpha Q^2}{2gA^2}\right) = 1 - \frac{\alpha Q^2}{gA^3}\frac{dA}{dh} \tag{5-17}$$

式中$\frac{dA}{dh}$的意义：设原水深为 h，过水面积为 A，水面宽度为 B。

如图 5-13 所示，若水深增加 dh，则面积 A 相应地增加 dA。忽略两岸边坡的影响，可以把微分面积 dA 当作矩形，因此 dA = Bdh，故$\frac{dA}{dh}=B$ 是水面宽度。

将$\frac{dA}{dh}=B$ 和$\frac{Q}{A}=v$ 代入式(5-17)得

$$\frac{dE_s}{dh} = 1 - \frac{\alpha Q^2}{gA^3}B = 1 - \frac{\alpha v^2}{g\overline{h}} \tag{5-18}$$

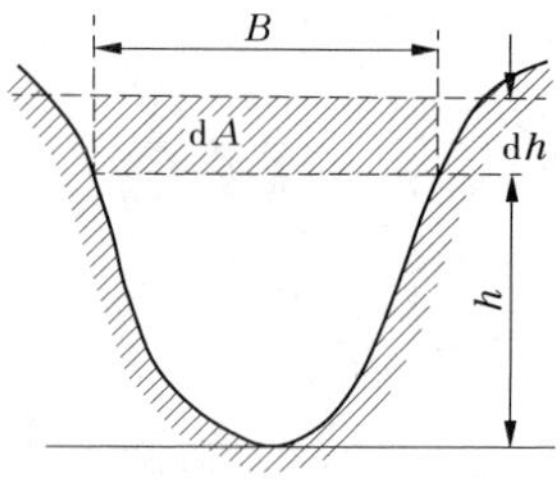

图 5-13

式中 $\bar{h}=\dfrac{A}{B}$——断面平均水深；

$\dfrac{\alpha Q^2}{gA^3}B$——一个无量纲数，称之为佛汝德数 Fr，它是判别水流流态的参数。

即

$$Fr=\frac{\alpha Q^2}{gA^3}B=\frac{2\dfrac{\alpha v^2}{2g}}{\bar{h}} \tag{5-19}$$

则式(5-18)变为

$$\frac{dE_s}{dh}=1-\frac{\alpha Q^2}{gA^3}B=1-Fr \tag{5-20}$$

当水深等于临界水深 h_k 时，断面比能具有极小值，即

$$\frac{dE_s}{dh}=0$$

于是

$$1-\frac{\alpha Q^2 B_k}{g\,A_k{}^3}=0$$

上式可改写为

$$\frac{\alpha Q^2}{g}=\frac{A_k{}^3}{B_k} \tag{5-21}$$

式(5-21)中 A_k、B_k 为相应于临界水深 h_k 时的诸水力要素。此方程式称为临界水深方程。

(二)临界水深的计算

由临界水深方程右端已知，$\dfrac{A_k{}^3}{B_k}$是 h_k 的高次隐函数，不能直接求解，只能用试算法或图解分析法求解，常用 h_k 计算方法有：

1. 任意形状断面明渠

(1)绘制 $E_s=f(h)$ 曲线图解，对应于 $E_{s\min}$的水深 h_k，可采用图 5-12 求解 h_k。

(2)利用$\dfrac{\alpha Q^2}{g}=\dfrac{A_k{}^3}{B_k}$，采用试算法求 h_k。在流量 Q 和断面形状、尺寸一定的条件下，假定 h，计算相应的$\dfrac{A^3}{B}$，若$\dfrac{A^3}{B}=\dfrac{\alpha Q^2}{g}$，则所假定的 h 为所求 h_k，否则，重新假定 h，直至满足$\dfrac{\alpha Q^2}{g}=\dfrac{A_k{}^3}{B_k}$为止。为简便，若计算三、四次仍没取得满意的结果，则可绘制 $h\sim\dfrac{A^3}{B}$关系曲线，在横轴上取$\dfrac{A^3}{B}=\dfrac{\alpha Q^2}{g}$的 A 点作垂线与曲线相交于 B 点，则 B 点的纵坐标即为 h_k。可采用图 5-14 求解 h_k。

(3)利用计算机按$\dfrac{\alpha Q^2}{g}=\dfrac{A_k{}^3}{B_k}$作逼近计算求解。

2. 矩形断面明渠

当明渠为矩形断面时，其水面宽与底宽相等，即 $B_k = b$，而过水面积 $A = bh$，代入 $\frac{\alpha Q^2}{g} = \frac{A_k{}^3}{B_k}$，整理得临界水深

$$h_k = \sqrt[3]{\frac{\alpha Q^2}{gb^2}} = \sqrt[3]{\frac{\alpha q^2}{g}} \tag{5-22}$$

式中　q——单宽流量，$q = \frac{Q}{b}$，m^2/s。

3. 梯形、圆形断面明渠

常用的有试算法、近似公式计算法及图解法。

关于临界水深的计算还可利用有关手册介绍的专用计算图表查算，见附录Ⅰ。

（三）临界水深特性

临界水深只与渠道断面形状及流量有关，与渠道底坡及糙率无关。对于棱柱形渠道，无论糙率或底坡是否沿程一致，其临界水深沿程不变。

但是，正常水深 h_0 与 h_k 不同。不但与断面形状及流量有关，而且与底坡及糙率有关。

四、陡坡、缓坡和临界底坡

全渠以临界水深作均匀流动时相应的底坡称为临界底坡，它是区别渠道实际底坡、缓坡、急坡的数值标准。

显然，在棱柱形长直渠道中，当流量及糙率一定时，作均匀流的底坡条件可有多种，底坡大则正常水深小；底坡小则正常水深大，正常水深和底坡的关系如图 5-15 所示。但全渠以临界水深作均匀流的底坡条件却只有一个，即 $i = i_k$，此时

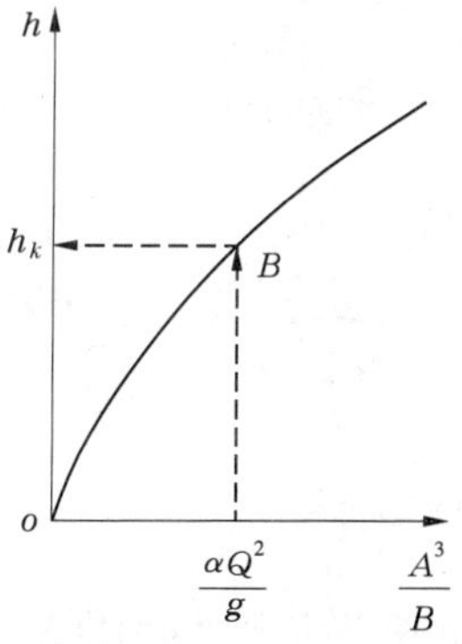

图 5-14　临界水深图解法

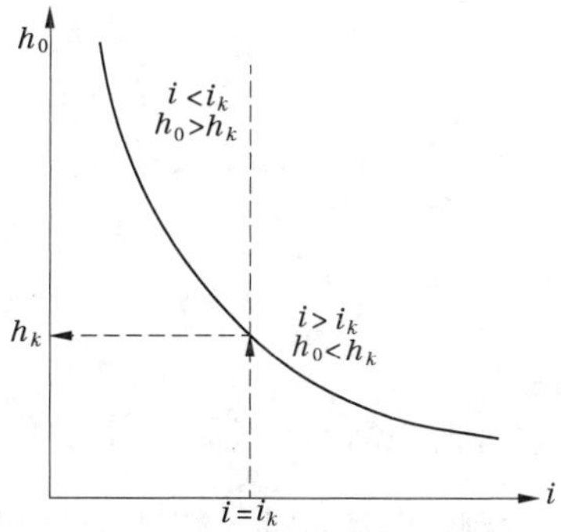

图 5-15　正常水深和底坡的关系

按均匀流条件有　$$i_k = \frac{Q^2}{A_k{}^2 C_k^2 R_k}$$

按临界流条件有　$$Q^2 = \frac{gA_k^3}{\alpha B_k}$$

联立解上两式，得

$$i_k = \frac{g}{\alpha C_k^2} \cdot \frac{\chi_k}{B_k}$$

当为宽浅式渠道时，可取$\chi_k = B_k$，则：

$$i_k = \frac{g}{\alpha C_k^2}$$

式中 C_k——临界水深相应的谢才系数；

χ_k——临界水深相应的湿周；

B_k——临界水深相应的水面宽度；

α——动能修正系数；

g——重力加速度。

按 i_k 及渠道实际底坡 i，可将渠道的底坡划分为 3 类：

(1) $i = i_k$，称为临界底坡。此时 $h_k = h_0$，均匀流处于临界状态。

(2) $i < i_k$，称为缓坡。此时 $h_0 > h_k$，均匀流是缓流。

(3) $i > i_k$，称为急坡。此时 $h_0 < h_k$，均匀流是急流。

应当注意，上述 3 种渠道的划分是就某一流量和糙率而言。倘若流量和糙率改变，在不同的 Q 下算出另一个 i_k 值，那时底坡 i 比 i_k 就可能是另一个关系。也就是说，同一个 i 在不同的 Q（或 n）值时可能有时是缓坡有时是陡坡。对于一定的 Q（或 n）值来说，i 属何种坡度则是确定的。

【例 5-8】 矩形断面，底宽 $B = 2$ m，糙率 $n = 0.02$，流量 $Q = 11.0\ \mathrm{m^3/s}$，求临界水深和临界底坡。

解：取 $\alpha = 1.0$，则临界水深及其相应的水力要素为

$$h_k = \sqrt[3]{\frac{\alpha Q^2}{gB^2}} = 0.467 q^{\frac{2}{3}} = 0.467 \times \left(\frac{11.0}{2}\right)^{\frac{2}{3}} = 1.46(\mathrm{m})$$

$$A_k = Bh_k = 2 \times 1.46 = 2.92(\mathrm{m})$$

$$R_k = \frac{Bh_k}{B + 2h_k} = \frac{2 \times 1.46}{2 + 2 \times 1.46} = 0.59(\mathrm{m})$$

当 $n = 0.02$，$\alpha = 1.0$ 时，并按曼宁公式计算 C 值，则得

$$i_k = \frac{1}{\alpha\left(\frac{1}{n} R_k^{\frac{1}{6}}\right)} \cdot \frac{\chi_k}{B_k} = \frac{gn^2 A_k}{\alpha R_k^{\frac{4}{3}} B_k} = \frac{9.8 \times 0.02^2 \times 2.92}{1 \times 0.59^{\frac{4}{3}} \times 2} = 0.011\ 6$$

五、3 种流态——临界流、缓流、急流及其判别准则

水流在临界水深时的流速为临界流速，以 v_k 表示（此临界流速与判别层流或紊流的流速意义不同），这样的水流状态称为临界流。水流流速小于临界流速时称为缓流。水流流速大于临界流速时称为急流。

综合以上关于明渠水流状态的叙述，结合图 5-12 所示可知：

(1) 缓流（$v < v_k$）时 $h > h_k$，水流处在 $E_s = f(h)$ 曲线的上支，$\frac{\mathrm{d}E_s}{\mathrm{d}h} > 0$；说明断面比能 E_s

对水深 h 的导数为正数，E_s 是增函数，$Fr<1$。

(2)急流($v>v_k$)时 $h<h_k$，水流处在 $E_s=f(h)$ 曲线的下支，$\frac{dE_s}{dh}<0$；说明断面比能 E_s 对水深 h 的导数为负数，E_s 是减函数，$Fr>1$。

(3)临界流($v=v_k$)时 $h=h_k$，水流处在 $E_s=f(h)$ 曲线 E_{smin} 点上，$\frac{dE_s}{dh}=0$；说明断面比能 E_s 的变化在此分界，$Fr=1$。

为了便于记忆，特将3种流态的主要特性归纳于表5-8。

表5-8　3种流态的主要特性

3种流态	水深 h	流速 v	佛汝德数 Fr	渠道底坡 i		水深增大时，断面比能变化	
	均匀流或非均匀流			均匀流	非均匀流	均匀流	非均匀流
缓流	$>h_k$	$<v_k$	<1	$<i_k$	与底坡无关	水深不变	增大
临界流	$=h_k$	$=v_k$	$=1$	$=i_k$			不变
急流	$<h_k$	$>v_k$	>1	$>i_k$			减小

【例5-9】 已知梯形渠道底宽 $b=12$ m，边坡系数 $m=1.5$，糙率 $n=0.015$，流量 $Q=18$ m³/s，渠道底坡 $i=0.003$，求临界水深 h_k 并判别渠道底坡类别及正常水深变化范围。

解：(1)绘 $h\sim\frac{A^3}{B}$ 曲线。

按题设条件，设 $h=0.4$、0.5、0.6、0.7 m，则当 $h=0.4$ m 时

$$A=(b+mh)h=(12+1.5\times0.4)\times0.4=5.04(\text{m}^2)$$

$$B=b+2mh=12+2\times1.5\times0.4=13.2(\text{m})$$

$$\frac{A^3}{B}=\frac{5.04^3}{13.2}=9.7(\text{m}^5)$$

由此得 $h\sim\frac{A^3}{B}$ 曲线上的一点(0.4,9.7)，余类推，列表计算如下(见表5-9)。

表5-9　$h\sim\frac{A^3}{B}$ 关系

h(m)	0.4	0.5	0.6	0.7
A(m²)	5.04	6.38	7.74	9.14
B(m)	13.20	13.50	13.80	14.10
$\frac{A^3}{B}$(m⁵)	9.70	19.24	33.60	54.15

(2)图解法求 h_k。

因 $\frac{\alpha Q^2}{g}=\frac{1\times18^2}{9.8}=33.06(\text{m}^5)$，由此在图5-16中查得 $h_k=0.596$ m

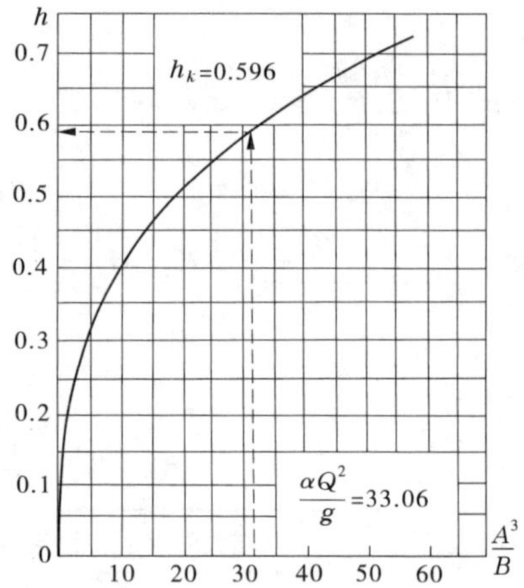

图 5-16 临界水深图解算例

$$B_k = b + 2mh_k = 12 + 2 \times 1.5 \times 0.596 = 13.79(\text{m})$$

$$A_k = (b + mh_k)h_k$$

$$= (12 + 1.5 \times 0.596) \times 0.596 = 7.68(\text{m}^2)$$

$$\chi_k = b + 2h_k\sqrt{1 + m^2}$$

$$= 12 + 2 \times 0.596 \times \sqrt{1 + 1.5^2} = 14.15(\text{m})$$

$$R_k = \frac{A_k}{\chi_k} = \frac{7.68}{14.15} = 0.543(\text{m})$$

$$C_k = \frac{1}{n}R_k^{\frac{1}{6}} = \frac{1}{0.025} \times (0.543)^{\frac{1}{6}} = 36.13(\text{m}^{\frac{1}{2}}/\text{s})$$

$$i_k = \frac{g}{\alpha C_k^2}\frac{\chi_k}{B_k} = \frac{9.8}{1 \times (36.13)^2} \times \frac{14.15}{13.79} = 0.0077$$

$$i = 0.003 < i_k = 0.0077$$

故为缓坡渠道。

因为是缓坡渠道,故正常水深的变化范围为:$h_0 > h_k = 0.596$ m。

六、缓流和急流的能量特性

$$Fr = \frac{\alpha Q^2}{gA^3}B = \frac{2\frac{\alpha v^2}{2g}}{\frac{A}{B}} = \frac{2\frac{\alpha v^2}{2g}}{\bar{h}} \tag{5-23}$$

式中 $\bar{h}$——断面平均水深。

由式(5-23)可以看出 Fr 是断面单位动能对单位平均势能之比的 2 倍,所以佛汝德数反映了水流自身动能与势能的相对比例。

对临界流:$Fr = 1$,即 $\bar{h} = 2(\frac{\alpha v^2}{2g})$,它表明临界流的单位势能恰为单位动能的 2 倍。

对缓流:$Fr < 1$,即 $\bar{h} > 2(\frac{\alpha v^2}{2g})$,单位势能大于 2 倍单位动能,势能相对地占主要成分。

对急流:$Fr > 1$,即 $\bar{h} < 2(\frac{\alpha v^2}{2g})$,单位势能小于 2 倍单位动能,所以势能相对于临界状态而言占次要地位。

第七节 明渠恒定非均匀渐变流水面曲线的定性分析

一、明渠恒定非均匀流基本微分方程

棱柱形渠道恒定渐变流的水深沿流程变化的微分关系,称为基本微分方程。它是水面曲线分析与计算的理论依据。

断面比能 E_s 沿流程变化的规律表达式有

$$\frac{dE_s}{dl} = i - J$$

断面比能 E_s 沿水深变化的规律表达式有

$$\frac{dE_s}{dh} = 1 - Fr$$

因此，水深沿流程变化表达式如下：

$$\frac{dh}{dl} = \frac{i - J}{1 - Fr} \tag{5-24}$$

式中 i——渠道底坡；

J——水力坡度；

Fr——佛汝德数；

h——渠中水深。

因 $J = \frac{Q^2}{K^2}$，$i_k = \frac{Q^2}{K_k^2}$，$Fr = \frac{\alpha Q^2}{gA^3}B$，代入式(5-24)并变换整理后，渠道水面曲线用微分方程表示为

$$\frac{dh}{dl} = \frac{i - J}{1 - Fr} = \frac{i - \frac{Q^2}{K^2}}{1 - \frac{\alpha Q^2 B}{gA^3}} \tag{5-25}$$

式中的几何尺度 B、A、R 值均为水深 h 的函数。显然，公式本身就反映着水流的水深沿程变化的规律。

明渠渐变流微分方程说明影响明渠流水深沿程变化规律的因素有两方面：①液流流动的重力和阻力相对量大小；②水流断面内各项机械能组成所决定的流态情况。

二、水面曲线沿程变化的基本规律

(1) $\frac{dh}{dl} > 0$，水深沿程增大，属壅水曲线；$\frac{dh}{dl} < 0$，水深沿程减小，属降水曲线；$\frac{dh}{dl} = 0$，水深沿程不变，属明渠均匀流。

(2) $\frac{dh}{dl} \to +\infty$，表示水深沿程增大，壅水曲线至此出现水深突增，属水跃现象；$\frac{dh}{dl} \to -\infty$，表示水深沿程减小，降水曲线至此出现水深突降，属水跌现象。

(3) $\frac{dh}{dl} \to i$，水面曲线趋近于水平线。若水面线为水平线时，应有 $\sin\theta = \frac{dh}{dl}$，而 $i = \sin\theta$，故有 $\frac{dh}{dl} \to i$。

(4) 当 $i = 0$ 或 $i < 0$ 时，$\frac{dh}{dl} \neq 0$，这两类渠道均不可能发生均匀流。此外，这两类渠道中，对于缓流区来说，$Fr < 1$，则 $\frac{dh}{dl} < 0$，因此其中的水面曲线均为降水曲线；对于急流区来说，$Fr > 1$，则 $\frac{dh}{dl} > 0$，因此其中的水面曲线均为壅水曲线。

(5)当 $i>0$ 时,水面曲线在缓流区或急流区的形状除与 Fr 有关外,还取决于正常水深线与临界水深线相对位置情况。

三、明渠渐变流水面曲线定性分析

(一)水面曲线分区

由前可知,明渠的底坡可分为 $i>0$(顺坡)、$i<0$(逆坡)及 $i=0$(平坡)3 类。而顺坡又可分为 $i>i_k$、$i<i_k$ 及 $i=i_k$,在给定流量、断面形状、尺寸以后,可计算出相应的临界水深 h_k,h_k 的大小与实际底坡 i 及糙率 n 无关,棱柱体渠道的 h_k 沿流不变。

在顺坡明渠上分别画出距渠底为 h_0 的正常水深线 $N—N$ 及距渠底为 h_k 的临界水深线 $K—K$。在临界坡上,$N—N$ 线与 $K—K$ 线重合。在平坡和逆坡上,因不能发生均匀流,所以只有 $K—K$ 线。根据底坡线、$N—N$ 线、$K—K$ 线三者相对位置分区如下:

a 区:$N—N$ 线与 $K—K$ 线以上之区域;

b 区:$N—N$ 线与 $K—K$ 线之间的区域;

c 区:$N—N$ 线与 $K—K$ 线以下之区域。

为了区别不同底坡上的水面曲线,对于上述五种底坡上的水面曲线给以不同的符号:缓坡上的水面曲线用 a_1、b_1、c_1 表示;陡坡上的用 a_2、b_2、c_2 表示;临界坡上的用 a_3、c_3 表示;平坡上的用 b_0、c_0 表示;逆坡上的用 b'、c'表示。共计 12 种水面曲线相应 12 个不同区域内,如图 5-17 所示。

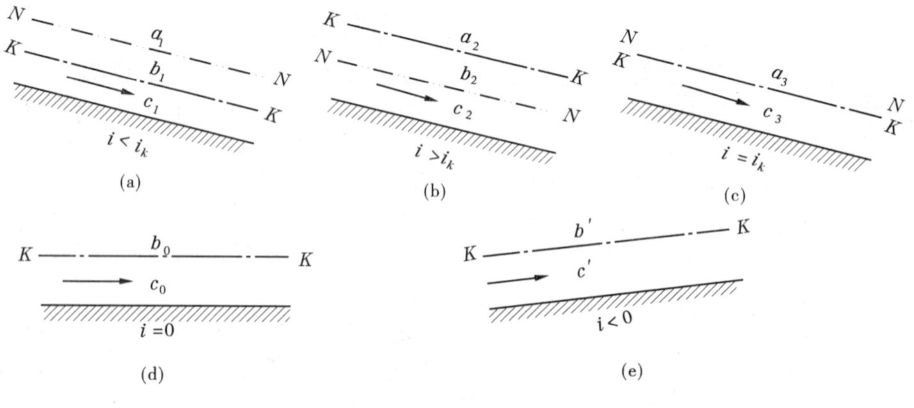

图 5-17 明渠水深变化分区及 $N—N$ 线与 $K—K$ 线相对位置

(二)水面曲线定性分析

在分析不同底坡上各区水面曲线的变化率时,应讨论 3 点:其一,水面曲线是水深沿程增加(即$\frac{dh}{dl}>0$)的壅水曲线还是水深沿程减小(即$\frac{dh}{dl}<0$)的降水曲线;其二,水面曲线两端的变化趋势;其三,工程中在哪些情况下会出现这种水面曲线。

1. 顺坡明渠($i>i_0$)的情况

顺坡渠道是最常见的,根据底坡的缓陡可分为 3 种情况。

1)缓坡明渠($i<i_k$)

在这种情况下,$h_0>h_k$,$N—N$ 在 $K—K$ 线之下。缓坡上有 a_1、b_1、$c_1$3 种类型的水面曲

线，如图 5-18(a)所示。

(1)a_1 型水面曲线。桥、涵、堰、坝等建筑物常因局部压缩了水流的过水断面，使渠中原来的均匀流受到破坏而成非均匀流，渠中水深则高出 $N—N$ 线而位于 a_1 区，在 a_1 区变化的水面曲线，即 a_1 型水面曲线，有

$$h > h_0 > h_k$$

因 $h > h_0$，则 $k < k_0$；$h > h_k$，则 $Fr < 1$。

由式(5-25)知 $\frac{dh}{dl} = \frac{(+)}{(+)} > 0$，表明 a_1 型水面曲线为水深沿程增大的壅水曲线。

上游端 $h \to h_0, v \to v_0, Fr < 1, \frac{dh}{dl} \to 0$，水面曲线以 $N—N$ 线为渐近线。即在远离干扰的一端，渠中水流逐渐恢复均匀流状态。

下游端 $h \to \infty, v \to 0, Fr \to 0, \frac{dh}{dl} \to i$，水面曲线以水平线为渐近线。

由以上分析可知，a_1 型水面曲线是水深沿程增加，其上端以正常水深为渐近线，下端以水平线为渐近线，形状下凹的壅水曲线。

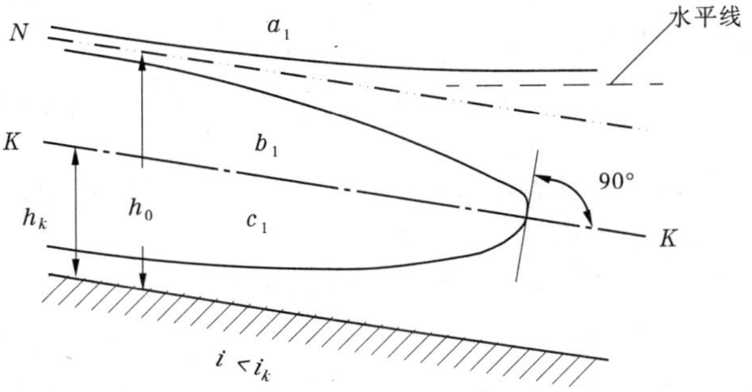

(a)

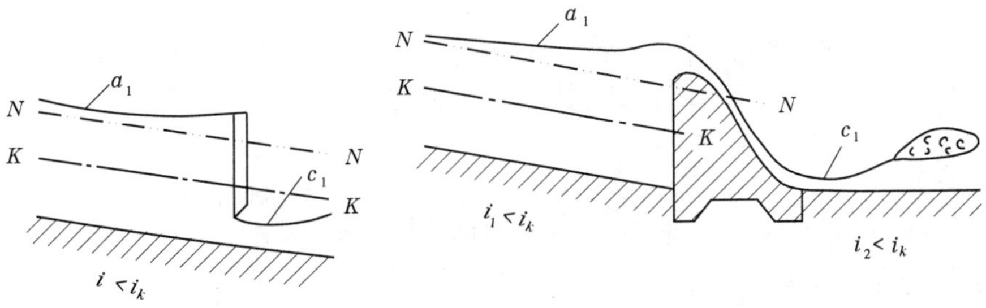

(b)

图 5-18

(2)b_1 型水面曲线。缓坡渠道中，跌坎或底坡折变也会造成非均匀流，它们破坏了渠中原来的均匀流，引起水面下降而使水面曲线在 b_1 区内变化，此即 b_1 型水面曲线，如图 5-18所示，有

$$h_k < h < h_0$$

因 $h<h_0$，则 $v>v_0$；$h>h_k$，则 $Fr<1$。

故$\frac{dh}{dl}=\frac{(-)}{(+)}<0$。表明 b_1 型水面曲线为降水曲线，水深沿程减小。

上游端 $h \to h_0$，$v \to v_0$，$Fr<1$，$\frac{dh}{dl} \to 0$，水面曲线以 $N—N$ 线为渐近线。

下游端 $h \to h_k$，$v \to v_k$，$Fr \to 1$，$\frac{dh}{dl} \to -\infty$，水面曲线呈水跌（或跌水）现象。

由以上分析可知，b_1 型水面曲线是水深沿程减小，其上端以正常水深为渐近线，下端与临界水深线垂直，形状为上凸的降水曲线。

（3）c_1 型水面曲线。水流流经跌坎下跌或受水闸、涵洞对过水断面的压缩，往往在跌坎下游渠道、涵洞进口或水闸之后形成收缩断面水深而使水面曲线在 c_1 区内变化，收缩断面以后的水面曲线即为 c_1 型曲线，此时有

$$h<h_k<h_0$$

因 $h<h_0$，则 $v>v_0$；$h<h_0$，则 $Fr>1$。

故$\frac{dh}{dl}=\frac{(-)}{(-)}>0$，表明 c_1 型水面曲线为壅水曲线，水深沿程增加。

上游端 $h=h_c$，即收缩断面的水深。

下游端 $h \to h_k$，$Fr \to 1$，$\frac{dh}{dl} \to +\infty$，当水面曲线穿越 $K—K$ 线时，渠中将发生水跃现象。

由以上分析可知，c_1 型水面曲线是水深沿程增加，其上端由具体条件决定，下端与 $K—K$ 线垂直，形状为下凹的壅水曲线。

按上述方法分析 3 类底坡的渠道，其水面曲线的形状及变化趋势如图 5-18 所示。

2）陡坡明渠（$i>i_k$）

陡坡上，$h_0<h_k$，$N—N$ 线在 $K—K$ 线之上，陡坡上也分 3 个区域，其相应的水面曲线为 a_2 型、b_2 型和 c_2 型，如图 5-19（a）所示。

经分析，a_2 型水面线上游垂直于 $K—K$ 线，下游以水平线为渐近线，b_2 型为水深沿程减少，形状为下凹的降水曲线，其上游与 $K—K$ 线垂直，下游以 $N—N$ 线为渐近线；c_2 型水深沿程增加，形状为上凸的壅水曲线，其水面线上游水深由边界确定，下游以 $N—N$ 线为渐近线。

在陡坡渠道中筑坝，坝前水深 $h>h_k$，则坝前形成 a_2 型水面曲线；当水流经过坝顶下泄时，在坝下形成 c_2 型水面曲线；当水流由缓坡（或平坡）渠道流入陡坡渠道时，在陡坡渠道上形成 b_2 型水面曲线，如图 5-19（b）所示。

3）临界坡明渠（$i=i_k$）

$i=i_k$，$h_0=h_k$，$N—N$ 线与 $K—K$ 线相重合，故临界坡上分为两个区域：$h>h_0=h_k$ 及 $h<h_0=h_k$，其相应水面线为 a_3 型和 c_3 型，如图 5-20（a）所示。

经分析，a_3 型和 c_3 型水面线均为水深沿程增加的壅水曲线，水面线下游接近于水平线，上游与流向垂直；当明渠为矩形渠时，a_3 型和 c_3 型水面线为水平线。a_3 型水面曲线出现在渠道与下游水池相连接处，且水池水位高于渠道末端 $K—K$ 线的高程时，c_3 型水面曲线发生在急流的下游接近临界坡时或在 $i=i_k$ 渠道中发生闸孔出流或坝顶溢流时，在闸

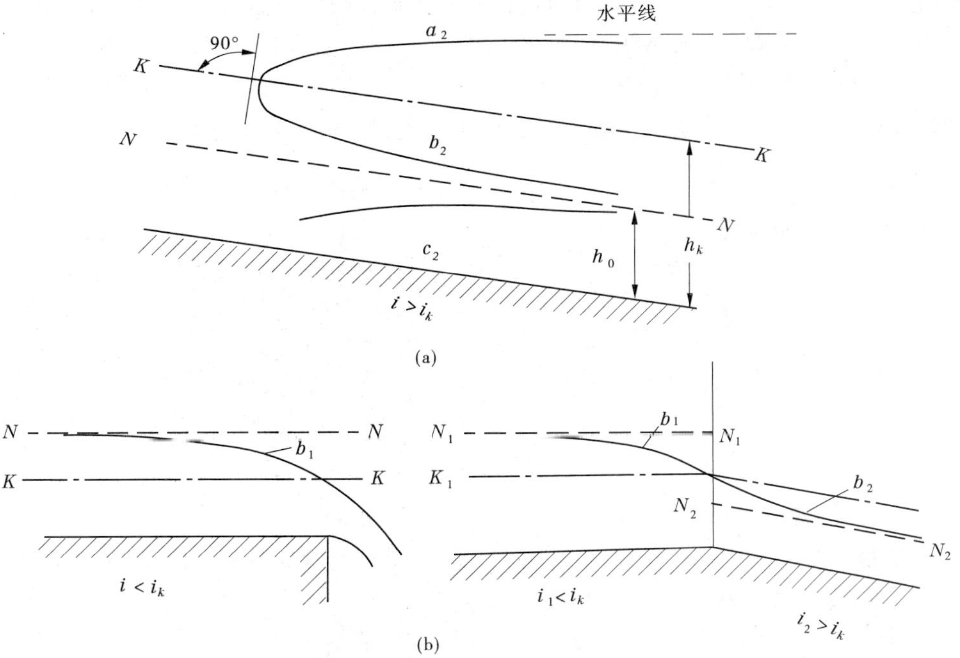

图 5-19

坝下游出现的往往是 c_3 型水面曲线，如图 5-20(b)、(c)所示。

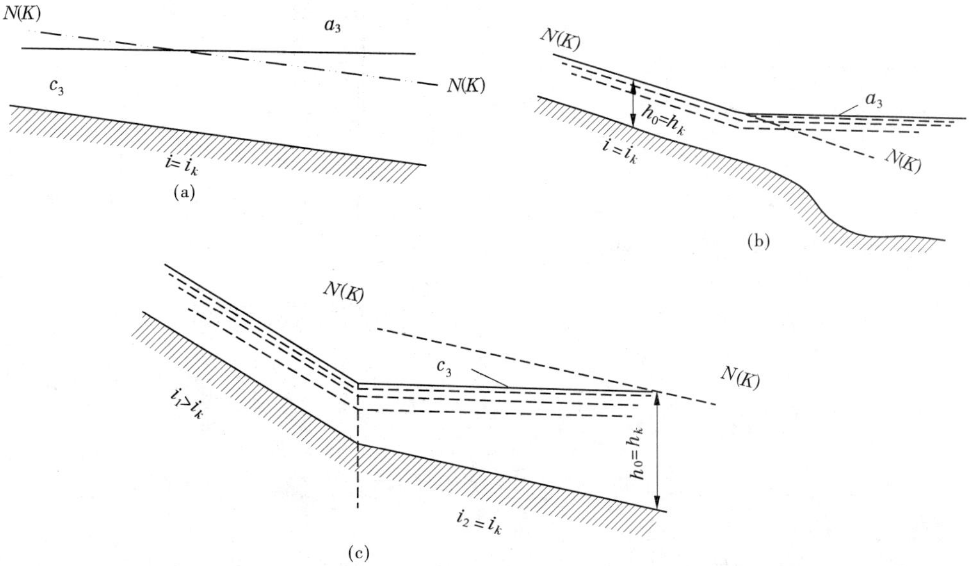

图 5-20

2. 平坡明渠($i = 0$)的情况

$i = 0$ 不可能发生均匀流，即不存在 N—N 线，但仍有 K—K 线；所以平坡上只有两个区域：$h > h_k$ 及 $h < h_k$，其相应水面线为 b_0 型和 c_0 型。b_0 型水面曲线是水深沿程减小，形

状下凹，其下端与 $K—K$ 线垂直的降水曲线；c_0 型水面曲线是水深沿程增加，形状下凹，其下端与 $K—K$ 线垂直的壅水曲线，b_0 上游趋于水平，c_0 上游取决于边界条件，如图 5-21(a)所示。在平坡渠道中的闸孔出流，其水面曲线即为 c_0 型水面曲线；如果渠道末端为跌坎，在跌坎前（当 $h>h_k$ 时）的水面线为 b_0 型水面曲线，如图 5-21(b)所示。

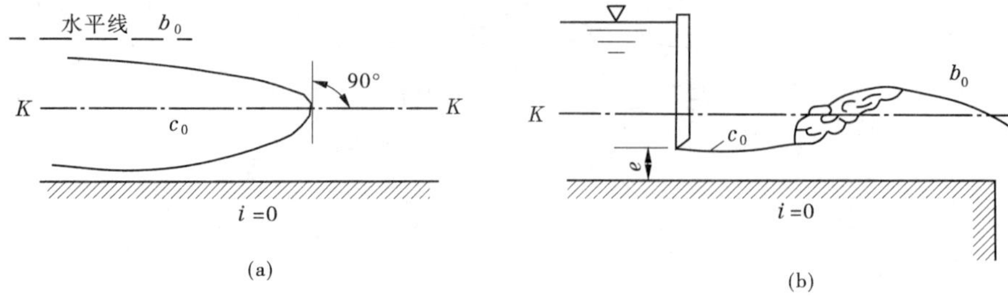

图 5-21

3. 逆坡明渠($i<0$)的情况

逆坡上不可能发生均匀流，但仍有临界水深，即 $K—K$ 线存在，故逆坡上也分为两个区域：$h>h_k$ 及 $h<h_k$，相应的两条水面线为 b' 和 c' 型。b' 型水面曲线是水深沿程减小，形状下凹，其下端与 $K—K$ 线垂直的降水曲线；c' 型水面曲线是水深沿程增加，形状下凹，其下端与 $K—K$ 线垂直的壅水曲线，b' 上游趋于水平，c' 上游取决于边界条件，如图 5-22(a)所示。在逆坡渠道中的闸孔出流，当开度 $e<h_k$ 时，闸下的水面曲线即为 c' 型水面曲线。如果渠道末端为跌坎时，在跌坎前（当 $h>h_k$ 时）的水面线为 b' 型水面曲线，如图 5-22(b)所示。

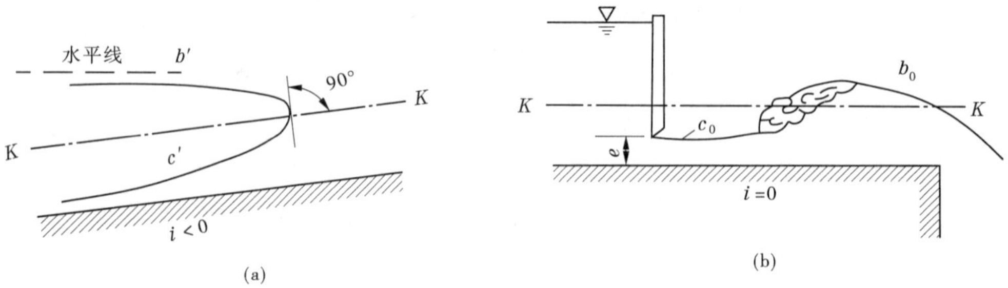

图 5-22

四、水面曲线变化的基本规律

棱柱体明渠中的 12 种水面曲线，它们有相同的规律，又有各自的特点，为了能正确分析水面曲线，必须注意以下几点：

(1) 上述 12 种水面曲线，只表示在棱柱体明渠中可能发生的非均匀渐变流的情况，而在某一确定的底坡上究竟出现哪一类型水面曲线，应视具体条件而定，但必须指出，如果在某一区域内发生水面曲线，那么它的形状只有一种。

(2) 12 种水面曲线中，a 型和 c 型的水面曲线是水深沿程增加的壅水曲线，b 型水面曲线是水深沿程减小的降水曲线。

(3 当水深接近正常水深时，水面线以 $N—N$ 线为渐近线；当水深接近临界水深时，水面线在理论上垂直于临界水深线 $K—K$，这里的水流已不符合渐变流条件，而属于急变流。

(4)在分析和计算水面曲线时，必须从某个有确定水深(或水位)的已知断面开始，这个断面称为控制断面，其水深称为控制水深。

五、棱柱体变坡渠道中的水面衔接

多段底坡不同的渠段连接而成的渠道，称为变坡渠道。对于棱柱体长度足够的各段渠道，其水面曲线的衔接特性如下。

(1)急坡—缓坡。如图 5-23 所示，设上段渠道中的正常水深为 h_{01}，下段渠道的正常水深为 h_{02}，由于 $h_{02} > h_{01}$，渠中将发生水跃衔接，水跃位置取决于跃后水深与 $h_t = h_{02}$ 的大小关系。

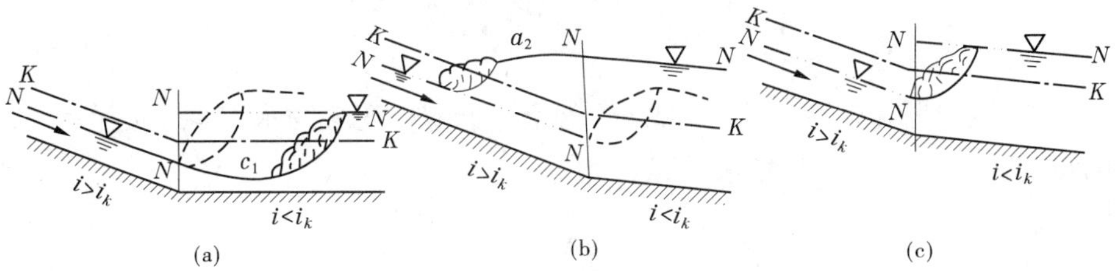

图 5-23

(2)缓坡—急坡。如图 5-24(a)所示，衔接水深 $h = h_k$。

(3)缓坡—缓坡。如图 5-24(b)所示，衔接水深 $h = h_{02}$，渠中无水跃。

(4)急坡—急坡。如图 5-24(c)所示，衔接水深 $h = h_{01}$，渠中不发生水跃。

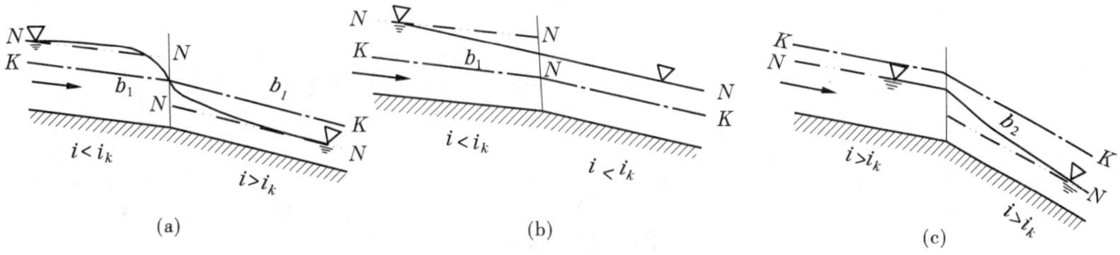

图 5-24

多段变坡渠道的水面衔接如图 5-25 所示。

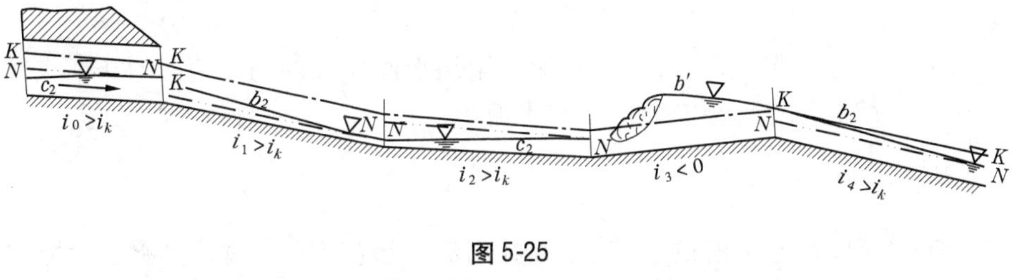

图 5-25

(5)渠道长度不定时的水面曲线衔接。如图 5-26 所示，当渠道长度不足或受局部因素影响时，水面曲线衔接可有例外，在缓坡渠道中可不出现水跃，在急坡渠道末端也可出现缓流。

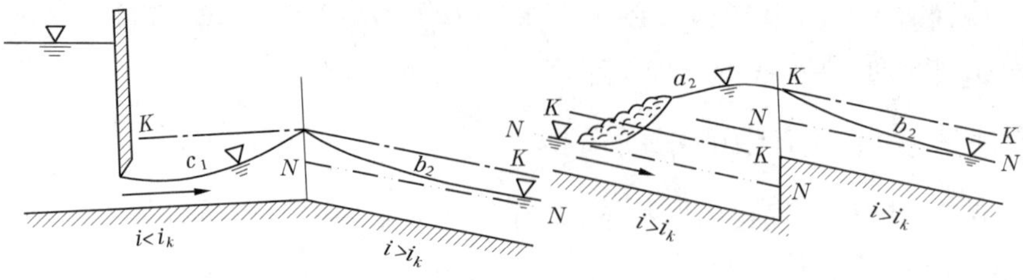

图 5-26

第八节　明渠急变流

明渠非均匀流中，既有渐变流，又常遇急变流，明渠急变流的水力现象是水跌和水跃。这也是水面曲线分析与计算的基本问题。

一、水跌

当明渠中的缓流，由于渠底坡度突然变陡（$i<i_k$）或下游明渠断面突然扩大，引起水面急剧下降，水流以临界流动状态（$h=h_k$）通过这个突变断面而以急流状态进入陡坡或断面扩大后的渠段。这种由缓流向急流过渡的局部水力现象称为水跌，如图 5-27 所示。

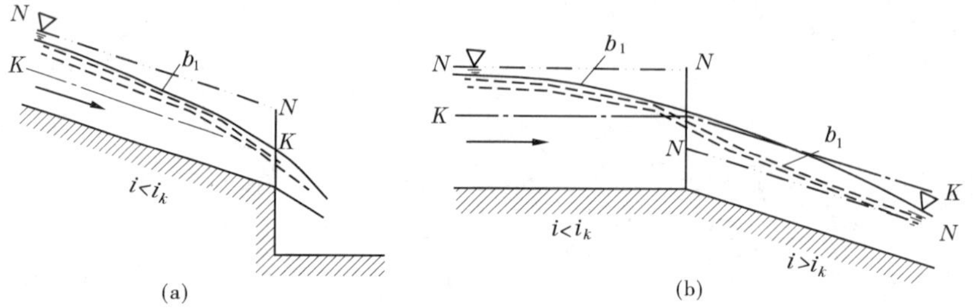

图 5-27　水跌

理论上，在跌坎处或底坡折变处的水深应为临界水深，但实际上，由于跌坎处水呈急变流流动状态，流线急剧弯曲，因此临界水深断面不在跌坎处。实验得出，这一断面距跌坎断面上游（3～4）h_k 处。

在水面曲线的分析与计算中，控制水深常用作水面曲线的初始值。对于明渠缓流，控制断面多在下游；对于急流，控制断面多在上游。

二、水跃

经过水工建筑物泄至下游的水流（如闸孔出流和堰流等）一般都具有较大的流速，常呈急流状态，而下游河道中的水流多处于缓流状态，这样下泄水流必须从急流过渡到缓流。实现这一过渡时,水面突然跃起,这种明渠急流向缓流过渡时水面呈突跃式升高的局部水力现象称为水跃,如图 5-29 所示。产生水跃的原因是上游水深较小的急流受到下游水深较大缓流水体的阻挡,迫使水流在局部强烈紊动混掺,流速骤降,急流动能大量消耗,剩余动能则在局部渠段内急剧转为势能,由此引起水位急剧升高而呈水跃现象。水跃区内,紊动强烈,冲刷力强,跃后断面则流速急降而成缓流。因此,水跃不但是水面线分析需要的衔接力现象,更可用作消能防冲的有效手段。

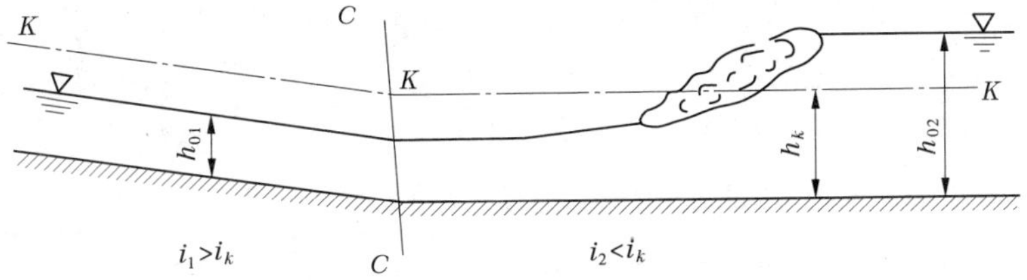

图 5-28　水跃

一般把水跃漩滚区始端的断面称为跃前断面,该断面的水深为跃前水深 h';漩滚区末端水流开始符合缓变流条件的断面称为跃后断面,该断面的水深为跃后水深 h''。前后断面水深 h'、h''(如图 5-29 所示)具有倚变关系,称为共轭水深;前后两断面的水深之差 $(h'-h'')$ 称为水跃高度。前后两断面的距离称为水跃长度,用 l_j 表示。水跃计算主要是确定 h'、h''及 l_j。

凡 $h'>2h''$,跃前断面佛汝德数 $Fr>4$,且有表面漩滚的水跃,称为完整水跃;如图 5-28 所示,属缓流水体阻挡造成的水跃,称为自由水跃;凡 $h'>2h''$,$Fr<2$ 且无表面漩滚的水跃,称为波状水跃,小桥涵中常发生波状水跃,如图 5-29 所示。

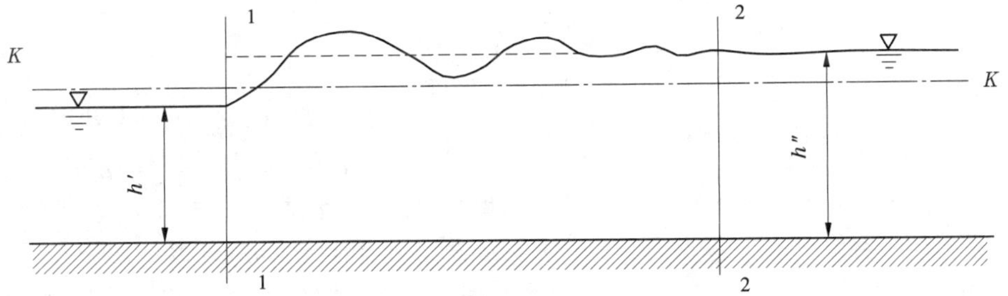

图 5-29　波状水跃

(一)自由完整水跃基本方程

为推导自由完整水跃基本方程,作如下假定:

(1)棱柱形渠道,断面形状已知(当为梯形断面时,b、m 已知)。

(2)平坡渠道。$i=0$,重力沿流向无分力。

(3)水跃区内摩擦阻力忽略不计(水跃长度较小)。

(4)前后断面 1—1、2—2 为渐变流,断面间动量修正系数 $\alpha_1''=\alpha_2''=\alpha''$。

如图 5-30 所示,以断面 1—1、2—2 间的水体为隔离体写动量方程,有

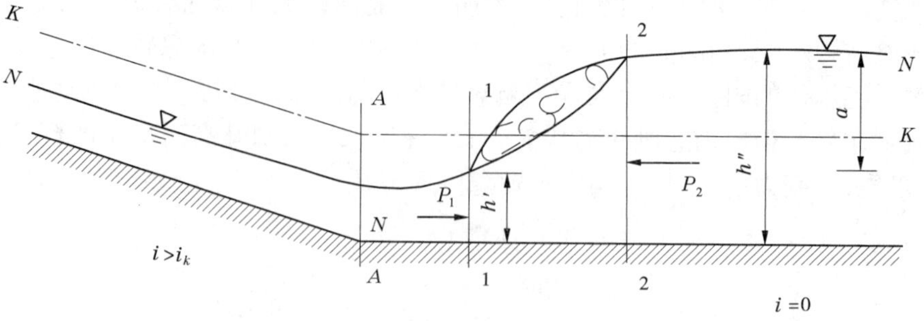

图 5-30

$$\gamma(y_{c1}A_1 - y_{c2}A_2) = \frac{\alpha\gamma Q}{g}(v_2 - v_1)$$

整理后得
$$y_{c1}A_1 + \frac{\alpha' Q^2}{gA_1} = y_{c2}A_2 + \frac{\alpha' Q^2}{gA_2} \tag{5-26}$$

令
$$\theta(h) = y_c A + \frac{\alpha' Q^2}{gA}$$

有
$$\theta(h') = \theta(h'') \tag{5-27}$$

式中 $\theta(h)$——水跃函数；

y_{c1}、y_{c2}——水跃前后断面的形心在自由表面以下的深度；

g——重力加速度；

γ——水的重度；

h'、h''——水跃前、后断面的共轭水深。

式(5-26)、式(5-27)均称为完整水跃基本方程。它表明水跃前、后断面共轭水深的水跃函数相等。

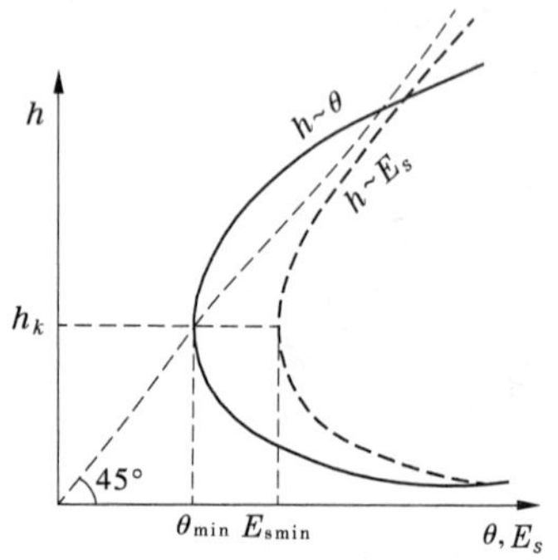

图 5-31 水跃函数曲线

由 $\theta(h) = y_c A + \dfrac{\alpha' Q^2}{gA}$，有 $h \to 0, \theta \to \infty$；$h \to \infty, \theta \to \infty$。

故 $0 < \theta < \infty$，θ 为有限值。可以证明，θ 也有最小值，其对应水深 h_0 等于临界水深，如图 5-31 所示。

（二）水跃共轭水深计算

1. 任意断面形状的共轭水深计算

(1)利用式(5-27)试算；

(2)绘制 $\theta \sim h$ 曲线图解。

2. 矩形断面渠道的共轭水深公式

对于矩形渠道，有

$$A = bh, y_c = \frac{1}{2}h, q = \frac{Q}{b}, h_k^3 = \frac{\alpha q^2}{g}，即 \alpha' = \alpha,$$

则 $$\theta(h) = y_c A + \frac{\alpha' Q^2}{gA} = \frac{h}{2}bh + \frac{\alpha b^2 q^2}{gbh} = b\left(\frac{h^2}{2} + \frac{\alpha q^2}{gh}\right) = b\left(\frac{h^2}{2} + \frac{h_k^3}{h}\right)$$

由 $\theta(h') = \theta(h'')$ 有

$$b\left(\frac{h_k^3}{h'}+\frac{h'^2}{2}\right) = b\left(\frac{h_k^3}{h''}+\frac{h''^2}{2}\right)$$

整理得 $$h'^2h''+h'h''^2-2h_k^3=0$$

解上述一元二次方程,得矩形断面渠道共轭水深计算公式为

$$\begin{cases} h' = \dfrac{h''}{2}\left[\sqrt{1+8\left(\dfrac{h_k}{h''}\right)^3}-1\right] \\ h'' = \dfrac{h'}{2}\left[\sqrt{1+8\left(\dfrac{h_k}{h'}\right)^3}-1\right] \end{cases} \tag{5-28}$$

式中 h'——跃前水深;

h''——跃后水深;

h_k——临界水深。

因 $\left(\dfrac{h_k}{h}\right)^3=\dfrac{\alpha q^2}{gh^3}=\dfrac{\alpha Q^2}{g(bh)^2h}=\dfrac{\alpha Q^2}{gA^2h}=\dfrac{\alpha v^2}{gh}=Fr$,故式(5-28)可改写成

$$\begin{cases} h' = \dfrac{h''}{2}\left(\sqrt{1+8Fr_2}-1\right) \\ h'' = \dfrac{h'}{2}\left(\sqrt{1+8Fr_1}-1\right) \end{cases} \tag{5-29}$$

式中 Fr_1——跃前断面的佛汝德数;

Fr_2——跃后断面的佛汝德数。

式(5-29)即矩形渠道共轭水深的计算公式。

矩形断面渠道的共轭水深,也可以按附录Ⅱ图解。

3. 无压圆涵管共轭水深计算

如图5-32所示,对于无压圆涵管,其跃后水深 h''可有两种情况:$h''<d$ 或 $h''>d$。当 $h''>d$ 时,因 $A_2=\dfrac{\pi}{4}d^2$,$y_c=h''-\dfrac{d}{2}$,有

$$h''=\frac{16}{g}\left(\frac{Q}{\pi d^2}\right)^2\left(\frac{\pi d^2}{4A_1}-1\right)+\frac{4}{\pi d^2}A_1y_{c1}+\frac{d}{2} \tag{5-30}$$

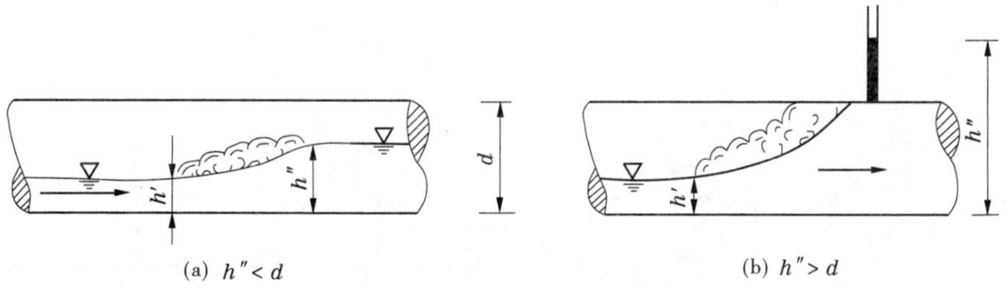

图5-32 无压圆涵管中的水跃

无压圆涵管中的水跃求解 h''方法(已知 Q、h'、d)如下。

1)试算

设 $h''>d$,由式(5-30)可得计算值 h''_x,若 $h''_x>d$,则 h''_x 即为所求,即 $h''=h''_x$;若 $h''<d$,则与所设不符,可按式(5-27)试算或绘 $\theta\sim h$ 关系曲线图解 h''。

2）利用附录Ⅲ专用图解算。

（三）水跃长度

关于水跃长度，目前尚无理论公式，多用经验公式计算。对于棱形平坡矩形断面渠道完整水跃长度，常用下述经验公式计算：

（1）吴持恭公式

$$l_j = 10(h'' - h')\ Fr_1^{-0.16}$$

（2）巴甫洛夫斯基公式

$$l_j = 2.5(1.9h'' - h')$$

（3）其他公式

$$l_j = 6.9(h'' - h')$$

式中 h'、h''——水跃前、后断面共轭水深，m；

Fr_1——跃前断面佛汝德数；

l_j——水跃长度，m。

水跃区内的水流冲刷力强，水跃之后的一定距离内，冲刷仍比较厉害，因此，河段加固长度 l 应大于 l_j，即

$$l = l_j + l_x$$

$$l = (2.5 \sim 3.0)l_j$$

（四）水跃与下游的衔接计算

1. 衔接水深（收缩断面水深）

收缩断面不但发生在跌坎下游，也常见于桥孔或无压涵洞的进口附近。收缩断面处一般均呈急流状态，即 $h_c < h_k$。收缩断面后，水流因受下游缓流阻挡，水深渐增，当渠段长度足够时，c—c 断面后将出现壅水曲线而穿越 K—K 线进入缓流区，流速至此突然变小，水深由此剧增，造成水面反向坡度过陡而发生倒流现象的表面漩滚，形成水跃与下游水流衔接。因此，h_c 又称为衔接水深，它和正常水深 h_0、临界水深 h_k 同为水面曲线分析与计算时极为重要的明渠三大水深。

如图 5-33 所示，过 c—c 断面的渠底取基准面，设 1—1 断面的总水头为 E_0，列断面 1—1，c—c 的能量方程，有

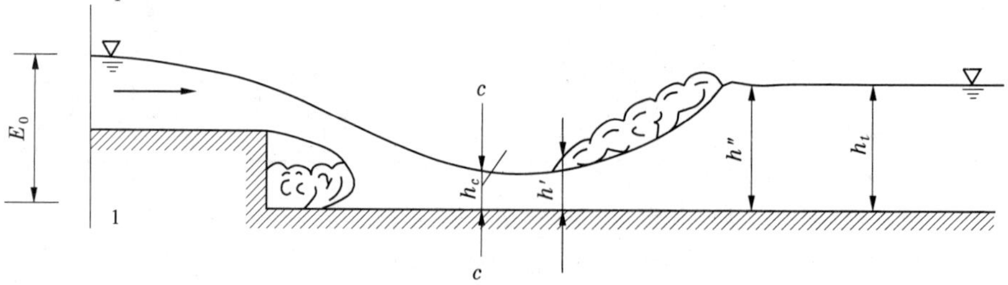

图 5-33 衔接水深计算

$$E_0 = h_c + 0 + \frac{\alpha_c v_c^2}{2g} + \xi\frac{v_c^2}{2g} = h_c + (\alpha_c + \xi)\frac{v_c^2}{2g} \tag{5-31}$$

令 $\varphi = \dfrac{1}{\sqrt{\alpha_t + \xi}}$，又 $v_t = \dfrac{Q}{A}$

得
$$E_0 = h_c + \frac{Q^2}{2g\varphi^2 A_c^2} = f(h_c) \tag{5-32}$$

式(5-32)即任意断面形状收缩断面水深的计算公式。当已知 E、Q、φ 及渠道断面形状(如梯形断面中 b 及 m)时，即可利用上式试算求解 h_c。其中流速系数 φ 与跌坎处进口形状及下跌相对高度 $\dfrac{P}{H}$ 有关(P 为跌坎高度，H 为进口上游水深)，由实验确定，一般 $\varphi = 0.8 \sim 0.97$。

当为矩形断面时(小桥及箱形无压涵洞均属此类)，

$A_c = bh$，$q = \dfrac{Q}{b}$，由式(5-31)有

$$E_0 - h_c = \frac{q^2}{2g\varphi^2 h_c^2}$$

令
$$k_0 = \frac{q}{\sqrt{2g}\varphi}$$

得
$$h_c^2 = \frac{k_0^2}{E_0 - h_c}$$

$$h_c = \frac{k_0}{\sqrt{E_0 - h_c}} \tag{5-33}$$

式(5-33)中的 h_c 可用下述迭代法求解：

第一次，令 $E_0 - h_c \approx E_0$，得

$$h_c^{(1)} = \frac{k_0}{E_0}$$

第二次，取 $h_c = h_c^{(1)}$，得

$$h_c^{(2)} = \frac{k_0}{\sqrt{E_0 - h_c^{(1)}}}$$

第三次，取 $h_c = h_c^{(2)}$，得

$$h_c^{(3)} = \frac{k_0}{\sqrt{E_0 - h_c^{(2)}}}$$

$$\vdots$$

$$h_c^{(n)} = \frac{k_0}{\sqrt{E_0 - h_c^{(n-1)}}} \tag{5-34}$$

式中　k_0——已知数，$k_0 = \dfrac{q}{\sqrt{2g}\varphi}$。

按式(5-34)求 h_c，一般迭代计算 $n \leqslant 3$ 时，即可达到一定计算精度。此外，也可利用附录Ⅱ图解。

2. 水跃衔接的基本形式

在堰、闸下游或陡坡渠道的尾端和跌水处，水流从高处流下，势能转变为动能，这时水

流厚度达到最小值的断面，称为收缩断面。该处水深称为收缩断面水深，常以 h_c 表示。通常水流在收缩断面的流速 v_c 大于临界流速 v_k，而收缩水深 h_c < 临界水深 h_k，流态为急流。

若下游渠道为陡坡($i > i_k$)棱柱形渠道，则收缩水深 h_c 下游的水面曲线为 c_2 或 b_2 型。若下游渠道为缓坡($i < i_k$)，则收缩水深 h_c 的急流与下游的缓流之间，必然以水跃的形式相衔接。在此情况下，水流衔接问题实质上是决定水跃的位置及其上下游的水面曲线。

以收缩水深 h_c 作为跃前水深，用水跃基本方程求出其相应的共轭水深 h_c''，将 h_c'' 与下游渠道的天然水深 h_t(或正常水深 h_0)相比较，可能有三种不同的上下游衔接的水跃形式：

1)远驱式水跃

当 $h_c'' > h_t$ 时，则下游水深 h_t 不足以在收缩断面处发生水跃，水流继续以急流状态呈 c_1 型壅水曲线的形式流动，直到水深增大到与下游正常水深 h_t 相共轭的第一水深 h_t' 处开始发生水跃；使水流以急流状态过渡到缓流状态。这种水跃称为远驱式水跃，如图 5-34(a)所示。

2)临界式水跃

当 $h_c'' = h_t$ 时，下游水深 h_t 恰好为收缩水深 h_c 所要求的共轭水深 h_c''，则水跃发生在收缩断面上，这种水跃称为临界式水跃，如图 5-34(b)所示。在实际情况下，临界式水跃是极不稳定的。

3)淹没式水跃

当 $h_c'' < h_t$ 时，其与 h_t 相共轭的跃前水深 h_t' 必然小于 h_c，而 h_c 是最小值，故在此流段中小于 h_c 的水深是不可能产生的，所以水跃逆向移动，淹没收缩断面，这种水跃称为淹没式水跃，如图 5-34(c)所示。

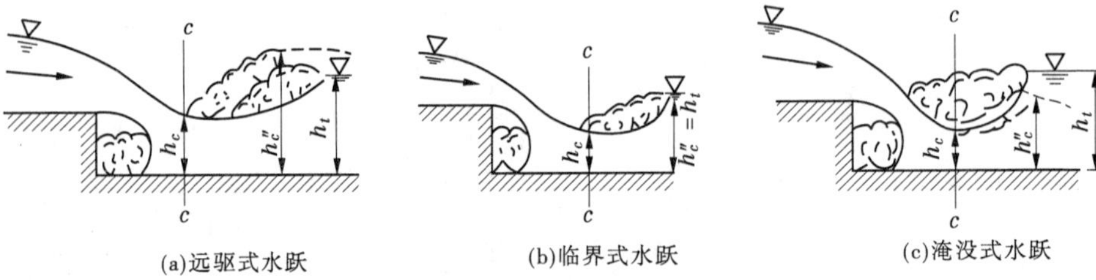

图 5-34　水跃衔接的 3 种形式

下游水深 h_t 可由下游渠道的水力特性决定。例如，当下游为均匀流时，$h_t = h_0$；当下游渠道出口水流受顶托时，h_t 由顶托影响情况决定。

在工程应用中，一般要求缩短下泄水流的急流段以降低护面工程造价。因此，如何创造淹没式水跃衔接的水力条件，这是我们研究水跃与计算水跃的基本目的。

【例 5-10】　矩形渠道，$Q = 40\ m^3/s$，底宽 $b = 5$ m，跃后水深 $h'' = 2.8$ m，求跃前水深 h'。

解：

$$h_k = \sqrt[3]{\frac{\alpha Q^2}{gb^2}} = \sqrt[3]{\frac{1 \times 40^2}{9.8 \times 5^2}} = 1.87(\mathrm{m})$$

$$h' = \frac{h''}{2}\left[\sqrt{1 + 8\left(\frac{h_k}{h''}\right)^3} - 1\right] = \frac{2.8}{2} \times \left[\sqrt{1 + 8 \times \left(\frac{1.87}{2.8}\right)^3} - 1\right] = 1.18(\mathrm{m})$$

【例 5-11】 在渠道上有一跌水，其高度 $P=3.00$ m(见图 5-35)。试就下列数据判定射流与下游水流的衔接形式：$Q=10$ m^3/s；$v_0=1.0$ m/s；$H=1.60$ m；$h_t=1.60$ m；在收缩断面处，矩形河槽的宽度 $b=3.80$ m；$\varphi=1.0$。

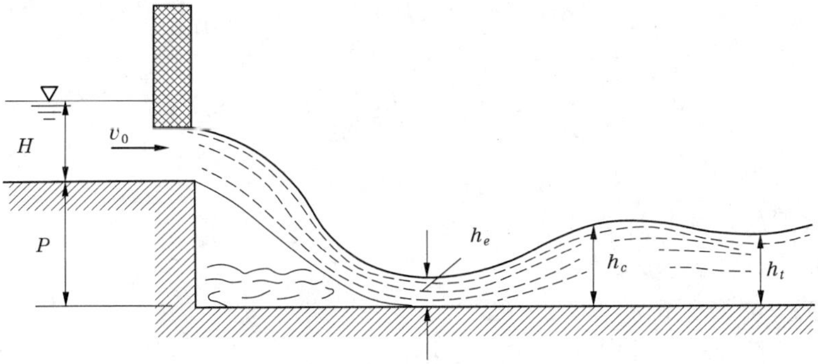

图 5-35

解：利用上下游衔接理论的第一个基本方程式(5-32) $E_0=h_c+\dfrac{Q^2}{2g\varphi^2A_c^2}$，先计算方程式内所含各项数值。

$$E_0 = E + \frac{\alpha v_0^2}{2g}$$

因 $$E=H+P=1.60+3.00=4.60(\mathrm{m})$$

$$\frac{\alpha v_0^2}{2g} = \frac{1.1 \times 1.0^2}{2 \times 9.8} = 0.056(\mathrm{m})$$

故得 $$E_0 = 4.60 + 0.056 = 4.656(\mathrm{m})$$

又 $$\varphi\sqrt{2g} = 1.0 \times 4.43 = 4.43;A_c = 3.80h_c$$

将上述各数值代入基本方程式内，则得

$$4.656 = h_c + \frac{10^2}{4.43^2 \times 3.80^2 h_c^2}$$

化简得

$$h_c + \frac{0.353}{h_c^2} = 4.656$$

用试算法求得 $h_c \approx 0.284$ m。

若用公式($h_c=\dfrac{k_1}{\sqrt{E_0-h_c}}$)试算求解 h_c，其步骤如下：

$$k_0 = \frac{q}{\sqrt{2g}\varphi} = \frac{10}{3.8 \times 1.0 \times \sqrt{2 \times 9.8}} = 0.594$$

$$h_c^{(1)} = \frac{k_1}{\sqrt{E_0 - h_c}} = \frac{0.594}{\sqrt{4.656}} = 0.275(\text{m})$$

$$h_c^{(2)} = \frac{k_1}{\sqrt{E_0 - h_{c(1)}}} = \frac{0.594}{\sqrt{4.656 - 0.275}} = 0.284(\text{m})$$

$$h_c^{(3)} = \frac{k_1}{\sqrt{E_0 - h_{c(2)}}} = \frac{0.594}{\sqrt{4.656 - 0.284}} = 0.284(\text{m}) = h_c$$

求收缩断面水深 h_c 的共轭水深 h''_c。为此，先求出临界水深 h_k。

$$h_k = \sqrt[3]{\frac{\alpha Q^2}{b^2 g}} = \sqrt[3]{\frac{1.0 \times 10^2}{3.8^2 \times 9.8}} = 0.89(\text{m})$$

$$h''_c = \frac{0.284}{2} \times \left(\sqrt{1 + 8 \times \left(\frac{0.89}{0.284}\right)^3} - 1\right) = 2.09(\text{m})$$

因为计算所得的 $h_c = 2.09(\text{m}) > h_t = 1.60(\text{m})$

所以跌水下游水流是远驱式水跃衔接。

如按图解法计算，其步骤如下：

已求得 $E_0 = 4.656\ \text{m}$；$h_k = 0.89\ \text{m}$

则
$$\frac{E_0}{h_k} = \frac{4.656}{0.89} = 5.231$$

用 $\varphi_c = 1.0$ 及 $\frac{E_0}{h_k} = 5.231$ 查图附录Ⅱ得

$$\frac{h_c}{h_k} = 0.318; \quad \frac{h''_c}{h_k} = 2.36$$

故
$$h_c = 0.318 \times 0.89 = 0.283(\text{m})$$
$$h''_c = 2.36 \times 0.89 = 2.10(\text{m})$$

所算结果与试算法所得相差甚微。

【例 5-12】 一水平位置的无压涵管，管径 $d = 2\ \text{m}$，流量 $Q = 10\ \text{m}^3/\text{s}$，求 $h' = 1\ \text{m}$ 及 $1.5\ \text{m}$ 时的共轭水深 h''。

解：此题采用附录Ⅰ、Ⅲ查算。

(1)求 h_k。

$$\frac{Q}{d^{\frac{5}{2}}} = \frac{10}{2^{\frac{5}{2}}} = 1.77(\text{m}^{\frac{1}{2}}/\text{s})$$

查附录Ⅰ得

$$\frac{h_k}{d} = 0.78, h_k = 0.78 \times 2 = 1.56(\text{m})$$

(2)当 $h' = 1.0\ \text{m}$ 时。

$$\frac{h'}{d} = \frac{1}{2} = 0.5, \quad \frac{h_k}{d} = 0.78$$

查附录Ⅲ得

$$\frac{h''}{d} = 1.18, h'' = 1.18 \times 2 = 2.36(\text{m}) > d = 2\ \text{m}$$

(3)当 $h''=1.5$ m 时。

$$\frac{h'}{d}=\frac{1.5}{2}=0.75,\quad \frac{h_k}{d}=0.78$$

查附录 Ⅲ 得

$$\frac{h''}{d}=0.83, h''=0.83\times2=1.66(\text{m})<d=2\text{ m}$$

第九节　堰流简介

一、堰的类型

明渠水流中的局部障壁，称为堰；无压缓流经堰顶溢流时形成堰上游水位壅高而后水面急剧下降的局部水力现象，称为堰流。如图 5-36 所示，无压缓流经小桥涵时水力现象也与堰流类似，堰在纵向压缩了过水断面，小桥涵则在横向压缩了过水断面，局部阻力条件类似。因此，堰流理论也是小桥涵水力计算的基础理论。天然河道底坡大多平缓，故桥涵水力计算多属堰流问题，但在山区河沟较陡时，有些例外。急流过堰时，不会发生堰流现象，只会引起堰前水位急剧升高现象。

如图 5-36 所示，距堰前缘$(3\sim5)H$ 处的上游水位至堰顶的水深 H，称为堰顶水头，又称为堰顶水深。该处过水断面是上游渠中 a_1 型水面曲线的末端，也是距堰壁最近的一个渐变流断面。该断面的平均流速，称为行近流速，常用 v_0 表示。按堰壁厚度 δ 对水流的影响程度，通常将堰分为 3 种类型。

(一)薄壁堰

如图 5-36(a)所示，当$\frac{\delta}{H}<0.67$ 时，堰壁厚度对过堰水流无影响，水流过堰呈自由下落曲线，此堰称为薄壁堰。它常被用作量水设备。

(二)实用断面堰

当$0.67<\frac{\delta}{H}<2.5$ 时，堰顶厚度对过堰水流开始有顶托和约束作用，但是过堰水流在重力作用下做自由下落运动，此堰称为实用断面堰。常见的实用断面堰有折线型和曲线型。如图 5-36(b)、(c)所示，水利工程中常用来作泄水建筑物，如溢流坝等。

(三)宽顶堰

当$2.5<\frac{\delta}{H}<10$ 时，堰壁厚度对水流有顶托作用，此堰称为宽顶堰，其水力特征是水流在堰顶进口处呈急变流型降水曲线，并在进口附近形成收缩断面；堰顶水面几乎与堰顶平行且呈急流状态，堰顶水深 h 接近临界水深 h_k，即 $h\approx h_k$；收缩断面水深 h_c 小于临界水深。当下游水位较低时，过堰水流的水位在进口有第一次跌水，出口有第二次跌水。如图 5-36(d)、(e)所示，按急流的水力特征，宽顶堰的过水能力(即泄流量)只受收缩断面控制。当下游水位低且 $h_c<h_k$ 时，宽顶堰的过水能力取决于堰顶水头，不受收缩断面下游波动的影响。小桥涵堰的泄流图式与宽顶堰相同，因此，小桥涵堰又称无坎宽顶堰。宽顶

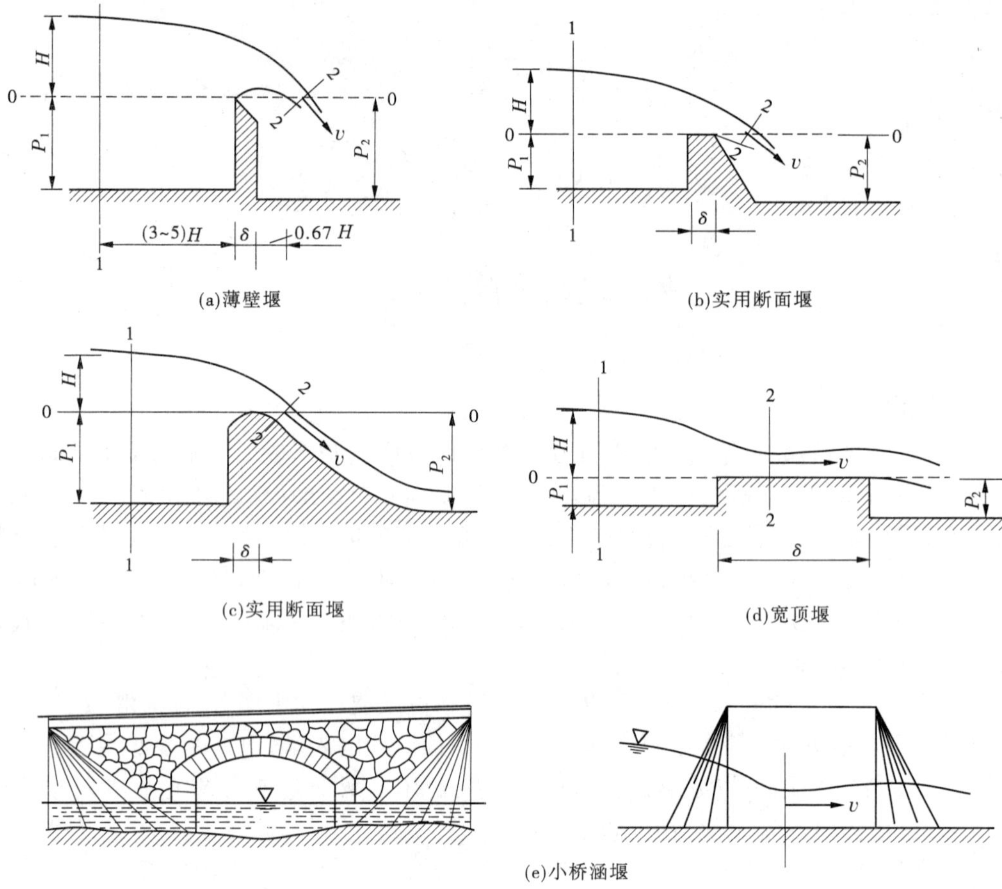

图 5-36　堰的类型

堰的水力计算理论,对于路桥专业更具重要意义。

实验证明,当$\frac{\delta}{H}>10$时,沿程水头损失已不能忽略,水力特性已不再属堰流而转变为明渠水流性质。对于堰流,主要是局部阻力作用,只需要考虑局部水头损失。

二、堰流流量公式

(一)堰流的泄流类型

按下游水位对泄流能力的影响程度,堰的泄流情况可分为两类:

1. 自由出流

如图 5-37(a)、(b)所示,h_t 为下游水深,当 $h_t<P_2$ 时,$h_c<h_k$,收缩断面处于急流状态,其下游水位波动对堰的泄流能力无影响,称为自由出流。

2. 淹没出流

如图 5-37(c)、(d)所示,当 $h_t>P_2$,$h_c>h_k$ 时,下游水位波动对堰的泄流能力有影响,此称为淹没出流。显然,当 $h_c>h_k$ 时,堰顶水流由急流转入缓流,下游水位波动造成的微波将向上游传播,可引起上游水位或堰顶水头波动变化。

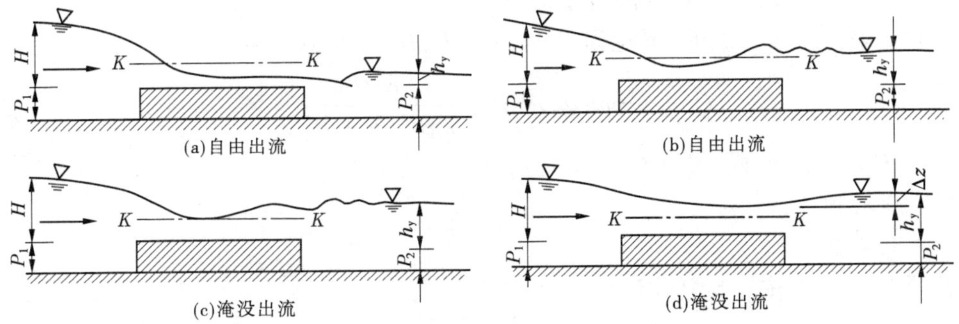

图 5-37　堰的出流状态

(二)堰流流量公式

堰流所形成的降水水面曲线属于明渠急变流，它的水头损失是局部水流阻力作用的结果。各类堰的阻力特性基本一致，因此有共同的流量公式。

$$Q = mb\sqrt{2g}\,H_0^{\frac{3}{2}} \tag{5-35}$$

$$Q = m_0 b\sqrt{2g}H^{\frac{3}{2}} \tag{5-36}$$

式中　m_0、m——用 H 或 H_0 计算时堰的流量系数；

H——堰顶水头；

H_0——包括行进流速在内的堰顶水头，$H_0 = H + \dfrac{\alpha_0 v_0^2}{2g}$。

公式(5-36)为自由出流条件下且无收缩现象时堰的流量公式。流量系数 m 只考虑了堰高、进口形状等边界条件影响对堰流泄流量的折减。但是，当为淹没出流或堰泄流宽度 b 小于上游渠道宽度 B 时，过堰水流的流线将出现侧向收缩，使有效泄流宽度减小，因而堰的泄流量将再次减小。因此，通用公式常常写成

$$Q = \varepsilon\sigma mb\sqrt{2g}\,H_0^{\frac{3}{2}} \tag{5-37}$$

或

$$Q = \varepsilon\sigma m_0 b\sqrt{2g}H^{\frac{3}{2}} \tag{5-38}$$

式中　ε——侧收缩系数，$\varepsilon = \dfrac{b_c}{b} < 1$，$b_c$ 为有效泄流宽度；

σ——淹没系数，即淹没出流时，堰泄流量折减系数，自由出流时，$\sigma = 1$；

m、m_0——用 H_0 或 H 计算时堰的流量系数。

综合上述，堰流水力计算一般有 3 个问题：

(1)求泄水流量 Q；

(2)求堰宽 b，即堰的堰流宽度；

(3)求堰顶水头 H。

(三)宽顶堰水力计算

1. 宽顶堰水力计算公式

$$\begin{cases} Q = \varepsilon\sigma mb\sqrt{2g}\,H_0^{\frac{3}{2}} = \varepsilon\sigma mb\sqrt{2g}\left(H + \dfrac{\alpha_0 Q^2}{2g\,A_0^{\,2}}\right)^{\frac{3}{2}} \\ A_0 = f(H) \end{cases} \tag{5-39}$$

式中　A_0——堰前断面0—0处的过水面积。

若上游渠道断面为矩形、渠宽为B时，$A_0 = B(H+P)$，式(5-44)可写成：

$$Q = \varepsilon\sigma mb\sqrt{2g}\left[H + \frac{\alpha_0 Q^2}{2gB^2(h+P)^2}\right]^{\frac{3}{2}} \tag{5-40}$$

其中Q和H均为隐函数，求解Q或H均需试算。

2. 宽顶堰相关系数

1) 流量系数

流量系数m常按经验公式计算：

(1) 堰顶直角边缘进口：$\frac{P}{H}>3$，$m=0.32$。

(2) 堰顶圆弧进口：$\frac{P}{H}>3$，$m=0.36$。

(3) $0<\frac{P}{H}<3$时

堰顶直角边缘进口　$$m = 0.32 + 0.01 \times \frac{3-\frac{P}{H}}{0.46+0.75\frac{P}{H}}$$

堰顶圆弧进口　$$m = 0.36 + 0.01 \times \frac{3-\frac{P}{H}}{1.2+1.5\frac{P}{H}}$$

式中　P——上游堰高；

H——堰顶水头。

2) 侧收缩系数

$$\varepsilon = 1 - \frac{a}{\sqrt[3]{0.2+\frac{P}{H}}}\sqrt[4]{\frac{b}{B}}\left(1-\frac{b}{B}\right)$$

式中　B——上游堰高；

b——堰口溢流宽度；

a——墩形系数，矩形边缘，$a=0.19$；圆形边缘，$a=0.1$。

3) 淹没系数

宽顶堰的淹没标准判断：

淹没出流　$\frac{h_y}{H_0} \geqslant 0.8$

自由出流　$\frac{h_y}{H_0} < 0.8$

式中　h_y——下游水头高于堰的高度。

宽顶堰的淹没系数$\sigma = \sigma(\frac{h_y}{h})$已有实验成果，见表5-10。当自由出流时，$\sigma=1.0$。

表 5-10　宽顶堰的淹没系数 σ

h_y/H_0	0.80	0.81	0.82	0.83	0.84	0.85	0.86	0.87	0.88	0.89
σ	1.00	0.995	0.990	0.980	0.970	0.960	0.950	0.930	0.90	0.87
h_y/H_0	0.90	0.91	0.92	0.93	0.94	0.95	0.96	0.97	0.98	—
σ	0.84	0.82	0.78	0.74	0.70	0.65	0.59	0.50	0.40	—

(四)宽顶堰水力计算步骤及实例

1.宽顶堰水力计算步骤

(1)判别出流状态,确定淹没系数 σ;

(2)计算流量系数(按经验公式)m 及侧收缩系数 ε;

(3)按已知条件,求解有关问题。

2.宽顶堰水力计算问题

(1)已知 H、P_1、P_2、B、b、h_t 等渠道断面形状尺寸,求 Q。

按公式(5-39)试算流量 Q,一般按下式控制精度要求,即

$$\left|\frac{Q_n - Q_{n-1}}{Q_n}\right| \leqslant \Delta \tag{5-41}$$

式中　Δ——允许误差,一般取 $\Delta = 0.01 \sim 0.05$。

(2)已知 Q、H、P_1、P_2、B、h_t 等渠道断面形状尺寸,求堰的泄流宽度 b。

这类问题因 b 未知,则 ε 未知,亦需试算。

【例 5-13】　已知宽顶堰 $H = 0.85$ m,坎高 $P_1 = P_2 = 0.5$ m,下游水深 $h_t = 1.12$ m,无侧收缩,$b = 1.28$ m,求泄流量 Q。

解:(1)第一次计算。

取 $H_0 = H = 0.85$ m

$$\frac{h_y}{H_0} = \frac{h_t - P_2}{H_0} = \frac{1.12 - 0.5}{0.85} = 0.73 < 0.8,\text{属自由出流},\sigma = 1.0$$

$\frac{P_1}{H} = \frac{0.5}{0.85} = 0.588\,2 < 3$,采用公式计算流量系数,有

$$m = 0.32 + 0.1 \times \frac{3 - \frac{P_1}{H}}{0.46 + 0.75\frac{P_1}{H}} = 0.32 + 0.01 \times \frac{3 - \frac{0.5}{0.85}}{0.46 + 0.75 \times \frac{0.5}{0.85}} = 0.346\,8$$

又　$\varepsilon = 1.0$

得　$Q = \varepsilon\sigma mb\sqrt{2g}\,H_0^{\frac{3}{2}} = 1 \times 1 \times 0.346\,8 \times 1.28 \times \sqrt{2 \times 9.8} \times 0.85^{\frac{3}{2}} = 1.54(\mathrm{m^3/s})$

$$v_{01} = \frac{Q_1}{b(H+P_1)} = \frac{1.54}{1.28\times(0.85+0.5)} = 0.89(\text{m/s})$$

(2)第二次计算。按第一次计算的 H_0、v_{01} 值再代入公式计算。

$$H_{01} = H + \frac{\alpha v_{01}^2}{2g} = 0.85 + \frac{1\times 0.89^2}{2\times 9.8} = 0.89(\text{m})$$

$$\frac{h_y}{H_{01}} = \frac{1.12-0.5}{0.89} = 0.6966 < 0.8$$

$$\sigma = 1.0$$

$$Q_2 = \varepsilon\sigma mb\sqrt{2g}H_{01}^{\frac{3}{2}} = 1\times 1\times 0.3468\times 1.28\times\sqrt{2\times 9.8}\times 0.89^{\frac{3}{2}} = 1.65(\text{m}^3/\text{s})$$

$$v_{02} = \frac{Q_2}{b(H+P_1)} = \frac{1.65}{1.28\times(0.85+0.5)} = 0.95(\text{m/s})$$

(3)第三次计算。按第二次计算的 H_0、v_{02} 值再代入公式计算。

$$H_{02} = H + \frac{\alpha v_{02}^2}{2g} = 0.85 + \frac{1\times 0.95^2}{2\times 9.8} = 0.90(\text{m})$$

$$\frac{h_y}{H_{02}} = \frac{1.12-0.5}{0.90} = 0.6899 < 0.8$$

$$\sigma = 1.0$$

$$Q_3 = \varepsilon\sigma mb\sqrt{2g}H_{02}^{\frac{3}{2}} = 1\times 1\times 0.3468\times 1.28\times\sqrt{2\times 9.8}\times 0.90^{\frac{3}{2}} = 1.68(\text{m}^3/\text{s})$$

(4)验算精度。

$$\Delta = \left|\frac{Q_3-Q_2}{Q_3}\right| = \left|\frac{1.68-1.65}{1.68}\right| = 1.78\% < 0.05$$

(5)验算出流状态。

$$v_{03} = \frac{Q_3}{b(H+P_1)} = \frac{1.68}{1.28\times(0.85+0.5)} = 0.9722(\text{m/s})$$

$$H_{03} = H + \frac{1\times 0.9722^2}{2\times 9.8} = 0.8982(\text{m})$$

$$\frac{h_t}{H_{03}} = \frac{h_y-P_2}{H_{03}} = \frac{1.12-0.5}{0.8982} = 0.6903 < 0.8$$

$$\sigma = 1.0$$

属自由出流，与初判流态一致，故

$$Q = Q_3 = 1.68(\text{m}^3/\text{s})$$

复习思考题

5-1　什么是明渠均匀流？明渠均匀流的水力条件有哪些？在平坡和逆坡渠道上能产生均匀流吗？

5-2　什么是水力最佳断面，矩形和梯形的水力最佳断面有何特点？水力最佳断面一定是经济最优断面吗？

5-3 两条渠道的断面形状及尺寸完全相同,通过的流量也相同,试问在下列情况下,两条渠道的正常水深是否相等?如不等,哪条渠道水深大?(1)若糙率 n 相等,但底坡不等($i_1 > i_2$);(2)若底坡相等,但糙率 n 不等($n_1 > n_2$)。

5-4 明渠非均匀流中的水面有哪些现象?这些现象发生的原因是什么?

5-5 什么是断面比能?它和水流比能有何本质的不同?为什么要用断面比能来分析水流运动规律?断面比能和水深有何重要关系?

5-6 什么是临界水深?试证明在临界流状态下,矩形断面的断面比能是临界水深的1.5倍。

5-7 什么是急流?什么是缓流?急流可否同时为渐变流?缓流是否可以同时为非均匀流?

5-8 在黏壤土地带有一条梯形断面渠道,底坡 $i = 0.000\ 8$,粗糙系数 $n = 0.03$,边坡系数 $m = 1.0$,底宽 $b = 2$ m,渠中水深 $h = 1.2$ m。若按均匀流条件计算,试确定此渠道的流量和流速。

5-9 欲开挖一条梯形渠道,已知设计要求 $i = 0.000\ 6$,流量 $Q = 1.0\ m^3/s$,边坡系数 $m = 1.0$,粗糙系数 $n = 0.03$,拟用渠底 $b = 1.5$ m,试求渠中正常水深。

5-10 兴建一条路基排水沟。已知流量 $Q = 1.0\ m^3/s$,粗糙系数 $n = 0.02$,边坡系数 $m = 2.0$,底坡 $i = 0.002$,试按水力最佳条件设计渠道的断面尺寸。

5-11 有一无压涵洞,已知此圆形涵洞的直径 $d = 2$ m,底坡 $i = 1/500$,粗糙系数 $n = 0.013$,最大泄流量 $Q = 6.66\ m^3/s$,按均匀流设计,求洞中正常水深 h。

5-12 某梯形平坡渠道,底宽 $b = 10$ m,边坡系数 $m = 1.0$,流量 $Q = 40\ m^3/s$,动能修正系数 $\alpha = 1.1$,试求临界水深 h_k。

5-13 某矩形排水沟,已知渠宽 $B = 5$ m,粗糙系数 $n = 0.025$,流量 $Q = 40\ m^3/s$,试求临界水深及临界底坡。若渠道底坡 $i = 0.005$,试判别渠道底坡类型。

5-14 有一矩形断面混凝土渠道,底宽 $b = 5$ m,粗糙系数 $n = 0.015$,底坡 $i = 0.003$,试计算该明渠在通过流量 $Q = 10\ m^3/s$ 时的临界底坡,并判别是缓坡还是陡坡。

5-15 梯形断面渠道,已知底宽 $b = 3$ m,边坡系数 $m = 2$,粗糙系数 $n = 0.02$,流量 $Q = 5\ m^3/s$,试求临界底坡及临界水深。

5-16 梯形断面渠道,已知底宽 $b = 10$ m,边坡系数 $m = 1.5$,水深 $h = 5$ m,流量 $Q = 300\ m^3/s$,试求佛汝德数及渠中水流状态。

5-17 如图5-38所示,在此棱柱形矩形渠道中有一跌坎,坎高 $p = 80$ cm,当流量 $Q = 1.05\ m^3/s$ 时,跌坎上游渠中正常水深 $h_0 = 0.3$ m,渠宽 $b = 1.0$ m,设流速系数 $\varphi = 0.95$,$\alpha = 1$,求跌坎下游收缩断面水深 h_c,判别是否会发生水跃?若发生水跃,试求跃后共轭水深 h''_c。

5-18 如图5-39所示,渠道长度足够,水流方向自左至右(如图中箭头所示),试定性分析水面曲线衔接情况(绘出水面曲线),并指出水面曲线的名称。

5-19 在矩形渠道中有一宽顶堰,进口修圆,已知流量 $Q = 12\ m^3/s$,堰高 $p = 0.8$ m,宽 $b = 4.8$ m,下游水深 $h_t = 1.73$ m,无侧收缩,求堰顶水头。

5-20 宽顶堰的宽 $b = 5.0$ m,堰高 $p_1 = 0.8$ m,堰前水深 $h_1 = 2.65$ m,进口为直角,无侧

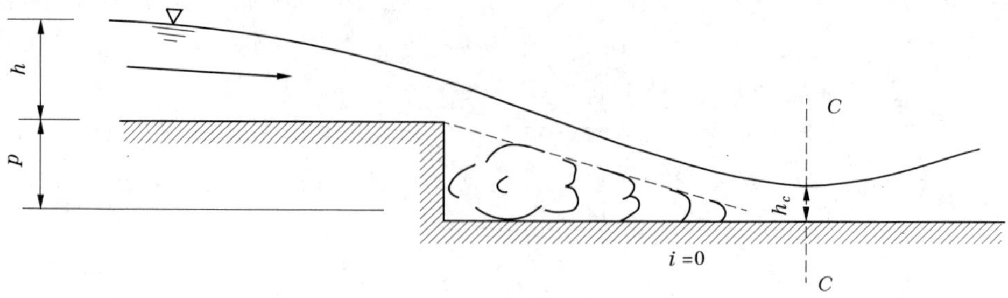

图 5-38

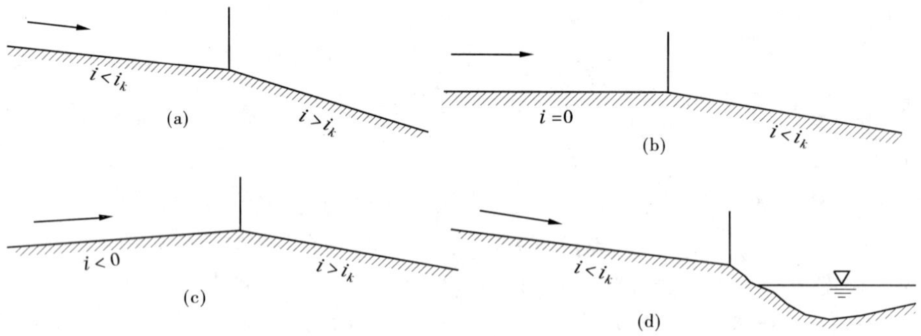

图 5-39

收缩，试求下述两种情况下的泄流量 Q:(1) 下游水深 $h_t=2$ m;(2) 下游水深 $h_t=2.55$ m。

第六章　河流水文

本章重点

本章主要介绍河流水文学的基本知识。从水循环、水量平衡的概念出发,分析径流形成的过程,讨论气候因素、下垫面因素和人类活动对径流形成过程的作用与影响;讲述河流泥沙运动、河床演变等基本知识;介绍水文资料的观测及形态调查的基本方法。

第一节　河川水文现象特点及研究方法

前面主要学习了水力学的基本理论和水力计算方法。从本章开始为桥涵水文基本理论和桥涵计算的主要内容,学习研究与桥涵设计有关的水力水文分析及计算。本章主要介绍有关水文学、河流基本知识、水文要素测量及形态调查。

一、水文学

水文指自然界中水的分布、运动和变化规律以及水与环境的相互作用等规律。

水文现象是指在自然因素(降水、入渗、蒸发、径流等现象)和人为因素(修建水工建筑物、调水调沙等)相互作用的复杂过程。

水文规律是水文现象(如降水、蒸发、径流等)所表现出来的规律。

水文学是研究自然界河流、湖泊、沼泽、冰川、海洋及地下水等各种水体的起源、存在数量、分布、循环及运动规律的科学。

水文学随着科学技术的不断发展,逐渐形成了工程水文学、水文气象学、河流水文学、湖泊水文学、沼泽水文学、冰川水文学、地下水水文学、海洋水文学等。我们主要学习工程水文学。工程水文学是将水文学应用于工程建设(如修建道路与桥梁、水利水电建筑工程等)方面的一门学科,是研究工程的规划、设计、施工和运行管理中有关的水文分析计算的基本理论和方法。

二、水文现象的基本特点

自然界的水文现象极为复杂,但其变化主要有以下的特点。

1. 随机性(偶然性)

水文现象在时空上具有随机性发生的特点。即任一条河流不同年份的流量、水位等变化过程不会完全一致。随机性规律要由大量资料统计出来,所以通常称为统计规律。

2. 周期性(重复性)

水文现象具有在时空上周期循环变化的特征。一般来说,一个水体总是以年为单位,呈现以年为周期的丰、枯交替的变化规律。例如河流每年都有洪水期和枯水期。水文现象的周期性还表现在日变化、月变化、多年变化的周期上。

3. 区域性(地区性)

由于水文现象受气候因素(如降水、蒸发、气温等)和地理因素(如地理位置、地形等)的制约,同一地理特性的地区,其河川径流特性具有相似性,因此水文现象也表现出地区性的特点。例如我国南方河流水量大于北方;山区河流的水量大多暴涨暴落;平原河流的水量大多涨落平缓等。

三、桥涵水文学的研究方法

根据水文现象的基本特点,水文学的研究可分为以下3种方法。

1. 数理统计法

根据水文现象特征值的随机性,运用概率论的基本原理,用数理统计方法,计算水文现象特征值出现的概率,按照国家有关规范所规定的容许破坏率或要求的安全保证率,选出合适的桥涵设计值。

2. 成因分析法

根据径流与降水的成因关系,通过观测资料与实验资料的分析研究,建立水文现象特征值的物理数学模型,以此解决各类水文计算的问题。这样,就可根据当前影响因素的状况,预测未来的水文现象。

3. 地区综合法

因水文现象具有地区性的特点,所以与地区的气候及自然地理条件有密切的关系,由水文现象的地区性规律,根据水文特征值的地区分布规律,由实测资料整理分析,建立水文现象特征值的地区经验公式,或在地图上绘制等值线图,或制成专用计算用表。如多年平均径流深等值线图、洪水地区经验公式等。在缺乏实测资料地区利用这些等值线图和经验公式具有很大的实际意义。

以上三种方法,在实际工作中常常是结合使用,相辅相成,互为补充的。

第二节　水分循环及水量平衡

一、自然界的水分循环

地球表面的总面积为5.1亿km^2,其中海洋面积约为3.61亿km^2,占70.8%;陆地面积1.49亿km^2,占29.2%。海洋水量为137 000万亿m^3,占总水量的97.3%,全球陆地上河道中的水量约1.2万亿m^3,湖泊存储水量约为750万亿m^3,占总水量的不足3%。而陆地表面的水量不足海洋水体的1/10 000,却与人类关系最为密切,是人类生活、生产重要的基本的物资资源。

能被人类利用的淡水资源主要以降水、地表水、地下水及土壤水的形式存在于自然界,并参与水分循环。

地表水在太阳辐射作用下,水汽从海洋和陆地表面蒸发升入空中,并被气流带动向各处传播,在一定条件下,遇冷凝结形成降水又回落到地面。降水一部分经地面、地下形成径流并通过江河流进海洋;一部分又重新蒸发到空中,继续上述过程。这种水分不断交替转移的现象称为水分循环,简称为水循环(见图 6-1)。水循环按其范围大小可分为大循环和小循环。海洋与陆地之间的水分交换过程为大循环;海洋或陆地上的局部范围水分交换过程为小循环,比如海洋上蒸发的水汽在上升过程中冷却凝结形成降水回到海面等。大循环是包含有许多小循环的复杂过程。

造成水循环的原因有两个:一是内因,水有固、液、汽三种状态,在一定条件下能使水分产生转移和交换;二是外因,在太阳辐射和地心引力作用下,太阳辐射为水循环提供动力,使水分蒸发、冰雪融化、空气流动等,地心引力使空中的水汽又以降水方式回到地面,并促使地面、地下水汇归入海洋。另外,陆地的地形、地质、土壤、植被等条件,对水文循环也有一定影响。

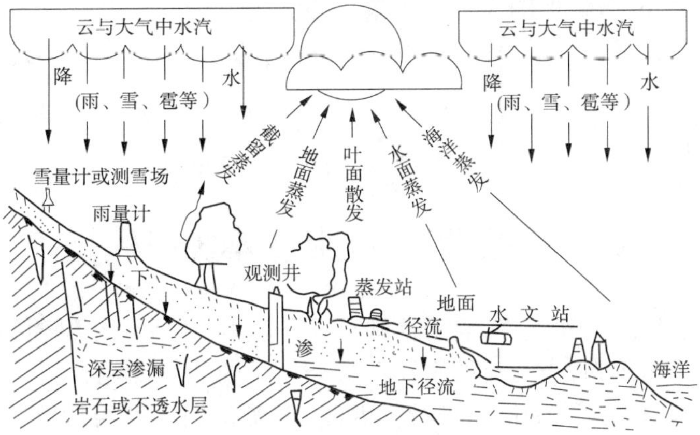

图 6-1　自然界水分循环示意图

二、地球上水量平衡

自然界的水分循环是符合物质守恒定律的,即对于任意一个区域,在任意时段内,输入的水量与输出的水量之差,应等于该区域内水量的变化量,这就是水量平衡原理。

根据水量平衡原理,以全球陆地为研究对象,某一时段的水量平衡方程式为

$$E_{陆} = X_{陆} - R + \Delta W_{陆} \tag{6-1}$$

同理,若以全球海洋为研究对象,则有

$$E_{海} = X_{海} + R + \Delta W_{海} \tag{6-2}$$

式中　$E_{陆}$、$E_{海}$——陆地和海洋上的蒸发量;

$X_{陆}$、$X_{海}$——陆地和海洋上的降水量;

R——入海径流量(包括地面径流和地下径流);

$\Delta W_{陆}$、$\Delta W_{海}$——陆地和海洋在研究时段内的蓄水变化量。

在短时期内,时段蓄水变化量的数值有正有负,但在多年情况下,正负可以相互抵消,则有

$$\sum \Delta W_{陆} = 0$$

$$\sum \Delta W_{海} = 0$$

因此,多年平均情况下:
陆地的水量平衡方程式为

$$\overline{E}_{陆}=\overline{X}_{陆}-\overline{R} \tag{6-3}$$

海洋的水量平衡方程式为

$$\overline{E}_{海}=\overline{X}_{海}+\overline{R} \tag{6-4}$$

式中 $\overline{E}_{陆}$、$\overline{E}_{海}$——陆地、海洋多年平均蒸发量;

$\overline{X}_{陆}$、$\overline{X}_{海}$——陆地、海洋多年平均降水量;

$\overline{R}$——多年平均径流量。

将式(6-3)、式(6-4)相加即为全球水量平衡方程式

$$\overline{E}_{陆}+\overline{E}_{海}=\overline{X}_{陆}+\overline{X}_{海}$$

或

$$\overline{E}_{全球}=\overline{X}_{全球} \tag{6-5}$$

式(6-5)说明,在多年平均情况下,地球上的总蒸发量等于总降水量。

第三节　河流基本知识

修建公路时遇到河流和沟渠,需要修建桥梁与涵洞,以保证车辆通行和宣泄洪水。桥梁和涵洞均为跨河建筑物,与河流的水流情势和河床的冲淤变化有关,设计时应根据河流的洪水情势及河床的冲淤演变情形进行。因此,需要我们了解与桥梁工程有关的河流基本知识。

河流是河槽与其中水流的总称,是地表径流和地下径流的天然泄水道,是水循环中输送径流的工具。流水的凹槽为河槽,也称河道,包括河槽在内的谷底为河谷。枯水期时的河槽为主河槽,也称基本河槽,洪水期时的河槽为洪水河槽。河流沿程的深水线为中泓线。

河流分为干流与支流。汇集河川径流入湖、海的河流为干流,流入干流的河流为支流。河流某一断面的地表径流和地下径流的汇水区称为流域。流域里大小不同的河流相互连通,构成网络状的河流系统称为河系(或河网),或称水系。河流的流域和水系是河川径流的补给源和输送路径,流域的地形、地质、地貌、土壤、植被、河系形状及河道坡度等特征,称为流域的下垫面因素。它同降雨、蒸发等气象因素共同影响径流的形成过程。

一、河道的特征

河道的特征主要表示为以下几个方面。

1. 河槽纵断面

将河流沿其干流深泓线切开得到的剖面便是河槽纵断面。实际工作中常以河槽底部转折点高程为纵坐标,以河流投影长度为横坐标绘出河槽纵断面图(见图6-2),近似地代替实际的纵断面。它可以表示河流落差及河床纵比降的沿程分布,是水文计算中常用的河流特征值。

2. 河槽横断面

河道某处垂直于水流方向的断面称为该处的横断面。河槽横断面有单式和复式两种

基本形状，如图6-3所示。

3. 河流分段及长度

一条发育完整的河流按其特性可分为河源、上游、中游、下游、河口5个区段。各段流经不同的自然地理位置，故其特点不同。

河源是河流的起点或开始有水流的地方。

上游是紧接河源大多处于山谷中的河流上段，该河段河流具有落差大、水流急、冲蚀能力强、有急滩瀑布，两岸陡峻，河谷断面呈“V”字形等特性。

中游是上游以下的中间河段，该河段比降逐渐缓和，河床冲淤接近平衡状态和开阔，水量逐渐增大，河谷断面呈“U”字形。

下游是紧接中游的下段，多在冲积平原，底坡小、水流缓慢、泥沙多淤积，沙洲较多，平面上多蜿蜒曲折，断面复杂，河道断面多为复式断面。

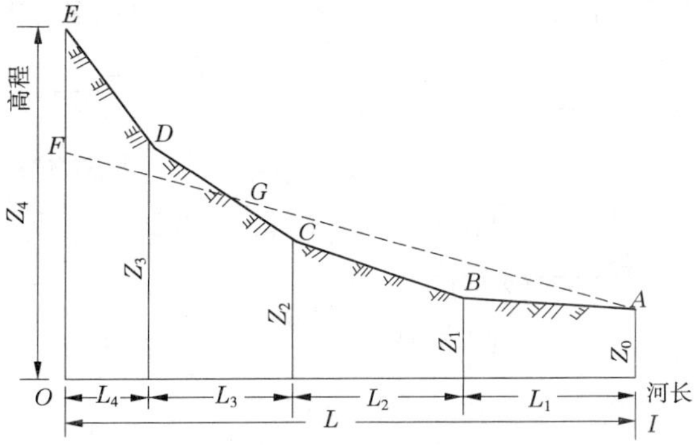

图6-2

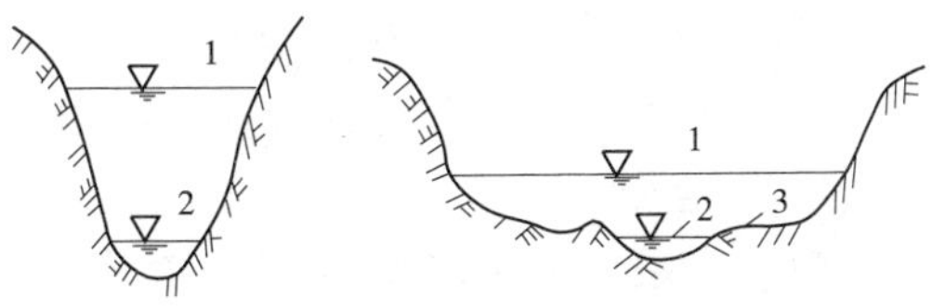

(a)单式断面　　(b)复式断面

图6-3

1—洪水位；2—枯水位；3—滩地

河口为河流的终点，也就是河流入海洋或湖泊的地方。河口处断面扩大，流速骤减，常有大量的泥沙沉积而形成三角洲。

河流的长度就是指从河源到河口，沿其干流所量取的弯曲长度，用L表示，以km计算。河长的量取是在地形图上用分割规或量线仪沿河流的深泓线从河源量至河口求得的。

4. 河流的纵比降

河流的纵比降分为河道水面比降和河道纵比降。一个河段上、下两断面的水面高差为水面落差，单位河长的水面落差叫水面比降。河段上下两断面河底高程差为河床落差，河源与河口河底高程之差叫总落差，单位河长的河床落差叫河道纵比降。

当河段纵断面近似于直线时，河道纵比降为

$$J = \frac{Z_{上} - Z_{下}}{L} = \frac{\Delta Z}{L} \tag{6-6}$$

式中　J——河段纵比降；

L——河段长度，m；

$Z_{上}$、$Z_{下}$——河段上下断面河底高程，m；

ΔZ——河段落差，m。

当河道纵断面不是直线时，将河道纵断面按坡度转折点分成若干段（见图6-2）。从河道纵断面图的最下游断面河底A点开始作AF直线与河源处纵坐标交于F点，要求

$AFOI$ 的面积与多边形 $ABCDEOI$ 的面积相等，得出平均河道纵比降计算公式为

$$J = \frac{(Z_0 + Z_1)L_1 + (Z_1 + Z_2)L_2 + \cdots + (Z_{n-1} + Z_n)L_n - 2Z_0L}{L^2} \tag{6-7}$$

式中 Z_0、Z_1、…、Z_n——河槽纵断面上各转折点的高程，m；

L_1、L_2、…、L_n——各比降转折点间的距离，m；

L——河流长度，m；

J——平均河道比降，‰。

二、水系的特征

水系常以干流命名，如长江水系、黄河水系、淮河水系等。需要说明的是，如果支流较大也可以另成水系，如长江支流的汉江水系、黄河支流的渭河水系等。

水系形状可分为以下几种类型：

(1)扇形水系。水系干支流分布形状如扇骨状，如海河水系。这种水系利于洪水集中，容易发生大洪水。

(2)羽状水系。流域狭长，从上游至下游，各支流交错汇入干流，形状如同羽毛一般。此种水系洪水过程一般较平缓，历时较长。

(3)平行状水系。由许多近乎于平行的支流先后汇入干流而成。

(4)混合水系。由以上3种基本形状组合而成，一般大的流域多属于此种情形。

三、流域及其特征

流域是指河流的集水区域，河道径流的变化与流域特征有关。

1. 流域的几何特征

1)分水线及集水面积

流域的分水线是相邻两流域的分界线，分水线有地面分水线和地下分水线之分。地面分水线一般位于山脊处，起分界地面水的作用，也叫分水岭。例如，秦岭是长江、黄河的分水岭，降落在秦岭以北的雨水流入黄河水系，以南的雨水流入长江水系。地面分水线与地下分水线两者是否重合，与岩层的构造和性质有关。当地面分水线与地下分水线一致时，流域称为闭合流域；当地面分水线与地下分水线不一致时，流域称为非闭合流域(见图6-4)。自然界大多数流域属于非闭合流域。但是对于一般的流域，只要对所研究问题影响不大，一般按闭合流域进行。因此，常以地面分水线所包围的集水面积作为流域面积。

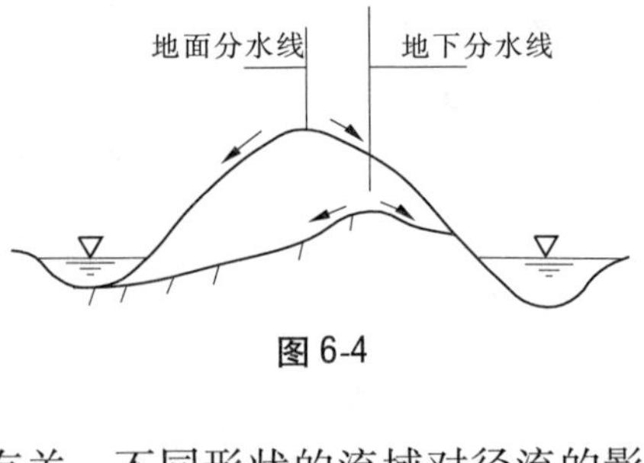

图 6-4

2)流域的形状

流域的形状是指集水面积的形状，与水系分布有关。不同形状的流域对径流的影响是不一样的。流域形状常用流域长度、流域平均宽度和流域形状系数等特征值表示。

(1)流域面积，用 F 表示。流域面积是指流域地面集水区域的水平投影面积，也是地面分水线所包围的面积，单位为 km^2。一般用求积仪在 1/50 000 或 1/100 000 大比例的

地形图上量出流域面积。

(2)流域长度,用 L_f 表示。流域的长度是指流域的几何中心轴长度。当流域大致对称规则顺直时,其流域长度用河口到河源的直线长度表示;对于弯曲流域,以流域出口为圆心作若干同心圆,各同心圆与分水线相交得若干圆弧割线,各割线中点的连线形成的曲线长度即为流域长度。

(3)流域平均宽度,用 B 表示。流域面积(F)与流域长度(L_f)的比值即为流域的平均宽度,由下式计算

$$B = \frac{F}{L_f} \tag{6-8}$$

集水面积相近似的两个流域,L_f 愈长,B 愈窄小,径流难以集中;L_f 愈短,B 愈宽,径流则易集中。

(4)流域形状系数,用 K_f 表示。流域平均宽度(B)与流域长度(L_f)的比值用流域形状系数表示

$$K_f = \frac{B}{L_f} = \frac{F}{L_f^2} \tag{6-9}$$

K_f 是一个无单位的系数,当 $K_f = 1$ 时,流域形状近似为正方形;当 $K_f < 1$ 时,流域为狭长形;当 $K_f > 1$ 时,流域近似为扁形。流域形状不同,对河川径流的汇流影响不同。

2. 流域的自然地理特征

流域的自然地理特征包括:

(1)流域的地理位置。流域的地理位置可用流域的边界或流域中心的地理坐标经纬度表示。它间接反映了流域距离水源地的远近及与其他流域的关系。

(2)流域的气候条件。流域的气候条件是指流域内多年的天气特征,如降水、蒸发、气温、湿度、风速、气压等要素,它们是流域水文特征的重要因素。

(3)流域的土壤、地质条件。流域土壤的物理性质如土壤类型、结构,流域的岩石水理性质如透水性、给水性、持水性等,地质构造如断层、节理,都对地面地下径流的形成以及河流的泥沙情况有影响。

(4)流域的植被。流域植被是指流域内植物的覆盖情况,流域内植被条件良好可以增大地面糙率,延长地面径流的汇流时间,同时加大下渗量,从而使地下径流增多,洪水过程变得平缓。另外,还可减少河流泥沙含量。植被覆盖一般用植被面积与流域面积的比值即植被率表示。

(5)流域的湖泊与沼泽。流域的湖泊、沼泽对径流起调节作用,能调节洪水和改变径流的年内分配。

四、桥位设计中河段分类

不同的河段类型对桥位选择、桥孔布设、桥梁墩台的埋深、河道整治方案等选择是不一样的,因此河段分类具有重要的意义。河段的分类方法有以下几种。

1. 按地形特点分

(1)山区河流。一般为岩石河床,坡面陡峻,汇流时间短,洪水暴涨暴落,流量与水位

变化大，断面多为“V”字形，水面比降大，一般平均为1‰左右，流速和比降变化较大，流速高时可达6～8 m/s，常有水跌、水跃、急旋流等现象。不同地区河流的含沙量是不一样的，在岩石分化不严重地区或植被覆盖较好地区，含沙量较小。在岩石分化严重地区或植被覆盖较差的地区，含沙量较大，当山洪暴发时可挟带巨石的泥石流泄流而下。

（2）平原河流。平原河流地势平坦广阔，冲积层较厚，冲积层的组成因高程而异，深处多为卵石，上为挟沙卵石，再上为粗沙及河中细沙。平原河流的显著特点是有河漫滩，洪水时河漫滩被淹没，枯水时河漫滩露出水面。当洪水漫滩后，由于河滩与河槽的连接处断面突然扩大，流速骤然减小，泥沙在河滩边缘集中落淤。河滩上土质松软，当一岸被水冲刷侵蚀，另一岸则淤积成滩，使河槽左右摆动而为游荡性河道。平原河流汇流时间长，洪水涨落平缓，洪水持续时间长，流量较大，水位变化小，河床平缓，水面比降较小，一般在0.1‰～1‰之间，流速较小，一般不超过2～3 m/s。

2. 按河床演变分类

我国在1976年的公路系统“大中桥孔设计研究汇总工作会议”上，根据河床演变特征，把河段分为七类，即峡谷性河段、稳定性河段、次稳定性河段、变迁性河段、游荡性河段、宽滩性河段、冲积漫滩性河段。

但这七类河段并不是相互独立的，而是既有共同的特性，又有不同的特点。各种类型河段对其他类型的水文、泥沙以及河床演变特征都不同程度地兼而有之，具体的详细划分见第九章表9-1。

五、河川径流

（一）径流的形成过程

河川径流就是指江河中的水流。流域内的降雨除部分截流和蒸发外，一部分通过地面汇集形成地面径流，一部分渗入地下形成地下径流。地面径流和地下径流汇集到河网而形成河川径流。某一时段流经河口或河流某断面的河水总量为河川径流量。按径流量的形成原因可分为洪水径流量和枯水径流量两种。从交通的角度讲，出口断面一般是指拟建桥、涵所在的断面。

由降雨到水流汇集至流域出口断面的全过程为径流形成过程，这一过程一般分为4个阶段。

1. 降雨阶段

降水是所有地表水的来源，自然也是径流形成的根本条件。流域内的降雨量、降雨历时、降雨强度、降雨面积、降水中心（一定时段内降落在某一面积上的总雨量称降雨量，降雨量以降落在一定面积上的水深表示，单位为mm。一场降雨所经历的时间称降雨历时，单位为min或h。单位时间内的降雨量称降雨强度，以mm/min或mm/h计。降雨面积指降雨笼罩的水平面积，以km^2计）及时空分布直接影响径流量的大小及其特征。

2. 流域蓄渗阶段

降落在流域的降雨，除少量直接进入江、河、湖外，一部分降雨被植物截留。超过植物截留的雨水落到地面后，向土壤中下渗。当降雨强度大于下渗能力时，超渗的雨水开始填洼，满足填洼后入渗，下渗的水量不断填充土壤空隙，使包气带土壤含水量增大。

3. 坡面漫流阶段

当蓄渗满足后，降水强度仍大于下渗强度时，开始坡面漫流阶段。

4. 河槽集流阶段

坡面漫流进入沟溪，汇入河槽。从上游向下游，从支流向干流汇集，最后全部先后汇集到流域出口断面，这个汇流过程称为河网汇流或河槽集流阶段。

（二）影响径流形成的因素

影响河川径流形成和变化的因素，可归纳为3个方面。

1. 气候因素

气候因素主要指降雨和蒸发等。

（1）降雨。降雨是形成径流的必要条件，在其他条件相同的情况下，降雨强度大，历时长，笼罩面积广，则产生的径流量也大。

（2）蒸发。流域蒸发强度大，流域土壤在降雨前的含水量小，土壤干燥，地下水位低，则降雨的入渗量大，产生的径流较少；反之，产生的径流就多。

2. 下垫面因素

流域内的地形、地质、植被、湖泊、沼泽等地理因素统称为下垫面因素。流域面积愈大，地面和地下蓄水容积也愈大，流域的调节性能就愈强。流域的地理位置反映了它距离海洋、山脉的相对位置，间接反映了流域的气候与地理环境。流域的地形，通过影响气候可以间接影响径流。例如地形陡峻，河道比降大，则水流速度快，河槽汇流时间较短，洪水陡涨陡落，流量过程多呈尖瘦形，山区河流大多如此，而平原河流的流量过程平缓。流域的土壤、岩石性质和地质构造，直接影响下渗量的大小。透水性差的土壤、岩石不利于降雨下渗，径流过程较陡；透水性好的土壤、岩石，有利于降雨渗入，径流过程较平缓。流域上的植被，对径流的影响较为复杂，可以起到蓄水、保水、保土等作用，能削减洪峰流量，增加枯水径流，使径流随时间的变化趋于均匀。湖泊与沼泽对洪水起一定的调节作用，使径流过程平缓。因水面蒸发大于陆面蒸发，故湖泊和沼泽会使河川径流总量减少，在干旱地区，水面蒸发相当于陆面蒸发的数倍乃至数十倍，对河川径流影响更为显著。

3. 人类活动因素

人类活动主要指人们为开发利用和保护水资源，变水害为水利所采取的工程措施。工程措施改变了径流的形成和变化条件，以及径流在时间和空间上的分布等。例如修建桥梁，能明显改变过水宽度；修建水库和引水工程，能明显地改变径流的时空分布，改变地面与地下水的比例及径流的时程分配，并且影响蒸发；水库和灌区的建成，增加了蒸发，减少了径流。

综上所述，河川径流的形成和变化过程是极其复杂的，因为它是自然因素和人类活动综合作用的结果。

（三）径流量的表示方法

径流计算时，常用的径流量表示方法和度量单位有以下几种：

（1）流量Q。指单位时间内通过某一过水断面的水体体积，单位为m^3/s。某一时刻的流量称瞬时流量；某时段内流量的平均值称时段平均流量，如日平均流量、月平均流量、多年平均流量等。

(2)径流总量 W。指某一时段 T 内通过某一过水断面的总水量,单位为 m^3,它与流量的关系为

$$W = \overline{Q}T \tag{6-10}$$

式中 T——时段长,s,有时也可用日、月、年等;

$\overline{Q}$——时段 T 内的平均流量,m^3/s;

W——时段 T 内的总水量,m^3,有时也可用 km^3、亿 m^3 等。

(3)径流深 Y。将计算时段内的径流总量均匀地平铺在整个流域面积上所得的水层深度称径流深,单位为 mm,可按下式计算

$$Y = \frac{W}{1\ 000F} \tag{6-11}$$

式中 W——计算时段内的总水量,m^3;

Y——径流深,mm;

F——流域面积,km^2。

(4)径流模数 M。单位流域面积 F 上的径流量称为径流模数,计算式为

$$M = \frac{1\ 000Q}{F} \tag{6-12}$$

式中 M——径流模数,$L/(s \cdot km^2)$;

Q——流量,m^3/s;

F——流域面积,km^2。

(5)径流系数 α。某一时段的径流深与相应的流域平均降雨量(或净雨量与毛雨量)的比值称为径流系数,计算式为

$$\alpha = \frac{Y}{X} = \frac{h}{X} \tag{6-13}$$

式中 X——与径流深 Y 对应的降雨量,mm;

h——净雨量,mm;

α——径流系数,无量纲,$0 < \alpha < 1$。

第四节　水文调查与形态勘测

水文资料是水文分析与计算的基础,为了掌握河流水文资料的变化过程,可按一定的原则在河流上统一布设水文站,进行水文测验,积累水文资料。水文测验与资料整编的内容相当广泛,与道路与桥梁专业有关的主要是水位测验、流速测验、流向测验与流量计算、泥沙测验和洪、枯水调查等方面。

一、水位观测

水位是指江河、湖泊和水库水面相对于某一基准面的高程,单位为 m。目前,我国普遍采用青岛黄海基面作为计算基准。过去曾采用吴淞、大沽等基面。基面不同,计算的水位也就不同,因此使用水位资料时,必须注意其所采用的基面。

常用的水位观测设备有水尺和自记水位计两种。水尺按型式不同可分为直立式、倾斜式、矮桩式和悬锤式 4 种。自记水位计的型式有就地记录式和远传记录式两种。目前，水文上人工观测水位普遍采用直立式水尺。

应用水尺人工观测水位的数值为:水位 = 水尺零点高程 + 水尺读数。其中,水尺零点高程为水尺板上刻度起点的高程,水尺设置好后可测量出来。

观测的次数随水位变化而定,一般每日 8 时、20 时各观测一次。在汛期水位变化急剧时可增加测次,如对洪水过程而言,应测出洪水的峰、谷和过程水位。

观测的水位资料要及时整理,每年编制成逐日平均水位表(见表 6-1)、洪水水位摘录表、绘制水位过程线等成果。

表 6-1　渭河咸阳(二)站某年逐日平均流量

时间	一月	二月	三月	四月	五月	六月	七月	八月	九月	十月	十一月	十二月
1	31.6	56.8	26.5	30.9	79.0	79.0	427	23.2	14.0	56.6	51.5	31.0
2	31.6	56.2	25.9	30.9	81.0	55.7	406	19.0	12.9	49.8	50.5	31.0
3	30.1	54.0	27.1	38.6	98.0	37.5	402	19.4	11.9	43.0	42.7	28.1
4	30.1	56.2	27.1	53.1	113	52.2	662	20.1	10.9	40.2	44.6	27.5
5	29.8	56.8	23.4	47.0	108	66.2	461	19.4	10.0	41.6	44.6	28.1
6	30.1	56.8	23.4	47.0	90.0	76.0	373	90.7	10.0	50.6	44.6	27.5
7	32.1	56.7	23.3	44.5	79.0	60.5	387	112	11.4	49.0	44.6	27.0
8	31.6	57.0	23.4	36.3	70.0	60.5	387	61.7	22.6	49.0	45.5	27.5
9	31.2	57.0	23.5	32.9	62.5	60.5	387	26.9	291	48.1	46.4	27.0
10	30.4	57.0	23.5	28.2	54.0	50.5	1 780	17.6	383	45.1	47.2	27.0
…	…	…	…	…	…	…	…	…	…	…	…	…
30	56.7		36.3	79.0	143	317	25.5	17.0	58.6	53.9	30.1	17.1
31	57.0		35.1		117		28.2	14.6		53.0		21.5
平均	39.3	50.4	26.0	42.1	85.1	129	330	27.1	76.1	44.5	41.3	22.8
最大	57.0	60.0	39.8	79.0	375	1 560	2 000	180	440	62.2	51.5	31.0
日期	31	19	28	30	26	27	10	6	9	1	1	1
最小	29.8	27.1	23.2	26.6	26.1	26.7	22.8	12.2	9.55	24.1	29.5	15.0
日期	3	27	23	11	20	26	29	14	5	16	30	29
年统计	最大流量 2 000 m^3/s(7 月 10 日)				最小流量 9.55 m^3/s(9 月 5 日)				平均流量 76.4 m^3/s			
	径流量 24.1 亿 m^3				径流模数 1.63 L/(s · km^2)				径流深度 51.5 mm			
附注	集水面积 46 827 km^2											

二、流速测量与流量计算

河道中的流量一般是通过过水断面面积和断面平均流速测验后计算出来的。流速的测验主要是通过流速仪测流法、浮标测流法、比降面积法等。下面主要介绍目前应用较为广泛的流速仪测流法和浮标测流法。

1. 河床断面测量

桥梁总体布置设计需要桥轴线总断面图，也是流速测验、流量计算的依据（称为水文断面），所以需要进行河床断面的测量。测量河床断面时尽可能与流向垂直，选在河段顺直、岸坡稳定、河床冲淤变化不大、泛滥宽度较小、断面比较规则、河槽在平面上变化不大、河床纵坡较平缓无局部死水汇流及壅水影响的河段。当桥位断面符合这些条件时，也可作为水文断面。

河床断面测量分为水上与水下两部分，水上部分的测量按一般地形测量，水下部分的测量要先确定各测深垂线的起点距（各测深垂线与某固定点的水平距离），然后测各垂线的水深，再将两部分的测量成果与路线的里程桩号和高程统一起来。测深垂线布置时应真实反映断面形状。河槽部分布置的密一些，河滩部分布置的疏一些，河床变化急剧处测深垂线加密。根据不同的河宽，测深垂线的间距一般参考表 6-2 中的规定。

表 6-2　测深垂线最大间距

水面宽（m）	<50	50 ~ 100	100 ~ 300	300 ~ 1 000	>1 000
最大间距（m）	3 ~ 5	5 ~ 10	10 ~ 20	20 ~ 50	50

水文断面的测绘范围：山区河流测至历史洪水位以上 2 ~ 5 m，平原河流测至洪水泛滥以外 50 m。在水文断面图上应标出河床地面线、滩槽分界线、植被和地质情况、糙率、特征水位等。

2. 流速测量

天然河道过水断面上流速分布极不均匀。沿河宽方向看，一般河中间部分流速大，两岸边流速小；沿水深方向看，接近水面处流速最大，河底流速最小。

目前我国应用最广的有旋杯式和旋桨式两类流速仪。它们主要由感应水流的旋转器（旋杯或旋桨）、信号记录器和保持仪器正对水流的尾翼三部分组成。其主要部件是旋转器。当水流冲击时旋杯或旋桨就会发生转动，而且流速越大，转动越快，任意点水流速度 u 和单位时间内的转数 R/T 呈直线关系。它们的关系式如下

$$u = k\frac{R}{T} + C \tag{6-14}$$

式中　u——水流点速度，m/s；

R——流速仪在 T 历时内的总转数，一般是用信号数乘以每一信号所代表的转数求得；

T——测速历时，s，为了消除水流脉动影响，一般不少于 100 s；

k、C——流速仪常数，出厂时由生产厂家率定求得，当流速仪使用一段时间后，应对 k、C 重新率定。

用流速仪测量流速，首先应在测流断面上布设若干条测速垂线，其数目视水面宽、断面流速分布特点及测量精度要求而定。每条垂线上又应布设测速点，其数目随水深不同而异，测速垂线上的测点布置见表 6-3。

表 6-3 测速垂线上测点布置

垂线水深 h(m)	测点相对水深(m)
<1.5	一点法 (0.6h)
1.5~3	二点法 (0.2h、0.8h)
3~10	三点法 (0.0h、0.6h、0.8h)
>10	五点法 (0.0h、0.2h、0.4h、0.6h、0.8h)

当各点流速测出后,按表 6-4 中的加权平均公式计算出每条测速垂线上的平均流速。

表 6-4 测速垂线上平均流速计算公式

测垂线水深(m)	测速点布置法	测速垂线平均流速(m/s)
>10		$v_i=\frac{1}{10}(v_{0.0}+3v_{0.2h}+3v_{0.6h}+2v_{0.8h}+v_{h-\Delta})$
3~10		$v_i=\frac{1}{3}(v_{0.2h}+v_{0.6h}+v_{0.8h})$
1.5~3		$v_i=\frac{1}{2}(v_{0.2h}+v_{0.8h})$
<1.5		$v_i=v_{0.6h}$

3. 流量计算

流速仪测流根据专用的记录计算表格,如表 6-4 所示,待河道测验完毕后,应按以下步骤计算断面流量。

(1)审查野外观测水深、流速记录,整理、分析复核原始数据。

(2)由流速仪公式(6-14)分别计算各测点流速。

(3)由表 6-4 中的公式计算各垂线的平均流速 v_m。

(4)计算各相邻测速垂线间的部分平均流速。中间部分可用相邻两测速垂线的垂线平均流速相加除 2 求得。岸边及死水边部分平均流速用下式计算

$$v = \alpha v_m \tag{6-15}$$

式中 v——岸边部分平均流速,m/s;

v_m——靠岸边的第一条垂线平均流速,m/s;

α——岸边流速系数,根据实验资料选定,一般斜坡岸采用 2/3 或 0.7,陡岸边采用 0.85,死水边采用 0.6。

(5)计算相邻测速垂线间的部分面积。岸边按三角形计算,中间部分按梯形计算。若岸边有死水,则部分面积只能计算到死水边。

(6)计算部分流量,各部分流量等于部分平均流速与部分面积的乘积。

(7)断面流量、断面面积及断面平均流速的计算。断面流量为断面上所有部分流量之和,断面面积为各部分面积之和,断面平均流速为断面流量除以断面面积。

【例 6-1】 某水文站在野外施测流量,按上述方法计算,成果见表 6-5。

表 6-5　某站测深、测速记载及流量计算

施测时间　1980 年 7 月 25 日 8 时 00 分至 8 时 40 分

流速仪牌号及公式　LS68 型　$u = 0.692R/T + 0.013$

垂线号数 测深	测速	起点距(m)	水深(m)	仪器位置 相对	仪器位置 测点深(m)	测速记录 总历时(s)	测速记录 总转数(R)	流速(m/s) 测点	流速(m/s) 垂线平均	流速(m/s) 部分平均	测深垂线间 平均水深(m)	测深垂线间 间距(m)	断面面积 测深垂线间(m²)	断面面积 部分(m²)	部分流量(m³/s)
左水边		0.0	0.00												
										0.59	0.60	2.0	1.20	1.20	0.71
1	1	2.0	1.19	0.6	0.71	120	150	0.88	0.88						
											1.22	2.0	2.44		
2		4.0	1.25												
										0.91	1.40	2.0	2.80	5.24	4.77
3	2	6.0	1.54	0.2	0.31	150	230	1.07	0.94						
				0.8	1.23	132	150	0.80							
										0.97	1.64	2.0	3.28	3.28	3.18
4	3	8.0	1.73	0.2	0.35	102	150	1.03	1.00						
				0.6	1.04	105	150	1.00							
										0.90	1.44	2.0	2.88	2.88	2.59
				0.8	1.38	109	150	0.97							
5	4	10.0	1.14	0.6	0.68	133	150	0.79	0.79						
										0.53	0.57	1.5	1.86	0.86	0.46
右水边		11.5	0.00												
断面流量			11.7		平均流速			0.87			平均水深			1.17	
断面面积			13.5		水面宽			11.5							

注:此表为简化表,主要说明计算过程,其中 $\alpha = 0.67$。

三、形态调查

当河道缺乏水文观测资料时,桥涵设计中所需的水文资料常通过形态调查的方法获得。形态调查通过选择确定水文断面、洪水调查、各种洪水位和洪水比降等水文要素,根据洪水调查和确定的水文要素来计算水文断面的流速和流量。

1. 水文断面

水文断面一般是指计算流速、流量所依据的河渠横断面,一般选择有可靠洪水调查资料的河段内(水文站测流断面也属于水文断面)。在选择水文断面时,一般尽可能与河道水流流向垂直,选择在河段顺直、河岸稳定、河道横断面较规则、河床在平面上无过大扩散或缩小、河床冲淤变化不大、泛滥宽度较少、河道纵坡无急剧变化和无局部死水回流区等地方。

当桥涵位断面符合上述条件时,可作为水文断面。一般大中桥上下游各选一个断面,当洪水调查点与桥涵位有一定距离时,根据具体情况在洪水调查河段选 2 ~ 3 个水文断面相互推算校核,以确定设计流量。

当水文断面确定以后,应测绘水文断面图。测绘的范围:平原宽滩河流测至历史最高洪水泛滥线以外 50 m；山区河流测至历史最高洪水位以上 2 ~ 5 m，并在水文断面图上标出河床地面线、历史洪水危及发生年份、其他特征水位、滩槽分界线（现场测量绘出）、植被和地质情况、糙率、测水位的时间。

2. 洪水调查

洪水调查主要是对历史洪水位和多年平均洪水位进行调查，历史洪水位是指历史上特大年洪峰流量所对应的洪水位；多年平均洪水位是指多年洪峰流量的平均值所对应的洪水位。调查的内容包括：

（1）河段调查。收集河段历年的变迁图和资料，包括调查河湾发展及滩槽稳定情况；急滩、卡口、滑坡、塌岸及自然壅水等；河床冲淤变化；河堤设计标准、河道安全泄量和相应的水位；航道的等级、最高和最低通航水位和航线位置等。根据河床形态、泥沙组成、岸壁的植被，确定河床各部分的糙率。

（2）洪水调查。洪水调查依据《公路桥位勘测设计规范》（JTJ 062—2002）要求进行，在桥位上、下游调查历史上各次较大洪水流量，作为水文分析和计算的依据；根据收集的历史洪水资料，调查各次洪水发生的时间、洪痕位置、涨落过程、河床断面冲淤变化及河床演变情况，作为确定历史洪水计算断面和桥梁墩台天然冲刷深度计算的依据。

（3）涉河工程调查。在桥位断面河段还要调查涉河工程情况，如上下游的桥梁、过河缆道、上下游水库、取水口、泵站、码头等。在寒冷地区还要调查冰凌情况，及历年的封冻、开河时间，最高、最低流冰水位等。

3. 洪水比降的确定

洪水比降是指洪水时中泓线上的水面纵坡度。洪水比降可根据水文站的实测资料确定，也可根据洪水调查资料推算。首先将调查历史洪水位的位置绘在桥位平面图上，并投影在河流的中泓线上，再按各个洪水位的高程及其在中泓线上的距离，点绘于河床纵断面图上。利用同一年历史洪水各水位点的连线，按 $i = \Delta H/L$ 即可计算对应的洪水比降。

4. 河床糙率的选择

河床糙率最好在水文断面所在河段进行实测确定，若无实测资料则按《公路桥位勘测设计规范》或有关手册推荐的糙率值表。需要注意的是河滩、河槽的糙率应分别确定。

5. 用形态法确定流速与流量

根据水文断面处的洪水位，按水力学的谢才—曼宁公式计算流速与流量。

单式断面

$$v = \frac{1}{n}R^{2/3}i^{1/2} \quad (\text{若为宽浅河道 } v = \frac{1}{n}h^{2/3}i^{1/2}) \tag{6-16}$$

$$Q = vA \tag{6-17}$$

复式断面

$$Q = v_cA_c + v_tA_t = Q_c + Q_t \tag{6-18}$$

第五节　泥沙运动与河床演变

河道中水流挟运的泥沙叫河流泥沙。河中水流对泥沙的冲刷、搬运、沉积等起主导作用,而河床演变、河床形态对水流的运动又起着决定作用。因此,泥沙运动与河床演变关系较为密切。

沙、石、泥、土的混合体为泥沙。河床演变是河中水流与泥沙共同作用的结果,若河床的泥沙被水流带走即形成冲刷;若泥沙沉积则产生淤积。河流泥沙的冲淤变化造成河床的自然演变,一条较稳定的河流,河床泥沙的冲淤变化是平衡的。按泥沙在河槽中的运动状况可分为悬浮在水中的悬移质、沿河底表面向下游推移的推移质、沉积在河床静止不动的床沙质。

河流水中的泥沙主要来源于流域的坡面侵蚀、河槽冲刷、风沙沉积和泥石流。例如,黄河因流经极易受水冲蚀的黄土高原,因此成了世界上输沙量最大的河流。

一、泥沙特性

1. 泥沙几何特性

(1)粒径 d。泥沙颗粒的形状极不规则,通常用与泥沙同体积的球体直径来表示泥沙颗粒的大小,称为等容粒径,简称粒径,以 mm 计。粒径大于 0.05 mm 的泥沙,一般采用筛分法,以标准筛孔来确定粒径的大小;粒径小于 0.05 mm 的泥沙,则采用水析法,根据它在静水中的沉降速度来确定粒径的大小;对于更大颗粒的卵石、砾石,可以直接测量。

(2)平均粒径 $\bar{d}$。沙样的代表粒径常用平均粒径 $\bar{d}$ 和中值粒径 d_{50} 来表示,以 mm 计。

平均粒径是沙样中各级粒径的加权平均值,按下式计算

$$\bar{d} = \frac{\sum d_i P_i}{100} \tag{6-19}$$

或

$$\bar{d} = \frac{\sum d_i \Delta P_i}{\sum \Delta P_i} \tag{6-20}$$

式中 d_i——各级粒径,mm;

P_i——各级粒径泥沙的重量占沙样总重量的百分数;

ΔP_i——各级粒径泥沙的重量。

(3)中值粒径 d_{50}。占总沙样 50% 的泥沙粒径,即大于或等于 d_{50} 的泥沙在总沙样中各占 50%。

另外还有 d_{95}(占总沙样 95% 的泥沙粒径)、d_{65}(占总沙样 65% 的泥沙粒径)等。沙样的代表粒径常以粒径级配曲线查到的百分数作为粒径 d 的脚标来表示粒径的特征。如图 6-5所示中的 d_{95}、d_{50} 表示小于该粒径的泥沙在沙样总重量中各占 95%、50%。

2. 泥沙的重力特性

泥沙的重力特性用单位体积内泥沙颗粒的重量来表示,称为容重或重度,用 γ_s 表示,单位为 N/m^3 或 kN/m^3。泥沙的容重随岩石成分而异,通常取 $\gamma_s = 26\ kN/m^3$。

3. 泥沙的水力特性

泥沙颗粒在静止的清水中等速沉降的速度为泥沙的沉降速度,因沉降速度可从水力特性来衡量泥沙的粗细,故又称为水力粗度,常以 cm/s 计。沉降速度是研究泥沙运动特性的重要参考值。

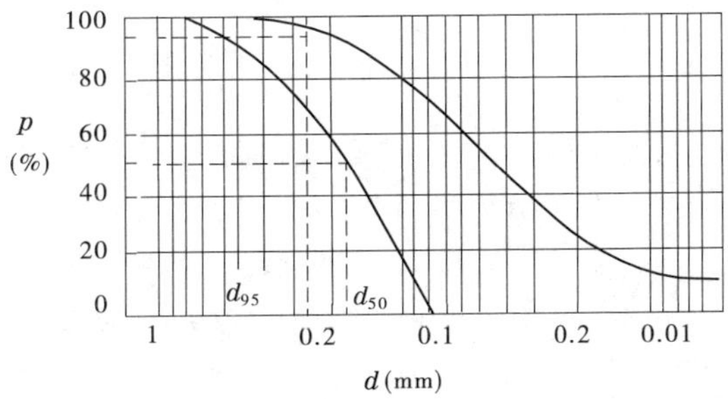

图 6-5　粒径级配曲线

4. 泥沙的起动

河流泥沙在水流作用下，由静止状态转变为运动状态的现象为泥沙的起动。它是河流泥沙由静止到运动的临界状态，此时水流流速为起动流速，用 v_0 表示。

我国桥墩的局部冲刷计算中，采用张瑞瑾导出的起动流速公式。该公式中的系数和指数是以窦国仁所整理的资料为基础确定的，对于各种泥沙颗粒均适用。公式为

$$v_0 = \left(\frac{H}{\bar{d}}\right)^{0.14}\left(29\bar{d} + 6.05 \times 10^{-7}\frac{10 + H}{\bar{d}^{0.72}}\right)^{\frac{1}{2}} \tag{6-21}$$

式中　v_0——起动流速，m/s；

H——水深，m；

$\bar{d}$——河床泥沙的平均粒径，mm。

5. 沙波运动

天然河床的泥沙质床面，往往起伏不平，呈波浪状，这些波浪状的泥沙集团，统称为沙波。沙波形体巨大的称为沙丘，更大的称为沙洲，位于主河槽边上的叫边滩，位于河槽中心部位的叫中心滩。它们共同的特点是由推移质形成，它们作为一个集团运动总是和组成它们的推移质个体颗粒的运动分不开的。

桥梁墩台处的河床随沙波运动而变化，直接影响墩台的冲刷深度。河床上有沙波运动时，局部冲刷坑的深度将随时间而变动。沙波运动的规模越大，冲刷坑深度的变幅也越大。

6. 推移质输沙率

起动流速是推移质运动产生的条件，沙波运动是推移质运动的主要形式，而推移质运动的强烈程度用推移质输沙率来表示。

推移质输沙率是单位时间内在单宽过水断面上通过推移质的数量，单位为 kg/(s·m)。推移质输沙率的大小对河流的冲刷和淤积有着重要意义。推移质输沙率的计算方法有几种不同的研究途径，目前我国的桥下一般冲刷计算中，采用以流速为主要参数的推移质输沙率公式。这种方法认为影响推移质输沙率的主要因素是水的流速，流速越大，则推移质输沙率越大。

很多学者根据实测资料建立了不同的计算公式，但都表明推移质输沙率与流速的四次方成正比，这说明流速稍有变化，输沙率就将变化很大。因此，天然河流的推移质运动

往往集中在流速最大的主流区，而且几次大洪水的推移质输沙量往往占全年推移质输沙量的很大部分。

7. 水流挟沙能力

天然河流中，运动着的水流总是含有一定数量的泥沙。水流挟带泥沙的多少，直接影响河床的冲淤变形。在一定水流和边界条件下，单位体积水流能够挟带泥沙的最大数量，称为水流的挟沙能力，单位为 kg/m^3。它是一个临界值，包括推移质和悬移质全部泥沙的重量，并且随水流和边界条件的不同而变化。平原河流水流挟带泥沙中悬移质占绝大部分，推移质数量可以忽略，水流挟沙能力用最大悬移质含沙量来表示。单位体积的水流能够挟带泥沙的悬移质的数量，又称为含沙量，单位为 kg/m^3。

如果上游的来沙量大于河段的挟沙能力，则泥沙便会下沉，造成河床淤积；如果上游来沙量小于河段的挟沙能力，则由本河段泥沙加以补偿，造成河床冲刷。直接影响冲淤的泥沙为床沙质。在冲刷的河段内，若床面上被水流带走的泥沙得不到上游来沙量的补偿，则床面泥沙颗粒将会逐渐增大，形成河床的粗化，对桥下河床冲刷有一定的影响。

二、河床演变

（一）河床演变的基本概念

河床形态是指河床的几何形状，河床形态的变化称为河床演变。水流冲蚀和泥沙运动共同作用造成河床演变，即指在自然条件下和修建建筑物后河床发生冲刷与淤积而造成河床形态的变化。河床演变分为纵向变形和横向变形两类。纵向变形是河床的高程沿水流方向的变化，即其纵剖面的变化；横向变形是指沿河宽方向的平面形态变化，如河湾发展、河槽扩宽、塌岸、分汊、截弯取直及河床改道等。

河床演变的根本原因是输沙的不平衡。例如当上游来沙量大于本河段挟沙能力时产生淤积，使河床升高；反之，则产生冲刷，使河床下降。

（二）影响河床演变的主要因素

河床演变是由许多极复杂的因素决定的。一般地说，对某具体河段，影响河道演变的主要因素有：

（1）河段上游的来流量及其变化过程。来流量越大，水流的挟沙量就越多。来流量变化越大，河道的泥沙运动和河床演变越剧烈。

（2）河段上游的来沙量、来沙组成及其变化过程。

（3）水流比降。河床比降大，流速大，河床受冲刷厉害，反之河床易于淤积。

（4）河床土质。土质松软的河床易于受冲刷，河床变形急剧，土质坚实的河床则变形缓慢。

（5）人为因素。修建桥涵、水库等建筑物，使河流的来水、来沙条件发生变化，对河道演变产生较大影响。

（三）建桥后的河床演变

建桥后，在桥位的上、下游不远的范围内，河床演变发生变化。主要为：

（1）平原弯曲性河段（属于次稳定性河段）。在平原弯曲性河段上建桥后，桥孔孔径一般大于或等于河槽宽度，对河床影响小。但当桥位通过水深较大的河湾时，因河床自身演变,有可能形成河湾逼近桥台、桥头引道或导流堤,危及桥台基础。

(2)平原顺直性河段(属于稳定性河段)。在平原顺直河段上建桥,其桥孔孔径一般不压缩河槽宽度,所以对河床演变的影响不明显,建桥前后的河床演变将大致相同。但如果河床内交错的边滩不断向下游推移,桥下断面两岸附近将交替出现深槽,两岸墩台有可能受到严重的冲刷。如果河槽受到桥孔的压缩,则可引起泥沙停滞、河槽两岸坍塌以及边滩变形等。

(3)平原游荡性河段及山前区变迁性河段。在这类河段上建桥,孔径一般小于河槽宽度。若对过水断面压缩程度不大,且有合理的导流建筑物,水流将集中于单一的河道,可移动的泥沙将形成靠岸的暗滩,水深也有所增大。当对河槽压缩过大且导流建筑物不合理时,两岸受水流冲击后,河床将发生较大的变形并可引起桥台和导流堤的严重冲刷及桥前淤积,对桥梁危害极大。

(4)山区河流。在山区河流上建桥,一般孔径与河槽宽度接近,河槽断面基本不压缩。河床一般稳定,如桥位布置合理并有合理的导流设施,河床不会发生较大变形。

在多沙的河流中建桥后,由于桥前壅水的影响,泥沙在壅水区内沉积形成沙洲。

(四)河相关系与造床流量

河相关系是指河床的几何形态与水流、泥沙和床质之间的关系。河相关系包括平面、横向、纵向的河相关系,一般的河相关系主要是指横断面的河相关系。利用河相关系可以初步估评河床的稳定性,注意只能是估评,因为河床的稳定与否取决于水流与河床的相互作用。若水流急,床沙较细,则河床易变形不稳定;若河道水流缓慢,床沙较粗,则河床稳定。

河床演变对于桥位的选择较为重要,但对河床变形一般不作定量计算,只需对河床的稳定性作一般的对比。

(1)河床的纵向稳定性。河床的纵向稳定性取决于水流条件对床沙的作用,用比降 i 代表水流的作用,用床沙粒径 d 代表床沙质的特性,则河床的纵向稳定性指标可用下式表示,即

$$K_1 = \frac{d}{hi} \tag{6-22}$$

或

$$K_2 = \frac{v_0^2}{v^2} \tag{6-23}$$

式中 v_0——平均起动流速,m/s;

v——断面平均流速,m/s;

h——平均水深,m。

用 K_1、K_2 可以判断泥沙运动和沙波运动所引起的河床变形,如 K_1、K_2 值越大,实际流速越小,泥沙运动越弱,河床稳定。需要注意的是,河岸的土质结构与河底的土质结构相差很大,K_1、K_2 只能反映河床底部的稳定性。河岸的稳定性则需要用横向稳定性指标来表示

$$K_3 = \frac{Bi^{0.2}}{Q_n^{0.5}} \tag{6-24}$$

式中　Q_n——造床流量，是指作用时间较长、对槽床形态起决定作用的流量，实际工作中一般以与平滩水位相应的流量为造床流量，平滩水位为基本河槽与河漫滩交界处的水位；

B——造床流量时的河宽，m。

K_3 越大，河岸越不稳定，如黄河下游高村—陶城埠河段 $K_3 = 1.43 \sim 2.07$，长江的荆江河段 $K_3 = 0.64 \sim 1.15$。

(2)河床横向河相关系。河床的横向河相关系常用断面宽深比表示，即

$$\beta = \frac{\sqrt{B}}{h} \tag{6-25}$$

式中　B——与平滩水位相应的河宽，m；

h——与平滩水位相应的平均水深，m。

β 值越大，河床越不稳定，如黄河下游高村—陶城埠河段 $\beta = 8.6 \sim 12.4$，长江的荆江河段 $\beta = 2.23 \sim 4.45$。

复习思考题

6-1　什么是水分循环？水分循环的类型有哪些？

6-2　水量平衡的基本原理是什么？

6-3　流域的几何特征和自然地理特征包括哪些内容？

6-4　降雨资料的图示方法有哪几种？各有何不同？

6-5　流域平均雨量的计算方法有哪几种？各自的适用条件是什么？

6-6　简述河川径流的形成过程。

6-7　径流量的计量单位及表示方法是什么？

6-8　流速仪测流原理是什么？如何计算流量？

6-9　河流泥沙的计量单位有哪些？它们的换算关系公式如何？

6-10　什么叫河相关系？什么是造床流量？

6-11　某桥位处的流域面积 $F = 5\ 660\ \text{km}^2$，多年平均流量 $Q = 88\ \text{m}^3/\text{s}$，多年平均降雨量 $X = 688.7\ \text{mm}$，试求其年径流总量、径流模数、径流深度及径流系数。

第七章　水文统计的基本原理与方法

本章重点

本章的任务在于介绍水文统计的基本原理和方法，重点讲解适线法以及与此相关的基本概念，使学生初步具备频率曲线绘制的技能。

第一节　水文统计的基本原理

一、随机试验与随机事件

在概率论中提出这样一种试验：①可以在相同条件下重复进行；②每次试验的可能结果不止一个，但能事先知道所有可能出现的结果或范围；③每次试验之前无法确定究竟哪种结果会出现。概率论中将具有这种特性的试验称为随机试验。如掷硬币试验等。

随机试验中所有可能出现或不可能出现的结果，称之为事件。事件一般用大写英文字母 A、B、C 等表示。根据其出现的可能性大小，可将事件分为以下 3 类。

1. 必然事件

即在一定条件下肯定会发生的事件。例如水在 0 ℃时会结冰；由于气候因素的周期性变化，受其影响的河流洪水流量，每年汛期都会出现一个最大洪峰流量等都是必然事件。

2. 不可能事件

即在一定条件下肯定不会发生的事件。例如水在标准气压下、温度低于 100 ℃条件下沸腾；在降雨量充沛的汛月，天然河流上游若无阻水或蓄水建筑物，则出现断流等均是不可能事件。

3. 随机事件

即在一定条件下可能发生，也可能不发生的事件。例如掷硬币试验中，每掷一次，正面（国徽面）有可能出现，也有可能不出现；河流断面的年最大洪峰流量可能大于某一个数值，也可能小于某一个数值等。这些事件是事先不能确定的，具有一定的偶然性，称为随机事件。

对于随机事件，从表面上看似乎是无规律的，但通过对大量实测水文资料的分析，它是遵循一定规律的。如河流某断面年径流量的多年平均值是一个比较稳定的数值，在长期过程中，河流每年的径流量接近于多年平均值的年份出现较多，而特大或特小值出现的年份则比较少。水文现象的这种规律性，只有通过大量实测资料的观测、统计、分析后才能发现，故称之为统计规律。数理统计法是揭示这一规律的一种有力工具，是水文分析计算的主要方法，称为水文统计。

水文统计的任务就是将数学上的概率论和数理统计知识应用到水文上来，通过对大量实测水文资料的分析研究，寻找其统计规律，并由其统计规律对河流未来的水文情势作出概率预估，为工程的规划设计、施工和管理运用提供合理的水文依据。

二、概率

简单地说，概率是用来描述某一随机事件出现的可能性大小的数量指标。

有这样一类随机事件，其试验的所有可能结果都是等可能的，且试验中所有可能出现的结果总数是有限的，这类随机事件叫“古典概型事件”，其概率可用下式表示

$$P(A) = \frac{m}{n} \tag{7-1}$$

式中 $P(A)$——在一定条件下随机事件 A 发生的概率；

m——在试验中属于事件 A 的结果数；

n——在试验中所有可能出现的结果总数。

例如最简单的掷硬币试验，所有可能出现的结果数 $n=2$，即出现正面或反面。设事件 A 表示正面出现，属于事件 A 的结果数 $m=1$，因此出现正面的概率 $P(A)=1/2=0.5$。

对于水文上的随机事件而言，通常各事件出现的可能性不相等，并且试验所有可能出现的结果数 n 是无限的，因此其出现的可能性大小无法用古典概型的概率来表示，这便引出了频率的概念。

三、频率

设随机事件 A 在 n 次试验中重复出现了 m 次，则

$$P(A) = \frac{m}{n} \tag{7-2}$$

称为随机事件 A 在 n 次试验中出现的频率。

频率与试验次数 n 有关，实践证明，随着试验次数 n 的无限增多，事件的频率逐渐趋近于一个稳定的数值，这个稳定的数值就是事件发生的概率。例如历史上不少数学家做过掷硬币试验，试验结果见表 7-1。

表 7-1　掷硬币试验出现正面的频率

试验者	掷硬币次数	出现正面的次数	出现正面的频率
蒲丰	4 040	2 048	0. 506 9
皮尔逊	12 000	6 019	0. 501 6
皮尔逊	24 000	12 012	0. 500 5

从表 7-1 可以看出，随着试验次数的增加，随机事件的频率愈来愈接近事件发生的概率，也就是说，当试验次数足够多时，可用频率近似地代替概率。这一做法在水文统计中得到普遍应用，因为各种水文随机事件可能出现的结果总数是无限的，只能根据有限的观测资料去计算它出现的频率，从而估计概率。

四、重现期

在水文分析计算中，常用“重现期”来代替频率表示随机事件出现的可能性大小。所谓重现期，指某随机事件在长时间内发生的平均周期，即在很长的一段时间内，平均多少年出现一次，也称“多少年一遇”。用字母 T 表示。

频率 P 与重现期 T 的关系有两种表示方法。

研究暴雨洪水问题时，一般设计频率 $P<50\%$，其重现期为

$$T = \frac{1}{P} \tag{7-3}$$

例如某河流断面设计洪水的频率 $P=1\%$，则重现期 $T=100$ 年，表示该河流断面大于或等于这样的洪水在长时期内平均 100 年出现一次。

研究枯水问题时，一般设计频率 $P>50\%$，其重现期为

$$T = \frac{1}{1-P} \tag{7-4}$$

对于用水部门来讲，所关心的是多少年一遇的枯水。例如某灌渠设计依据的枯水频率 $P=90\%$，则重现期 $T=10$ 年，表示小于等于某一级别的枯水在长时期内平均每 10 年发生一次，即 10 年中只有 1 年用水得不到满足，其余 9 年用水均可得到保证，故设计枯水的频率即为设计用水的保证率。

第二节　统计参数

一、随机变量

在多次试验中，随机事件种种可能出现的结果，常赋以数值来表示，这些数值称为随机变量。在数理统计中，常用大写字母表示随机变量，而用相应的小写字母表示其取值，如用 X 表示某随机变量，则其取值可写为 $x_i(i=1,2\cdots)$。如水文上的某地年降雨量，河流某断面的最大洪峰流量或年最高水位等。这些随机变量的取值都是一些数值，还有一些随机变量，其结果是事实型的。如掷硬币试验，其结果分别是“出现正面”或“出现反面”，对于此类随机变量，我们可以人为规定用一些确定的数值来代替事实，如“出现正面”用“1”表示，“出现反面”用“0”表示。

另外，随机变量按照其可能取值情况，又可分为离散型随机变量和连续型随机变量。所谓离散型随机变量，是指其所有可能取值的结果数为有限个，并可逐一列出来。而连续型随机变量的取值一般介于某个区间范围内，不能一一列举，但能取得区间内的任何数值。水文上的许多随机变量都是连续型的，如年降雨量、年径流量等。

在数理统计中，把随机变量所有取值的全体称为总体。从总体中任意抽取的一部分称为样本。样本的项数称为样本容量。水文上的随机变量总体都是无限的，实际无法获得。例如河流某地的年降雨量，其总体是指自古至今以至无限年代的所有年降雨量，人类是不可能全部观测得到的，目前设站所观测到的几十年甚至上百年的降雨量资料，只不过

是无限总体中很小的一部分,是一个很有限的样本。在水文分析计算中,遇到的都是样本资料。

总体和样本之间有一定的区别,但也有紧密的联系。由于样本是总体的一部分,因而样本的特征在一定程度上(或部分地)反映了总体的特征。因此,我们常用样本的规律来推估总体的规律。但样本毕竟只是总体的一部分,不能完全反映总体的客观真实情况,这种由于抽样推断总体规律带来的误差叫做抽样误差。一般来说,样本系列愈长,样本对总体的代表性愈好,抽样误差将愈小;反之,样本系列愈短,样本对总体的代表性愈差,抽样误差将愈大。所以,在水文分析过程中,要求样本系列的容量要有足够长度。

二、统计参数

为了描述随机变量的统计规律,可以用一些统计参数(或数字特征)来描述随机变量频率分布的重要信息。

水文上常用的随机变量的统计参数有以下几个。

(一)均值 $\bar{x}$

设随机变量的样本系列为 $x_1,x_2,\cdots,x_n$,则其均值可用下式计算

$$\bar{x}=\frac{x_1+x_2+\cdots+x_n}{n}=\frac{1}{n}\sum_{i=1}^{n}x_i \tag{7-5}$$

均值又称为期望,表示样本系列的平均情况,反映系列总体水平的高低。例如,甲、乙两条河流的多年平均流量分别为 1 000 m^3/s 和 100 m^3/s,就说明甲河流域的水资源比乙河流域丰富得多。均值不仅是频率曲线方程中的一个重要参数,而且是水文现象的一个重要特征值。

(二)均方差 σ

均值表示系列的平均水平。均方差则表示系列中各个值相对于均值的离散程度。当两个系列的均值相等时,它们各自的离散程度则不一定相同。例如有甲、乙两个系列,其值分别为

甲系列:49,50,51

乙系列:1,50,99

这两个系列的均值相等,都等于 50,但两个系列中各个取值相对于均值的离散程度显然是不同的,可以用均方差来反映。

均方差用 σ 表示 ,计算公式为

$$\sigma=\sqrt{\frac{\sum_{i=1}^{n}(x_i-\bar{x})^2}{n-1}} \tag{7-6}$$

经计算,$\sigma_{甲}=0.82<\sigma_{乙}=40.0$,说明甲系列均方差小,其离散程度就小;乙系列均方差大,其离散程度就大。

(三)变差系数 C_v

均值相同的系列,可用均方差来比较它们的离散程度,进一步说明系列间的不同之处。但当系列的均值不相等时,就不能用均方差来进行比较,有时甚至说明不了问题。例

如有丙、丁两个系列：

丙系列：5，10，15

丁系列：995，1000，1005

丙系列的均值 $\bar{x}_{丙}=10$，丁系列的均值 $\bar{x}_{丁}=1\,000$，显然均值不等，可是按式(7-6)计算它们各自的均方差得到 $\sigma_{丙}=5$ 、$\sigma_{丁}=5$，这又说明了二者的离散程度是相同的。但由于均值相差悬殊，其离散程度是不相同的。丙系列中最大值和最小值与均值的绝对差值都是5，这相当于均值的5/10 = 1/2；而丁系列中，最大值和最小值与均值之差的绝对值虽然也等于5，但却只相当于均值的5/1 000 = 1/200，在近似计算中，这种差别甚至已达到可以忽略不计的程度。

为了克服以均方差衡量系列离散程度的这种不足，水文统计中用均方差与均值的比值作为衡量系列相对离散程度的一个参数，称为变差系数或离差系数，用 C_v 表示，其计算公式为

$$C_v=\frac{\sigma}{\bar{x}}=\sqrt{\frac{\sum_{i=1}^{n}(x_i-\bar{x})^2}{n}}=\sqrt{\frac{\sum_{i=1}^{n}(k_i-1)^2}{n}} \tag{7-7}$$

式中 k_i——模比系数，$k_i=\frac{x_i}{\bar{x}}$。

有了变差系数的概念后，我们再来看丙、丁两系列的离散程度，用式(7-7)计算求得 $C_{v丙}=0.5$、$C_{v丁}=0.005$，这就说明丙系列的相对离散程度远比丁系列的相对离散程度大。

C_v 是水文统计中常用的一个重要参数，用来说明水文特征值的变化情况。我国年降雨量和年径流量的 C_v 值存在明显的地理分布规律，即南方大于北方，内陆大于沿海，山区大于平原。此外，C_v 还与流域的大小和流域形状有关，一般是大流域 C_v 值比小流域要小，狭长流域的 C_v 值比枝状流域要大。现有的等值线图可供水文工作者查用。全国分区 C_v 值表见表7-2。

表7-2 全国分区 C_v 值

分区编号	分区名称	流域面积(km^2)							
		100	250	500	1 000	5 000	10 000	25 000	50 000
1	三江平原区	采用等值线							
2	大、小兴安岭区	采用等值线							
3	嫩江流域区	采用等值线							
4	海拉尔河上游区	采用等值线							
5	图、牡、绥区	1.55	1.40	1.30	1.20	1.01	0.94	0.85	0.80
6	二江、拉区	1.31	1.22	1.17	1.11	0.99	0.94	0.88	0.83
7	鸭绿江区	1.08	1.05	1.02	1.00	0.95	0.92	0.90	0.87
8	东辽河区	1.25	1.22	1.20	1.19	1.14			
9	松嫩平原区	缺乏观测资料							

续表 7-2

分区编号	分区名称	流域面积(km²)							
		100	250	500	1 000	5 000	10 000	25 000	50 000
10	洮蛟山丘陵区	1.73	1.61	1.52	1.43	1.26	1.19	1.10	1.04
11	霍内上游区	缺乏观测资料							
12	西辽河下游区	缺乏观测资料							
13	辽东北部山区	采用等值线							
14	辽东及沿海山丘区	采用等值线							
15	辽河平原区	采用等值线							
16	辽西丘陵区	采用等值线							
17	辽西山丘区	采用等值线							
18	辽西风沙区	采用等值线							
19	辽河丘陵区		1.06	1.00	0.94	0.82			
20	深山区	采用等值线							
21	沿海丘陵区	采用等值线							
22	浅山区	采用等值线							
23	北部高原区	采用等值线							
24	太行山北部区	采用等值线							
25	坝下山区	采用等值线							
26	太行山南部区	采用等值线							
27	东北部草原丘陵区	1.30	1.26	1.24	1.20	1.12	1.10		
28	内陆河草原丘陵区	1.42	1.37	1.32	1.28	1.20	1.16		
29	大青山、蛮汗山、土石山丘陵区(北)	1.60	1.52	1.47	1.44	1.37	1.32		
30	大青山、蛮汗山、土石山丘陵区(南)	1.40	1.25	1.15	1.07	0.88	0.80		
31	黄河流域黄土丘陵沙丘区	1.40	1.30	1.20	1.13	0.95	0.90		
32	晋北(Ⅰ)(雁北地区)	1.40	1.40	1.40	1.35	1.14	1.04	0.92	
33	晋中(Ⅱ)区	1.40	1.30	1.22	1.16	1.00	0.94	0.88	
34	晋东南(Ⅲ)区	1.22	1.18	1.16	1.12	1.06	1.03	1.00	
35	晋东南(特)(Ⅲ)区(浊漳河水系)	1.05	1.05	1.05	1.05	1.05	1.05	1.05	
36	晋东南(Ⅲ)区								
37	晋西南(Ⅳ)区	1.32	1.22	1.17	1.12	1.00	0.96	0.90	

续表 7-2

分区编号	分区名称	流域面积(km²)							
		100	250	500	1 000	5 000	10 000	25 000	50 000
38	鲁山区	$C_v=0.901\ 8/F^{0.006\ 2}$							
39	苏鲁丘陵区	采用等值线							
40	苏西地区								
41	淮河平原区	采用等值线							
42	黄河流域区	采用等值线							
43	淮河山丘区	采用等值线							
44	长江流域区	采用等值线							
45	南、堵、峦、沮漳、黄柏地区	$F<300$ $C_v=1.02$		$F>300$ $C_v=3.84\times F^{-0.64}$					
46	汉北区	$C_v=1.7\times F^{-0.115}$							
47	滠、举、巴、倒蕲、浠水	$F<560$ $C_v=1.12$		$F>500$ $C_v=5.68\times F^{-0.29}$					
48	皖、浙、赣山丘区	$C_v=2.9\times F^{-0.2}$							
49	瓯江、椒江、奉化江、曹娥江水系区	$C_v=2.15/F^{0.08}$							
50	闽浙沿海台风雨区	0.76	0.71	0.67	0.63	0.54			
51	福建沿海台风雨区	0.60	0.57	0.55	0.53	0.48	0.46	0.44	
52	福建内陆峰面雨区	0.60	0.54	0.51	0.48	0.40	0.37	0.34	(0.32)
53	赣江区	0.80	0.71	0.65	0.58	0.47	0.43	0.38	0.34
54	金、富、陆、修水区	$C_v=0.94F^{-0.06}$							
55	湖区								
56	清江山峡区	$C_v=2.4F^{-0.2}$							
57	澧水流域区		0.70	0.50	0.43	0.34	0.34	0.34	
58	沅水中下游区		0.70	0.64	0.60	0.56	0.54	0.51	0.35
59	沅水上游区		0.70	0.64	0.60	0.56	0.54	0.51	0.35

续表 7-2

分区编号	分区名称	流域面积(km²)							
		100	250	500	1 000	5 000	10 000	25 000	50 000
60	资水流域区				0.60	0.40	0.40	0.40	
61	湘江流域区		0.59	0.55	0.53	0.45	0.45	0.43	0.36
62	内陆区	0.72	0.64	0.58	0.53	0.44	0.40		
63	沿海区	0.72	0.64	0.58	0.53	0.44	0.40		
64	郁江、贺江区	0.80	0.71	0.64	0.58	0.46	0.42		
65	柳江、桂江区	0.80	0.71	0.64	0.58	0.46	0.42		
66	红水河区	0.80	0.71	0.64	0.58	0.46	0.42		
67	左右江区	0.85	0.78	0.71	0.66	0.52	0.47		
68	沿海区	0.85	0.78	0.71	0.66	0.52	0.47		
69	海南岛区(西北区)	0.72	0.64	0.58	0.53	0.44	0.40		
	海南岛区(东区)	0.88	0.85	0.83	0.80	0.76	0.74		
70	台湾省								
71	阿尔太区	采用等值线							
72	伊力区	采用等值线							
73	天山北坡区	采用等值线							
74	天山南坡区	采用等值线							
75	昆仑山北坡区	采用等值线							
76	阿左旗荒漠区								
77	贺兰山、六盘山区	1.20	1.10	1.04	0.98	0.84	0.78		
78	吴忠盐池区	1.20	1.10	1.04	0.98	0.84	0.78		
79	河西走廊北部荒漠区								
80	河西走廊西区	采用等值线							
81	河西走廊东区	采用等值线							
82	祁连山区	采用等值线							
83	中部干旱区	采用等值线							
84	黄河上游区	采用等值线							
85	陇东泾、渭、汉区	采用等值线							
86	陇南白龙江区	采用等值线							
87 - Ⅰ	黄河上游区	$C_v=3.51F^{-0.21}$							
87 - Ⅱ	湟水、大通河区	$C_v=3.10F^{-0.21}$							

续表 7-2

分区编号	分区名称	流域面积(km^2)							
		100	250	500	1 000	5 000	10 000	25 000	50 000
87 - Ⅲ	青海湖区	$C_v = 1.68F^{-0.14}$							
87 - Ⅳ	柴达木区								
87 - Ⅴ	玉树区	$C_v = 0.01F$							
87 - Ⅵ	祁连山区	$C_v = 3.51F^{-0.21}$							
88	陕北窟野河区	1.55	1.45	1.30	1.23	1.06	1.00	0.92	0.86
89	陕北大理河、延河区	1.55	1.45	1.30	1.23	1.06	1.00	0.92	0.86
90	渭河北岸泾、洛、渭区	1.52	1.42	1.31	1.24	1.09	1.03	0.97	0.92
91	渭河南岸秦岭北麓区	0.92	0.87	0.81	0.76	0.67	0.64	0.59	0.56
92	陕南山岭区	1.52	1.42	1.31	1.24	1.09	1.03	0.97	0.92
93	大巴山暴雨区		0.72	0.68	0.62	0.52	0.48		
94	东部盆地丘陵区	0.81	0.72	0.66	0.62	0.51	0.47		
95	长江南岸深丘区		0.70	0.63	0.57	0.45	0.41		
96	青衣江、鹿头山暴雨区		0.38 ~ 0.80	0.34 ~ 0.72	0.32 ~ 0.64	0.25 ~ 0.52	0.22 ~ 0.45		
97	安宁河区	0.75 ~ 1.85	0.56 ~ 1.20	0.46 ~ 0.88	0.36 ~ 0.64	0.25 ~ 0.30	0.18 ~ 0.22		
98	川西北高原干旱区		0.57	0.52	0.49	0.41	0.38	0.34	
99	金沙江及雅砻江下游区	0.69 ~ 1.50	0.52 ~ 1.10	0.42 ~ 0.92	0.34 ~ 0.76	0.21 ~ 0.47	0.18 ~ 0.38		
100	贵州东南部多雨区	采用等值线							
101	贵州中部过渡区	采用等值线							
102	贵州西部少雨区	采用等值线							
103	滇东区	采用等值线							
104	滇中区	采用等值线							
105	滇西北区	采用等值线							
106	滇南区	采用等值线							
107	滇西区	采用等值线							
108	西藏高原湖泊区	采用等值线							

(四)偏差系数 C_s

偏差系数也称偏态系数,常用 C_s 表示。它是反映系列中各值两侧分布是否对称或不对称(偏态)程度的一个参数。计算公式为

$$C_s = \frac{\sum_{i=1}^{n}(x_i - \bar{x})^3}{(n-3)\bar{x}^3 C_v^{\,3}} = \frac{\sum_{i=1}^{n}(k_i - 1)^3}{(n-3)C_v^{\,3}} \tag{7-8}$$

当样本系列中各值在均值两侧分布对称时,$C_s=0$,称为正态分布。当分布不对称时,$C_s \neq 0$,称为偏态分布。其中 $C_s>0$,称为正偏态分布,它表示随机变量取值系列中小于或等于均值的数值出现的机会多,这种系列称为正偏系列;相反,$C_s<0$ 为负偏态分布,表示系列中大于或等于均值的数值出现机会多。水文现象大多属于正偏分布。

推算桥涵设计流量时,为了保证计算的精度,一般认为 $\bar{x}$ 需要 10 ~ 20 年资料,C_v 值需要 20 ~ 30 年以上资料,而 C_s 值需要 100 年以上的水文资料。我国河流的多数实测水文资料均在 100 年以下,所以要从计算中得出合理的 C_s 值是比较困难的。为此,必须以别的方法来确定 C_s 值,在实际工作中一般采用经验性的方法,比如取 C_s 等于若干倍的 C_v。全国分区 C_s/C_v 的经验关系见表 7-3。

表 7-3　全国分区 C_s/C_v 的经验关系

分区编号	分区名称	C_s/C_v 的经验关系	分区编号	分区名称	C_s/C_v 的经验关系
1	三江平原区	2.5	17	辽西山丘区	3
2	大小兴安岭区	2.5	18	辽西丘陵区	1.5
3	嫩江流域区	2.0	19	辽西风沙区	3
4	海拉河上游区	2.0	20	深山区	2.5
5	图、牡、绥区	2.5	21	沿海丘陵区	2
6	二江、拉区	2.5	22	浅山区	2.5
7	鸭绿江区	2.5	23	北部高原区	3
8	东辽河区	3.0	24	太行山北部区	2.5
9	松嫩平原区	无资料	25	坝下山区	2.5
10	蛟山丘区	1.5	26	太行山南部区	2.5
11	霍内上游区	37	27	东北部草原丘陵区	3.5
12	西辽河上游区		28	内陆河草原丘陵区	2.5
13	辽东北部山区	3	29	大青山、蛮汗山土石山丘陵区(北)	2.5
14	辽东及沿海山丘区	3	30	大青山、蛮汗山土石山丘陵区(南)	2.5
15	辽河平原区	2.5	31	黄河流域黄土丘陵沙丘区	2.5
16	辽西丘陵区	3	32	晋北Ⅰ区(雁北地区)	3

续表 7-3

分区编号	分区名称	C_s/C_v 的经验关系	分区编号	分区名称	C_s/C_v 的经验关系
33	晋中Ⅱ区	3	61	沿海区	3
34	晋东南Ⅲ区	3	62	郁江、贺江区	3
35	晋东南特Ⅲ区	3	63	柳江、桂江区	3
36	晋东南Ⅲ区	3	64	红水河区	3
37	晋西南Ⅳ区	3	65	左右江区	3
38	鲁山区	2.5	66	沿海区	3
39	苏鲁丘陵区	2	67	海南岛区	
40	苏西地区	3	68	阿尔泰区	1.5
41	淮河平原区	2	69	伊犁区	1.5
42	黄河流域区	2	70	天山北坡区	3.5
43	淮河山丘区	2.5	71	天山南坡区	3
44	长江流域区、梅河流域区	2.5	72	昆仑山北坡区	3.5
45	漳、黄柏河区、汉北区	2.5	73	阿尔旗荒漠区	3
46	皖浙赣山丘区(1)	2.0~3.5	74	贺兰山、六盘山区	3
47	皖浙赣山丘区(2)瓯江、椒江、奉化江、曹娥江水系区	2.0~3.5	75	吴忠盐池区	3
48	闽浙沿海台风区	2.0~3.0	76	河西走廊北部荒漠区	无资料
49	福建沿海台风区	3	77	河西走廊西区	3.5
50	福建内陆峰面雨区	3.5	78	河西走廊东区	3
51	赣江区	3	79	祁连山区	3.5
52	金、富、陆、修水区	2.5	80	中部干旱区	3
53	湖区		81	黄河上游区	3
54	清江三峡区	2.5、3.5	82	陇东泾、渭、汉区	3
55	澧水流域区	2.0	83	陇南白龙江区	3.5
56	沅水中下游区	2.5	84	青海高原区	2~4,一般取3
57	沅水上游区	2.5	85	陕北窟野区	3
58	资江流域区	2	86	陕北大理河、延河区	3
59	湘江流域区	1	87	渭河北岸泾、洛渭区	2.5
60	内陆区	3	88	渭河南岸秦岭北麓区	3

续表 7-3

分区编号	分区名称	C_s/C_v 的经验关系	分区编号	分区名称	C_s/C_v 的经验关系
89	陕南山岭区	2	99	贵州西部少雨区	3.5
90	大巴山暴雨区	2	100	滇东区	4
91	东部盆地丘陵区	2	101	滇中区	4
92	长江南岸深丘区	2.5	102	滇西北区	4
93	青衣江、鹿头山暴雨区	2.5	103	滇南区	4
94	安宁河区	2	104	滇西区	4
95	川西北高原干旱区	3	105	西藏高原湖泊区	—
96	金沙江、雅砻江下段区	2	106	西藏东部区	4
97	贵州东南部多雨区	3.5	107	雅鲁藏布江区	4
98	贵州中部过渡区	3.5			

第三节　经验累积频率曲线

频率计算是水文统计中最常用的方法之一。其实质内容就是在资料审查的基础之上，由水文样本资料系列的频率分布（或统计参数）去估计总体的概率分布（或统计参数），并以此对河流未来的水文情势作出较为科学的预估，为工程的规划设计、施工和运行管理提供合理的水文数据。

一、频率分布

随机变量在随机试验中可以取得所有可能值中的任何一个值，而且每一个取值都对应一定的概率，有的概率大，有的概率小，将随机变量各个取值与其概率之间的一一对应关系，称为随机变量概率分布或分布律。

水文上的随机变量大多数为连续型随机变量，其可能取值是无限个，而取个别值的概率趋近于零，因而无法研究取个别值的概率，只能研究在某个区间取值的概率分布规律。另外，在水文上，对于连续型随机变量，除了研究在某个区间取值的概率分布外，更多的是研究随机变量取值大于或等于某一数值的概率分布。

根据样本系列资料，在水文计算中，将大于或等于某一数值的随机变量出现的次数与样本容量的比值叫经验累积频率。依据随机变量与经验累积频率的对应关系，点绘出的曲线叫经验累积频率曲线，习惯上简称经验频率曲线。

现以某站 64 年的最大洪峰流量实测资料为例，分析该样本系列的频率分布规律。见表 7-4，以 $Q=100\ m^3/s$ 为组距，流量按大小递减顺序排列，并统计各组出现次数及累积出现次数，列于表中③、④栏，求得各组流量出现的相应频率及累积频率列于表中⑤、⑥栏。

频率和累积频率都以简单公式 $P=(m/n)\times100\%$ 计算。

表 7-4　某站年最大洪峰流量分组统计

序号	流量 (m^3/s)	各组出现次数 (次)	累积出现次数 (次)	各组出现频率 P_i(%)	累积频率 P(%)
①	②	③	④	⑤	⑥
1	900 ~ 999	1	1	1.6	1.6
2	800 ~ 899	3	4	4.7	6.3
3	700 ~ 799	5	9	7.8	14.1
4	600 ~ 699	12	21	18.7	32.8
5	500 ~ 599	23	44	36.0	68.8
6	400 ~ 499	12	56	18.7	87.5
7	300 ~ 399	5	61	7.8	95.3
8	200 ~ 299	3	64	4.7	100
总　计		64		100	

若以频率为纵坐标,以流量为横坐标,可绘出图 7-1 所示流量与频率关系图(柱状);以流量为纵坐标,以累积频率为横坐标,可绘出图 7-2 所示流量与累积频率关系图(台阶状)。

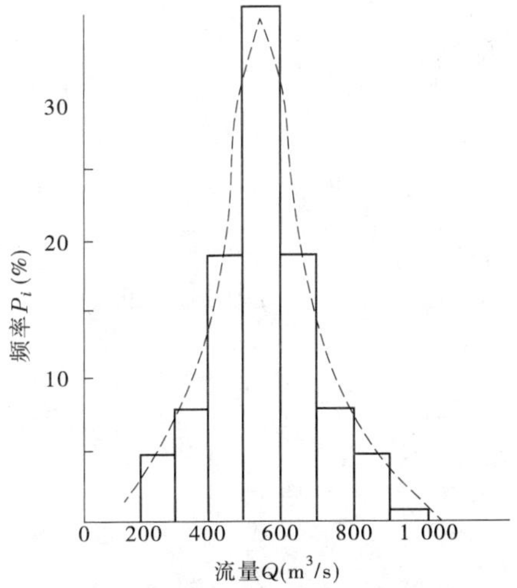

图 7-1　某站年最大洪峰流量与频率分布直方图

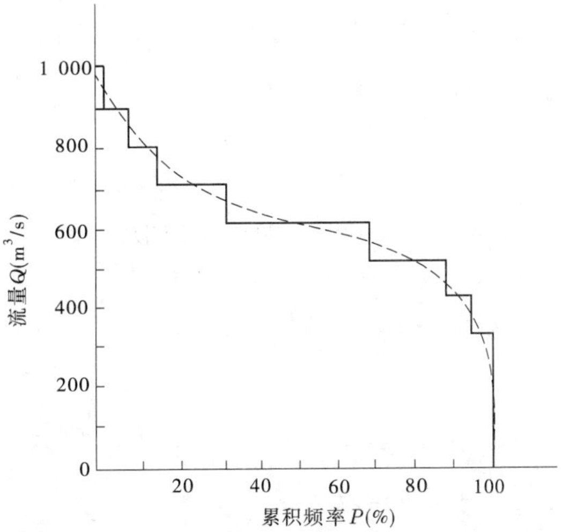

图 7-2　某站年最大洪峰流量与累计频率分布图

若流量的实测次数(年数)趋于无穷大,组距间隔趋于无穷小,则流量与频率关系图就接近于比较光滑的铃型曲线(图 7-1 中的曲线),称为频率密度曲线,该曲线对应的函数为此时的频率密度曲线函数,记为 $f(x)$;相应地,图 7-2 中台阶的高度也将越来越小,形成近似于一条 S 形曲线(图 7-2 中的虚线),称为累计频率分布曲线,对应的函数称为频率分布曲线函数,记为 $F(x)$。

频率密度曲线函数与频率分布曲线函数存在着内在的联系，累积频率可表示为

$$P(x \geqslant x_P) = F(x) = \int_{x_P}^{\infty} f(x) \cdot \mathrm{d}x \tag{7-9}$$

从图 7-3 可以看出，频率分布曲线可由频率密度曲线积分而得，即图中密度曲线阴影部分的面积 P 就是分布曲线上 x_P 所对应的累积频率 P(横坐标值)。

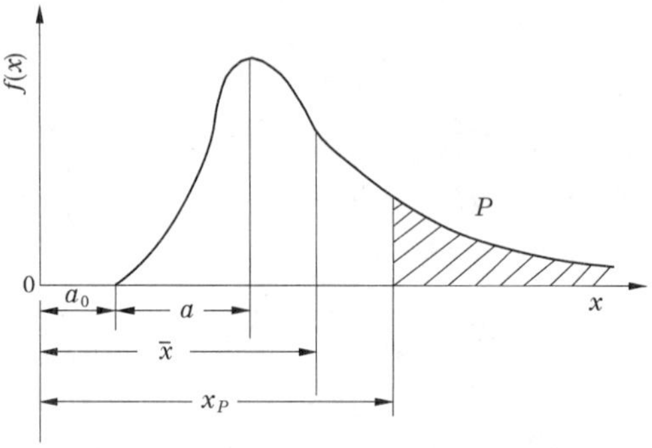

图 7-3　皮尔逊Ⅲ型频率密度曲线

二、经验频率和设计洪水频率

(一)经验频率计算

(1)根据频率的定义式计算

$$P = \frac{m}{n} \times 100\% \tag{7-10}$$

式中　P——随机变量取值大于或等于某值出现的累积频率，%；

m——样本系列按从大到小顺序排列时，各值对应的序号数；

n——样本系列的容量。

用式(7-10)计算，当 $m = n$ 时，$P = 100\%$，即表示随机变量取值大于或等于样本中最小值的出现是必然事件，但样本毕竟只是总体的一部分，样本中的最小值不一定是总体的最小值，因此用式(7-10)计算经验频率对总体是适合的，但对于样本是不合适的。

(2)根据数学期望公式

$$P = \frac{m}{n+1} \times 100\% \tag{7-11}$$

该公式中各符号的含义同式(7-10)。

(二)设计洪水频率

桥涵及其附属工程的基本尺寸设计都取决于设计流量的大小。设计流量过大将造成经济上的浪费，过小则结构不够安全。为了合理地选择设计流量，交通部于 1997 年颁布的《公路工程技术规范》(JTJ 001—97)中，统一规定了采用的设计洪水频率，见表 7-5。相应于设计洪水频率的洪峰流量，就是桥涵设计中所需的设计流量。水文统计法就是利用累积频率曲线推求相应于设计洪水频率的设计洪峰流量，作为桥涵的设计流量。

表 7-5　桥涵设计洪水频率

构造物名称	公路等级				
	高速公路	一	二	三	四
特大桥	1/300	1/100	1/100	1/100	1/300
大、中桥	1/100	1/100	1/50	1/50	1/100
小桥	1/100	1/50	1/25	1/25	1/100
涵洞及小型排水构造物	1/100	1/50	1/25	不作规定	1/100

注:二级公路的特大桥及三、四级公路的大桥,在水势猛急、河床易于冲刷的情况下,可提高一级洪水频率验算基础冲刷深度。

三、经验频率曲线的绘制

(一)经验频率曲线的绘制步骤

根据实测水文资料,按从大到小的顺序排列,然后用式(7-11)计算系列中各项的经验频率,以水文变量 x 为纵坐标,以经验频率 P 为横坐标,在频率格纸上点绘经验频率点距,目估过点群的中心绘一条光滑的曲线,即为该水文变量的经验频率曲线。有了经验频率曲线,即可在该曲线上求得指定频率 P 的水文变量值 x_P。

(二)频率格纸

海森频率格纸是水文分析计算中绘制频率曲线的一种专用格纸,其纵坐标为均匀分格,表示随机变量取值;横坐标为不均匀分格,表示累积频率(%),具体分格见表 7-6。在这种频率格纸上绘制频率曲线,两端的坡度比在普通方格纸上绘制大大变缓,对曲线的外延是较为有利的。而均匀分格频率曲线两端较陡,外延的任意性较大,推求的结果会产生很大的误差。

表 7-6　海森频率格纸横坐标分格

P(%)	P=50%的距离	P(%)	P=50%的距离	P(%)	P=50%的距离	P(%)	P=50%的距离
0.01	3.720	0.60	2.512	8	1.405	26	0.643
0.02	3.540	0.70	2.457	9	1.341	28	0.583
0.03	3.432	0.80	2.409	10	1.282	30	0.524
0.04	3.353	0.90	2.366	11	1.227	32	0.468
0.05	3.290	1.00	2.326	12	1.175	34	0.412
0.06	3.239	1.2	2.257	13	1.126	36	0.358
0.07	3.195	1.4	2.197	14	1.080	38	0.305
0.08	3.156	1.6	2.144	15	1.036	40	0.253
0.09	3.122	1.8	2.097	16	0.994	42	0.202
0.10	3.090	2	2.053	17	0.954	44	0.151
0.15	2.967	3	1.881	18	0.915	46	0.100
0.20	2.878	4	1.751	19	0.878	48	0.050
0.30	2.784	5	1.645	20	0.842	50	0.000
0.40	2.652	6	1.566	22	0.774		
0.50	2.576	7	1.476	24	0.706		

注:绘制格纸时,$P<50\%$ 时向左绘制;$P>50\%$ 时,按上表资料对称向右绘制,如 $P=80\%$ 采用表中 $P=20\%$ 的值。

（三）经验频率曲线在应用中存在的问题

由于经验频率曲线是目估过点群中心绘制的，因此曲线的形状会因人而异，尤其在经验点分布较散时更是如此。这样，由一定的频率 P 在曲线上查得随机变量取值 x_P 就会有所不同。另外由于样本系列长度有限，通常 $n<100$ 年，据此绘出的经验频率曲线往往不能满足工程设计的需要。如利用实测和调查的流量资料推求桥涵的设计流量时，设计洪水的频率可小至1/100、1/300等，一般在经验频率曲线上查不出相应的 x_P 值。若将曲线延长，则因无点控制任意性更大，会直接影响设计成果的正确性。正是由于以上原因，经验频率曲线在实用上受到一定的限制。为了克服经验频率曲线的上述缺点，实际工作中常常采用数理统计中已知的频率曲线来拟合经验点，这种曲线人们习惯上称为理论频率曲线。

第四节　理论累积频率曲线

一、理论频率曲线的概念

水文计算中所谓的“理论频率曲线”是指具有一定数学方程的频率曲线。依据一定的数学方程式，指导理论频率曲线的绘制和外延，克服了目估绘制经验频率曲线的缺陷，减少了曲线外延的任意性，从而提高了设计成果的准确性。但必须指出，理论频率曲线并不是从水文现象的物理成因方面推导出来的，而是根据大量实测资料的分布趋势从数学中已知频率曲线中挑选出来的。因此，它不能从根本上揭示水文现象的总体分布规律，只是作为一种数学工具，以弥补经验频率曲线的不足。

数学上有很多类型的频率曲线，究竟哪一条可以应用到水文上来，主要是看该曲线的形状与水文变量的分布规律是否一致，按此原则，皮尔逊13种曲线中（因参数不同分为13种）的第Ⅲ种比较符合我国的水文情势，在水文上普遍采用，习惯上称皮尔逊Ⅲ型曲线，简称“P－Ⅲ”型线。

二、皮尔逊Ⅲ型曲线简介

皮尔逊Ⅲ型曲线，其概率密度曲线为一条一端有限、一端无限的不对称单峰、正偏曲线，如图7-3所示。P－Ⅲ曲线的频率密度函数为

$$f(x)=\frac{\beta^{\alpha}}{\Gamma(\alpha)}(x-a_0)^{\alpha-1}\mathrm{e}^{-\beta(x-a_0)} \tag{7-12}$$

式中　$\Gamma(\alpha)$——α 的伽玛函数；

α、β、a_0——3个参数。

式（7-12）中3个参数，经过适当变换，可用3个统计参数 $\bar{x}$、C_v、C_s 来表示。它们之间的换算关系为

$$
\begin{cases}
\alpha = \dfrac{4}{C_s^{\ 2}} \\
\beta = \dfrac{2}{\bar{x} C_v C_s} \\
a_0 = \bar{x}\left(1 - \dfrac{2C_v}{C_s}\right)
\end{cases}
\tag{7-13}
$$

由式(7-13)可知，只要求出 3 个统计参数 $\bar{x}$、C_v、C_s，就可以得出 P－Ⅲ曲线的频率密度函数。但在水文计算中，常用的是频率分布函数，对式(7-12)积分，即可求得 P－Ⅲ型曲线的频率分布函数

$$
P(x \geqslant x_p) = F(x) = \frac{\beta^{\alpha}}{\Gamma(\alpha)} \int_{x_p}^{\infty} (x - a_0)^{\alpha - 1} \mathrm{e}^{-\beta(x - a_0)} \mathrm{d}x \tag{7-14}
$$

但式(7-14)的积分计算是比较复杂的，为简化计算，前人已经通过数学推导，根据拟定的 C_s 值进行计算，并制成了一套专用数表供查用。与数表对应的计算公式为

$$
x_p = (1 + \Phi_P C_v)\bar{x} = K_P \bar{x} \tag{7-15}
$$

式中　K_P——模比系数，$K_P = 1 + \Phi_P C_v$，是 $P(\%)$ 和 C_v 的函数，当 C_s 与 C_v 成一定倍比时，可直接查表 7-7；

Φ_P——离均系数，是 $P(\%)$ 和 C_s 的函数，见表 7-8。

表 7-7　皮尔逊Ⅲ型曲线的模比系数 K_P 值

C_s \ $P(\%)$	0.1	0.5	1	2	5	10	20	50	75	90	95	99
(1) $C_s = C_v$												
0.05	1.16	1.13	1.12	1.11	1.09	1.07	1.04	1.00	0.97	0.94	0.92	0.89
0.10	1.32	1.27	1.24	1.21	1.17	1.13	1.08	1.00	0.93	0.87	0.84	0.78
0.15	1.50	1.41	1.37	1.32	1.26	1.20	1.13	1.00	0.90	0.81	0.77	0.67
0.20	1.68	1.55	1.49	1.43	1.34	1.26	1.17	0.99	0.86	0.75	0.68	0.56
0.25	1.86	1.70	1.63	1.55	1.43	1.33	1.21	0.99	0.83	0.69	0.61	0.47
0.30	2.06	1.86	1.76	1.66	1.52	1.39	1.25	0.98	0.79	0.63	0.54	0.37
0.35	2.26	2.02	1.91	1.78	1.61	1.46	1.29	0.98	0.76	0.57	0.47	0.28
0.40	2.47	2.18	2.05	1.90	1.70	1.53	1.33	0.97	0.72	0.51	0.39	0.19
0.45	2.69	2.39	2.19	2.03	1.79	1.60	1.37	0.97	0.69	0.45	0.33	0.10
0.50	2.91	2.52	2.34	2.16	1.89	1.66	1.40	0.96	0.65	0.39	0.26	0.02
0.55	3.14	2.70	2.49	2.29	1.98	1.73	1.44	0.96	0.61	0.34	0.20	-0.06
0.60	3.38	2.88	2.65	2.41	2.08	1.80	1.48	0.94	0.57	0.28	0.13	-0.13
0.65	3.62	3.07	2.81	2.55	2.11	1.87	1.52	0.93	0.53	0.23	0.07	-0.20
0.70	3.87	3.25	2.97	2.68	2.27	1.93	1.55	0.92	0.50	0.17	0.01	-0.27
0.75	4.13	3.45	3.14	2.82	2.37	2.00	1.59	0.91	0.46	0.12	-0.05	-0.33

续表 7-7

C_s \ $P(\%)$	0.1	0.5	1	2	5	10	20	50	75	90	95	99
0.80	4.39	3.65	3.31	2.96	2.47	2.07	1.62	0.90	0.42	0.06	-0.10	-0.39
0.85	4.67	3.86	3.49	3.11	2.57	2.14	1.66	0.88	0.37	0.01	-0.16	-0.44
0.90	4.95	4.06	3.66	3.25	2.67	2.21	1.69	0.86	0.34	-0.04	-0.22	-0.49
0.95	5.24	4.28	3.84	3.40	2.78	2.28	1.73	0.85	0.31	-0.09	-0.27	-0.55
1.00	5.53	4.49	4.02	3.54	2.88	2.34	1.76	0.84	0.27	-0.13	-0.32	-0.59
(2) $C_s=2C_v$												
0.05	1.16	1.13	1.12	1.11	1.08	1.06	1.04	1.00	0.97	0.94	0.92	0.89
0.10	1.34	1.27	1.25	1.21	1.17	1.13	1.08	1.00	0.93	0.87	0.84	0.78
0.15	1.54	1.43	1.38	1.33	1.26	1.20	1.12	0.99	0.90	0.81	0.77	0.69
0.20	1.73	1.59	1.52	1.45	1.35	1.26	1.16	0.99	0.86	0.75	0.70	0.59
0.25	1.96	1.77	1.67	1.58	1.45	1.33	1.20	0.98	0.82	0.70	0.63	0.52
0.30	2.19	1.94	1.83	1.71	1.54	1.40	1.24	0.97	0.78	0.64	0.56	0.44
0.35	2.44	2.13	2.00	1.84	1.64	1.47	1.28	0.96	0.75	0.59	0.51	0.37
0.40	2.70	2.32	2.16	1.98	1.74	1.54	1.31	0.95	0.71	0.53	0.45	0.30
0.45	2.98	2.53	2.33	2.13	1.84	1.60	1.35	0.93	0.67	0.48	0.40	0.26
0.50	3.27	2.74	2.51	2.27	1.94	1.67	1.38	0.92	0.63	0.44	0.34	0.21
0.55	3.58	2.97	2.70	2.42	2.04	1.74	1.41	0.90	0.59	0.40	0.30	0.16
0.60	3.89	3.20	2.89	2.57	2.15	1.80	1.44	0.89	0.56	0.35	0.26	0.13
0.65	4.22	3.44	3.09	2.74	2.25	1.87	1.47	0.87	0.52	0.31	0.22	0.10
0.70	4.56	3.68	3.29	2.90	2.36	1.94	1.50	0.85	0.49	0.27	0.18	0.08
0.75	4.93	3.93	3.50	3.06	2.46	2.00	1.52	0.82	0.45	0.24	0.15	0.06
0.80	5.30	4.19	3.71	3.22	2.57	2.06	1.54	0.80	0.42	0.21	0.12	0.04
0.85	5.69	4.46	3.93	3.39	2.68	2.12	1.56	0.77	0.39	0.18	0.10	0.03
0.90	6.08	4.74	4.15	3.56	2.78	2.19	1.58	0.75	0.35	0.15	0.08	0.02
0.95	6.49	5.02	4.38	3.74	2.89	2.25	1.60	0.72	0.31	0.13	0.07	0.01
1.00	6.91	5.30	4.61	3.91	3.00	2.30	1.61	0.69	0.29	0.11	0.05	0.01
(3) $C_s=3C_v$												
0.05	1.17	1.14	1.12	1.11	1.08	1.07	1.04	1.00	0.97	0.94	0.92	0.89
0.10	1.35	1.29	1.25	1.22	1.17	1.13	1.08	0.99	0.93	0.88	0.85	0.79
0.15	1.56	1.45	1.40	1.35	1.26	1.20	1.12	0.99	0.89	0.82	0.78	0.70
0.20	1.79	1.63	1.55	1.47	1.36	1.27	1.16	0.98	0.86	0.76	0.71	0.62
0.25	2.05	1.82	1.72	1.61	1.46	1.34	1.20	0.97	0.82	0.71	0.65	0.56
0.30	2.32	2.02	1.89	1.75	1.56	1.40	1.23	0.96	0.78	0.66	0.60	0.50
0.35	2.61	2.24	2.07	1.90	1.66	1.47	1.26	0.94	0.74	0.61	0.55	0.46
0.40	2.92	2.46	2.26	2.05	1.76	1.54	1.29	0.92	0.70	0.57	0.50	0.42
0.45	3.26	2.56	2.46	2.21	1.87	1.60	1.32	0.90	0.67	0.53	0.47	0.39
0.50	3.62	2.70	2.67	2.37	1.98	1.67	1.35	0.88	0.64	0.49	0.44	0.37

续表 7-7

C_s \ $P(\%)$	0.1	0.5	1	2	5	10	20	50	75	90	95	99
0.55	3.99	3.21	2.88	2.54	2.08	1.73	1.36	0.86	0.60	0.46	0.41	0.36
0.60	4.38	3.49	3.10	2.71	2.19	1.79	1.38	0.83	0.57	0.44	0.39	0.35
0.65	4.81	3.77	3.33	2.88	2.29	1.85	1.40	0.80	0.53	0.41	0.37	0.34
0.70	5.23	4.06	3.56	3.05	2.40	1.90	1.41	0.78	0.50	0.39	0.36	0.34
0.75	5.68	4.36	3.80	3.24	2.50	1.96	1.42	0.76	0.48	0.38	0.35	0.34
0.80	6.14	4.66	4.05	3.42	2.61	2.01	1.43	0.72	0.46	0.36	0.34	0.34
0.85	6.62	4.98	4.29	3.59	2.71	2.06	1.43	0.69	0.44	0.35	0.34	0.34
0.90	7.11	5.30	4.54	3.78	2.81	2.10	1.43	0.67	0.42	0.35	0.34	0.34
0.95	7.62	5.62	4.80	3.96	2.91	2.14	1.43	0.64	0.39	0.34	0.34	0.34
1.00	8.15	5.98	5.05	4.15	3.00	2.18	1.42	0.61	0.38	0.34	0.34	0.34
(4) $C_s=4C_v$												
0.05	1.17	1.14	1.12	1.11	1.08	1.06	1.04	1.00	0.97	0.94	0.92	0.89
0.10	1.37	1.30	1.26	1.23	1.18	1.13	1.08	0.99	0.93	0.88	0.85	0.80
0.15	1.59	1.47	1.41	1.35	1.27	1.20	1.12	0.98	0.89	0.82	0.78	0.72
0.20	1.85	1.66	1.58	1.49	1.37	1.27	1.16	0.97	0.85	0.77	0.72	0.65
0.25	2.13	1.87	1.76	1.64	1.47	1.34	1.19	0.96	0.82	0.72	0.67	0.60
0.30	2.44	2.10	1.94	1.79	1.57	1.40	1.22	0.94	0.78	0.68	0.63	0.56
0.35	2.78	2.34	2.14	1.95	1.68	1.47	1.25	0.92	0.74	0.64	0.59	0.54
0.40	3.15	2.60	2.36	2.11	1.78	1.53	1.27	0.90	0.71	0.60	0.56	0.52
0.45	3.54	2.87	2.58	2.26	1.89	1.59	1.29	0.87	0.68	0.58	0.54	0.51
0.50	3.96	3.15	2.80	2.45	2.00	1.65	1.31	0.84	0.64	0.55	0.53	0.50
0.55	4.39	3.44	3.03	2.63	2.10	1.70	1.31	0.82	0.62	0.54	0.52	0.50
0.60	4.85	3.75	3.29	2.81	2.21	1.76	1.32	0.79	0.59	0.52	0.51	0.50
0.65	5.34	4.07	3.53	2.99	2.31	1.80	1.32	0.76	0.57	0.51	0.50	0.50
0.70	5.84	4.39	3.78	3.18	2.41	1.85	1.32	0.73	0.55	0.51	0.50	0.50
0.75	6.36	4.72	4.03	3.36	2.50	1.88	1.32	0.71	0.54	0.51	0.50	0.50
0.80	6.90	5.06	4.30	3.55	2.60	1.91	1.30	0.68	0.53	0.50	0.50	0.50
0.85	7.46	5.42	4.55	3.74	2.68	1.94	1.29	0.65	0.52	0.50	0.50	0.50
0.90	8.05	5.77	4.82	3.92	2.76	1.97	1.27	0.63	0.51	0.50	0.50	0.50
0.95	8.65	6.13	5.10	4.10	2.84	1.99	1.25	0.60	0.51	0.50	0.50	0.50
1.00	9.25	6.50	5.37	4.27	2.92	2.00	1.23	0.59	0.50	0.50	0.50	0.50

表 7-8　皮尔逊Ⅲ型曲线的离均系数 Φ_P 值

$P(\%)$ / C_s	0.01	0.1	0.2	0.33	0.5	1	2	5	10	20	50	75	90	95	99	$P(\%)$ / C_s
0.0	3.72	3.09	2.88	2.71	2.58	2.33	2.05	1.64	1.28	0.84	0.00	-0.67	-1.28	-1.64	-2.33	0.0
0.1	3.94	3.23	3.00	2.82	2.67	2.40	2.11	1.67	1.29	0.84	-0.02	-0.68	-1.27	-1.62	-2.25	0.1
0.2	4.16	3.38	3.12	2.92	2.76	2.47	2.16	1.70	1.30	0.83	-0.03	-0.69	-1.26	-1.59	-2.18	0.2
0.3	4.38	3.52	3.24	3.03	2.66	2.54	2.21	1.73	1.31	0.82	-0.05	-0.70	-1.24	-1.55	-2.10	0.3
0.4	4.61	3.67	3.36	3.14	2.95	2.62	2.26	1.75	1.32	0.82	-0.07	-0.71	-1.23	-1.52	-2.03	0.4
0.5	4.83	3.81	3.48	3.25	3.04	2.68	2.31	1.77	1.32	0.81	-0.08	-0.71	-1.22	-1.49	-1.96	0.5
0.6	5.05	3.96	3.60	3.35	3.13	2.75	2.35	1.80	1.33	0.80	-0.10	-0.72	-1.20	-1.45	-1.88	0.6
0.7	5.28	4.10	3.72	3.45	3.22	2.82	2.40	1.82	1.33	0.79	-0.12	-0.72	-1.18	-1.42	-1.81	0.7
0.8	5.50	4.24	3.85	3.55	3.31	2.89	2.45	1.84	1.34	0.78	-0.13	-0.73	-1.17	-1.38	-1.74	0.8
0.9	5.73	4.39	3.97	3.65	3.40	2.96	2.50	1.86	1.34	0.77	-0.15	-0.73	-1.15	-1.35	-1.66	0.9
1.0	5.96	4.53	4.09	3.76	3.49	3.02	2.54	1.88	1.34	0.76	-0.16	-0.73	-1.13	-1.32	-1.59	1.0
1.1	6.18	4.67	4.20	3.86	3.58	3.09	2.58	1.89	1.34	0.74	-0.18	-0.74	-1.10	-1.28	-1.52	1.1
1.2	6.41	4.81	4.32	3.95	3.66	3.15	2.62	1.91	1.34	0.73	-0.19	-0.74	-1.08	-1.24	-1.45	1.2
1.3	6.64	4.95	4.44	4.05	3.74	3.21	2.67	1.92	1.34	0.72	-0.21	-0.74	-1.06	-1.20	-1.38	1.3
1.4	6.87	5.09	4.56	4.15	3.83	3.27	2.71	1.94	1.33	0.71	-0.22	-0.73	-1.04	-1.17	-1.32	1.4
1.5	7.09	5.23	4.68	4.24	3.91	3.33	2.74	1.95	1.33	0.69	-0.24	-0.73	-1.02	-1.13	-1.26	1.5
1.6	7.31	5.37	4.80	4.34	3.99	3.39	2.78	1.96	1.33	0.68	-0.25	-0.73	-0.99	-1.10	-1.20	1.6
1.7	7.54	5.50	4.91	4.43	4.07	3.44	2.82	1.97	1.32	0.66	-0.27	-0.73	-0.97	-1.06	-1.14	1.7
1.8	7.76	5.64	5.01	4.52	4.15	3.50	2.85	1.98	1.32	0.64	-0.28	-0.72	-0.94	-1.02	-1.09	1.8
1.9	7.98	5.77	5.12	4.61	4.23	3.55	2.88	1.99	1.31	0.63	-0.29	-0.72	-0.92	-0.98	-1.04	1.9

续表 7-8

$P(\%)$ / C_s	0.01	0.1	0.2	0.33	0.5	1	2	5	10	20	50	75	90	95	99	$P(\%)$ / C_s
2.0	8.21	5.91	5.22	4.70	4.30	3.61	2.91	2.00	1.30	0.61	-0.31	-0.71	-0.895	-0.949	-0.989	2.0
2.1	8.43	6.04	5.33	4.79	4.37	3.66	2.93	2.00	1.29	0.59	-0.32	-0.71	-0.869	-0.914	-0.945	2.1
2.2	8.65	6.17	5.43	4.88	4.40	3.71	2.96	2.00	1.28	0.57	-0.33	-0.70	-0.844	-0.879	-0.905	2.2
2.3	8.87	6.30	5.53	4.97	4.51	3.76	2.99	2.00	1.27	0.55	-0.34	-0.69	-0.820	-0.849	-0.867	2.3
2.4	9.08	6.42	5.63	5.05	4.58	3.81	3.02	2.01	1.26	0.54	-0.35	-0.68	-0.795	-0.820	-0.831	2.4
2.5	9.30	6.55	5.73	5.13	4.65	3.85	3.04	2.01	1.25	0.52	-0.36	-0.67	-0.772	-0.791	-0.800	2.5
2.6	9.51	6.67	5.82	5.20	4.72	3.89	3.06	2.01	1.23	0.50	-0.37	-0.66	-0.748	-0.764	-0.769	2.6
2.7	9.72	6.79	5.92	5.28	4.78	3.93	3.09	2.01	1.22	0.48	-0.37	-0.65	-0.726	-0.736	-0.740	2.7
2.8	9.93	6.91	6.01	5.36	4.84	3.97	3.11	2.01	1.21	0.46	-0.38	-0.64	-0.702	-0.710	-0.714	2.8
2.9	10.14	7.03	6.10	5.44	4.90	4.01	3.13	2.01	1.20	0.44	-0.39	-0.63	-0.680	-0.687	-0.690	2.9
3.0	10.35	7.15	6.20	5.50	4.96	4.05	3.15	2.00	1.18	0.42	-0.39	-0.62	-0.658	-0.665	-0.667	3.0
3.1	10.56	7.26	6.30	5.59	5.02	4.08	3.17	2.00	1.16	0.40	-0.40	-0.60	-0.639	-0.644	-0.645	3.1
3.2	10.77	7.38	6.39	5.66	5.08	4.12	3.19	2.00	1.14	0.38	-0.40	-0.59	-0.621	-0.624	-0.625	3.2
3.3	10.97	7.49	6.48	5.74	5.14	4.15	3.21	1.99	1.12	0.36	-0.40	-0.58	-0.604	-0.606	-0.606	3.3
3.4	11.17	7.60	6.56	5.80	5.20	4.18	3.22	1.98	1.11	0.34	-0.41	-0.57	-0.587	-0.588	-0.588	3.4
3.5	11.37	7.72	6.65	5.86	5.25	4.22	3.23	1.97	1.09	0.32	-0.41	-0.55	-0.570	-0.571	-0.571	3.5
3.6	11.57	7.83	6.73	5.93	5.30	4.25	3.24	1.96	1.08	0.30	-0.41	-0.54	-0.555	-0.556	-0.556	3.6
3.7	11.77	7.94	6.81	5.99	5.35	4.28	3.25	1.95	1.06	0.28	-0.42	-0.53	-0.540	-0.541	-0.541	3.7
3.8	11.97	8.05	6.89	6.05	5.40	4.31	3.26	1.94	1.04	0.26	-0.42	-0.52	-0.526	-0.526	-0.526	3.8
3.9	12.16	8.15	6.97	6.11	5.45	4.34	3.27	1.93	1.02	0.24	-0.41	-0.506	-0.513	-0.513	-0.513	3.9
4.0	12.36	8.25	7.05	6.18	5.50	4.37	3.27	1.92	1.00	0.23	-0.41	-0.495	-0.500	-0.500	-0.500	4.0
4.1	12.55	8.35	7.13	6.24	5.54	4.39	3.28	1.91	0.98	0.21	-0.41	-0.484	-0.488	-0.488	-0.488	4.1

续表 7-8

C_s \ $P(\%)$	0.01	0.1	0.2	0.33	0.5	1	2	5	10	20	50	75	90	95	99	$P(\%)$ / C_s
4.2	12.74	8.45	7.21	6.30	5.59	4.41	3.29	1.90	0.96	0.19	−0.41	−0.473	−0.476	−0.476	−0.476	4.2
4.3	12.93	8.55	7.29	6.36	5.63	4.44	3.29	1.88	0.94	0.17	−0.41	−0.462	−0.465	−0.465	−0.465	4.3
4.4	13.14	8.65	7.36	6.41	5.68	4.46	3.30	1.87	0.92	0.16	−0.40	−0.453	−0.455	−0.455	−0.455	4.4
4.5	13.30	8.75	7.43	6.46	5.72	4.48	3.30	1.85	0.90	0.14	−0.40	−0.444	−0.444	−0.444	−0.444	4.5
4.6	13.49	8.85	7.50	6.52	5.76	4.50	3.30	1.84	0.88	0.13	−0.40	−0.435	−0.435	−0.435	−0.435	4.6
4.7	13.67	8.95	7.57	6.57	5.80	4.52	3.30	1.82	0.86	0.11	−0.39	−0.426	−0.426	−0.426	−0.426	4.7
4.8	13.85	9.04	7.64	6.63	5.84	4.54	3.30	1.80	0.84	0.09	−0.39	−0.417	−0.417	−0.417	−0.417	4.8
4.9	14.04	9.13	7.70	6.68	5.88	4.55	3.30	1.78	0.82	0.08	−0.38	−0.408	−0.408	−0.408	−0.408	4.9
5.0	14.22	9.22	7.77	6.73	5.92	4.57	3.30	1.77	0.80	0.06	−0.379	−0.400	−0.400	−0.400	−0.400	5.0
5.1	14.40	9.31	7.84	6.78	5.95	4.58	3.30	1.75	0.78	0.05	−0.374	−0.392	−0.392	−0.392	−0.392	5.1
5.2	14.57	9.40	7.90	6.83	5.99	4.59	3.30	1.73	0.76	0.03	−0.369	−0.385	−0.385	−0.385	−0.385	5.2
5.3	14.75	9.49	7.96	6.87	6.02	4.60	3.30	1.72	0.74	0.02	−0.363	−0.377	−0.377	−0.377	−0.377	5.3
5.4	14.92	9.57	8.02	6.91	6.05	4.62	3.29	1.70	0.72	0.00	−0.358	−0.370	−0.370	−0.370	−0.370	5.4
5.5	15.10	9.66	8.08	6.96	6.08	4.63	3.28	1.68	0.70	−0.01	−0.353	−0.364	−0.364	−0.364	−0.364	5.5
5.6	15.27	9.74	8.14	7.00	6.11	4.64	3.28	1.68	0.67	−0.03	−0.349	−0.357	−0.357	−0.357	−0.357	5.6
5.7	15.45	9.82	8.21	7.04	6.14	4.65	3.27	1.65	0.65	−0.04	−0.344	−0.351	−0.351	−0.351	−0.351	5.7
5.8	15.60	9.91	8.27	7.08	6.17	4.67	3.27	1.63	0.63	−0.05	−0.339	−0.345	−0.345	−0.345	−0.345	5.8
5.9	15.78	9.99	8.32	7.12	6.20	4.68	3.26	1.61	0.61	−0.06	−0.334	−0.339	−0.339	−0.339	−0.339	5.9
6.0	15.94	10.07	8.38	7.15	6.23	4.68	3.25	1.59	0.59	−0.07	−0.329	−0.333	−0.333	−0.333	−0.333	6.0
6.1	16.11	10.15	8.43	7.19	6.26	4.69	3.24	1.57	0.57	−0.08	−0.325	−0.328	−0.328	−0.328	−0.328	6.1
6.2	16.28	10.22	8.49	7.23	6.28	4.70	3.23	1.55	0.55	−0.09	−0.315	−0.323	−0.323	−0.323	−0.323	6.2
6.3	16.45	10.30	8.54	7.26	6.30	4.70	3.22	1.53	0.53	−0.10	−0.315	−0.317	−0.317	−0.317	−0.317	6.3
6.4	16.61	10.38	8.60	7.30	6.32	4.71	3.21	1.51	0.51	−0.11	−0.311	−0.313	−0.313	−0.313	−0.313	6.4

显然,只要确定了3个统计参数 $\bar{x}$、C_v、C_s,就可以利用式(7-15)推求任一指定频率的水文随机变量值 x_P,从而绘制理论频率曲线。在实际工作中,为了寻求一条与经验频率曲线符合较好或与经验点拟合较好的理论频率曲线,常需要多次试算调整3个统计参数才能达到。为此,需要了解3个统计参数对理论频率曲线的影响。

三、统计三参数对理论频率曲线的影响

P－Ⅲ型曲线同数学上的其他曲线一样,其图像的位置、形状将随其方程中参数的不同而变化。下面就分别讨论3个统计参数($\bar{x}$、C_v、C_s)对P－Ⅲ型曲线形状和位置的影响。

(一)均值 $\bar{x}$ 的影响

当 C_v、C_s 一定时,根据式(7-5),均值 $\bar{x}$ 变化主要影响曲线的高低,均值增大则曲线上移;反之,均值减小则曲线下移,如图7-4所示。

(二)变差系数 C_v 的影响

当 $\bar{x}$、C_s 一定时,变差系数 C_v 变化主要影响曲线的陡缓程度。C_v 值增大,则曲线左端部分上升,右端部分下降,曲线变陡;C_v 值减小,则曲线左端部分下降,右端部分上升,曲线变缓;当 $C_v=0$ 时,曲线将成为一条水平线,如图7-5所示。

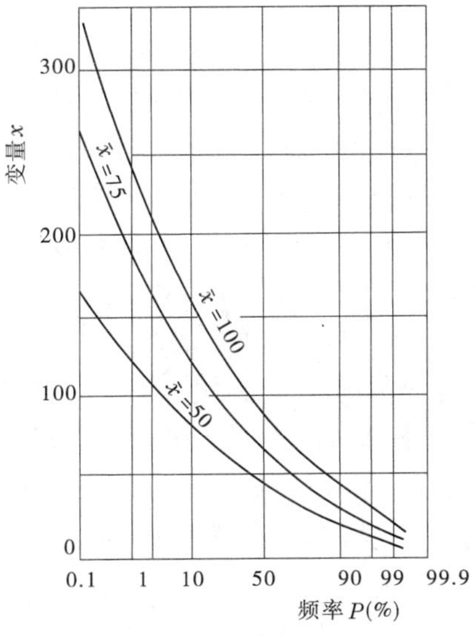

图7-4 $\bar{x}$ 值对P－Ⅲ型频率曲线的影响

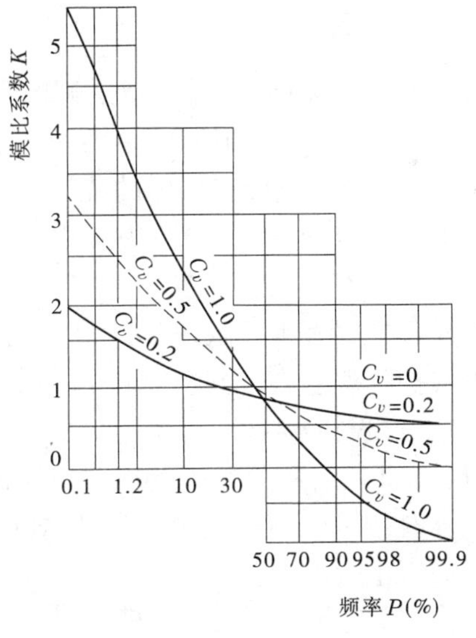

图7-5 C_v 值对P－Ⅲ型频率曲线的影响

(三)偏差系数 C_s 的影响

当 $\bar{x}$、C_v 一定时,在 $C_s>0$(正偏)情况下,偏差系数 C_s 变化主要影响曲线的弯曲程度。C_s 增大时,曲线两端部上翘,中间下凹,曲线变弯;当 $C_s=0$ 时,曲线变成一条斜直线,如图7-6所示。

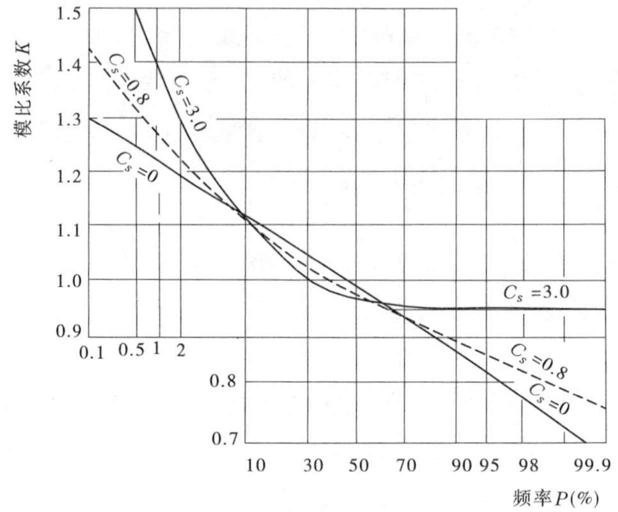

图 7-6 C_s 值对 P－Ⅲ型频率曲线的影响

第五节 现行频率分析方法

一、适线法

根据前面叙述可知,提出理论频率曲线的主要目的是为了解决经验频率曲线的不足。我国水文界目前普遍选用的 P－Ⅲ型理论频率曲线,是由 $\bar{x}$、C_v、C_s3 个统计参数决定的。3 个参数从理论上讲应是总体的统计参数,但水文变量的总体是无法知道的,通常只能由样本资料用一定的方法(如矩法公式、三点法等)求出其 3 个统计参数,从而去估计总体的统计参数。而样本统计参数存在抽样误差,这样就决定了样本统计参数相对应的 P－Ⅲ型曲线不能很好地反映总体的分布规律。实际上常常需要调整样本的统计参数,尽可能减少其抽样误差,并用其相应的 P－Ⅲ型曲线来拟合样本的经验点,直至两者配合最佳为止,这个过程在水文上称为适线法。适线法是现行频率分析的主要方法。其步骤如下:

(1)计算点绘经验频率点据。与绘制经验频率曲线的步骤相类似,即将审查后的水文样本资料按由大到小顺序排列,按式(7-11)计算各值的经验频率,然后将(p_i, x_i)点绘在频率格纸上。

(2)估算统计参数初值。根据样本资料系列,列表并按公式(7-5)和式(7-7)计算均值 $\bar{x}$ 和变差系数 C_v,对于偏差系数 C_s,由于其抽样误差一般很大,故通常不用公式计算,而是根据实际经验进行假设。假设出一个数值之后与前面计算的 $\bar{x}$、C_v 一起作为适线的初始参数。

(3)适线。即由统计参数初值 $\bar{x}$、C_v、C_s 查表 7-7 或表 7-8,按公式(7-15)计算并绘制第一条理论频率曲线,判断与经验点据的拟合情况。若拟合良好,则该曲线就是所求理论频率曲线;若配合不好,则要根据 3 个统计参数对 P－Ⅲ型曲线的影响调整参数,重新适线,直至曲线与经验点拟合最好。最终适合的 P－Ⅲ型曲线要能通过点群中心。

【例 7-1】 某枢纽处实测 21 年的年最大洪峰流量资料列于表 7-9 中第①、②栏,试根据该资料用矩法初选参数配线,并推求百年一遇的洪峰流量。

解:具体步骤如下:

(1)点绘经验频率曲线。将原始资料按由大到小排列,列入表 7-9 第④栏中,用公式(7-11)求经验频率,列入表 7-9 第⑧栏,并将第④栏与第⑧栏的数值对应绘出经验频率点于频率格纸上。

表 7-9 某枢纽处年最大洪峰流量频率计算

年份	洪峰流量	序号	由大到小 Q	模比系数 K_i	K_i-1	$(K_i-1)^2$	P
①	②	③	④	⑤	⑥	⑦	⑧
1945	1 540	1	2 750	2.20	1.20	1.44	4.5
1946	980	2	2 390	1.92	0.92	0.846	9.1
1947	1 090	3	1 860	1.49	0.49	0.240	13.6
1948	1 050	4	1 740	1.40	0.40	0.160	18.2
1949	1 860	5	1 540	1.24	0.24	0.057 6	22.7
1950	1 140	6	1 520	1.22	0.22	0.048 4	27.3
1951	790	7	1 270	1.02	0.02	0.000 4	31.8
1952	2 750	8	1 260	1.01	0.01	0.000 1	36.4
1953	762	9	1 210	0.971	-0.029	0.000 8	40.9
1954	2 390	10	1 200	0.963	-0.037	0.001 4	45.5
1955	1 210	11	1 140	0.915	-0.085	0.007 2	50.0
1956	1 270	12	1 090	0.875	-0.125	0.015 6	54.5
1957	1 200	13	1 050	0.843	-0.157	0.024 6	59.1
1958	1 740	14	1 050	0.843	-0.157	0.024 6	63.6
1959	883	15	980	0.786	-0.214	0.045 8	68.2
1960	1 260	16	883	0.708	-0.292	0.085 3	72.7
1961	408	17	794	0.637	-0.363	0.131 8	77.3
1962	1 050	18	790	0.634	-0.366	0.134 0	81.8
1963	1 520	19	762	0.611	-0.389	0.151 3	86.4
1964	483	20	483	0.388	-0.612	0.374 5	90.9
1965	794	21	408	0.327	-0.673	0.452 9	95.5
总计	26 170		26 170	21.001	0.000	4.242 3	

(2)计算统计参数。计算年最大洪峰流量的均值

$$\overline{Q}=\frac{\sum_{i=1}^{n}Q_i}{n}=\frac{26\ 170}{21}=1\ 246(\mathrm{m^3/s})$$

计算变差系数

$$C_v=\sqrt{\frac{\sum_{i=1}^{n}(K_i-1)^2}{n-1}}=0.46$$

(3)选配P－Ⅲ型频率曲线。①$\overline{Q}=1\ 246\ \mathrm{m^3/s}$，$C_v=0.5$，并假定$C_s=2C_v=1.0$，查表7-7，读出不同$P$值对应的$K_P$值，列入表7-10，乘以$\overline{Q}$得相应的$Q_P$值，列入表7-10。将表7-10中①、③两栏绘成曲线，发现头部偏于经验频率点据的下方，而尾部又偏于经验频率曲线的上方，需增大C_v。②重新配线，取$C_v=0.6$，$C_s=2C_v=1.2$，计算不同P值对应的Q_P，列入表7-10中，经与经验点据配合，发现头部配合较好，但尾部与经验点据偏低较多。③再次改变参数，第三次配线，取$C_v=0.6$，增大$C_s=2.5C_v=1.5$，再次计算并绘制频率曲线，与经验点据配合较为合适，即作为采用的P－Ⅲ型曲线。

(4)推求百年一遇的设计洪峰流量。由表7-10第⑥、⑦栏，查的$P=1\%$对应的流量$Q_P=3\ 738\ \mathrm{m^3/s}$，见图7-7。

表7-10　洪峰频率计算

频率 $P(\%)$	第一次配线 $\overline{Q}=1\ 246$ $C_v=0.5$ $C_s=1.0$		第二次配线 $\overline{Q}=1\ 246$ $C_v=0.6$ $C_s=1.2$		第三次配线 $\overline{Q}=1\ 246$ $C_v=0.6$ $C_s=1.5$	
	K_P	Q_P	K_P	Q_P	K_P	Q_P
①	②	③	④	⑤	⑥	⑦
1	2.51	3 127	2.89	3 601	3.00	3 738
5	1.94	2 417	2.15	2 679	2.17	2 704
10	1.67	2 081	1.80	2 243	1.80	2 243
20	1.38	1 719	1.44	1 794	1.42	1 769
50	0.92	1 146	0.89	1 109	0.86	1 072
75	0.64	797	0.56	698	0.56	698
90	0.44	548	0.35	436	0.39	486
95	0.34	424	0.26	324	0.32	399
99	0.21	262	0.13	162	0.24	299

二、三点法估算3个统计参数

例7-1中，适线用到的3个统计参数的初值是由矩法公式列表计算出来的，工作量相对较大，尤其当系列较长时更是如此。因此，实际中还常用另一种估算统计参数初值的方

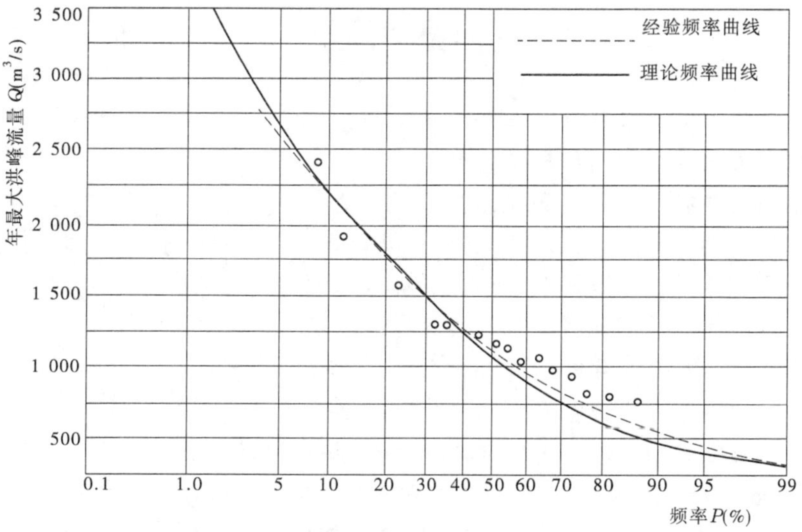

图 7-7　某枢纽处年最大洪峰流量频率曲线

法——三点法。

所谓三点法，是根据实测资料系列计算点绘出经验频率曲线后，在曲线上按照点子的频率范围选取 3 个点，并查出各点坐标值(p_1, x_{p1})、(p_2, x_{p2})、(p_3, x_{p3})，分别代入 $x_p = (\Phi_P C_v + 1)\bar{x} = \bar{x} + \sigma\Phi_P$ 建立如下联立方程

$$\begin{cases} x_{p1} = \bar{x} + \Phi_{P1}\sigma \\ x_{p2} = \bar{x} + \Phi_{P2}\sigma \\ x_{p3} = \bar{x} + \Phi_{P3}\sigma \end{cases} \tag{7-16}$$

解以上方程组，得出下列公式

$$\begin{cases} S = \dfrac{x_{p1} - 2x_{p2} + x_{p3}}{x_{p1} - x_{p3}} \\ C_s = \Phi(S) \\ \sigma = \dfrac{x_{p1} - x_{p3}}{\Phi_{P1} - \Phi_{P3}} \\ \bar{x} = x_{p2} - \Phi_{P2}\sigma \end{cases} \tag{7-17}$$

式中　S——偏度系数，是 P 和 C_s 的函数，当 P 一定时，S 仅为 C_s 的函数，S 和 C_s 的关系可查阅相关资料；

其他符号含义同前。

三点的取法应结合经验点最前一点和最后一点的频率大小分别选 1% ~50% ~99%、3% ~50% ~97%、5% ~50% ~95%或 10% ~50% ~90%等。与 3 个频率相应的变量值 x_{p1}、x_{p2}、x_{p3}可分别在理论曲线上查出。

无论是用矩法还是用三点法估算的统计参数，一般在实用中很少单独使用，通常都是与适线法相结合，作为适线法初选参数的一种手段。

复习思考题

7-1　举例说明水文现象具有哪三个基本特征?

7-2　何谓水文统计? 它的任务是什么?

7-3　概率和频率有什么区别和联系?

7-4　重现期和频率有何关系? $P=10\%$ 的丰水年,其重现期为多少年? 含义是什么?

7-5　什么是总体? 什么是样本? 总体和样本之间有何关系?

7-6　何谓抽样误差? 如何减小抽样误差?

7-7　什么是经验频率曲线? 它是如何勾绘出来的?

7-8　什么叫理论频率曲线? 它在水文统计中的作用是什么?

7-9　统计参数 $\bar{x}$、C_v、C_s 含义及其对频率曲线的影响如何?

7-10　现行水文频率计算适线法的实质是什么? 简述适线法的方法步骤?

7-11　某水文站有22年的洪峰流量资料,见表7-11。要求绘制该站流量的经验频率曲线,计算3个主要统计参数,并初步绘制理论频率曲线。

表7-11　某水文站年洪峰流量资料　　(单位:m^3/s)

序号	1	2	3	4	5	6	7	8	9	10	11
年份	1975	1976	1977	1978	1979	1980	1981	1982	1983	1984	1985
流量	2 270	1 750	480	720	840	2 805	1 960	1 840	1 460	1 550	2 570
序号	12	13	14	15	16	17	18	19	20	21	22
年份	1986	1987	1988	1989	1990	1991	1992	1993	1994	1995	1996
流量	1 710	1 600	1 490	1 280	1 510	3 025	1 100	1 310	1 680	1 580	1 400

第八章　桥涵设计流量及水位推算

本章重点

本章有3个重点：熟练掌握皮尔逊(Pearson)Ⅲ型理论频率曲线法并会推算设计流量；利用实测桥位河流横断面的历史洪水流量推算设计流量；由暴雨资料推算小流域河流设计流量。

桥梁、涵洞是交通土建工程中跨越河沟的重要建筑物，如何确定桥(涵)结构的几何尺寸，是桥涵设计洪水流量主要的依据之一。在公路、桥梁和涵洞等各项工程设计时，采用《公路工程技术标准》(JTJ 001—97)规定的某一设计洪水频率(见表7-5)，推算设计洪水频率相应洪水的洪峰流量，称为设计洪水流量，简称设计流量(m^3/s)。桥位计算断面上通过设计流量时相应的水位，称为设计洪水位，简称设计水位(m)。设计流量通过时桥位断面的河槽平均流速，习惯上称为设计流速(m/s)。

由于桥梁、涵洞所在地区、河流等情况不同，推求设计流量的方法也不同。一般来说，中等以上河流上的桥梁可搜集到桥梁附近水文站历年来的年最大洪水流量观测资料，甚至能调查到观测资料以前发生的特大洪水资料，即可应用水文统计的分析方法推算设计流量；较小流域的中小河流难以搜集到水文站实测洪水资料，但可以搜集到降雨资料或地区性水文资料，则可应用地区性公式、暴雨径流的推理公式等方法推算设计流量；桥位附近资料较少，但相邻地区或河段有较多资料，可应用相关分析插补、延长水文资料系列。总之，应千方百计通过多种途径、采用不同方法，尽量搜集可能搜集到的一切桥位水文资料，应用不同的分析方法推算设计洪水流量。

应用不同资料，采用不同方法，推算得到同一座桥梁的设计流量大小可能不同，经对比分析论证后，选用一个合理数值，作为该桥设计流量的确认值。

第一节　根据流量观测资料推算设计流量

当桥位勘测能够通过水文调查、访问水利和城建等有关部门，搜集并整理得到多年的年最大洪水流量观测资料系列时，就可以应用水文统计原理介绍的方法，推算桥梁的设计洪水流量。

一、设计流量及其工程意义

桥梁、涵洞、堰、坝的建造，必须考虑在未来运用期间将面临洪水的威胁。所谓洪水是指流量大、水位高、具有一定灾害性的大水。它包括洪峰流量、洪水总量及洪水过程线三大内容，统称为设计洪水三要素，也是工程设计的重要依据。

此外，按规定频率标准确定的洪水，称为设计洪水；按规定频率标准确定的洪水总量，称为设计洪水总量;按规定频率标准确定的洪峰流量,称为设计洪峰流量;按规定频率标准确定的洪水过程线,称为洪水过程线。对于小型防洪水库,入库洪水径流总量超过水库的拦洪蓄水能力时,就会遭受破坏。设计时,主要应考虑设计洪水总量,即所谓以"量"控制;对于较大水库,它有一定的调蓄能力,它的破坏与否,不仅取决于入库的洪水总量,还取决于泄洪方案及入库洪水的过程,设计洪水的含义则应包括洪峰流量、洪水总量与洪水过程线三要素。

对于交通、土建及市政建设工程,例如桥、涵、堤防、一级泵房及城市、厂矿排洪工程等,它们所面临的洪水威胁因不存在调蓄能力,故工程破坏的主要因素是设计洪峰流量,即所谓以"峰"控制。对于设计洪峰流量,有关设计频率标准实际上是一种容许破坏率,例如$[P]=1\%$,即容许破坏率为1%。设计洪峰流量简称设计流量,它是确定桥涵孔径的基本依据。

二、设计洪峰流量或水位的推算方法

设计洪峰流量是桥涵孔径及桥梁墩台冲刷计算的基本依据,设计洪水位则是桥面标高、桥头路堤堤顶标高等的设计依据。当有实测资料时,可按水文统计的频率分析方法确定设计洪峰流量及设计洪水位。其选样方法有年最大值法或超大值法。其频率分析方法有试错适线法及三点适线法,对于含特大值系列,其经验累积频率及统计参数计算,详见第七章。

第二节　根据洪水调查资料推算设计流量

洪水调查是搜集水文资料的一种有效方法,不论有无水文站观测资料,都是非常重要的。通过洪水调查,能够获得近几十年或几百年的历史洪水资料,能补充水文站观测资料和文献考证资料的不足,提高水文分析计算的精度。洪水调查主要是在桥位上下游调查历史上各次较大洪水的水位,确定洪水比降,推算相应的历史洪水流量,作为水文分析和计算的依据;同时,调查桥位附近河道的冲淤变形及河床演变,作为确定历史洪水计算断面和桥梁墩台天然冲刷深度的依据。

一、实测洪水流量

历史洪水位相应的洪水流量,可按水力学明渠均匀流复式断面的方法进行计算。

1. 水文断面的选择

计算流量所依据的河流横断面称为水文断面,应选在近似于均匀流的河段上,一般要求河道顺直,水流通畅,河床稳定,河滩较小,河滩与河槽的洪水流向一致,并且无河湾、河汊、沙洲等阻塞水流的现象。

水文断面应尽量靠近调查的历史洪水位,但距桥位也不宜过远。水文断面与桥位断面之间,应既无支流汇入,也无分流或壅水现象。

水文断面的数量应结合实际需要而定,一般可在桥位上下游各选一个,以便核对计算结果。符合条件的桥位断面,也可以作为水文断面使用。

水文断面必须垂直于洪水流向。

2. 水文断面的流速和流量计算

水文断面的断面平均流速，可用谢才－曼宁公式计算

$$v = \frac{1}{n} R^{\frac{2}{3}} i^{\frac{1}{2}} \tag{8-1}$$

式中 v——断面平均流速，m/s，对于复式断面，河槽与河滩的断面平均流速应分别计算；

n——粗糙系数（糙率）；

R——水力半径，m；

i——洪水比降，以小数计。

对于宽浅河段，当水面宽度大于断面平均水深的 10 倍以上时，湿周可近似地用水面宽度代替，即水力半径 R 近似等于断面平均水深 $\bar{h}$。若以 $\bar{h}$ 表示断面平均水深（m），则式（8-1）为：

$$v = \frac{1}{n} \bar{h}^{\frac{2}{3}} i^{\frac{1}{2}} \tag{8-2}$$

水文断面的流量则为

单式断面时 $$Q = Av \tag{8-3}$$

复式断面时 $$Q = A_c v_c + A_t v_t = Q_c + Q_t \tag{8-4}$$

式中 Q——全断面总流量，m^3/s；

A——过水断面面积，m^2；

A_c、A_t——河槽、河滩的过水断面面积，m^2；

v_c、v_t——河槽、河滩的断面平均流速，m/s；

Q_c、Q_t——河槽、河滩的流量，m^3/s。

计算历史洪水流量时，如果调查的历史洪水位不在水文断面上，应按洪水比降把历史洪水位的高程换算到水文断面上，再进行流量计算。

3. 洪水比降的确定

河流中出现洪峰时的水面比降，称为洪水比降。由于天然河流中水流并不完全符合均匀流的条件，其水面比降随水位而变化，应尽量采用与历史洪水位相对应的洪水比降。

4. 河床粗糙系数的选择

河床的粗糙系数反映水流所受河床阻力的大小，直接影响流速和流量，应根据河流类型及河床特征综合考虑，慎重选定。

河床的粗糙系数最好采用水文断面所在河段的实测值，或根据水文站的观测资料确定。如无实测资料，则可参照有关规范中的粗糙系数表（糙率表）或手册中推荐的粗糙系数表（糙率表），结合实际情况选定。现摘录其中一部分作为示例，如表 8-1 所示。

表 8-1 天然河道洪水粗糙(糙率)系数

<table>
<tr><th colspan="4">河 槽 部 分</th></tr>
<tr><th>河段平面及水流状态</th><th>河床组成及床面情况</th><th>岸壁及植被情况</th><th>$\frac{1}{n}$</th></tr>
<tr><td rowspan="6">河段顺直或下游略有扩散,断面宽阔、规则,水流通畅</td><td rowspan="2">沙质或土质河床,河底平顺</td><td>平顺的土岸或人工堤防</td><td>55(45~65)</td></tr>
<tr><td>略有坍塌的土岸或杂草稀疏的平顺土岸</td><td>50(40~60)</td></tr>
<tr><td rowspan="2">卵石、圆砾河床,河底较平顺</td><td>沙、圆砾河岸或平整的岩岸</td><td>45(36~54)</td></tr>
<tr><td>不够平整的岩岸或灌丛中密的河岸</td><td>40(32~48)</td></tr>
<tr><td rowspan="2">卵石、块石河床,河床上有水生植物</td><td>不平顺的沙砾河岸,风化剥蚀的河岸</td><td>35(28~42)</td></tr>
<tr><td>不平顺的岩岸或灌丛中密的河岸</td><td>30(24~36)</td></tr>
<tr><td rowspan="6">河段上下游接弯道或下游有卡口、支流汇入等束水影响,复式断面,水流不够通畅</td><td rowspan="2">沙、圆砾河床,边滩交错</td><td>有坍塌的土岸或沙砾河岸,风化岩岸</td><td>45(36~54)</td></tr>
<tr><td>不平顺的岩岸或灌丛中密的河岸</td><td>40(32~48)</td></tr>
<tr><td rowspan="2">卵石、圆砾河床,河底不够平顺,长中密水生植物</td><td>岩岸或不平整的卵石、圆砾河岸</td><td>35(28~42)</td></tr>
<tr><td>不平顺的岩岸或灌丛中密的河岸</td><td>30(24~36)</td></tr>
<tr><td rowspan="2">卵石、块石、圆漂石河床,河底间有深坑、石梁或水生植物</td><td>参差不齐的卵石、圆砾河岸或土岸,略有凸凹的岩岸</td><td>25(20~30)</td></tr>
<tr><td>参差不齐的岩岸或灌木丛生的河岸</td><td>20(16~24)</td></tr>
<tr><td rowspan="6">山区峡谷河段,急弯相间的河段或弯曲河段,阻塞的复式断面,水流曲折不畅,流向紊乱</td><td rowspan="2">沙、圆砾河床,边滩、沙洲犬牙交错</td><td>人工堤防强制弯曲者</td><td>35(28~42)</td></tr>
<tr><td>有矶石或丁坝挑流者</td><td>30(24~36)</td></tr>
<tr><td rowspan="2">卵石、圆砾河床,起伏不平或长有水生植物</td><td>参差不齐的卵石、圆砾河岸或灌丛中密河岸</td><td>25(20~30)</td></tr>
<tr><td>参差不齐的岩岸或灌丛中密的河岸</td><td>20(16~24)</td></tr>
<tr><td rowspan="2">卵石、块石、大漂石河床,石梁、跌水、孤石交错,或水生植物稠密,阻水严重</td><td>参差不齐的岩岸或灌丛中密的河岸</td><td>15(12~18)</td></tr>
<tr><td>两岸时有岸嘴突出,很不平顺,形成强烈斜流、回水、死水的河岸</td><td>12(10~14)</td></tr>
</table>

<table>
<tr><th colspan="3">河 滩 部 分</th></tr>
<tr><th>滩地植被情况</th><th>平面及水流状态</th><th>$\frac{1}{n}$</th></tr>
<tr><td rowspan="2">基本无植被或仅有稀疏草丛</td><td>平面顺直,纵面平坦,水流通畅,没有串流且滩宽不大者</td><td>25(20~30)</td></tr>
<tr><td>下游有束水影响,水流不够通畅;水流虽通畅,但河滩甚宽者(滩宽在槽宽的 3 倍以上)</td><td>20(15~25)</td></tr>
<tr><td rowspan="2">长有中等密度植物或已垦为耕地</td><td>下游无束水影响,河滩甚宽,或有束水影响,滩宽较窄</td><td>15(12~18)</td></tr>
<tr><td>平面不够平顺,下游有束水影响,河滩甚宽</td><td>10~13</td></tr>
<tr><td>长有稠密灌木丛或杂草林木丛生,阻水严重</td><td></td><td>7~10</td></tr>
</table>

河槽与河滩的粗糙系数应分别确定，必要时可将河滩分成几个部分，采用不同的粗糙系数；河槽与河滩的流速、流量应按选定的不同粗糙系数分别计算。河槽与河滩的划分应结合断面上下游河段的平面形状、河床土质、植被情况等进行确定。

【例 8-1】 某公路桥梁跨越一条平原河流，桥位河段基本顺直，上游有河湾，河床平坦，两岸较为整齐，无坍塌现象。河槽土质为砂砾，河滩为耕地，表层为沙和淤泥。实测桥位河流横断面如图 8-1 所示，可作为水文断面进行流量计算。经调查确定，桩号 K8 + 322.60 为河槽与河滩的分界，选定粗糙系数为：河槽 $n_c = 0.025$，河滩 $n_t = 0.033$。调查的历史洪水位为 63.80 m，洪水比降为 0.3‰，试求其相应的历史洪水流量。

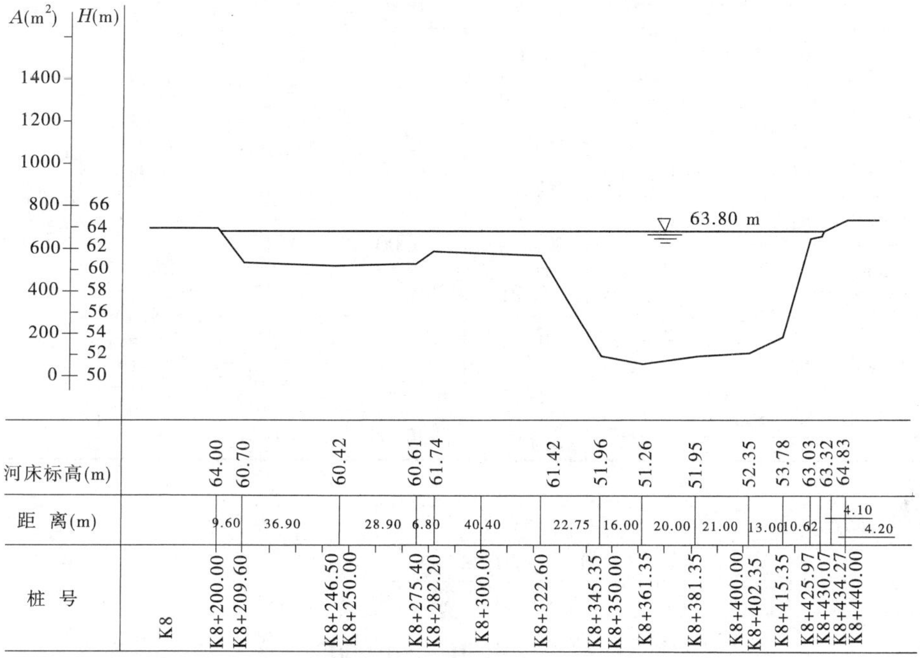

图 8-1 实测河流横断面

解：(1) 人工计算。

过水面积 A 和水面宽度 B，可根据河流横断面（见图 8-1）列表计算，如表 8-2 所示。为了简化计算，当其水面宽度大于平均水深的 10 倍时，近似地用平均水深 $\bar{h}$ 代替水力半径 R 计算流速（符号的脚注 c 和 t 分别表示河槽和河滩）和流量。

河滩部分

$$\bar{h}_t = \frac{A_t}{B_t} = \frac{336.19}{122.02} = 2.76(\text{m})$$

$$v_t = \frac{1}{n_t}\bar{h}_t^{\frac{2}{3}} i^{\frac{1}{2}} = \frac{1}{0.033} \times 2.76^{\frac{2}{3}} \times 0.000\,3^{\frac{1}{2}} = 1.03(\text{m/s})$$

$$Q_t = A_t v_t = 336.19 \times 1.03 = 346(\text{m}^3/\text{s})$$

表 8-2　洪水断面水力计算

桩　号	河床标高 (m)	水　深 (m)	平均水深 (m)	水面宽度 (m)	过水面积 (m^2)	累计面积 (m^2)	合　计
K8 +200. 58	63. 80	0				0	河滩 $A_t=336.19\ m^2$ $B_t=122.02\ m$
			1. 55	9. 02	13. 98		
K8 +209. 60	60. 70	3. 10				13. 98	
			3. 24	36. 90	119. 56		
K8 +246. 50	60. 42	3. 38				133. 54	
			3. 29	28. 90	95. 08		
K8 +275. 40	60. 61	3. 19				228. 62	
			2. 63	6. 80	17. 88		
K8 +282. 40	61. 74	2. 06				246. 50	
			2. 22	40. 40	89. 69		
K8 +322. 60	61. 42	2. 38				336. 19	
			7. 11	22. 75	161. 75		河槽 $A_c=1\ 045.32\ m^2$ $B_c=108.83\ m$
K8 +345. 35	51. 96	11. 84				497. 94	
			12. 19	16. 00	195. 04		
K8 +361. 35	51. 26	12. 54				692. 98	
			12. 20	20. 00	244. 00		
K8 +381. 35	51. 95	11. 85				936. 98	
			11. 65	21. 00	244. 65		
K8 +402. 35	52. 35	11. 45				1 181. 63	
			10. 74	13. 00	139. 62		
K8 +415. 35	53. 78	10. 02				1 321. 25	
			5. 40	10. 62	57. 35		
K8 +425. 97	63. 03	0. 77				1 378. 60	
			0. 63	4. 10	2. 58		
K8 +430. 07	63. 32	0. 48				1 381. 18	
			0. 24	1. 36	0. 33		
K8 +431. 43	63. 80	0				1 381. 51	
			合计	230. 85	1 381. 51		

河槽部分

$$\bar{h}_c=\frac{A_c}{B_c}=\frac{1\ 045.32}{108.83}=9.60(\text{m})$$

$$v_c=\frac{1}{n_c}\bar{h}_c^{\frac{2}{3}}i^{\frac{1}{2}}=\frac{1}{0.025}\times 9.60^{\frac{2}{3}}\times 0.000\ 3^{\frac{1}{2}}=3.13(\text{m/s})$$

$$Q_c=A_cv_c=1\ 045.32\times 3.13=3\ 272(\text{m}^3/\text{s})$$

全断面总流量

$$Q=Q_c+Q_t=3\ 272+346=3\ 618(\text{m}^3/\text{s})$$

全断面平均流速

$$v=\frac{Q}{A}=\frac{3\ 618}{1\ 381.51}=2.62(\text{m/s})$$

(2)电算。

天然河床断面水力计算,其断面形状不规则,必须对各个断面桩号之间的部分断面进行几何计算,再分别按河槽及河滩进行流速、流量等水力计算,计算工作十分繁重。目前,可利用“桥位设计计算系统(QW1.0)”软件,完成上列计算十分快捷、准确。

二、洪水流量的混合资料推算设计流量

当具有连续或不连续 20 年以上(包括已作相关所得的)观测资料,同时具有洪水调

查和文献考证等混合资料，通常按不连续系列推算设计流量。

在水文站观察年份内，如果河流发生特大洪水，则该站实测资料组成的年份最大流量系列中，将会相应出现很少见的特大值（特大洪峰流量）。

通过洪水调查和文献考证往往可以获得特大的洪水资料，在其与水文站实测资料共同组成的年最大流量系列中，也会出现很少见的特大值。从系列的大小顺序来看，这些特大值（特大洪水流量）与其他数值（一般洪水流量）之间有显著的脱节现象，显然是不连续的。

一般把水文站年洪峰流量从最远实测年份到统计时的年限称为实测期，把调查洪水流量从最远资料年份到统计时的年限称为调查期，而把文献考证洪水流量从最远资料年份到统计时的年限称为考证期。

1. 不连续系列（有特大值）的经验频率计算

混合资料构成一个不连续系列（总体），其中实测资料为样本。通常经验频率计算有以下两种方法。

1）第一种方法

从数理统计中总体和样本的关系可知，可以把一个不连续系列划分为几个连续系列，作为从总体中抽取的几个独立样本，随机变量（年最大流量等）在每个相应的独立样本中分别排位，每一个独立样本都可以按连续系列来处理，分别计算经验频率。如果某项特大值可以同时在两个样本中排位时，一般宜选取时间较长的系列来推算经验频率较为合理。

在对历史洪峰流量的调查和考证工作中，往往对调查期或考证期中前几个较大流量比较清楚，对其后流量不清楚，统计时难免遗漏。因此，在对调查期或考证期的各流量经验频率及序号排队时，考虑到本期后续调查或考证流量有可能被遗漏，频率及序号排到已有调查或考证最小流量资料为止，详见例 8-2。

2）第二种方法

无论是水文站的实测流量资料，还是洪水调查和文献考证的流量资料，往往都会存在一些比一般年洪峰流量大得多的特大洪峰流量。在水文计算中不能把这些特大值与其他值等同对待，而需要进行适当地调整和处理，这就称为特大洪水处理。

设水文站实测与调查流量资料（插补后）的年（个）数为 n，在调查考证期 N 年中特大洪水值共 a 个，其流量值 Q_j（$j=1,2,3,4,\cdots,a$），其中 1 个特大值发生在实测与调查（插补后）n 年样本资料范围内，如图 8-2 所示。

对具有特大洪水的混合资料，确定其主要三参数的思路是在同一公式中分两类计算：a 个特大洪峰流量考虑其特殊性，单独作一类处理计算；剩下的（$N-a$）个一般洪峰流量其分布规律，认为以剩下的实测和调查（$n-l$）个资料的分布规律为代表，作另一类处理计算。

在 N 年中第 M 位（M 依次为 $1,2,3,4,\cdots,a$）特大洪水的经验频率按下式计算：

$$P_M = \frac{M}{N+1} \tag{8-5}$$

当 $M=a$ 时，第 a 位特大洪水的经验频率为 $P_{(M=a)} = \frac{a}{N+1}$。

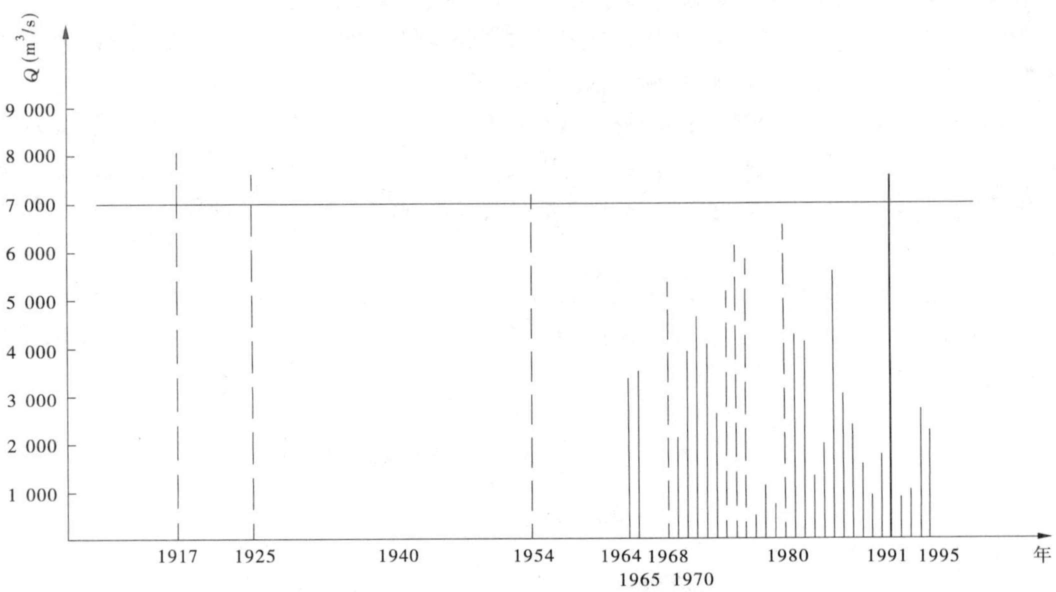

图 8-2　特大洪水值出现情况示意图

在实测与调查(插补后)的 n 年系列中,第 m 位(m 依次为 $l+1, l+2, l+3, \cdots, l+n$)一般洪水的经验频率按下式计算

$$P_m = P_{M=a} + (1 - P_{(M=a)}) \cdot \left(\frac{m-l}{n-l+1}\right) \tag{8-6}$$

2. 不连续系列的统计参数 $\overline{Q}$、C_v 和 C_s 的确定

$\overline{Q}$ 和 C_v 初选值采用矩法公式计算,对于一个不连续系列,若在调查(或考证)期 N 年内,有 a 个特大值,其中 l 个发生在实测期 n 年内,假定($N-a$)年内流量的均值及分布规律与 n 年内的分布规律相同。这样,则可用下式计算:

$$\overline{Q} = \frac{1}{N}\left(\sum_{j=1}^{a} Q_j + \frac{n-a}{n-l}\sum_{i=l+1}^{n} Q_i\right) \tag{8-7}$$

$$C_v = \sqrt{\frac{1}{N-1}\left[\sum_{j=1}^{a}\left(\frac{Q_j}{\overline{Q}} - 1\right)^2 + \frac{N-a}{n-l}\sum_{i=l+1}^{n}\left(\frac{Q_i}{\overline{Q}} - 1\right)^2\right]} \tag{8-8}$$

式中　Q_j——特大洪水流量中的任一流量值,m^3/s;

Q_i——实测流量(一般洪水流量)中的任一流量值,m^3/s;

a——N 年内特大洪水流量的个数,其中包括 n 年内的特大洪水流量 l 个;

l——n 年内特大洪水流量的个数;

n——实测流量资料的总年数,即实测期,年,不计缺测年份;

N——调查或考证的总年数,即调查期或考证期,年,其中包括实测期 n 年。

C_s 采用适线法或参照地区经验选定 C_s/C_v 值后求得。

3. 设计频率的推算

当确定了 3 个主要参数 $\overline{Q}$、C_v、C_s 的初选值后,混合资料不连续系列的设计流量推算方法,与连续观测资料的推算方法相同。C_s 及最终的 $\overline{Q}$ 和 C_v 仍采用适线法确定。

【**例 8-2**】 某水文站的年洪峰流量资料如图 8-2 所示，如表 8-3 第①、②栏所列。自 1981 年至 1995 年共 15 年的连续实测资料，自 1964 年至 1995 年共 26 个(年)不连续实测资料(即第②栏中不带括号的流量值)，其中 1991 年出现特大洪水流量(本例中特大洪水值认为 $Q>7\ 000\ m^3/s$。调查到的历史洪水为 1954、1968、1975、1976、1980 年共 5 年(第②栏中带括号( )值)，其中 1954 年出现特大洪水流量；1968 年洪水在调查中根据群众回忆约略小于 1985 年，但流量值不清楚。另外从当地资料考证，1917 年、1925 年都出现过特大洪水流量(第②栏中带括号[ ]值)，得知 1925 年的洪水与 1991 年的不相上下。现按混合资料推算设计频率 $P=1\%$ 时的设计流量。

表 8-3 混合资料

按时间顺序排列		按递减顺序排列		经验频率 P(%)									
				第一种方法									第二种方法
年份	流量 (m^3/s)	年份	流量 (m^3/s)	序号	实测数 $n=26$	序号	实测期 $N=32$	序号	调查期 $N=42$	序号	考证期 $N=79$	选用值	选用值
①	②	③	④	⑤	⑥	⑦	⑧	⑨	⑩	⑪	⑫	⑬	⑭
1917	[8 100]	1917	[8 100]							1	1.3	1.3	1.3
1925	[~7 630]	1925	[~7 630]							2	2.5~3.8	2.5~3.8	2.5~3.8
1954	(7 140)	1991	7 630	1	3.7	1	3.0	1	2.3	3	2.5~3.8	2.5~3.8	2.5~3.8
1964	3 380	1954	(7 140)					2	4.7			4.7	5.0
1965	3 540	1980	(6 600)			2	6.1	3	7.0			7.0	8.2
1968	(—)	1975	(6 100)			3	9.1	4	9.3			9.3	11.3
1969	2 140	1976	(5 870)			4	12.1	5	11.6			11.6	14.5
1970	3 960	1985	5 600	2	7.4	5	15.2	6	14.0			14.0	17.7
1971	4 650	1968	(≤5 600)			6	18.2	7	16.3			16.3	20.8
1972	4 100	1974	5 200	3	11.1	7	21.2					21.2	24.0
1973	2 650	1971	4 650	4	14.8	8	24.2					24.2	27.2
1974	5 200	1981	4 300	5	18.5	9	27.3					27.3	30.3
1975	(6 100)	1982	4 150	6	22.2	10	30.3					30.3	33.5
1976	(5 870)	1972	4 100	7	25.9	11	33.3					33.3	36.7
1977	520	1970	3 960	8	29.6	12	36.4					36.4	39.8
1978	1 150	1965	3 540	9	33.3	13	39.4					39.4	43.0
1979	770	1964	3 380	10	37.0	14	42.4					42.4	46.2
1980	(6 600)	1986	3 050	11	40.7	15	45.5					45.5	49.3
1981	4 300	1994	2 770	12	44.4	16	48.5					48.5	52.5
1982	4 150	1973	2 650	13	48.1	17	51.5					51.5	55.7
1983	1 340	1987	2 450	14	51.9	18	54.5					54.5	58.8
1984	2 060	1995	2 300	15	55.6	19	57.6					57.6	62.0
1985	5 600	1969	2 140	16	59.3	20	60.6					60.6	65.2
1986	3 050	1984	2 060	17	63.0	21	63.6					63.6	68.3

续表 8-3

按时间顺序排列		按递减顺序排列		经验频率 P(%)									
年份	流量（m^3/s）	年份	流量（m^3/s）	第一种方法									第二种方法
				序号	实测数 $n=26$	序号	实测期 $N=32$	序号	调查期 $N=42$	序号	考证期 $N=79$	选用值	选用值
①	②	③	④	⑤	⑥	⑦	⑧	⑨	⑩	⑪	⑫	⑬	⑭
1987	2 450	1990	1 800	18	66.7	22	66.7					66.7	71.5
1988	1 630	1988	1 630	19	70.4	23	69.7					70.4	74.7
1989	980	1983	1 340	20	74.1	24	72.7					74.1	77.8
1990	1 800	1978	1 150	21	77.8	25	75.7					77.8	81.0
1991	7 630	1993	1 080	22	81.5	26	78.8					81.5	84.2
1992	930	1989	980	23	85.2	27	81.8					85.2	87.3
1993	1 080	1992	930	24	88.9	28	84.8					88.9	90.5
1994	2 770	1979	770	25	92.6	29	87.9					92.6	93.7
1995	2 300	1977	520	26	96.3	30	90.9					96.3	96.8

解：（1）计算经验频率。

按第一种方法计算（单独连续系列处理）。

首先依流量从大到小顺序排列如表 8-3 第③、④栏所列。实测数 $n=26$（1964～1995 年），计算的经验频率如第⑥栏所列。实测期 $N=32$（1964～1995 年），包括此范围内的实测和调查资料，计算频率如第⑧栏所列。调查期 $N=42$（1954～1995 年），考虑到本期后续调查流量可能遗漏，频率计算排到 1968 年为止。考证期 $N=79$（1917～1995 年），由于 1925 年的洪水与 1991 年不相上下，故两者频率都以 $P=(2.5\sim3.8)\%$ 表示，考虑到本期后续考证流量可能遗漏，频率计算排到 1991 年为止。

经验频率选用的方法是按资料期长的（右列）向资料期短的（左列）、每一流量逐列选取频率值。但若以实测期计算频率来控制经验曲线后半支，往往显得由于经验频率偏小而引起误差较大，为了较好地控制整条经验频率曲线，可以在同一流量下，取"实测期"和"实测数"两系列中计算频率大者作为选用值。经验频率选用值列于第⑬栏。

按第二种方法计算（共同不连续系列处理）。

本例中考证期 $N=79$。$Q>7\ 000\ m^3/s$ 的特大洪水个数 $a=4$ 个，其各自的经验频率按 $P_m=\dfrac{M}{N+1}$ 计算，列于表 8-3 第⑭列前 4 行。1991 年的洪水经验频率 $P_{(m=a)}=P_4=\dfrac{4}{79+1}=0.05=5\%$。

实测资料 26 个，调查资料 5 个，$n=26+5=31$，其中 1991 年实测资料和 1954 年调查资料为特大洪水，即 $l=2$。其后的一般洪水流量按 $P_m=P_{(m=a)}+(1-P_{(m=a)})\times(\dfrac{m-l}{n-l+1})$ 计算。例如，1980 年调查流量 $Q=6\ 600\ m^3/s$ 属一般洪水中的首位，其经验频率 $p_s=0.05+(1-0.05)\times\left(\dfrac{4+1-2}{31-2+1}\right)=0.145=14.5\%$。

本例实测系列较长,代表性较好,但历史洪水可靠性较差,故按第一种方法确定选用值。并根据每一流量及对应的经验频率选用值,点绘出一条经验频率曲线(如图 8-3 所示)。

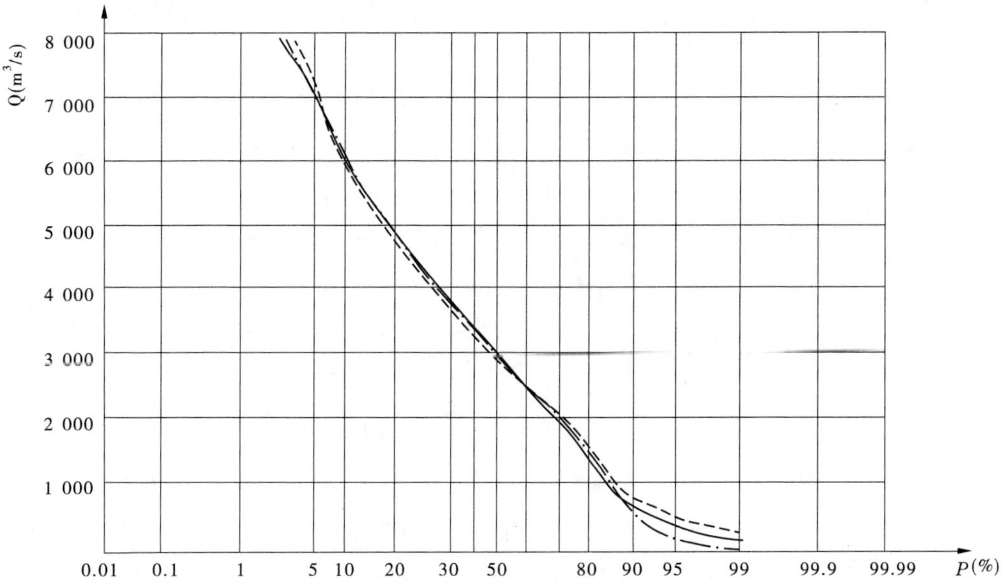

图 8-3　频率曲线

注:图中实线为经验频率曲线;虚线为第一次假定理论频率曲线;点划线为确定的理论频率曲线。

(2)确定统计参数。

用式(8-7)计算 $\overline{Q}$,列表 8-4 为辅助计算

$$\overline{Q}=\frac{1}{N}\left(\sum_{j=1}^{a}Q_j+\frac{N-a}{n-l}\sum_{i=l+1}^{n}Q_i\right)=\frac{1}{79}\times\left(30\ 500+\frac{79-4}{31-2}\times 90\ 670\right)$$

$$=3\ 354(\mathrm{m^3/s})$$

用式(8-8)计算 C_v

$$C_v=\sqrt{\frac{1}{N-1}\left[\sum_{j=1}^{a}\left(\frac{Q_j}{\overline{Q}}-1\right)^2+\frac{N-a}{n-l}\sum_{i=l+1}^{n}\left(\frac{Q_i}{\overline{Q}}-1\right)^2\right]}$$

$$=\sqrt{\frac{1}{79-1}\times\left(6.526+\frac{79-4}{31-2}\times 8.336\right)}$$

$$=0.6$$

计算流量模数 K_i 及 (K_i-1)、$(K_i-1)^2$。

(3)适线并推算设计频率流量。

由 $\overline{Q}=3\ 354(\mathrm{m^3/s})$、$C_v=0.6$,假定 $C_s=1.0$ 作为理论频率曲线第一次试选的 3 个参数。为了便于适线过程中对比,列表 8-5。表中 Φ 值查表 7-8 可得。

由对比可见,第二次假定的理论频率曲线与经验频率曲线符合较好。因此,确定三个主要参数为 $\overline{Q}=3\ 354\ \mathrm{m^3/s}$、$C_v=0.6$、$C_s=0.9$。

当 $C_s=0.9$ 时,查表 7-8 得 $\Phi_{1\%}=2.96$

所以设计频率流量为 $Q_{1\%}=(1+2.96\times0.6)\times3\ 354=9\ 311(\mathrm{m^3/s})$。

表 8-4　统计参数计算

	Q	K_i	(K_i-1)	$(K_i-1)^2$		Q	K_i	(K_i-1)	$(K_i-1)^2$
特大洪水 $a=4$	8 100	2.415	1.415	2.001	一般洪水 $n-l=31-2=29$	3 050	0.909	-0.091	0.008
	7 630	2.275	1.275	1.626		2 770	0.826	-0.174	0.030
	7 630	2.275	1.275	1.626		2 650	0.790	-0.210	0.044
	7 140	2.129	1.129	1.275		2 450	0.730	-0.270	0.073
						2 300	0.686	-0.314	0.099
Σ	30 500			6.528		2 140	0.638	-0.362	0.131
一般洪水 $n-l=31-2=29$	6 600	1.968	0.968	0.937		2 060	0.614	-0.386	0.149
	6 100	1.819	0.819	0.670		1 800	0.537	-0.463	0.215
	5 870	1.750	0.750	0.563		1 630	0.486	-0.514	0.264
	5 600	1.670	0.670	0.448		1 340	0.400	-0.600	0.361
	5 600	1.670	0.670	0.448		1 150	0.343	-0.657	0.432
	5 200	1.550	0.550	0.303		1 080	0.322	-0.678	0.460
	4 650	1.386	0.386	0.149		980	0.292	-0.708	0.501
	4 300	1.282	0.282	0.080		930	0.277	-0.723	0.522
	4 150	1.237	0.237	0.056		770	0.230	-0.770	0.594
	4 100	1.222	0.222	0.049		520	0.155	-0.845	0.714
	3 960	1.181	0.181	0.033					
	3 540	1.055	0.055	0.003	Σ	90 670			8.336
	3 380	1.008	0.008	0.000					

表 8-5　统计参数适线对比

$P(\%)$				5	20	50	75	90
经验频率曲线			Q	7 100	4 910	3 050	1 840	640
理论频率曲线	1)	$\overline{Q}=3\ 354\ m^3/s$	Φ	1.88	0.76	-0.16	-0.73	-1.32
		$C_v=0.6\quad C_s=1.0$	Q	7 137	4 883	3 032	1 885	698
	2)	$\overline{Q}=3\ 354\ m^3/s$	Φ	1.86	0.77	-0.15	-0.73	-1.35
		$C_v=0.6\quad C_s=0.9$	Q	7 097	4 904	3 052	1 885	637

第三节　根据暴雨资料推算设计流量

公路工程中位于小流域河流及沟渠的桥梁和涵洞，以及公路排水系统的设计流量一般由暴雨资料来推算。

暴雨推理法就是运用成因分析与经验推断相结合的方法，从实际的暴雨资料入手，应用地区综合分析方法来分析暴雨资料和地区特征关系，从而间接地推求设计流量。它是一种半经验半理论的计算方法。

降雨经过植被截留、土壤入渗等损失，再填满流域坡面的坑洼，开始出现地面径流。降雨扣除各种损失后称为净雨。从降雨到净雨的过程称为产流过程。

假定设计暴雨的频率与设计洪水的频率相同，时段平均暴雨强度、历时和频率之间的关系用下式表示：

$$i = \frac{S_P}{t^n} \tag{8-9}$$

式中 S_P——频率为 P 的雨力，mm/h，即 t 为 1 h 的降雨强度；

n——降雨递减系数。

从降雨量推算净雨量，有两种方法：一种方法是降雨量乘以折减系数，即洪峰径流系数，以 ψ 表示；另一种方法是从降雨量中减去损失雨量，损失雨量可用损失参数 μ(mm/h)表示。

坡面出现径流后，从流域各处汇集到流域出口河流断面的过程，称为汇流过程。影响汇流过程的主要因素有主河道长度 L(km)和坡度 i 及地形等。

从流域最远点流到出口断面的时间称为汇流时间 τ(h)。

一、推理公式

1. 公式形式

交通部公路科学研究所的推理公式：

$$Q_p = 0.278 \times \left(\frac{S_P}{\tau^n} - \mu\right) F \tag{8-10}$$

式中 Q_p——设计频率为 P(%)时的洪峰流量，m^3/s；

S_p——设计频率为 P(%)的雨力，mm/h，查各地《水文手册》雨力等值线或图表资料，或全国雨力等值线图(见图 8-4、图 8-5 和图 8-6)；

n——暴雨递减指数，查各省(自治区)n 值分区(见图 8-7 和表 8-6)，得 n_1、n_2 和 n_3，由 τ 值分查($\tau \leqslant 1$ h，用 n_1；1 h $< \tau \leqslant 6$ h，用 n_2；6 h $< \tau \leqslant 24$ h，用 n_3)；

τ——汇流时间，h；

μ——降雨损失参数，mm/h；

F——流域面积，km^2

2. 推理公式中两个参数的计算

1) 损失参数的计算

北方多采用

$$\mu = K_1 (S_P)^{\beta_1} \tag{8-11}$$

南方多采用

$$\mu = K_2 (S_P)^{\beta_2} F^{-\lambda} \tag{8-12}$$

式中 K_1、K_2——系数，查表 8-8，表中土壤植被分类见表 8-7；

β_1、β_2、λ——指数，查表 8-8，表中土壤植被分类见表 8-7。

图 8-4　暴雨雨力 S_P（$P=1\%$）等值线

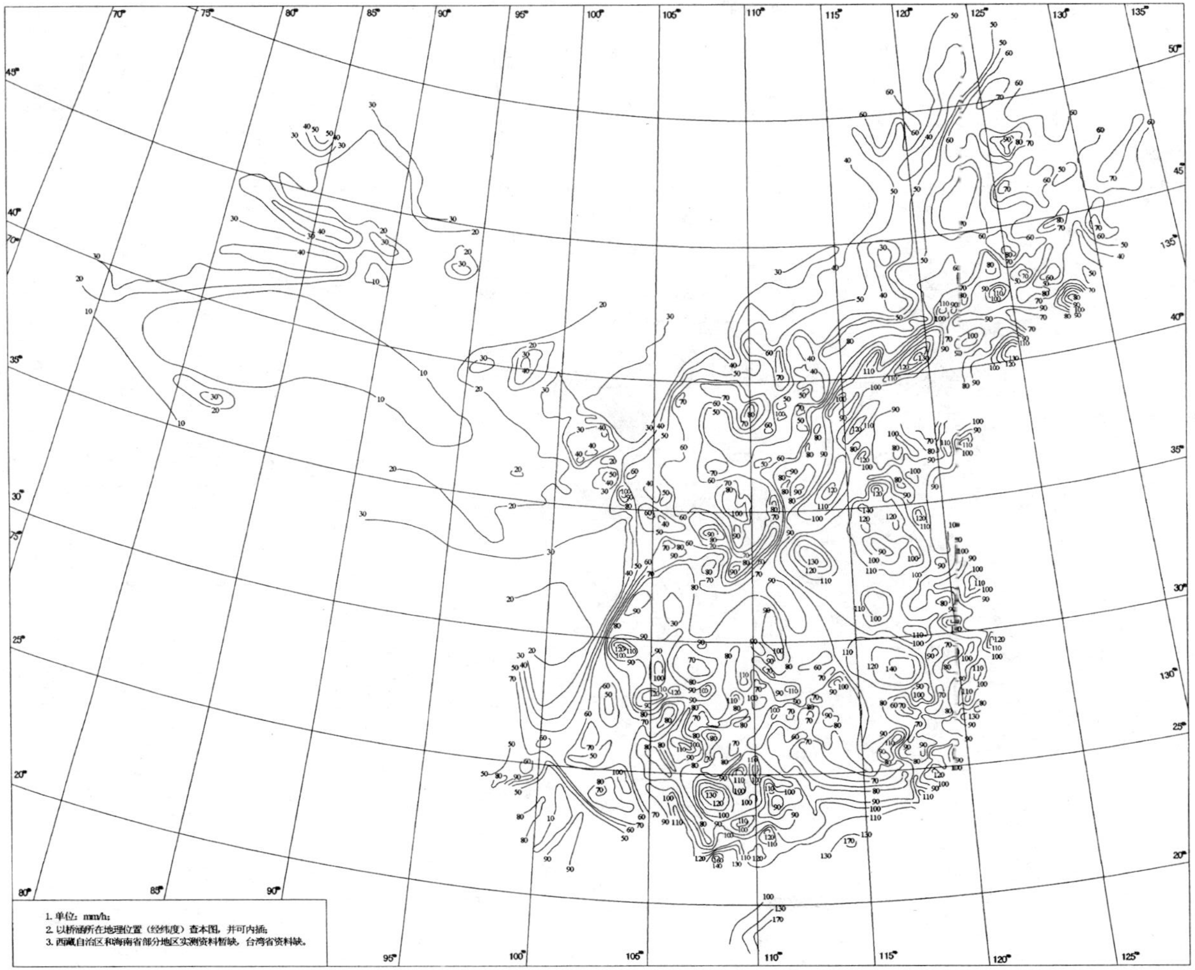

图 8-5　暴雨雨力 S_P ($P = 2\%$) 等值线

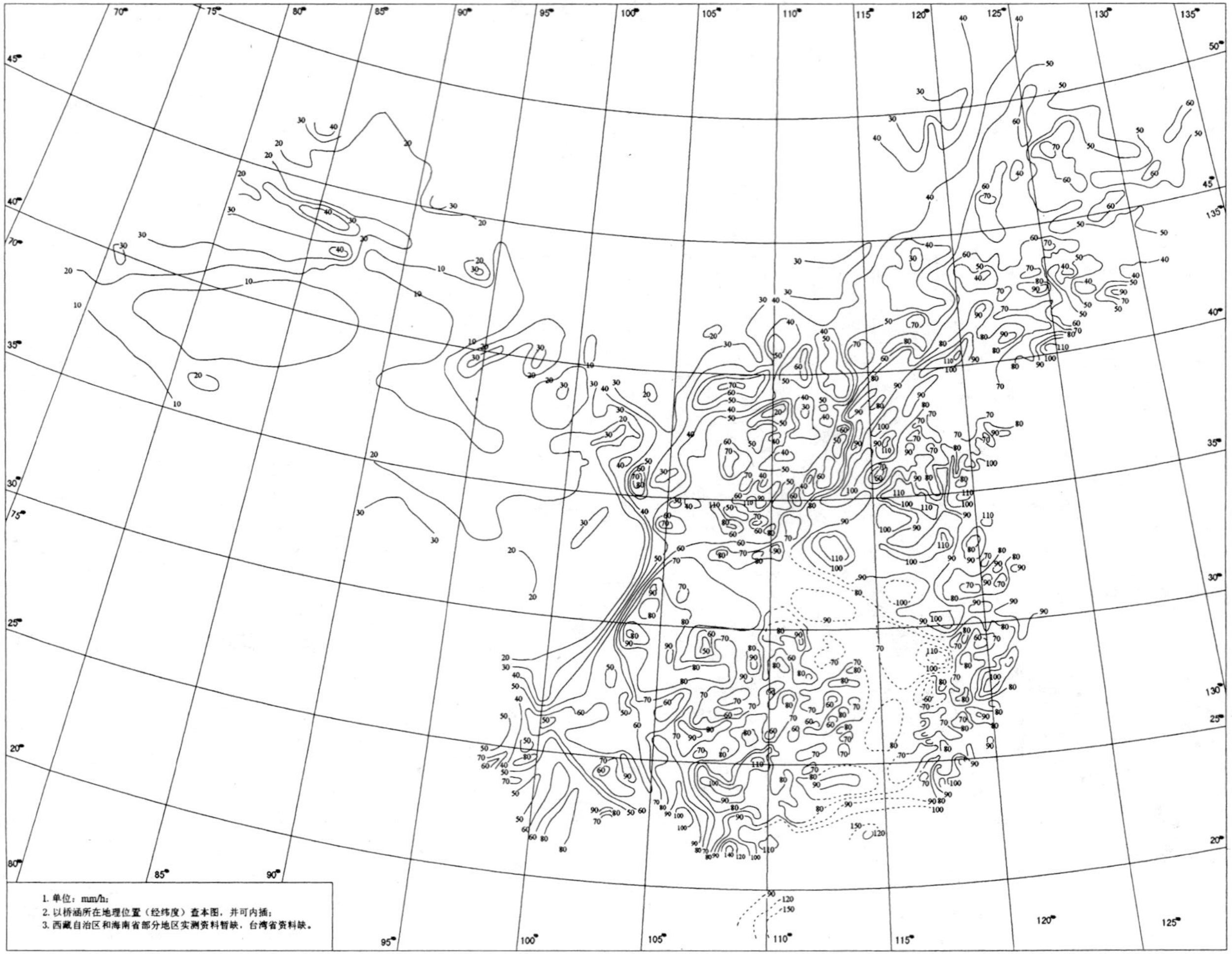

图 8-6　暴雨雨力 S_P（$P=4\%$）等值线

图 8-7　暴雨递减指数 n 值分区

表 8-6　暴雨递减指数 n 值分区

省名	分区	n_1	n_2	n_3
内蒙古	Ⅰ	0.62	0.79	0.86
	Ⅱ	0.60	0.76	0.79
	Ⅲ	0.59	0.76	0.80
	Ⅳ	0.65	0.73	0.75
	Ⅴ	0.63	0.76	0.81
	Ⅵ	0.59	0.71	0.77
	Ⅶ	0.62	0.74	0.82
陕西	Ⅰ	0.59	0.71	0.78
	Ⅱ	0.52	0.75	0.81
	Ⅲ	0.52	0.72	0.78
福建	Ⅰ	0.53	0.65	0.70
	Ⅱ	0.52	0.69	0.73
	Ⅲ	0.47	0.65	0.70
	Ⅳ	0.48	0.65	0.73
	Ⅴ	0.51	0.67	0.70
浙江	Ⅰ	0.65	0.65	0.78
	Ⅱ	0.49	0.62	0.65
	Ⅲ	0.53	0.68	0.73
安徽	Ⅰ		0.61	0.69
	Ⅱ	0.38	0.69	0.69
	Ⅲ	0.39	0.76	0.77
甘肃	Ⅰ	0.69	0.72	0.78
	Ⅱ	0.61	0.76	0.82
	Ⅲ	0.62	0.77	0.85
	Ⅳ	0.55	0.65	0.82
	Ⅴ	0.58	0.74	0.85
	Ⅵ	0.49	0.59	0.84
	Ⅶ	0.53	0.66	0.75
宁夏	Ⅰ	0.52	0.62	0.81
	Ⅱ	0.58	0.66	0.75
辽宁	Ⅰ	0.60 ~ 0.66	0.70 ~ 0.74	
	Ⅱ	0.60 ~ 0.55	0.70 ~ 0.60	
	Ⅲ	0.55 ~ 0.50	0.60 ~ 0.55	
湖南	Ⅲ	0.4 ~ 0.50	0.55 ~ 0.60	0.70 ~ 0.80
	Ⅳ	0.4 ~ 0.50	0.65 ~ 0.70	0.75 ~ 0.80
	Ⅴ	0.4 ~ 0.50	0.70 ~ 0.75	0.75 ~ 0.80
四川	Ⅰ	0.50	0.60 ~ 0.65	
	Ⅱ	0.45	0.70 ~ 0.75	
	Ⅲ	0.73	0.70 ~ 0.75	
青海	Ⅰ	0.49	0.75	
	Ⅱ	0.47	0.76	0.87
	Ⅲ	0.65	0.78	0.82
吉林	Ⅰ	0.56	0.70	0.76
	Ⅱ	0.56	0.75	0.82
	Ⅲ	0.60	0.69	0.75
河南	Ⅰ	0.55 ~ 0.60	0.65 ~ 0.70	0.75 ~ 0.80
	Ⅱ	0.50 ~ 0.55	0.70 ~ 0.75	0.75 ~ 0.80
	Ⅲ	0.45 ~ 0.50	0.60 ~ 0.65	0.75
广西	Ⅰ	0.38 ~ 0.43	0.65 ~ 0.70	0.70 ~ 0.80
	Ⅱ	0.40 ~ 0.45	0.70 ~ 0.75	0.75 ~ 0.85
	Ⅲ	0.40 ~ 0.45	0.60 ~ 0.65	0.75 ~ 0.85
新疆	Ⅰ	0.63	0.70	0.84
	Ⅱ	0.73	0.78	0.85
	Ⅲ	0.56	0.72	0.88
	Ⅳ	0.45	0.64	0.80
	Ⅴ	0.63	0.77	0.91
	Ⅵ	0.62	0.74	0.80
	Ⅶ	0.60	0.72	0.86
	Ⅷ	0.60	0.66	0.85
山西		0.60	0.70	
贵州		0.47	0.69	0.89
河北	Ⅰ	0.40 ~ 0.50	0.50 ~ 0.60	0.65
	Ⅱ	0.50 ~ 0.55	0.60 ~ 0.70	0.70
	Ⅲ	0.55	0.60	0.60 ~ 0.70
	Ⅳ	0.30 ~ 0.40	0.70 ~ 0.75	0.75 ~ 0.80
云南	Ⅰ	0.50 ~ 0.55	0.75 ~ 0.80	0.75 ~ 0.80
	Ⅱ	0.45 ~ 0.55	0.70 ~ 0.80	0.75 ~ 0.80
	Ⅲ	0.55	0.600	0.65
	Ⅳ	0.50 ~ 0.45	0.65 ~ 0.75	0.70 ~ 0.80
湖南	Ⅰ	0.45	0.62 ~ 0.63	0.70 ~ 0.75
	Ⅱ	0.30 ~ 0.40	0.65 ~ 0.70	0.75

注：n_1——小于 1 h 的暴雨递减指数；n_2——1 ~ 6 h 的暴雨递减指数；n_3——6 ~ 24 h 的暴雨递减指数。

2）汇流时间 τ(h) 的计算

北方多采用

$$\tau = K_3\left[\frac{L}{\sqrt{I_z}}\right]^{\alpha_1} \tag{8-13}$$

南方多采用

$$\tau = K_4\left[\frac{L}{\sqrt{I_z}}\right]^{\alpha_2} \cdot S_p^{-\beta_3} \tag{8-14}$$

式中 L——主河沟长度,km;

I_z——主河沟平均坡度,‰;

K_3、K_4——系数,查表 8-9;

α_1、α_2、β_3——指数,查表 8-9;

其他符号意义同前。

表 8-7 土壤植被分类

类别	特征
Ⅰ	黏土、盐碱土地面,土壤薄的岩石地区;植被差,轻微风化的岩石地区
Ⅲ	植被差的沙质黏土地面;土层较薄的土面山区,植被中等;风化中等的山区
Ⅳ	植被的黏土、沙土地面;风化严重土层厚的山区;草灌较厚的山丘区或草地;人工幼林区;水土流失中等的黄土地面山区
Ⅴ	植被差的一般沙土地面;土层较密的地区;有大面积水土保持措施治理较好的土质的地区
Ⅵ	无植被松散的沙土地面,茂密并有枯枝落叶层的原始森林

表 8-8 损失参数的分区和系数、指数值

省名	分区	各区系数、指数	K_1	β_1	K_2	β_2	λ
河北	Ⅰ	河北平原区	1.23	0.61			
		冀西山区	0.95	0.60			
	Ⅱ	冀西北西盆区	1.15	0.58			
		冀西山区	1.12	0.56			
	Ⅲ	坝上高原区	1.52	0.50			
山西	Ⅰ	煤矿塌陷和森林覆盖较好区	0.85	0.98			
	Ⅱ	裸露石山区	0.25	0.98			
	Ⅲ	黄土丘陵区	0.65	0.98			
四川	Ⅰ	青衣江区			0.742	0.542	0.222
	Ⅱ	盆地丘陵区			0.270	0.897	0.272
	Ⅲ	盆缘山区			0.263	0.887	0.281

续表 8-8

省名	分区	各区系数指数	K_1	β_1	K_2	β_2	λ
安徽	Ⅱ	根据表 8-7 土壤分类分区			0.755	0.74	0.017 1
	Ⅲ				0.103	1.21	0.042 5
	Ⅳ				0.406	1.00	0.110 4
	Ⅴ				0.520	0.94	0
	Ⅵ				0.332	1.099	0
宁夏	Ⅳ	根据表 8-7 土壤分类分区	0.93	0.86			
	Ⅴ		1.98	0.69			
湖南	Ⅰ	湘资流域	0.697	0.567			
	Ⅱ	沅水流域	0.213	0.940			
	Ⅲ	沣水流域	1.925	0.223			
甘肃	Ⅱ	根据表 8-7 土壤分类分区	0.65	0.82			
	Ⅲ		0.75	0.84			
	Ⅳ		0.75	0.86			
吉林	Ⅱ	根据表 8-7 土壤分类分区	0.12	1.44			
	Ⅲ		0.13	1.37			
	Ⅳ		0.29	1.01			
	Ⅴ		0.29	1.01			
河南	Ⅰ	根据表 8-7 土壤分类分区	0.002 3	1.75			
	Ⅱ		0.057	1.0			
	Ⅲ		1.0	0.71			
	Ⅳ		0.80	0.51			
青海	Ⅰ	东部区	0.52	0.744			
	Ⅱ	内陆区	0.32	0.913			
新疆	Ⅰ	$50<F<200$	0.46	1.09			
	Ⅱ	$F<200$	0.68	1.09			
浙江	Ⅰ	浙北地区	0.08	0.15			
	Ⅱ	浙东南沿海区	0.10～0.11	0.15			
	Ⅲ	浙西南、西北及东部丘陵区	0.13～0.14	0.15			
	Ⅳ	杭嘉湖平地区丘陵区	0.15	0.15			

续表 8-8

省名	分区	各区系数指数	K_1	β_1	K_2	β_2	λ
内蒙古	Ⅳ	大兴安岭中段及余脉山区	0.517 ~ 0.83	0.4 ~ 0.71			
	Ⅵ	黄河流域山地丘陵区	1.0	1.05			
福建		全省通用	0.34	0.93			
贵州省	Ⅰ	深山区			1.17	1.099	0.437
	Ⅱ	浅山区			0.51	1.099	0.437
	Ⅲ	平丘区			0.31	1.099	0.437
广西	Ⅰ	丘陵区	0.52	0.774			
	Ⅱ	山区	0.32	0.915			

表 8-9　汇水时间分区和系数、指数

省名	分区	各区系数、指数	K_3	α_1	K_4	α_2	β_3
河北省	Ⅰ	河北平原	0.70	0.41			
	Ⅱ	冀北山区	0.65	0.38			
		冀西北盆地	0.58	0.39			
		冀西山区	0.54	0.40			
	Ⅲ	坝上高原	0.45	0.18			
山西		土石覆盖的林区	0.15	0.42			
		煤矿塌陷漏水和严重风化区	0.13	0.42			
		黄土丘陵区	0.10	0.42			
四川		盆地丘陵区 $I_z \leq 10‰$			3.67	0.620	0.203
		青衣江区 $I_z > 10‰$			3.67	0.516	0.203
		盆缘山区 $I_z \leq 15‰$			3.29	0.620	0.203
		西昌区 $I_z \geq 15‰$			3.29	0.516	0.239
安徽	Ⅰ	> 15‰			$F<(90)$ 37.5 $F>(90)$ 26.3	0.925	0.725
	Ⅱ	10‰ ~ 15‰			11	0.512	0.395
	Ⅲ	5‰ ~ 10‰			29	0.810	0.544
	Ⅳ	< 15‰			14.3	0.300	0.330

续表 8-9

省名	分区	各区系数、指数	K_3	α_1	K_4	α_2	β_3
湖南	Ⅰ	湘资水系	5.59	0.380			
	Ⅱ	沅水系	3.79	0.197			
	Ⅲ	沣水系	1.57	0.636			
宁夏	Ⅰ	山区	0.14	0.44			
	Ⅱ	丘陵区	0.38	0.21			
广西	Ⅰ	山区	0.56	0.306			
	Ⅱ	丘陵区	0.42	0.419			
甘肃	Ⅰ	山区	0.96	0.71			
	Ⅱ	丘陵区	0.62	0.71			
	Ⅲ	山区	0.39	0.71			
吉林	Ⅰ		0.000 35	1.4			
	Ⅱ		1.40	0.84			
	Ⅲ		0.032	0.84			
	Ⅳ		0.022	1.45			
河南	Ⅰ	根据 n 值分区图	0.73	0.32			
	Ⅱ		0.038	0.75			
	Ⅲ		0.63	0.15			
	Ⅳ		0.80	0.20			
青海	Ⅰ	东部区	0.871	0.75			
	Ⅱ	内陆区	0.96	0.747			
新疆	Ⅰ	$50 < F < 200$	0.60	0.65			
	Ⅱ	$F > 200$	0.20	0.65			
浙江	Ⅰ	浙江地区			72.0	0.187	0.90
	Ⅱ	浙江南沿海区			72.0	0.187	0.90
	Ⅲ	浙西南、西北山区及中部丘陵区			72.0	0.187	0.90
	Ⅳ	杭嘉湖平原边缘地势平缓地区			105.0	0.187	0.90
内蒙古	Ⅰ	大兴安岭中段及余脉山地丘陵	0.334~0.537	0.16			
	Ⅱ	区黄河流域山地丘陵区	0.344~0.537	0.16			
福建省	Ⅰ	平原区			1.8	0.48	0.51
	Ⅱ	丘陵区			2.0	0.48	0.51
	Ⅲ	山区			2.6	0.48	0.51
贵州	Ⅰ	平原区	0.080	0.713			
	Ⅱ	浅山区	0.193	0.713			
	Ⅲ	深山区	0.302	0.713			

二、经验公式

20 世纪 80 年代初，在制定推理公式的基础上，又制定了简单的小流域暴雨径流的经验公式。

经验公式 I

$$Q_P = \psi(S_P - \mu)^m \cdot F^{\lambda_2} \tag{8-15}$$

经验公式Ⅱ

$$Q_P = CS_p^{\beta} \cdot F^{\lambda_3} \tag{8-16}$$

式中 ψ——地貌系数，查表 8-10；

m、λ_2——指数，查表 8-10；

C、β、λ_3——系数、指数，查表 8-11；

S_p、μ、F——意义同前。

表 8-10　经验公式(8-15)各区系数、指数

<table>
<tr><th>省名</th><th>分区</th><th colspan="2">各区系数指数</th><th colspan="2">ψ</th><th>m</th><th>λ_2</th></tr>
<tr><td rowspan="2">四川</td><td>Ⅰ</td><td>盆地丘陵区</td><td>$I_z \leqslant 2‰$
$2‰ < I_z < 10‰$
$I_z \geqslant 10‰$</td><td colspan="2">0.086
0.105
0.124</td><td>1.18</td><td>0.712
0.730
0.747</td></tr>
<tr><td>Ⅱ</td><td>盆缘山区
青衣江区</td><td>$I_z \leqslant 10‰$
$10‰ < I_z < 20‰$
$I_z \geqslant 20‰$</td><td colspan="2">0.102
0.123
0.142</td><td>1.20</td><td>0.724
0.745
0.788</td></tr>
<tr><td rowspan="3">安徽</td><td>Ⅰ</td><td colspan="2">$I_z > 15‰$</td><td>$P=4\%$
$P=2\%$
$P=1\%$</td><td>1.2×10^{-4}
1.4×10^{-4}
1.6×10^{-4}</td><td>2.75</td><td>0.896</td></tr>
<tr><td>Ⅱ</td><td colspan="2">$I_z = 5‰ \sim 15‰$</td><td>$P=4\%$
$P=2\%$
$P=1\%$</td><td>4.8×10^{-4}
5.5×10^{-4}
7.0×10^{-4}</td><td>2.75</td><td>1.0</td></tr>
<tr><td>Ⅲ</td><td colspan="2">$I_z < 5‰$</td><td>$P=4\%$
$P=2\%$
$P=1\%$</td><td>1.8×10^{-4}
1.9×10^{-4}
2.0×10^{-4}</td><td>2.75</td><td>0.965</td></tr>
<tr><td rowspan="3">宁夏</td><td>Ⅰ</td><td colspan="2">丘陵区</td><td colspan="2">0.308</td><td>1.32</td><td>0.60</td></tr>
<tr><td>Ⅱ</td><td colspan="2">山　区</td><td colspan="2">0.542</td><td>1.32</td><td>0.60</td></tr>
<tr><td>Ⅲ</td><td colspan="2">林　区</td><td colspan="2">0.085</td><td>1.32</td><td>0.75</td></tr>
</table>

续表 8-10

省名	分区	各区系数指数	ψ		m	λ_2
甘肃	Ⅰ	平　原	0.08		1.08	0.96
	Ⅱ	丘　陵	0.14		1.08	0.96
	Ⅲ	山　区	0.27		1.08	0.96
吉林	Ⅰ	平　原	0.007 6 ~ 5.6		1.50	0.80
	Ⅱ	丘　陵	0.005 3 ~ 7.0		1.50	0.80
	Ⅲ	山　区	0.003 ~ 0.68		1.50	0.80
河南	Ⅰ	根据河南省 n 值分区图	0.22		0.98	0.86
	Ⅱ		0.66		1.03	0.65
	Ⅲ		0.76		1.00	0.67
	Ⅳ		0.28		1.07	0.81
新疆	Ⅰ	林区土石山	0.006 5		1.5	0.80
	Ⅱ	土石山	0.035		1.5	0.80
贵州	Ⅰ	平原丘陵区	0.022		1.085	0.98
	Ⅱ	浅山区	0.038			
	Ⅲ	深山区	0.066			
内蒙古	Ⅰ	大青山东端山区	$P=4\%$	8.4	0.41	0.55
			$P=2\%$	12.3		
			$P=1\%$	19.2		
	Ⅱ	大青山东部和蛮汉山山地丘陵区	$P=4\%$	7.8	0.41	0.55
			$P=2\%$	11.8		
			$P=1\%$	16.5		
	Ⅲ	大青山西端山区	$P=4\%$	7.4	0.41	0.55
			$P=2\%$	11.2		
			$P=1\%$	15.0		
福建	Ⅰ	平　原	0.09		1.0	0.96
	Ⅱ	丘　陵	0.10			
	Ⅲ	浅山区	0.16			
	Ⅳ	深山区	0.25			

表 8-11 经验公式(8-16)各区系数、指数

<table>
<tr><th>省名</th><th>分区</th><th colspan="2">各区系数指数</th><th colspan="2">C</th><th>β</th><th>λ_3</th></tr>
<tr><td rowspan="3">山西</td><td>Ⅰ</td><td colspan="2">石山、黄山丘陵植被差土石山</td><td colspan="2">0.24～0.20</td><td rowspan="3">1.0</td><td rowspan="3">0.78</td></tr>
<tr><td>Ⅱ</td><td colspan="2">风化石山植被一般煤矿漏水区</td><td colspan="2">0.19～0.16</td></tr>
<tr><td>Ⅲ</td><td colspan="2">植被较好地区</td><td colspan="2">0.15～0.12</td></tr>
<tr><td rowspan="4">四川</td><td rowspan="2">Ⅰ</td><td rowspan="2">盆地丘陵区</td><td>$I_z \leq 10‰$</td><td colspan="2">0.125</td><td rowspan="2">1.10</td><td rowspan="2">0.723</td></tr>
<tr><td>$I_z > 5‰$</td><td colspan="2">0.145</td></tr>
<tr><td rowspan="2">Ⅱ</td><td>盆缘山区</td><td>$I_z \leq 10‰$</td><td colspan="2">0.140</td><td rowspan="2">1.14</td><td rowspan="2">0.737</td></tr>
<tr><td>青衣江区</td><td>$I_z > 10‰$</td><td colspan="2">0.160</td></tr>
<tr><td rowspan="9">安徽</td><td rowspan="3">Ⅰ</td><td colspan="2" rowspan="3">$I_z > 15‰$</td><td>$P=4\%$</td><td>2.92×10^{-4}</td><td rowspan="3">2.414</td><td rowspan="3">0.896</td></tr>
<tr><td>$P=2\%$</td><td>3.15×10^{-4}</td></tr>
<tr><td>$P=1\%$</td><td>3.36×10^{-4}</td></tr>
<tr><td rowspan="3">Ⅱ</td><td colspan="2" rowspan="3">$I_z = 5‰ \sim 15‰$</td><td>$P=4\%$</td><td>1.27×10^{-4}</td><td rowspan="3">2.414</td><td rowspan="3">1.0</td></tr>
<tr><td>$P=2\%$</td><td>1.32×10^{-4}</td></tr>
<tr><td>$P=1\%$</td><td>1.50×10^{-4}</td></tr>
<tr><td rowspan="3">Ⅲ</td><td colspan="2" rowspan="3">$I_z < 15‰$</td><td>$P=4\%$</td><td>2.35×10^{-4}</td><td rowspan="3">2.414</td><td rowspan="3">0.965</td></tr>
<tr><td>$P=2\%$</td><td>2.66×10^{-4}</td></tr>
<tr><td>$P=1\%$</td><td>2.75×10^{-4}</td></tr>
<tr><td rowspan="3">宁夏</td><td>Ⅰ</td><td colspan="2">丘陵区</td><td colspan="2">0.061</td><td rowspan="3">1.51</td><td>0.60</td></tr>
<tr><td>Ⅱ</td><td colspan="2">山　区</td><td colspan="2">0.082</td><td>0.60</td></tr>
<tr><td>Ⅲ</td><td colspan="2">林　区</td><td colspan="2">0.013</td><td>0.75</td></tr>
<tr><td rowspan="3">甘肃</td><td>Ⅰ</td><td colspan="2">平原区</td><td colspan="2">0.016</td><td rowspan="3">1.40</td><td rowspan="3">0.95</td></tr>
<tr><td>Ⅱ</td><td colspan="2">丘陵区</td><td colspan="2">0.025</td></tr>
<tr><td>Ⅲ</td><td colspan="2">山　区</td><td colspan="2">0.050</td></tr>
<tr><td rowspan="9">吉林</td><td rowspan="3">Ⅰ</td><td rowspan="3">松花江、图门江、牡丹江水系</td><td>山　岭</td><td colspan="2">0.075</td><td rowspan="3">0.8</td><td rowspan="3">1.12</td></tr>
<tr><td>丘　陵</td><td colspan="2">0.035</td></tr>
<tr><td>平　原</td><td colspan="2">0.013 5</td></tr>
<tr><td rowspan="3">Ⅱ</td><td rowspan="3">拉林河、饮马河水系</td><td>山　岭</td><td colspan="2">0.3</td><td rowspan="3">0.8</td><td rowspan="3">1.37</td></tr>
<tr><td>丘　陵</td><td colspan="2">—</td></tr>
<tr><td>平　原</td><td colspan="2">0.14～0.618</td></tr>
<tr><td rowspan="3">Ⅲ</td><td rowspan="3">东运河水系</td><td>山　岭</td><td colspan="2">—</td><td rowspan="3">0.80</td><td rowspan="3">0.52</td></tr>
<tr><td>丘　陵</td><td colspan="2">—</td></tr>
<tr><td>平　原</td><td colspan="2">0.275</td></tr>
<tr><td rowspan="4">河南</td><td>Ⅰ</td><td colspan="2" rowspan="4">根据河南省 n 值分区图</td><td colspan="2">0.18</td><td>1.00</td><td>0.86</td></tr>
<tr><td>Ⅱ</td><td colspan="2">0.45</td><td>1.09</td><td>0.65</td></tr>
<tr><td>Ⅲ</td><td colspan="2">0.36</td><td>1.07</td><td>0.67</td></tr>
<tr><td>Ⅳ</td><td colspan="2">0.48</td><td>0.95</td><td>0.80</td></tr>
</table>

续表 8-11

省名	分区	各区系数指数	C	β	λ_3
浙江	Ⅰ	钱塘江流域	0.01	0.37	1.11
	Ⅱ	浙北地区	0.02		
	Ⅲ	其　他	0.015		
福建	Ⅰ	平原区	0.030	1.25	0.90
	Ⅱ	丘陵区	0.034		
	Ⅲ	浅山区	0.050		
	Ⅳ	深山区	0.071		
贵州	Ⅰ	平原丘陵区	0.016	1.112	0.985
	Ⅱ	浅山区	0.030		
	Ⅲ	深山区	0.056		

以上交通系统制定的推理公式和经验公式，一般应用于流域面积为 100 km^2 以下的小河沟。

【例 8-3】 合宁高速公路合肥段某桥，地处东经 117°，北纬 32°，地形为微丘区。汇水面积 $F=80\ km^2$，主河沟长 $L=25$ km，主河沟平均坡度 $I_z=12‰$，河床土质为粘土。该桥工程点无实测流量资料，现用暴雨推理公式推求设计频率 $P=1\%$ 时设计流量 $Q_{1\%}$。

解：(1)查雨力 S_P。

查暴雨雨力 $S_P(P=1\%)$ 等值线，得暴雨强度 $S_{P=1\%}=115$(mm/h)

(2)汇流时间 τ 值的计算。

用南方公式

$$\tau = K_4\left[\frac{L}{\sqrt{I_z}}\right]^{\alpha_2} S_p^{-\beta_2}$$

查表 8-9，$I_z=12‰$时，$K_4=11$，$\alpha_2=0.512$，$\beta_3=0.395$，

$$\tau = 11\times\left(\frac{25}{\sqrt{12}}\right)^{0.512}\times 115^{-0.395} = 11\times 2.75\times 0.1535 = 4.64(\text{h})$$

(3)确定暴雨递减指数 n。

先查图 8-7，知安徽合肥属Ⅱ区，再查表 8-6，当 $\tau=4.64$ h 时，应取 n_2，因此 $n=0.69$。

(4)损失参数 μ 值计算。

南方公式

$$\mu = K_2\cdot S_p^{\beta_2}\cdot F^{-\lambda}$$

先查表 8-7，可知土壤植被为Ⅱ区，再查表 8-8 得 $K_2=0.755$，$\beta_2=0.74$，$\lambda=0.0171$

$$\mu = 0.755\times 115^{0.74}\times 80^{-0.0171} = 0.755\times 33.49\times 0.928 = 23.46$$

(5)用以上数值代入式(8-10)。

$$Q_{1\%} = 0.278\left(\frac{S_p}{\tau^n} - \mu\right) \cdot F$$

$$= 0.278 \times \left(\frac{115}{4.64^{0.69}} - 23.46\right) \times 80$$

$$= 0.278 \times (39.88 - 23.46) \times 80$$

$$= 365.2(\mathrm{m^3/s})$$

【例 8-4】 贵州省贵阳附近(东经 107°、北纬 27°)某公路桥位处,属浅山区,汇水面积 $F = 26\ \mathrm{km^2}$。试用暴雨径流经验公式推算 $P = 2\%$ 时的设计流量 $Q_{2\%}$。

解:(1)确定雨力 S_P

查暴雨雨力 $S_P(P = 2\%)$等值线,得暴雨强度 $S_{P=2\%} = 90(\mathrm{mm/h})$

(2)损失参数μ用南方公式(8-12)计算,先查表 8-8 得

$$K_2 = 0.51, \beta_2 = 1.099, \lambda = 0.437$$

$$\mu = K_2 \cdot S_p^{\beta_2} \cdot F^{-\lambda} = 0.51 \times 90^{1.099} \times 26^{-0.437}$$

$$= 17.26$$

(3)用经验公式Ⅰ(8-15)计算 $P = 2\%$ 时的设计流量

查表 8-10 得 $\psi = 0.038, m = 1.085, \lambda_2 = 0.98$

$$Q_{p=2\%} = \psi(S_p - \mu)^m \cdot F^{\lambda_2} = 0.038 \times (90 - 17.26)^{1.085} \times 26^{0.98}$$

$$= 96.9(\mathrm{m^3/s})$$

(4)用经验公式Ⅱ(8-16)计算 $P = 2\%$ 时的设计流量

查表 8-11 得 $C = 0.03, \beta = 1.112, \lambda_3 = 0.985$

$$Q_{p=2\%} = CS_p^{\beta}F^{\lambda_3} = 0.03 \times 90^{1.112} \times 26^{0.985} = 110.7(\mathrm{m^3/s})$$

复习思考题

8-1 何谓水文断面?工程实际中一般应如何考虑水文断面的具体位置和数量?

8-2 进行历史洪水调查时,应完成哪几项调查内容?

8-3 推算设计流量的资料来源于哪三个方面?

8-4 有连续资料的设计流量推算方法的一般步骤有哪些?

8-5 用混合资料推算设计流量过程中,计算经验频率的两种方法和适用性有哪些?

8-6 暴雨推理公式是根据怎样的思路建立的?

8-7 一平原区天然河流上拟建公路桥,桥位处据水文资料推算出设计水位 $H_s = 86.00\ \mathrm{m}$,设计流量 $Q_s = 2\,500\ \mathrm{m^3/s}$,洪水比降 $i = 0.000\,4$;河滩部分生长杂草,表层土质为粘土,糙率 $n_t = 0.05$;河槽部分(高程 79.00 m 以下)为中沙层,$n_c = 0.02$;底层(高程 73.00 m 以下)为砾石夹粗砂。沿桥轴线断面资料如表 8-12 所列。试计算其流量和平均流速。

表 8-12

桩号	K2 +695	K2 +710	K2 +760	K2 +775	K2 +795	K2 +825	K2 +835
地面高程(m)	88.25	81.50	81.00	75.50	76.50	80.90	91.10

8-8 某水文站的年最大洪水流量资料见表 8-13 所示。表中带括号( )值为调查资料，带括号[ ]值为考证资料，其余为观测资料。当 $Q \geqslant 700\ \mathrm{m^3/s}$ 时为特大洪水流量。现按混合资料推算频率为 $P=1\ \%$ 时的设计流量。

表 8-13

序号	年份	流量	序号	年份	流量	序号	年份	流量
1	1925	[830]	11	1975	(650)	21	1987	530
2	1954	(720)	12	1977	370	22	1988	480
3	1964	600	13	1978	450	23	1989	420
4	1965	610	14	1979	382	24	1990	483
5	1969	500	15	1980	(700)	25	1991	756
6	1970	616	16	1982	626	26	1992	405
7	1971	(630)	17	1983	470	27	1993	440
8	1972	618	18	1984	492	28	1994	572
9	1973	568	19	1985	645	29	1995	522
10	1974	635	20	1986	580			

8-9 石太公路太原段某桥，地形为黄土丘陵。其汇水面积 $F=32\ \mathrm{km^2}$，主河沟长 $L=8$ km，主河沟平均坡度 $I_z=16‰$。该桥工程点无实测流量资料，现用暴雨推理公式推求设计频率 $P=2\%$ 时的流量，并以经验公式论证。

8-10 有一小河沟，主河沟平均坡度 $I_z=50‰$，土质黏土，河床弯曲，生长杂草。经调查的 25 年一遇的历史洪水位时，形态断面近似梯形，底宽 4 m，边坡 1∶1.5，最大水深 $H=1.2$ m。试以简化公式推求设计频率 $P=2\%$ 时的流量。

第九章　大中桥桥位勘测设计

本章重点

熟练掌握大中桥孔长度的计算方法和桥面中心最低高程的确定方法。

第一节　桥位勘测设计的主要内容及桥位选择

桥位(bridge site)也称桥址，直接的意思是桥梁中线(桥轴线)的位置。桥位方案应将政治、经济、技术、环境等方面的因素综合起来比较选定。桥位河段是指水流受桥梁影响的河段。桥位设计是将桥位河段上的桥梁、桥头引道及调治构造物等各项建筑物作为一个整体进行总体布置和设计。桥位设计在铁路工程中又称桥渡设计。桥渡(bridge crossing)更明显地含有跨河建筑物的概念。

桥位资料的搜集和现场勘察、测量等获得实地资料的工作称为桥位勘测。桥位选择、桥孔设计、墩台冲刷、调治构造物及桥头引道的布设、计算、绘图等桥位设计工作，都是在桥位勘测过程中穿插进行的，桥位设计和桥位勘测两者是不可分的。

桥位勘测设计的主要任务是为桥位设计、桥型选择及墩台基础设计提供必要而可靠的基本资料；制订不同的桥位和接线方案，进行比选；制订不同桥位和不同接线方案相应的桥孔长度、桥梁高度和河床最低冲刷深度及引道、调治构造物设计方案。

一、桥位勘测设计的主要内容

(一)现场勘测前的技术准备工作

主要是向有关部门搜集必要的技术资料，包括以下几方面。

1. 地形和测量资料

向测绘等有关部门搜集桥位和路线所在地区的地形图、航空摄像片、三角点及导线点的坐标和方位角、水准点的位置、高程及其高程系统。

2. 水文资料

水文资料包括桥位所在河流的水系图及上游支流水情、流域面积；桥位附近水文站历年实测最大流量及其相应水位、流速、糙率、水面比降、测流断面、含沙量以及水位与这些水文因素的关系曲线等；桥位河段河床及河岸的变迁资料。

3. 气象资料

气象资料包括当地气象台(站)的历年最大风速、最多风向及频率；年内最高、最低气温；历年年降雨量，多年平均降雨量，最大降雨天数，最大 1 h、24 h 降雨量；冰冻期最大冻土深度等。

4. 流冰、流木资料

流冰、流木资料包括桥位河段最高、最低流冰水位，封冻最高水位；冰厚，冰块最大尺寸;冰块的密度、速度,冰坝壅高水位以及流冰的资料;流木最大长度、漂流物类型等。

5. 通航资料

通航资料包括通航等级、船舶和船队尺度、排筏尺度、发展规划、航道和航迹线图、最高和最低通航水位、通航净空、通航孔数等。

6. 地质资料

地质资料包括区域地质、工程地质、地震等基本资料;附近地区有工程的地质资料以及砂石建材产地等。

7. 其他资料

其他资料包括当地水利、铁路、公路、城建、规划、环保等部门的设计规划资料。另外,县志等地方志尚可提供的重要资料。

(二)桥位勘测的外业工作

1. 桥位选择

通过对上述各方面资料的研究,结合路线走向、城市(地区)规划的要求,进行现场勘察,选定两个以上桥位作为比较方案。这是桥位勘测的首要任务,详见本节第二部分。

2. 水文调查和测量

水文调查和测量主要包括桥位河段的洪水痕迹、河床演变的调查资料;水文计算断面(形态断面)的选择和测量;河床或洪水比降的测量;调治构造物布设测量;补充搜集水文、气象、堤防等当地资料。

3. 桥位测量

桥位测量主要包括桥位总平面图、桥位地形图、桥轴纵断面和引道测量。桥位平面控制网点应和路线控制点、国家三角点联测,按国家统一坐标系计算直角坐标。桥位高程控制应与路线控制高程联测或与国家及其他部门水准点联测。精度要求按《公路勘测规范》、《公路工程水文勘测设计规范》等执行。

桥位总平面图是以较小的比例尺测绘桥位较大范围的总图,应满足桥位比选、桥头引道、调治构造物和施工场地布置的需要,比例尺一般为1:2 000~1:20 000,有几个桥位方案时,应尽量将各桥位方案测绘在一张图内。一般河流比例尺采用1:2 000~1:5 000,较大河流可采用1:5 000~1:10 000,较小河流可用1:1 000~1:2 000。一般最小测绘范围,山区河流上游测绘长度约为洪水泛滥宽度的2倍,下游约为1倍;顺桥轴方向为历史最高洪水位以上2~5 m,或洪水泛滥线以外50 m。平原区宽滩河流,上游测绘长度为桥长的3~5倍,下游为2~3倍;顺桥方向应满足桥头接线和施工场地布置的要求。图中还应包括控制导线网、三角网、控制点、水准点等。各方案的桥轴线、引道接线、水文计算断面、洪水位调查点、最高泛滥线、航标、流向等均应在图上标明。

桥位地形图比例尺一般为1:500~1:5 000,测绘范围应满足桥梁孔径、桥头引道和调治构造物设计的要求。一般上游测绘长度为桥长的2~3倍,下游为桥长的1~2倍,不稳定河流用大值;顺桥轴方向应测至最高洪水位(或设计水位)以上3~5 m,或洪水泛滥线以外50 m。对于受倒灌影响及宽滩、分汊、冲积漫流、泥石流、河网沼泽等地区河段,应按实际情况确定测绘内容和范围。图中应包括平面、高程控制网点的位置和数据,绘出桥梁及其他建筑物的历史洪水点及泛滥线。

桥轴纵断面和引道测量，应与路线中线测量一次完成，根据路线及桥位勘测规定的要求进行。

4. 桥位工程地质勘察

为了查明桥位范围内的地层、岩性、地质构造、不良地质现象、水文地质等工程地质条件，必须进行桥位工程地质勘察，探明桥梁墩台和调治构造物的地基覆盖层、基岩风化层的厚度，基岩的风化、破碎程度，软弱夹层及地下水状态，测试岩土的物理力学特性，提供地基承载力和桩壁摩擦力的数据，并对边坡及地基稳定性、不良地质的危害程度、地下水对地基的影响等作出评价。

对于特大桥、大桥桥位工程地质勘察，应与设计阶段相对应，一般采用两阶段勘察，即初步设计勘察（初勘）和施工图阶段勘察（详勘）。这些工作都应根据《公路工程地质勘察规范》、《公路勘测规范》等规定进行。

最后完成的桥位地质勘察报告应包括上述各项工作的资料、评价和图表。主要有桥位工程地质平面图、桥位工程地质纵断面图、桥位工程地质横断面图、钻孔地质柱状图等，见图 9-1。

（三）桥位勘测设计的内业工作（不包括结构施工图设计）

1. 水文资料整编和水文水力计算

水文资料整编和水文水力计算包括绘制水位要素表与水位观测图表；设计流量、设计流速、设计水位的推算；桥长、桥高、冲刷、壅水计算；绘制桥位中线、河段纵断面图；调治构造物水力、水文计算等。

2. 测量资料整编

测量资料整编包括测量外业资料的整理、计算和绘图。

3. 地质资料的整编

地质资料的整编包括绘制外业资料的各种图表，编写工程地质勘察报告。

以上几方面的桥位勘测工作都是围绕着桥位选择、桥位方案比较为中心进行的，为桥梁的初步设计和施工图设计提供依据。

二、桥位的选择

桥位选择和桥位方案比选是桥位勘测设计的中心工作。桥位选择应从国民经济发展、生态环境保护和国防需要出发，在整体布局上应与铁路、水利、航运、城建等方面相互配合；注意保护文物、环境和军事设施；同时还要照顾群众利益，少占良田，少拆迁有价值的建筑物。桥位方案应从政治、经济、技术上进行多方面比较；对于影响面大的桥位方案应征求有关部门的意见，还应遵循《中华人民共和国水法》、河流及海洋法规的有关规定。

公路桥梁设计和桥位选择都应根据所在公路的任务、功能和将来发展的需要，按照安全、适用、经济和美观的原则进行，力求做到公路及桥梁建筑物和当地生态环境的和谐与协调。

高速公路、一级公路上的各类桥梁（特大桥、大中桥及小桥涵）和二、三、四级公路上的小桥、涵洞的线形及其与公路的衔接，一般应符合路线布设的规定。二、三、四级公路上的特大桥、大桥、中桥桥位的选择原则上应服从路线走向，桥、路综合考虑，尽量选择在河道顺直、水流稳定、地质良好的地段上。当桥上线形为曲线时，其各项技术指标应符合路

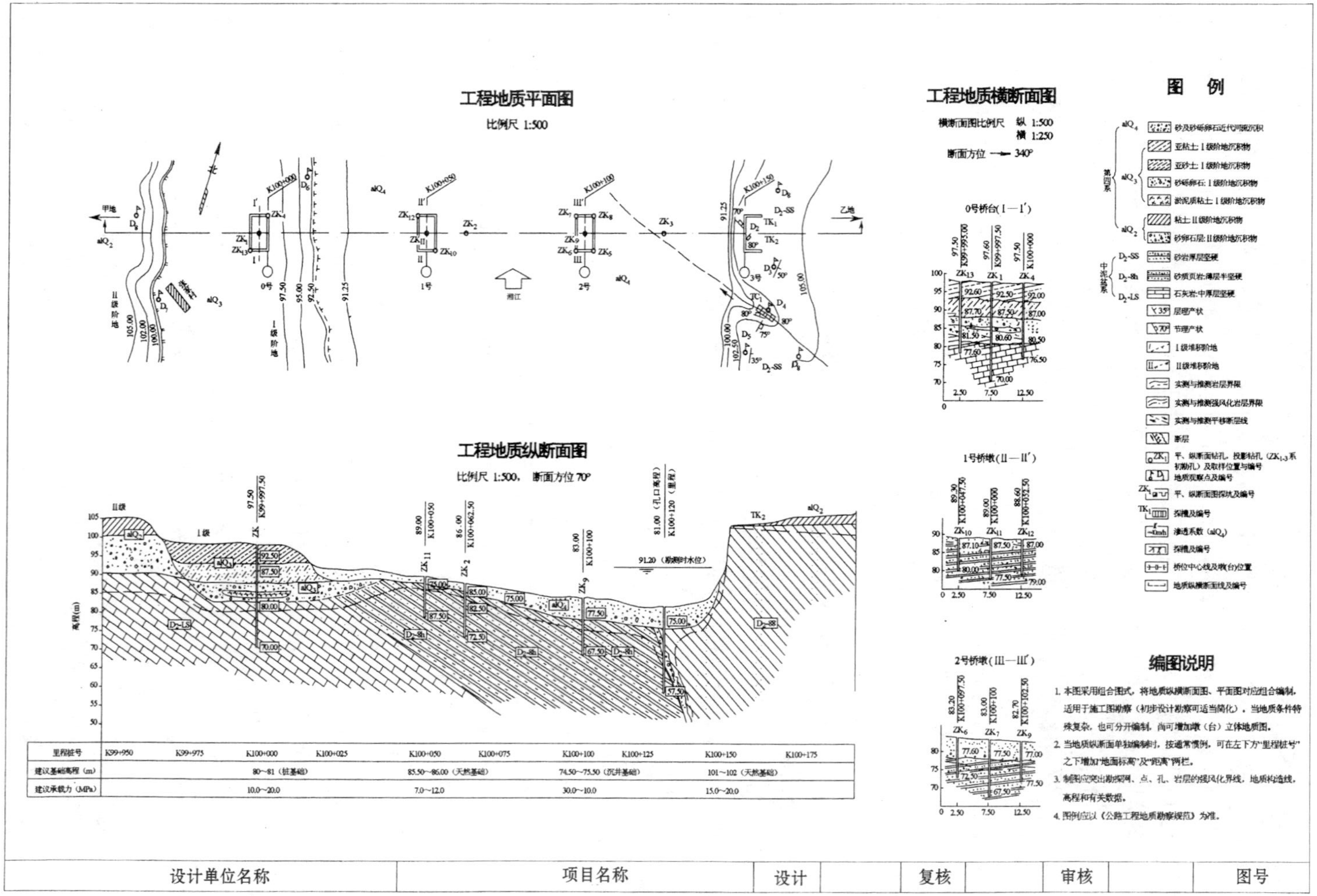

图 9-1 施工准备阶段监理工作程序框图

线布设的要求，与引道线形相配合。

桥位选择和桥位设计必须保证在交通正常运行的状态下，顺畅地通过设计洪水和凌汛，满足通航要求，并与附近地区生态环境保护及引道路基、路面排水，堤防设施等相配合。

保护自然生态环境是我国的基本国策，也是新中国成立50多年建设经验的总结。公路及桥梁勘测设计时，应全面搜集、分析当地水文、地形、地质、植被等资料，尽量做到公路及桥梁建筑物和生态环境相协调，二者成为和谐的整体。这样，一方面保护了环境，另一方面可避免或减少公路及桥梁的洪水和地质灾害。

（一）桥位应满足水文、地形、地质、通航方面的要求

1. 水文

桥位应选在河道顺直、稳定、狭窄、河槽明显的河段，不宜选在不稳定的分汊、汇合、急弯和流冰、流木阻塞等河段；桥轴线宜与中、高水位的水流正交，若斜交角大于5°时，桥孔长度、墩台冲刷都应考虑斜交的影响。桥位选择必须考虑未来河床变形的影响。

2. 地形、地貌

桥位应尽量选在两岸有山嘴、高地等河岸稳定河段及两岸便于接线的开阔地段，应避开桥位上下游存在山嘴、沙滩、石梁等对水流有严重干扰的河段。

3. 地质

桥位应选在基岩和坚硬土层外露或埋藏较浅、地质构造简单、地基稳定处，避开活动性断层、滑坡、泥石流、强岩溶等不良地质地段。

4. 通航

桥位一般应选在航道稳定、顺直、有足够水深的河段；桥轴线应与主流正交，若不可能，斜交角不宜大于5°；桥位应避开险滩、浅滩、急弯、卡口、汇流口、水工设施、港口作业区、船舶锚地等。

（二）各类河段上的桥位选择

山区峡谷河段：桥孔不得压缩水流，尽量一孔跨过。

山区开阔河段：选在河槽稳定、流速缓和处。

平原顺直（微弯）河段：选在河槽和河床走向一致、河槽流量较大处。墩台基础深度应考虑边滩下移，置于同一深度。

平原弯曲（蜿蜒）河段：桥位应选在河湾逼近河岸处，且较稳定的河湾中部，并选择河床与河槽方向接近平行处跨越，见图9-2。

平原分汊河段：桥位尽量避开河汊、分流、汇交点；不得已时，选在分流点、汇流点上游，流向基本顺直段。

平原游荡性河段：桥位应选在河岸有固定的土丘或岸坝的天然束窄处，如无法利用时，应结合治河工程，筑堤束水，稳定河道，见图9-3。

平原宽滩河段：桥位应选在顺直、微弯、滩地较高、滩槽洪水流向一致的稳定河段，河滩可以较大压缩。

山前区变迁性河段：桥位应与岸边正交，不考虑多变河汊的位置，必须设置导流堤、防护设施。若有可能，桥位选在上、下游河道较窄、岸边稳定处为好，见图9-4。

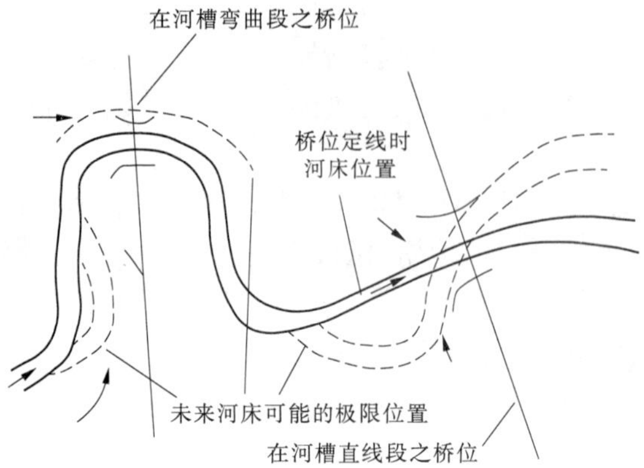

图 9-2　平原弯曲(蜿蜒)河段的桥位

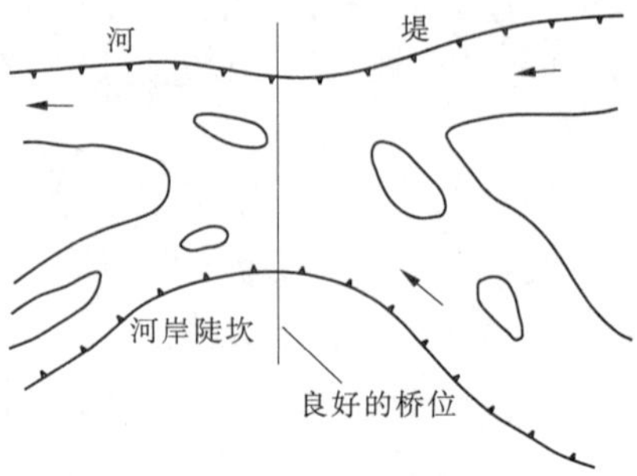

图 9-3　平原游荡性河段的桥位

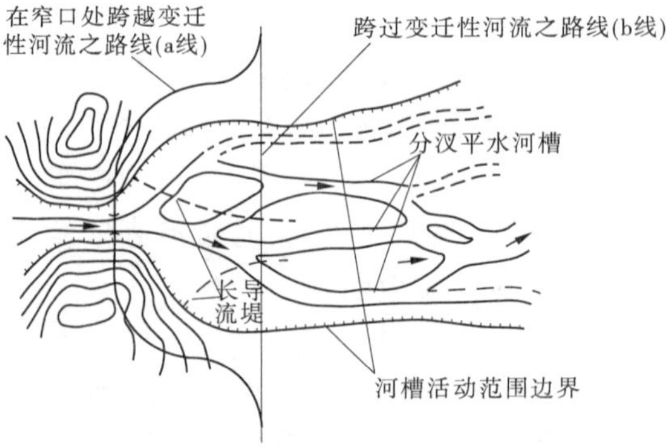

图 9-4　山前变迁性河段的桥位

潮汐河口河段:桥位应避开涌潮、滩岸多变的区段;潮汐河段上游段的桥位,可按一般情况处理;潮汐下游段、中间段的桥梁、桥孔长度可按一般情况下的长度加大 5% ~15% 。

另外,泥石流、黄土、岩溶、地震、冲积漫流等特殊地区的桥位选择,可参考《公路桥涵设计手册·桥位设计》等书。

(三)跨越通航海轮航道桥梁的桥位选择

桥位应远离航道弯道、险滩、汇流口、渡口、港口作业区和船舶锚地,其距离应满足通航安全要求。通航海轮的内河航道桥梁上游不得小于代表船型或控制性顶推船队长度 4 倍的大值,下游不得小于代表船型或控制性顶推船队 2 倍的大值;跨越海域的桥梁上、下游均为不得小于代表船型长度的 4 倍。通航 10^4DWT 及以上船舶航道上的桥梁,船只远离时的距离可适当加大,不能远离时需经实船试验或模型试验论证确定。

第二节　大中桥孔径计算

大中桥孔径计算主要是根据桥位断面的设计流量和设计水位推算需要的桥孔最小长度和桥面中心最低高程,为确定桥孔设计方案提供设计依据。

建桥以后,河流受到桥头引道的压缩和墩台阻水的影响,改变了水流和泥沙运动的天然状态,引起河床的冲淤变形,导致水流对桥梁墩台基础的冲刷,危及桥梁安全。因此,孔径的计算和布置应以建桥前后桥位河段内水流和泥沙运动的客观规律为依据。

一、建桥后的水流图式

建桥后桥位河段的水流和泥沙运动状态是桥孔水力计算的依据,但桥位河段的水流十分复杂,目前只能在某些假定和实验的基础上,对缓流河段($Fr<1$)提出简化的水流图式。由于只有很少部分峡谷性河段和变迁性河段的桥位设计洪水的流态接近或达到急流($Fr>1$),而绝大多数的桥位是处于缓流河段。因此,缓流河段的水流图式及其孔径计算方法适用于大多数桥梁的孔径计算。

桥位河段建桥前水面沿正常水深线 $N—N$ 作均匀流动,建桥后桥墩台(包括引道路堤)压缩水流,水流图式如图 9-5 所示。

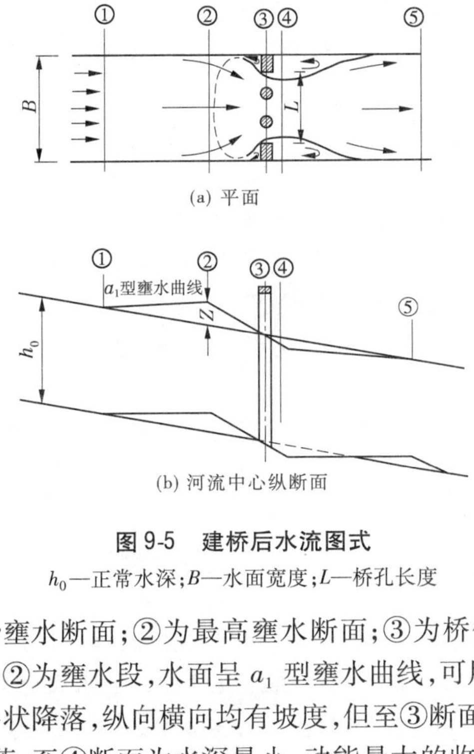

图 9-5 建桥后水流图式

h_0—正常水深;B—水面宽度;L—桥孔长度

水流状态:①为开始壅水断面;②为最高壅水断面;③为桥位断面;④为桥后收缩断面;⑤为恢复断面。①~②为壅水段,水面呈 a_1 型壅水曲线,可用本章第三节的方法计算确定;②~③水面呈漏斗状降落,纵向横向均有坡度,但至③断面,仍有桥下壅高 ΔZ;③~④水面继续呈漏斗状降落,至④断面为水深最小、动能最大的收缩断面;②~④整个为水面降落收缩段,从最高壅水断面至收缩断面纵向近似以斜直线连接;④~⑤为扩散段,水面呈 c 型壅水曲线,近似地纵向可以斜直线连接。

冲淤状态:壅水段,过水断面水深沿流程逐渐增大,流速则由天然流速逐渐减小,挟沙能力渐渐减弱,因而该段出现淤积;水面降落收缩段,因有效过水面积沿流程逐渐减小,流速相应增大,挟沙能力随之增大,则该段河底出现淤积量沿程逐渐减小而转为冲刷;扩散段,该段沿流向冲刷由大变小转为淤积,又从淤积逐渐恢复天然输沙平衡状态。

分析建桥后的水流图式,在工程上有以下三点意义:

（1）图中②号最高壅水断面，对于平原微丘地区，尤其是河道两侧为地面高程远低于设计水位高程的圩区时，此断面的 ΔZ 值往往需在建桥前与防汛、农田保护、城镇规划等部门妥善协商而定。ΔZ 值的增大，表明桥梁压缩水流程度增大，桥孔跨径、孔数可减少，将大大降低桥梁的工程造价；但是由于 a 型曲线的存在，将增高两岸堤坝的洪水位，增大溃坝威胁。

（2）③号桥位断面仍具有桥下壅高 ΔZ，这是控制桥面中心最低标高计算的因素之一。

（3）④号桥后收缩断面，此时为桥位河段平均流速最大的断面。此断面造成的最大冲刷，可作为桥下一般冲刷计算、考虑墩台埋置深度的依据。

二、桥孔布置原则

桥孔大小和孔数的布置，一般应符合下列原则：

（1）应保证设计洪水和它所挟带的泥沙顺利宣泄，避免河床产生不利于桥梁的变形，并能满足通航、流冰和漂浮物安全通过的要求。

（2）应与天然河流断面的流量分配相适应，两侧河滩的冲刷前桥下过水面积之比，应大致等于两侧河滩的流量之比。

（3）应根据桥位河段的天然特性，以及水工建筑物（已建或拟建的）可能引起的影响，考虑河床变形和水流变化对桥梁的影响。

（4）应尽可能照顾当地的发展规划，与农田水利设施和生态环境保护相配合。建桥后的桥前壅水，不得对两岸的河堤、农田、村镇造成威胁；在平原地区尤为重要，往往以桥前壅水的允许高度作为桥孔长度的控制因素。

（5）应按《公路工程技术标准》中的规定，对跨径在 60 m 以下的桥孔，尽可能采用标准跨径。

（6）应注意地质情况，桥梁的墩台基础避免设在断层、溶洞等不良地质处。

（7）应考虑施工条件和经济效益及生态环境效益，作全面的技术经济比较，选择合理的桥孔设计方案。

三、各类河段的桥孔布设

河流受很多因素影响，各个河段既有共同的性质，又有不同的特点。一条大的河流的各个河段往往具有不同的特征。桥位选择、桥孔设计和各项水文计算等都需要了解桥位河段的这种客观规律，以便提出切合实际的设计方案。根据河段的稳定情况及河床的变形特征，对河段进行分类就是为了满足桥位设计的要求。河段分类见表 9-1。

桥位河段的类型，可参照表列河段特性结合实际情况判别，一般应在桥位上游不小于 3 ~ 4 倍河床宽度，下游不小于 2 倍河床宽度的范围，进行观察分析；对于弯曲的河段，在上游至少要包括一个河湾。河段稳定性及变形程度，可用 50 年左右的演变过程，作为衡量标准。

各类河段具有不同的特性，对桥孔布置也有不同的要求，可结合桥位河段的实际情况布设桥孔，表 9-2 可作参考。

表 9-1(a)　河段分类

<table>
<tr><th rowspan="2">河流类型</th><th rowspan="2">河段类型</th><th colspan="2">稳定程度</th><th colspan="4">河流特性及河床演变特点</th></tr>
<tr><th>级别</th><th>分类</th><th>形态特征</th><th>水文泥沙特征</th><th>河床演变特征</th><th>河段区别要点</th></tr>
<tr><td rowspan="2">山区河流</td><td>峡谷河段</td><td>Ⅰ</td><td rowspan="3">稳定</td><td rowspan="2">1. 在平面上多急弯卡口，宽窄相同，河床为V字形或U形。
2. 河流纵断面多呈凸形，比降缓陡相连。
3. 峡谷河段，河床狭窄，河岸陡峭多石质，中、枯水河槽无明显区别。
4. 开阔河段，河面较宽，有边滩，有时也有不大的河漫滩和明显阶地，有的地方也会出现心滩和沙洲，比降较缓，河床泥沙较细</td><td rowspan="2">1. 河床比降陡，一般大于2‰。
2. 流速大、洪水时河槽平均流速可达到5～8 m/s。
3. 水位变幅大，个别达到50 m左右。
4. 含沙量小，河床泥沙颗粒较人；由于流速大，搬运能力强，故洪水时河床上有卵石运动</td><td rowspan="2">1. 河流稳定，变形多为单向的切蚀作用，速度相当缓慢。
2. 峡谷河段的进口或窄口的上游，受壅水的影响，多呈洪淤、枯冲。
3. 开阔河段有时有较厚的颗粒较细的沉积物，且多呈洪冲、枯淤变化。
4. 两岸对河道的约束和嵌制作用大</td><td rowspan="2">1. 峡谷河段，河床窄深，床面岩石裸露或为大漂石覆盖，河床比降大，多急弯、卡口，断面呈V形或U形。
2. 开阔河段和顺直微弯河段，岸线整齐，河槽稳定，断面多呈U形，滩、槽分明，各级洪水流向基本一致</td></tr>
<tr><td>开阔河段</td><td>Ⅱ
Ⅲ</td></tr>
<tr><td rowspan="5">平原区河流</td><td>顺直微弯河段</td><td>Ⅱ
Ⅲ</td><td rowspan="5">1. 平原区河流，平面外形可分为顺直微弯型、分汊型、弯曲型、宽滩型和游荡型。
2. 河谷开阔，有时河槽高出地面，靠两侧堤防束水。
3. 河床横断面多呈宽浅矩形，通常横断面上滩槽分明，在河湾处横断面呈斜三角形，凹岸侧窄深，凸岸侧为宽且高的边滩，过渡段有浅滩、沙洲。
4. 枯水期河槽中露出多种形态的泥沙堆积体。
5. 由于平原区河流多河弯、浅滩连续分布，因此，河床纵断面亦深浅相间</td><td rowspan="5">1. 河床比降平缓，一般小于1‰，有时不到0.1‰。
2. 流速小、洪水时河槽平均流速多为2～4 m/s。
3. 洪峰持续时间长，水位和流量变幅小于山区河流。
4. 河床泥沙颗粒较细；水流输送泥沙以悬移质为主，多为沙、粉沙和黏粒；但也有推移质。
5. $\frac{Q_t}{Q_p}>0.4$ 或 $\frac{Q_t}{Q_c}>0.67$ 者为宽滩河流</td><td rowspan="5">1. 顺直微弯河段，中水河槽顺直微弯，边滩呈犬牙交错分布；洪水时边滩向下游平移，对岸深槽亦向下游平移。
2. 分汊河段，中高水河槽分汊，两汊可能有周期性交替变迁趋势。
3. 弯曲性河段，凹冲凸淤。自由弯曲性河段，由于周而复始的凹冲凸淤，随着凹岸侧冲刷下切和侵蚀，弯顶横移下行，凸岸侧成鬃岗地形并扭曲弯向下游；与此同时弯曲路径加长，阻力加大，颈口缩短，洪水时发生裁弯取直。
4. 宽浅蜿蜒性河段，河床演变与弯曲性河段类似。
5. 游荡性河段，河槽宽浅，沙洲众多，且变化迅速，主流、支汊变化无常</td><td rowspan="5">1. 稳定性和次稳定性河段的区别，前者河槽岸线、河槽、洪水主流均基本稳定，变形缓慢；后者河湾发展下移，主流在河槽内摆动。
2. 分汊河段，两汊有交替变迁的趋势；宽滩河段泛滥宽度很宽，达几千米、十几千米，滩槽宽度比、流量比都较大，滩流速小，槽流速大</td></tr>
<tr><td>分汊河段</td><td>Ⅲ
Ⅳ</td><td rowspan="3">次稳定</td></tr>
<tr><td>弯曲河段</td><td>Ⅲ
Ⅳ</td></tr>
<tr><td>宽滩河段</td><td>Ⅲ
Ⅳ</td></tr>
<tr><td>游荡河段</td><td>Ⅳ
Ⅴ</td><td>不稳定</td></tr>
</table>

表 9-1(b)　河段分类

<table>
<tr><th rowspan="2">河流类型</th><th rowspan="2">河段类型</th><th colspan="2">稳定程度</th><th colspan="4">河流特性及河床演变特点</th></tr>
<tr><th>级别</th><th>分类</th><th>形态特征</th><th>水文泥沙特征</th><th>河床演变特征</th><th>河段区别要点</th></tr>
<tr><td rowspan="2">山前区河流</td><td>山前变迁河段</td><td>Ⅴ</td><td rowspan="4">不稳定</td><td rowspan="2">1. 山前变迁河段,多出现在较开阔的、地面坡度较平缓的;山前平原地带,河段距山口较远,其下多是比较稳定的平原河流,水流多支汊,主流迁徙不定,河槽岸线不稳,洪水时主流有滚动可能。
2. 冲积漫流河段,距山口较近,河床坡度较陡;因为地势单调平坦,水流出山口后成喇叭形散开,流速、水深骤减,水流挟带大量泥沙落淤在山口坦坡上形成冲积扇</td><td rowspan="2">1. 河床比降介于山区和平原之间,一般为 1‰ ~ 10‰;但冲积漫流河段有时为 20‰ ~ 50‰。
2. 流速介于山区与平原区之间,洪水时河槽平均流速可达到 3 ~ 5 m/s。
3. 水流宽浅;水位变幅不大,既小于山区亦小于平原区。
4. 河床泥沙颗粒中等或较大;在干旱、半干旱地区,洪水时往往挟带大量细颗粒泥沙(既有悬移质,也有推移质),是淤积的主要材料</td><td rowspan="2">1. 山前变迁性河段,泥沙与河床演变特点有类似平原游荡性河段之处,但其比降和泥沙颗粒皆大于平原游荡性河段;主要还是山前河流的特点,夺流改道之势更为凶猛迅速。
2. 冲积漫流河段,通常无固定河槽,挟带大量粗颗粒泥沙的水流淤此冲彼;加以坡陡、流急造成水沙混合体奔突冲击,有很大的破坏力。洪水后,河床支汊纵横,支离破碎,没有固定的河漫滩,是最不稳定的河段;河床有可能淤高</td><td rowspan="2">1. 不稳定河段与次稳定河段的区别:前者主流在整个河床内摆动,幅度大,变化快,河床有可能扩宽;后者主流在河槽内摆动,幅度小。
2. 游荡性河段与山前变迁性河段的区别:前者土质颗粒细,冲刷深,回淤快,主流不仅在河床内摆动,甚至可能造成河道改道;后者颗粒粗,冲刷浅,由于河床淤高扩宽和主流摆动,造成主槽变迁,河岸傍切扩宽幅度小。
3. 冲积漫流河段地貌大致具有冲积扇体特征,床面逐年淤高,较游荡性河段明显,洪水股流按总趋势在高沟槽中通过</td></tr>
<tr><td>冲积漫流河段</td><td>Ⅵ</td></tr>
<tr><td rowspan="2">河口</td><td>三角港河口</td><td>Ⅴ</td><td rowspan="2">1. 三角港河口段为凹向大陆的河湾性河口段。
2. 三角洲河口段为凸出海岸伸向大海的冲积性河口;河口段沙洲林立,支汊纵横交错</td><td rowspan="2">比降一般小于 0.1‰,流速也小;由于受潮汐影响,流速呈周期性正负变化;泥沙颗粒极细,多为悬移质</td><td rowspan="2">河口除受波浪和海流作用外,河流下泄的部分泥沙(进入河口后),由于受潮流和径流的相互作用,常形成拦门沙,加之咸、淡水交汇造成泥沙颗粒的絮凝现象,促进了泥沙的淤积,洪水期山水占控制的河段,可能有河床冲刷。因此很多河口段河床的冲淤变化很明显</td><td rowspan="2">区别要点同形态特征</td></tr>
<tr><td>三角洲河口</td><td>Ⅵ</td></tr>
</table>

注:表列河段为一般情况,如山区河段一般为稳定性河段,但也有例外情况。有的山区河流有次稳定的,甚至有不稳定的河段,遇到这类场合,应根据具体河段的实际情况,分析其稳定性,决定采用何种勘测设计方法。

表 9-2 不同河段上桥孔布设特点

河流类型	河段类型	桥孔布设特点
山区河流	峡谷河段	桥孔不得压缩河槽，一般宜单孔跨越；桥面高程可根据设计洪水位、两岸地形和路基高程等条件确定；墩台基础可置于不同高程的基岩上
山区河流	开阔河段	桥孔不得压缩河槽，允许压缩河滩；桥头河滩路堤应与洪水主流方向正交，否则应增大桥孔
山前区河流	变迁河段	桥孔布设应根据洪水主流总趋势确定；在导流堤等调治构造物配合下，桥孔可对河槽宽度有较大压缩；各墩台基础应设在同一最低高程上；河槽内，桥头引道不应设小桥涵
山前区河流	冲积漫流河段	采用一河一桥或一河多桥；采用一河多桥时，各汊流量分配参照《桥梁水力学》确定；桥孔长度不得压缩天然排水、输沙宽度；桥面高程的确定应考虑床面淤高和股水流涌高
平原区河流	顺直微弯河段	桥孔不得压缩河槽，允许压缩河滩；考虑河槽内边滩下移及深槽摆动，河槽内墩台基础应埋置在同一最低高程
平原区河流	弯曲河段	桥孔布设必须考虑河弯凹岸冲刷，凸岸淤积及河湾下移等河床变形。凹岸墩台埋置深度必须计入弯道天然冲刷深度（按本书第十章有关公式确定）。桥面高程的确定应计入弯道凹岸水面超高
平原区河流	分汊河段	滩槽稳定的分汊河段上，若干断面流量分布基本稳定，可设一河多桥；在滩槽不稳定的分汊河段采用一河一桥为宜；采用一河多桥方案时的流量分配，必须预估各汊流量分配比例的变化，流量分配方法详见《桥梁水力学》（陆浩，高冬光）
平原区河流	宽滩河段	一般宜修一河一桥；当河床宽阔，分汊河槽稳定，又不宜合并一处时，可考虑一河多桥，各桥流量分配按《桥梁水力学》给出的方法确定。对河滩可作较大压缩，但应注意壅水高度不致危及农田、牧场、堤坝、居民点等；河槽稳定，河滩冲刷较小时墩台基础滩槽可置于不同高程
平原区河流	游荡河段	主流迁徙不定，桥孔不宜过多压缩河床，应在深泓线全部可能摆动的范围内设置桥孔；宜设一河一桥；墩台基础应设在同一最低高程上；配合桥孔布设，设置适当的调治构造物
潮汐河口河段		桥位应避开涌潮区段和滩岸、凹岸多弯区段；潮汐河段上游段的桥位，桥孔设计可按天然状态下的设计方法进行；位于潮汐河段下游段和中间段的桥梁，桥孔长度可按天然状态下桥孔净长度，再加大 5% 至 15% 来考虑

四、桥孔最小净长 L_j 计算

沿着设计水位的水面线，两桥台前缘之间（埋入式桥台则为两桥台护坡坡面之间）的水面宽度，称为桥孔长度 L，见图9-6；扣除全部桥墩宽度（顺桥方向）后，则称为桥孔净长 L_j。

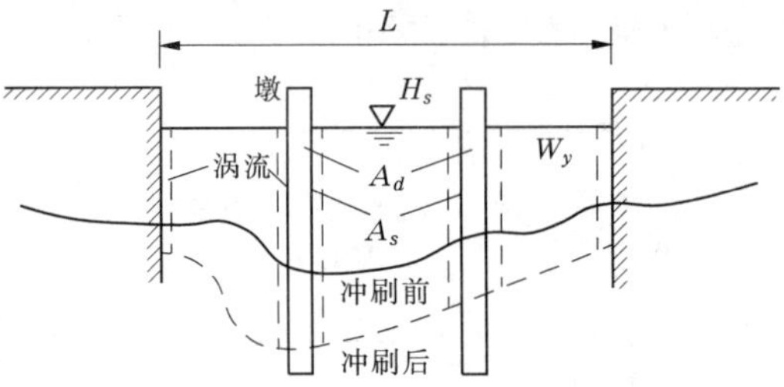

图9-6　桥下过水面积示意图

桥孔长度的确定，首先应满足排洪和输沙的要求，保证设计洪水及其所挟带的泥沙能从桥下顺利通过，并从安全和经济两方面着眼，同时应综合考虑桥孔长度、桥前壅水和桥下冲刷的相互影响。

（一）用经验公式计算桥孔净长度

1. 对于有明显河槽的各类河段

$$L_j = K\left(\frac{Q_s}{Q_c}\right)^n B_c \tag{9-1}$$

式中　L_j——最小桥孔净长度，m；

Q_s——设计洪水流量，m^3/s；

Q_c——设计水位下天然河槽流量，m^3/s；

B_c——天然河槽宽度，m；

K、n——反映河床稳定性的系数和指数，按表9-3采用。

表9-3　K、n 值

河段类型	K	n
稳定	0.84	0.90
次稳定（包括宽滩）	0.95	0.87
不稳定（滩、槽可分）	0.69	1.59

式（9-1）是由《大中桥孔设计研究报告》（南宁，1976年）中，以能量方程和连续性方程导出的桥孔长度公式（能量平衡公式），在三次规范修订时经验证、修订而逐步形成的。

式（9-1）中主要因素有三方面，河槽宽度是最重要的因素，其次是河槽、河滩流量的分配比，反映河床稳定性的系数和指数。

式（9-1）适用范围较广，有明显河槽或河岸的各类河段均可应用，即山区开阔河段、平原顺直微弯河段等稳定性河段；平原弯曲、分汊、宽滩等次稳定河段；平原游荡河段、山前区变迁性河段（有明显河槽者）等不稳定性河段。

2. 对于无明显河槽的变迁性、游荡性河段

河槽宽度（或两岸间的宽度）是选定桥孔长度的重要参考因素。但是，我国新疆、青海、内蒙古等地大型冲积扇及戈壁滩上的一些变迁性河流，无明显的河床形态，滩、槽难

分。另外,平原游荡性河流也有类似河床形态,河床宽浅、水流摆动不定。水流横向摆动的范围大大超过多年泄洪需要的河槽宽度(习惯上称为基本河宽)。

通过我国新疆、青海、内蒙古、河北等地实地调查资料,回归分析得到基本河宽与多年洪水平均流量和河床质平均粒径存在下列关系:

$$B_0 = 16.07\frac{\overline{Q}^{0.24}}{\overline{d}^{0.30}} \tag{9-2}$$

式中 $\overline{Q}$——多年洪水平均流量,m^3/s;

$\overline{d}$——河床质平均粒径,m。

基本河宽是多年来不同大小洪水过程平均作用的结果,具有河相关系的意义。

桥孔长度则与设计洪水流量对应的设计频率有关,引入一个与设计洪水频率有关的系数 C_P:

$$C_P = \left(\frac{Q_{P\%}}{Q_{2\%}}\right)^{\frac{1}{3}} \tag{9-3}$$

或

$$C_P = \left(\frac{1 + C_v\Phi_{P\%}}{1 + C_v\Phi_{2\%}}\right)^{\frac{1}{3}} \tag{9-4}$$

取最小桥孔净长度 L_j 为

$$L_j = C_P \cdot B_0 \tag{9-5}$$

$$L_j = 16.07C_P\frac{\overline{Q}^{0.24}}{\overline{d}^{0.30}} \tag{9-6}$$

式中 L_j——最小桥孔净长度,m;

B_0——基本河宽,m;

C_P——设计洪水频率系数;

$Q_{P\%}$——设计频率为 $P\%$ 的流量,即设计流量 Q_s,m^3/s;

$Q_{2\%}$——频率为 2% 的洪水流量,m^3/s。

这些经验公式具有一定的理论依据,应用数理统计方法是根据我国公路桥梁的实际资料制定的,形式简单,便于应用。

(二)用单宽流量公式计算桥孔净长度

式(9-7)是根据水流连续性原理,并考虑建桥后的水流受挤束,通过桥下河床的单宽流量重新分配而建立的。

$$L_j = \frac{Q_s}{\beta q_c} \tag{9-7}$$

式中 Q_s——设计流量,m^3/s;

q_c——河槽平均单宽流量,m^2/s,$q_c = \frac{Q_c}{B_c}$,其中 Q_c 为设计水位下天然河槽流量,B_c 为天然河槽宽度;

β——水流压缩系数,按表 9-4 采用。

表 9-4　水流压缩系数β值

河段类型	稳 定	次 稳 定	宽 滩
β	$\left(\dfrac{B_c}{\bar{h}_c}\right)^{0.06}$	$0.92\left(\dfrac{B_c}{\bar{h}_c}\right)^{0.06}$	$1.02\left(\dfrac{Q_t}{Q_c}\right)^{-0.15}\left(\dfrac{\alpha\bar{v}_0}{g\bar{h}_0}\right)^{-0.11}$

注：$\bar{h}_c$——河槽平均水深，m，$\bar{h}_c=\dfrac{A_c}{B_c}$；

Q_c——天然河滩流量，m^3/s；

$\bar{v}_0$——断面平均流速，m/s；

$\bar{h}_0$——断面平均水深，m，$\bar{h}_0=\dfrac{A}{B}$，其中 A 为天然全断面过水面积，B 为全断面过水断面水面宽度；

g——重力加速度，取 9.81 m/s^2；

α——断面流速分布不均匀引起的修正系数，$\alpha=\dfrac{\bar{v}_{t1}^2Q_{t1}+\bar{v}_c^2Q_c+\bar{v}_{t2}^2Q_{t2}+\cdots}{\bar{v}_0^2Q_s}$；

$\bar{v}_t$——河滩平均流速，m/s，$\bar{v}_t=\dfrac{Q_t}{A_t}$；

其他符号意义同前。

桥孔净长度确定后，即可根据断面形态、主流位置、通航要求、河床演变趋势、桥位河段地质等因素尽量选用合理的标准跨径，在桥位纵断面图和桥位地形图上进行合理的桥孔布设，使桥下实际的水面宽度等于或稍大于计算的桥孔长度。桥孔布置应先河槽后河滩，这样才能满足排洪输沙的需要，确保桥梁的安全。

【例 9-1】　接例 8-1 部分资料，南方地区某公路桥梁跨越一条平原河流，桥位河段基本顺直，地处次稳定性河段。上游有河湾，河床平坦，两岸较为整齐，无坍塌现象。河槽土质为砂砾，河滩为耕地，表层为沙和淤泥。实测桥位河流横断面如图 8-1 所示，可作为水文断面进行流量计算。经调查确定，桩号 K8+322.60 为河槽与河滩的分界，选定粗糙系数为：河槽 $n_c=0.025$，河滩 $n_t=0.033$。调查的历史洪水位为 63.80 m，洪水比降为 0.3‰。拟桥梁上部采用标准跨径为 13 m 的钢筋混凝土简支梁，净跨径 $L_0=11.8$ m，梁高 1 m(包括桥面铺装层)。下部为单排双柱钻孔桩墩，墩径 $d=1.2$ m，采用 U 形桥台，台长为 6 m。试选择公式计算最小桥孔长度，并进行桥孔布设。

解：(1)以有明显河槽的公式计算。

次稳定河段以式(9-1)计算桥孔净长 $L_j=K\left(\dfrac{Q_s}{Q_c}\right)^nB_c$

其中　设计流量 $Q_s=3\ 500\ m^3/s$，天然河槽流量 $Q_c=3\ 272\ m^3/s$，

河槽宽度 $B_c=431.43-322.60=108.83$(m)

查表 9-3，可得 $K=0.95$，$n=0.87$

$$L_j=0.95\times\left(\frac{3\ 500}{3\ 272}\right)^{0.87}\times108.83=109.629(\text{m})$$

(2)以单宽流量公式计算。

次稳定河段也可用式(9-7)计算最小桥孔净长 $L_j=\dfrac{Q_s}{\beta q_c}$

其中
$$q_c=\frac{Q_c}{B_c}=\frac{3\ 272}{108.83}=30.065(\mathrm{m^2/s})$$
$$\bar{h}_c=\frac{A_c}{B_c}=\frac{1\ 045.32}{108.83}=9.61(\mathrm{m})$$
$$\text{查表 9-4},\beta=0.92\left(\frac{B_c}{\bar{h}_c}\right)^{0.06}=0.92\times\left(\frac{108.83}{9.61}\right)^{0.06}=1.064$$
$$L_j=\frac{3\ 500}{1.064\times 30.065}=109.412(\mathrm{m})$$
比较两公式计算结果,从安全考虑,采用 $L_j=109.63$ m

套用标准跨径,采用 10 孔方案。即两桥台前缘之间距离
$$L_d=10\times 11.8+9\times 1.2=128.80(\mathrm{m})$$
桥梁两端桥台台尾间的距离(即全桥长)
$$L_d'=128.80+2\times 6.0=140.80(\mathrm{m})$$
具体桥孔布设见图 9-7。

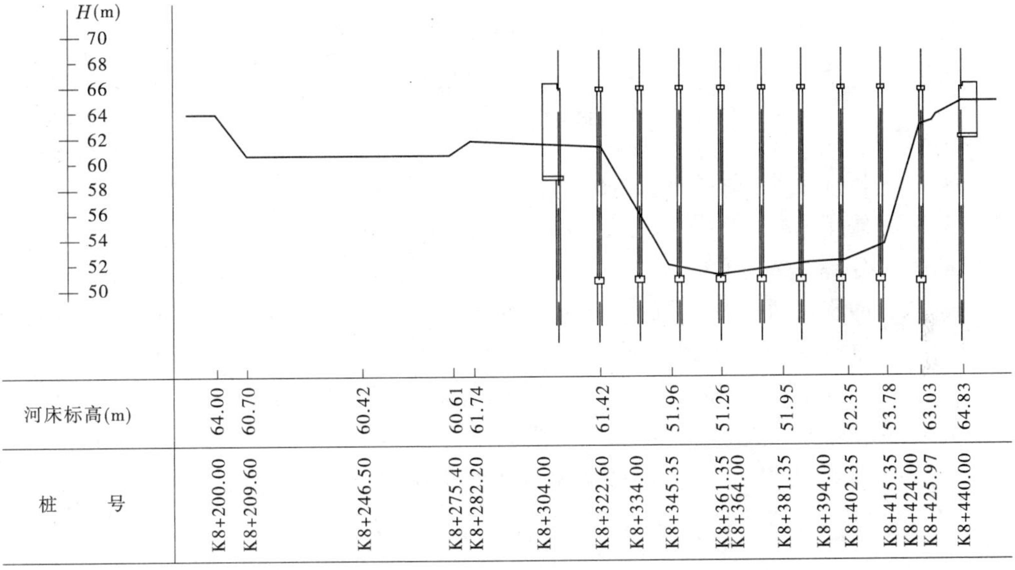

图 9-7　桥孔布设

第三节　桥面设计高程计算

桥面设计高程是由桥面中心线上最低点高程来控制的。它必须满足桥下通过设计水位、流冰、流木和通航的要求,并且应考虑壅水、波浪、水拱、河湾凹岸水面超高以及河床淤积等各种因素引起的桥下水位升高。

一、引起桥下水位升高的因素

1. 壅水

建桥后，天然水流受到桥孔压缩，桥前形成壅水，天然水面（正常水深）以上壅起的高度，称为壅水高度。最大壅水高度的位置，无导流堤时大约在桥位中线上游一个桥孔长度附近；有导流堤时大约在导流堤的上游堤端附近。

1）桥前最大壅水高度 Δz

《公路工程水文勘测设计指南》推荐试用下式计算桥前最大壅水高度：

$$\Delta z = \frac{K_N K_y}{2g}(v_M^2 - v_{0M}^2) \tag{9-8}$$

$$K_y = \frac{0.5}{\frac{v_M}{\sqrt{g}} - 0.1} \tag{9-9}$$

$$K_N = \frac{2}{\sqrt{\frac{v_M}{v_{0M}} - 1}} \tag{9-10}$$

$$v_M = \frac{v_M'}{1 + 0.5 d_{50}^{0.25}\left(\frac{v_M'}{v_c} - 1\right)} \tag{9-11}$$

式中 Δz——桥前最大壅水高度，m；

K_y——修正系数，当桥下河床为岩石或有铺砌时取 1.0；

K_N——定床壅水系数；

v_M——冲刷后桥下平均流速，m/s，当桥下河床为岩石或有铺砌时，即为 v_M'；

v_M'——冲刷前桥下平均流速，m/s，等于设计流量除以桥下净过水面积；

v_{0M}——天然状态下桥孔部分的平均流速，m/s；

v_c——河槽平均流速，m/s；

d_{50}——河床质中值粒径，即按质量计 50% 都较它为小的粒径，mm，对黏性土河床，可按表 9-5 换算。

表 9-5　黏性土换算粒径 d_{50}

天然孔隙比 e	>1.2	1.2～0.6	0.6～0.3	0.3～0.2
换算粒径 d_{50}(mm)	0.15	3	10	50

2）桥下壅水高度 $\Delta z'$

桥下壅水高度是指桥下断面处的壅水高度，可根据洪水情势和土质易冲程度参照表 9-6 取用。

表 9-6　桥下壅水高度 $\Delta z'$取值

序号	洪水和河床质条件	$\Delta z'$取值
1	一般情况	$\frac{1}{2}\Delta z$
2	洪水暴涨暴落,土壤坚实,不易冲刷	$\Delta z'$
3	洪水涨落缓慢,土质松软,易冲刷	不计

3)壅水曲线

最大壅水断面以下的壅水曲线,对于缓坡($i<i_k$)河流为 a_1 型壅水曲线,曲线的精确绘制可按水力学中的"水面曲线绘制方法"进行,但在桥位设计中,一般可近似地看做二次抛物线进行计算,如图 9-8 所示。

$$L = \frac{2\Delta z}{i} \tag{9-12}$$

$$\Delta z_A = \left(1 - \frac{iL_A}{2\Delta z}\right)^2 \Delta z \tag{9-13}$$

式中　L——壅水曲线的全长,m;

Δz——桥前最大壅水高度,m;

i——河床比降,以小数计;

Δz_A——任意断面 A 处的壅水,m;

L_A——任意断面 A 至最大壅水断面的距离,m。

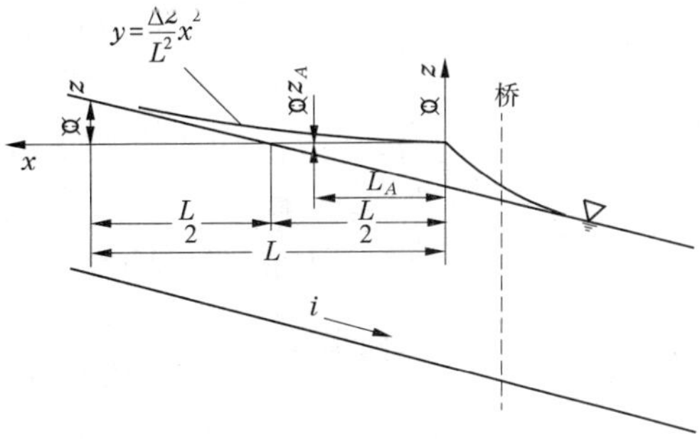

图 9-8　壅水曲线示意图

2.波浪

波浪是指水面受到风力作用而呈现起伏波动的现象,如图 9-9 所示。波面凸起的最高点称为波峰,波面凹下的最低点称为波谷,相邻的波峰与波谷之间的高差 h_b 称为波浪高度。

相邻两个波峰(或波谷)之间的水平距离 D 称为波浪长度,波浪传播的距离称为浪程。波浪从静水位沿斜坡爬升的最大高度 h_e 称为波浪侵袭高度。桥位处波浪的大小与风速、风向、浪程、水深及桥位处的自然环境等因素都有直接的关系。

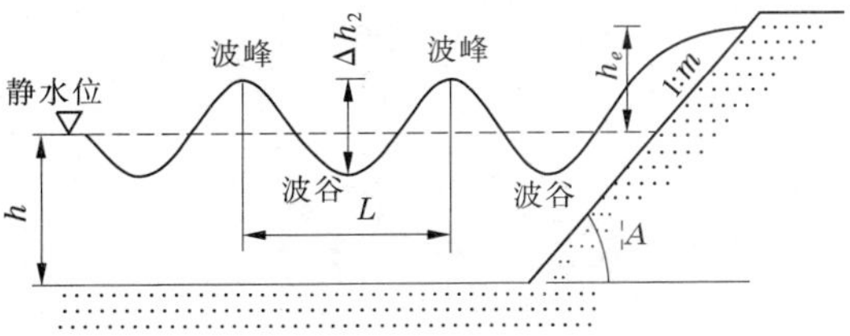

图 9-9　波浪爬高

在水库、湖泊以及河岸较宽阔的水域或洪水持续时间很久的河流上均需考虑波浪对桥高的影响。

1)桥位处的波浪高度

桥位处河流洪水波浪高度一般通过现场调查取得。调查有困难时,可按有关规范或手册推荐的方法确定,用公式计算。计算公式如下:

$$\Delta h_2 = K_F \Delta \bar{h}_2 \tag{9-14}$$

$$\Delta\bar{h}_2 = \frac{0.13\text{th}\left[0.7\left(\frac{g\bar{h}}{v_w^2}\right)^{0.7}\right]\text{th}\left\{\frac{0.0018\left(\frac{gD}{v_w^2}\right)^{0.45}}{0.13\text{th}\left[0.7\left(\frac{g\bar{h}}{v_w^2}\right)^{0.7}\right]}\right\}}{\frac{g}{v_w^2}} \tag{9-15}$$

式中　Δh_2——波浪高度，m，根据连续观测的 100 个波浪高度中最大的一个，即累积频率 $P=1\%$ 时得出的；

$\Delta\bar{h}_2$——波浪平均高度，m；

K_F——系数，当 $\Delta\bar{h}_2/\bar{h}<0.1$ 时，取 2.42，当 $\Delta\bar{h}_2/\bar{h}\geqslant 0.1$ 时，取 2.30；

th——双曲正切函数，$\text{th}=\frac{e^x-e^{-x}}{e^x+e^{-x}}$；

g——重力加速度，m/s^2，$g=9.80\ m/s^2$；

$\bar{h}$——沿计算浪程方向的平均水深，m；

D——计算浪程，m，确定方法见后述；

v_w——风速，m/s，水面以上 10 m 高度处多年所测洪水期间自记 2 min 平均最大风速的平均值，$v_w=\frac{v_{w0}-0.80}{0.88}$；

v_{w_0}——风速，m/s，水面以上 10 m 高度处多年所测洪水期间自记 10 min 平均最大风速的平均值。

计算浪程是波浪沿一定风向可能传播的距离，应根据汛期风玫瑰图和桥位地形图确定。沿波浪传播方向（或风向），从泛滥边界至桥位计算波浪处的距离为最大浪程，见图 9-10（最大浪程的方向与风向之间的夹角不超过 22.5°时，即可认为方向一致）。对于水面狭窄和形态复杂的河流则需要修正。

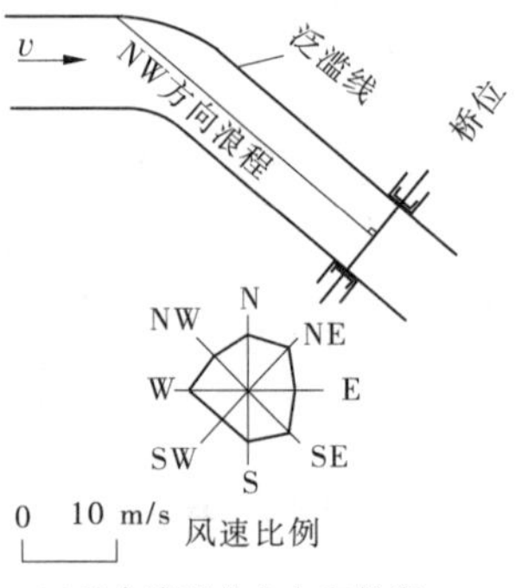

(a)最大浪程的方向和长度

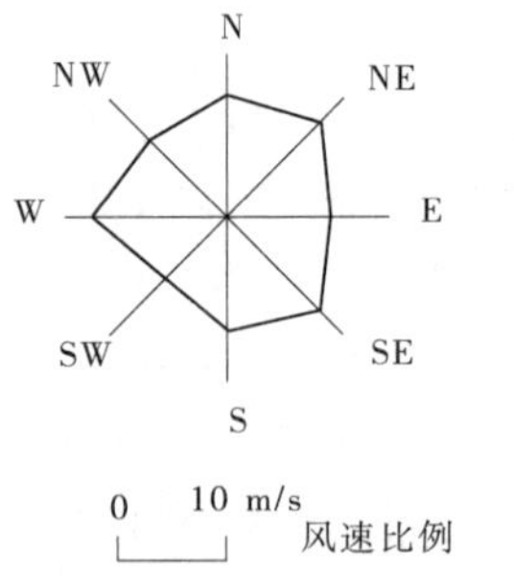

(b)桥位所在地汛期的风玫瑰图

图 9-10　浪程示意图

风速资料可由气象站搜集，但须按《公路工程水文勘测设计规范》的要求进行审查和换算。缺少实测风速时，可按表 9-7 风力等级表估算风速。

表 9-7　风力等级

风力等级	陆地地面物的征象	相当风速 v_w(m/s)		浪高(m)
		范围	中数	
0	静,烟直上	0～0.2	0.1	—
1	烟能表示风向	0.3～1.5	0.9	0.1
2	人面感觉有风,树枝有微响	1.6～3.3	2.5	0.2
3	树枝及微枝动摇不息,旌旗展开	3.4～5.4	4.4	0.6
4	能吹起地面灰尘和纸张,树的小枝动摇	5.5～7.9	6.7	1.0
5	有叶的小树摇动,内陆的水面有小波	8.0～10.7	9.4	2.0
6	大树枝摇动,电线呼呼有声,举伞困难	10.8～13.8	12.4	3.0
7	全树摇动,大树枝弯下来,迎风步行感觉不便	13.9～17.1	15.5	4.0
8	可折毁树枝,人向前行感觉阻力甚大	17.2～20.7	19.0	5.5
9	烟囱及平房顶受到损坏,小屋受到破坏	20.8～24.4	22.6	7.0
10	陆上少有,有则可使树木拔起或将建筑物摧毁	24.5～28.4	26.5	9.0
11	陆上少有,有则必有重大损毁	28.5～32.6	30.6	11.5
12	陆上极少,其摧毁力极大	>32.6	>30.6	14.0

2)路堤或导流堤等边坡处的波浪爬高

波浪冲向路堤(或导流堤等)边坡而爬升的高度,称为波浪爬高或波浪侵袭高度。确定河滩路堤和导流堤等顶面高程时,应计入这一高度。可按《公路工程水文勘测设计规范》推荐的公式计算:

$$h_e = K_\Delta K_V R_0 \Delta h_2 \tag{9-16}$$

式中　h_e——波浪爬高,自静水位起算,m;

K_Δ——边坡糙渗系数,查表 9-8;

K_V——风速影响系数,查表 9-9;

R_0——相对波浪爬高系数,查表 9-10。

表 9-8　边坡糙渗系数 K_Δ

边坡护面类型	整片光滑不透水护面(沥青混凝土)	混凝土及浆砌片石护面与光滑土质边坡	干砌片石及植草皮	一两层抛石加固	抛石组成的建筑物
K_Δ	1.0	0.9	0.75～0.80	0.6	0.50～0.55

表 9-9　风速影响系数 K_V

风速(m/s)	5～10	10～20	20～30	>30
K_V	1.0	1.2	1.4	1.6

表 9-10　相对波浪爬高系数 R_0

边坡系数	1.00	1.25	1.50	1.75	2.00	2.50	3.00
R_0	2.16	2.45	2.52	2.40	2.22	1.82	1.50

3）斜向的波浪爬高

当靠近路堤的河滩上长有高于水深加半个波浪高度的成片灌木丛时，且桥台和引道路堤受到波浪斜向侵袭时，侵袭高度有所减弱，当边坡系数 $m>1$ 和斜向角度 $\beta \geqslant 30°$时，可用下式计算 h_e' 值代替引道路堤最低设计标高计算中所考虑的 h_e。

$$h_e' = \frac{1+2\sin\beta}{3}h_e \tag{9-17}$$

式中　h_e'——修正后的波浪侵袭高度，m；

β——构造物边坡上水边线与浪射线之间的夹角；

h_e——波浪侵袭高度，m。

3. 其他

确定桥面高程时，应计入各种原因引起的水位升高；河流涨水时同一断面的主槽流速比两侧河滩的流速大，主槽水位比河滩水位上涨快，形成河心水位高、两边河滩水位低的水拱现象；在洪水由峡谷山口流出时，也会出现水拱现象；河湾处形成水面横比降，引起凹岸水位超高；还有局部股流壅高（与水拱比较，只取其中较大者）及河床淤积等。这些因素一般以调查和实测确定。

河湾处的水位超高值可按下式计算：

$$\Delta h = \frac{v^2 B}{gR} \tag{9-18}$$

式中　Δh——河湾水位超高值，m；

v——断面平均流速，m/s；

B——水面宽度，如滩地有密草、丛林或死水时，该部分水面宽应予以扣除，m；

g——重力加速度，取 9.80 m/s^2；

R——河湾凸凹岸曲率半径的平均值，m。

计算桥面高程时，可计入河湾水位超高值的 1/2。

4. 急流河槽中桥墩的水流冲击高度 Δh_d

急流河槽（$Fr>1.0$）修建桥梁后，桥梁上游河槽不出现 a_1 型壅水曲线，即不存在桥前壅水高度和桥下壅水高度，但是出现桥墩迎水面水流溅起的冲击高度 Δh_d。在确定桥面高程时，不计壅水高度 Δz，而以水流冲击高度计入。墩前水流冲击高度 Δh_d 由动量方程和连续方程可得

$$\Delta h_d = 0.5\left(h_0^2 + 16h_0\frac{v_0^2}{2g}\right)^{0.5} - 1.5h_0 \tag{9-19}$$

式中　Δh_d——急流河槽桥墩水流冲击高度，m；

h_0、v_0——墩前河槽的天然水深（m）和流速（m/s）。

二、桥下净空安全值

1. 不通航河段

桥下净空安全值的规定见表 9-11。

表 9-11 不通航河流桥下净空安全值

桥梁部位	按设计水位计算要求的桥下净高(m)	高出最高流冰水位以上的净高(m)
梁底	0. 50	0. 75
支座垫石顶面	0. 25	0. 50
拱脚	按注 1. 要求办理	0. 25

注: 1. 无铰拱的拱脚,允许被设计洪水淹没,淹没高度一般不超过拱圈矢高 2/3;拱顶底面至设计水位的净高不小于 1 m;有锚固的普通板式橡胶支座,其桥台端桥下净空亦可不受 0. 25 或 0. 50 的限制;

2. 表列最小净高安全值与"注 1."的净高,应同时根据河流的具体情况,酌情考虑壅水、浪高、河床淤高、漂浮物和流冰阻塞的影响,适当加高,对山区河流,水位变化大,桥下净空可适当加大。

2. 对于通航河段

通航河段桥下净空尺度的规定见图 9-11和表 9-12、表 9-13。表中的桥下净空高度 H_M 是从设计最高通航水位算起;桥下净宽 B_M 是指设计最低通航水位时桥墩之间的净距。

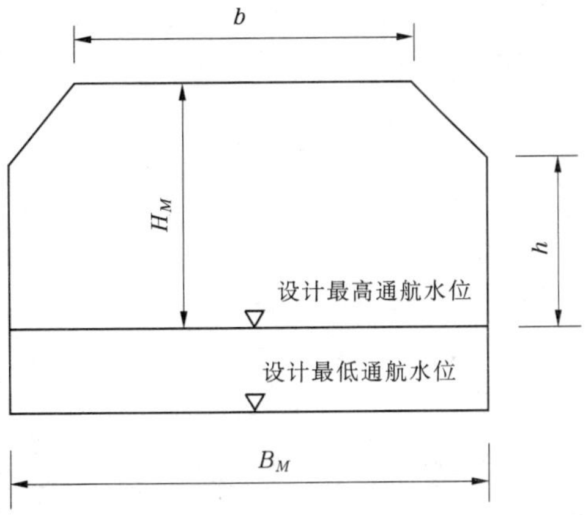

图 9-11 水上过河建筑物通航净空高度

设计最高通航水位根据各种河流具体情况确定。一般天然河流的设计最高通航水位可采用表中规定的各级洪水重现期水位;山区河流如经多年水文资料查证,出现高于设计最高通航水位历时很短,则根据具体情况,三级航道的设计最高通航水位标准可降为 10 年一遇,四、五级航道的设计最高通航水位标准可降为 5 年一遇,六、七级航道可按 2 至 3 年一遇的标准执行;综合利用的排灌和引水渠道、运河和河网航道、通航的水利枢纽上下游,以及渠化河流的设计最高通航水位可按《全国内河通航标准》规定执行。

表 9-12 天然河流设计最高通航水位标准

航道等级	一~三	四、五	六、七
洪水重现期(年)	20	10	5

注:1. 山区河流如经多年水文资料查证,出现高于设计最高通航水位历时很短,则根据具体情况,三级航道的标准可降为 10 年一遇,四、五级航道的标准可降为 5 年一遇,六、七级航道的标准可按 2 ~3 年一遇执行;

2. 设计最低通航水位参见《内河通航标准》(GBJ 139—90)确定。

表 9-13　水上过河建筑物通航净空尺度

<table>
<tr><th rowspan="2" colspan="2">航道等级</th><th colspan="4">天然及渠化河流(m)</th><th colspan="4">限制性河道(m)</th></tr>
<tr><th>净高 H_M</th><th>净宽 B_M</th><th>上底宽 b</th><th>侧高 h</th><th>净高 H_M</th><th>净宽 B_M</th><th>上底宽 b</th><th>侧高 h</th></tr>
<tr><td rowspan="4">Ⅰ</td><td>(1)</td><td>24</td><td>160</td><td>120</td><td>7.0</td><td rowspan="3"></td><td rowspan="3"></td><td rowspan="3"></td><td rowspan="3"></td></tr>
<tr><td>(2)</td><td rowspan="3">18</td><td>125</td><td>95</td><td>7.0</td></tr>
<tr><td>(3)</td><td>95</td><td>70</td><td>7.0</td></tr>
<tr><td>(4)</td><td>85</td><td>65</td><td>8.0</td><td>18</td><td>130</td><td>100</td><td>7.0</td></tr>
<tr><td rowspan="3">Ⅱ</td><td>(1)</td><td rowspan="2">18</td><td>105</td><td>80</td><td>6.0</td><td rowspan="2"></td><td rowspan="2"></td><td rowspan="2"></td><td rowspan="2"></td></tr>
<tr><td>(2)</td><td>90</td><td>70</td><td>8.0</td></tr>
<tr><td>(3)</td><td>10</td><td>50</td><td>40</td><td>6.0</td><td>10</td><td>65</td><td>50</td><td>6.0</td></tr>
<tr><td rowspan="4">Ⅲ</td><td>(1)</td><td>18</td><td>100</td><td>75</td><td>6.0</td><td rowspan="2"></td><td rowspan="2"></td><td rowspan="2"></td><td rowspan="2"></td></tr>
<tr><td>(2)</td><td rowspan="3">10</td><td>70</td><td>55</td><td>6.0</td></tr>
<tr><td>(3)</td><td>60</td><td>45</td><td>6.0</td><td rowspan="2">10</td><td>85</td><td>65</td><td>3.0</td></tr>
<tr><td>(4)</td><td>40</td><td>30</td><td>6.0</td><td>55</td><td>40</td><td>6.0</td></tr>
<tr><td rowspan="3">Ⅳ</td><td>(1)</td><td rowspan="3">8</td><td>60</td><td>50</td><td>4.0</td><td></td><td></td><td></td><td></td></tr>
<tr><td>(2)</td><td>50</td><td>41</td><td>4.0</td><td rowspan="2">8</td><td>80</td><td>60</td><td>3.5</td></tr>
<tr><td>(3)</td><td>35</td><td>29</td><td>5.0</td><td>45</td><td>37</td><td>4.0</td></tr>
<tr><td rowspan="3">Ⅴ</td><td>(1)</td><td rowspan="2">8</td><td>46</td><td>38</td><td>4.0</td><td></td><td></td><td></td><td></td></tr>
<tr><td>(2)</td><td>38</td><td>31</td><td>4.5</td><td>8</td><td>75 ~ 77</td><td>62</td><td>3.5</td></tr>
<tr><td>(3)</td><td>8.5</td><td>28 ~ 30</td><td>25</td><td>5.5,3.5</td><td>8.5</td><td>38</td><td>32</td><td>5.0,3.5</td></tr>
<tr><td rowspan="4">Ⅵ</td><td>(1)</td><td></td><td rowspan="2">30</td><td rowspan="2">24</td><td rowspan="2">3.4</td><td>4</td><td>22</td><td>18</td><td>3.4</td></tr>
<tr><td>(2)</td><td>4</td><td></td><td></td><td></td><td></td></tr>
<tr><td>(3)</td><td rowspan="2">6</td><td rowspan="2">18</td><td rowspan="2">14</td><td rowspan="2">4.0</td><td rowspan="2">6</td><td rowspan="2">28 ~ 30</td><td rowspan="2">22</td><td rowspan="2">3.6</td></tr>
<tr><td>(4)</td></tr>
<tr><td rowspan="3">Ⅶ</td><td>(1)</td><td></td><td rowspan="2">14</td><td rowspan="2">11</td><td rowspan="2">2.8</td><td rowspan="2">3.5</td><td>18</td><td>14</td><td>2.8</td></tr>
<tr><td>(2)</td><td>3.5</td><td>18</td><td>14</td><td>2.8</td></tr>
<tr><td>(3)</td><td>4.5</td><td>18</td><td>14</td><td>2.8</td><td>4.5</td><td>26 ~ 30</td><td>21</td><td>2.8</td></tr>
</table>

注:1. 本表航道等级栏括号内数字代表船队尺度的编号,可参见规范“全国内河航道分级与船队尺度”的内容;
2. 在平原河网地区建桥遇特殊困难时可按具体条件研究确定;
3. 桥墩(柱)侧如有显著的紊流,则通航孔桥墩(柱)间的净宽值应为本表的通航净宽加两侧紊流区的宽度;
4. 在航行条件较差或弯曲河段上的桥梁,其通航净宽应在表列数值基础上,根据船舶航行安全的需要适当放宽。

三、桥面最低高程确定

1. 不通航河段

1)按设计洪水位计算桥面高程

$$H_{\min} = H_s + \sum \Delta h + \Delta h_j + \Delta h_D \tag{9-20}$$

式中　$H_{\min}$——桥面最低高程,m;

H_s——设计水位,m;

$\sum \Delta h$——各种水面升高值总和,m;

Δh_j——桥下净空安全值,m;

Δh_D——桥梁上部构造建筑高度,包括桥面铺装高度,m。

2)按流冰水位计算桥面高程

$$H_{\min} = H_{SB} + \Delta h_j + \Delta h_D \tag{9-21}$$

式中 H_{SB}——设计最高流冰水位,m;

其他符号意义同前。

2. 通航河流

通航河流的桥面高程除应满足不通航河流的要求外,同时还应满足下式的要求:

$$H_{\min} = H_{tn} + H_M + \Delta h_D \tag{9-22}$$

式中 H_{tn}——设计最高通航水位,m;

H_M——通航净空高度,m;

其他符号意义同前。

采用式(9-20)、式(9-21)和式(9-22)计算结果中的最大值作为桥面最低设计高程。

3. 跨越海域水面的桥梁

通航水位按交通部《跨海及感潮河段桥梁设计最高通航水位暂行技术规定》等有关方面的规定来确定。

通航净空高度由船舶空载时船舶水面以上的高度及安全富余高度组成。安全富余高度一般取 1.50 ~ 4.00 m。

桥下通航净宽度一般应大于通航宽度。通航宽度按交通部《港口工程技术规范》中的规定执行。

【例 9-2】 某一级公路跨越平原区次稳定性河段修建一座桥梁,桥位勘测搜集的跨越河流基本资料信息和桥位断面测量资料等(桥位河段上游有河湾,河床平坦,两岸较为整齐,无坍塌现象。河槽土质为砂砾,河滩为耕地,表层为沙和淤泥。经调查历史洪水位 63.80 m,滩槽分界 K8 +622.60)。根据多方面水文资料分析计算结果如下:

(1)调查的历史洪水位 63.80 m,根据实测水深计算

河滩　$A_t = 336.19\ \text{m}^2$　$B_t = 122.02\ \text{m}$

河槽　$A_c = 1\,045.32\ \text{m}^2$　$B_c = 108.83\ \text{m}$

河槽部分　$\bar{h}_c = 9.60\ \text{m}$　$v_c = 3.13\ \text{m/s}$　$Q_c = 3\,272\ \text{m}^3/\text{s}$

河滩部分　$\bar{h}_t = 2.57\ \text{m}$　$v_t = 1.03\ \text{m/s}$　$Q_t = 346\ \text{m}^3/\text{s}$

全断面总流量　$Q = 3\,618\ \text{m}^3/\text{s}$　全断面平均流速　$v = 2.62\ \text{m/s}$

(2)采用设计流量 $Q = Q_{1\%} = 3\,500\ \text{m}^3/\text{s}$,设计水位 $H_s = 63.65$ m,相应的河槽、河滩及全断面(河床断面)的各项水力因素,由《桥位设计计算系统(QW0.1)》计算设计流量($Q_s = Q_{1\%} = 3\,500\ \text{m}^3/\text{s}$)时的各项水力因素:

设计水位　$H_s = 63.65$ (m)

河滩部分　面积 $A_t = 317.18\ \text{m}^2$　宽度 $B_t = 121.57$ m

平均水深 $\bar{h}_t = 2.61$ m　流速 $v_t = 0.99$ m/s　流量 $Q_t = 316\ \text{m}^3/\text{s}$

河槽部分　面积 $A_c=1\ 028.29\ m^2$　宽度 $B_c=108.38$ m

　　　　　平均水深 $\bar{h}_c=9.49$ m　流速 $v_c=3.11$ m/s　流量 $Q_c=3\ 193\ m^3/s$

河床　　　面积 $A\ =1\ 345.47\ m^2$　宽度 $B\ =229.95$ m

　　　　　平均水深 $\bar{h}=5.85$ m　平均流速 $\bar{v}=2.61$ m/s　流量 $Q=3\ 508\ m^3/s$

采用数据　平均水深 $\bar{h}_c=9.49$m　流速 $v_c=3.11$ m/s　流量 $Q_c=3\ 193\ m^3/s$

　　　　　$A_c=1\ 045.32\ m^2$　$B_c=108.83$ m

桥位河段为河湾段,中心半径为 430 m;桥位河段为Ⅵ－(1)级航道;桥位河段无凌汛、流冰。桥梁上部结构建筑高度为 1.20 m。

解:1. 桥孔长度

根据我国公路桥梁最小桥孔净长度 L_j 公式计算,该桥位在次稳定性河段上,且有明显的河槽宽度,可根据式(9-1)计算,即

$$L_j = K\left(\frac{Q_s}{Q_c}\right)^n B_c = 0.95 \times \left(\frac{3\ 500}{3\ 193}\right)^{0.87} \times 108.38 = 111.52(\mathrm{m})$$

2. 桥孔布设

根据桥位河床断面形态,将左岸桥台桩号布置在 K8＋604.00;取 4 孔 30 m 预应力混凝土箱梁为上部结构,上部结构建筑高度取 1.20 m;双柱式桥墩,墩径取 1.60 m;各墩位置和桩号如图 9-12 所示;右桥台桩号为 K8＋724.00。该桥孔布设方案的桥孔净长度为 115.20 m。大于最小桥孔净长度 111.52 m,桥孔布设合理。

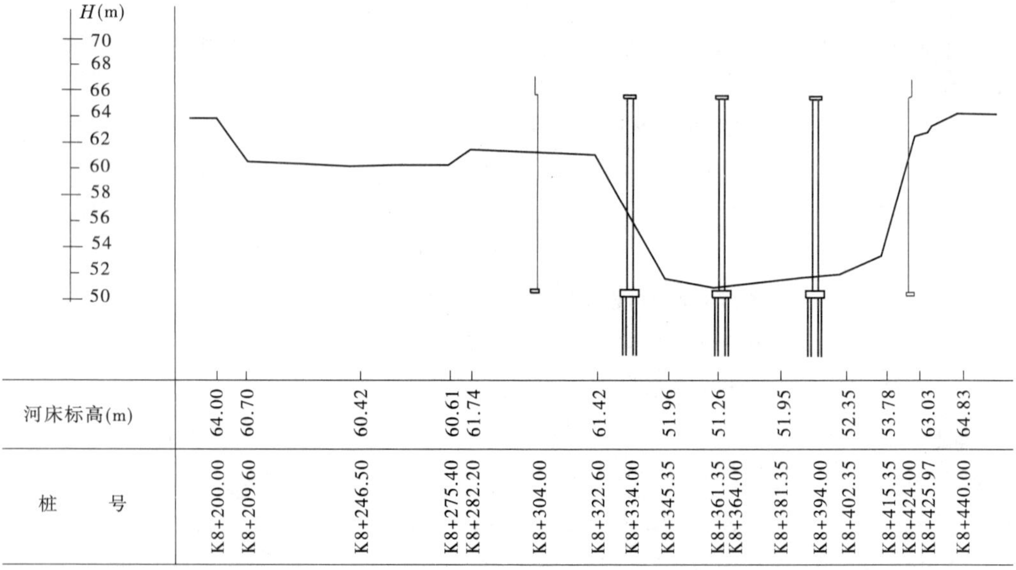

图 9-12　桥孔布设

3. 桥面最低高程

河槽佛汝德数 $Fr=\dfrac{v_c^2}{gh_c}=\dfrac{3.11^2}{9.80\times 9.49}=0.104<1.0$,即设计流量通过时为缓流。桥前

出现壅水,而不出现桥墩迎水面的急流冲击高度。应当注意,当河槽水流 $Fr>1.0$ 时,桥前不存在壅水,而出现桥墩迎水面急流冲击高度(溅高)。在《桥位设计计算系统(QW0.1)》中,自动判别急流或缓流后,自行计算壅高或溅高。

1)桥前壅水高度 Δz 和桥下壅水高度 Δz_q

冲刷前桥下流速 $v_M'=\dfrac{Q_s}{A_j}=\dfrac{3\ 500}{108.38\times9.49+(120-108.38)\times2.61-3\times1.6\times9.49}$

$=3.46\ (\mathrm{m/s})$

A_j 为桥下净过水面积,m^2,等于冲刷前两桥台间总面积减去3个桥墩阻水面积。墩宽1.60 m,河槽平均水深9.49 m。

天然桥下平均流速 v_{0M},计算得 $v_{0M}=v_c=3.11\ \mathrm{m/s}$

冲刷后桥下平均流速 $v_M=\dfrac{v_M'}{1+0.5d_{50}^{-0.25}\left(\dfrac{v_M'}{v_c}-1\right)}=\dfrac{3.46}{1+0.5\times2^{-0.25}\times\left(\dfrac{3.46}{3.11}-1\right)}$

$=3.30(\mathrm{m/s})$

系数

$$K_N=\frac{2}{\sqrt{\dfrac{v_M}{v_{0M}}-1}}=\frac{2}{\sqrt{\dfrac{3.30}{3.11}-1}}=8.09$$

$$K_y=\frac{0.5}{\dfrac{v_M}{\sqrt{g}}-0.1}=\frac{0.5}{\dfrac{3.30}{\sqrt{9.80}}-0.1}=0.524$$

桥前最大壅水高度 $\Delta z=\dfrac{K_NK_y}{2g}(v_M^2-v_{0M}^2)=\dfrac{8.09\times0.524}{2\times9.80}\times(3.30^2-3.11^2)$

$=0.26(\mathrm{m})$

桥下壅水高度 Δz_q 取 $0.5\Delta z$,则

$$\Delta z'=0.5\times0.26=0.13(\mathrm{m})$$

2)浪高

桥位处于空旷平原,由实测风速换算得到的计算风速为21.53 m/s,浪程内平均水深取河床平均水深5.85 m,汛期顺风向到达桥位断面,形成的最大水面风距为1 450 m。浪高按式(9-15)计算。

$$\Delta\bar{h}_2=\frac{0.13\mathrm{th}\left[0.7\left(\dfrac{g\bar{h}}{v_w^2}\right)^{0.7}\right]\mathrm{th}\left\{\dfrac{0.001\ 8\left(\dfrac{gD}{v_w^2}\right)^{0.45}}{0.13\mathrm{th}\left[0.7\left(\dfrac{g\bar{h}}{v_w^2}\right)^{0.7}\right]}\right\}}{\dfrac{g}{v_w^2}}$$

其中 $\dfrac{g\bar{h}}{v_w^2}=\dfrac{9.80\times5.85}{21.53^2}=0.123\ 678$,$\dfrac{gD}{v_w^2}=\dfrac{9.80\times1\ 450}{21.53^2}=30.655\ 332$;$\dfrac{g}{v_w^2}=\dfrac{9.80}{21.53^2}=0.021\ 142$,$\dfrac{v_w^2}{g}=\dfrac{21.53^2}{9.80}=47.300\ 092$,代入得 $\Delta\bar{h}_2=0.42\ \mathrm{m}$。

因$\frac{\Delta\bar{h}_2}{h} = 0.07 < 0.1$,应取 $K_F = 2.42$,则波浪高度

$\Delta h_2 = K_F \Delta\bar{h}_2 = 2.42 \times 0.42 = 1.016(\text{m})$

按《公路工程水文勘测设计规范》,静水面以上波浪高度取 2/3 的波浪高度 $0.66\Delta h_z$ 计算;另外,波浪在墩前被阻挡时,墩前波浪高度将会壅高,近似取壅高值为 $0.2\Delta h_z$。这样,静水面以上的波浪高度为波浪全高 Δh_z 的 0.86 倍,即

$$0.86\Delta h_z = 0.86 \times 1.016 = 0.87(\text{m})$$

3)波浪坡面爬高和河湾凹岸超高

当需要确定河滩路堤和导流堤等顶面高程时,应计入波浪坡面爬高,按式(9-15)计算。

$$h_e = K_\Delta K_V R_0 \Delta h_2$$

桥位在河湾内,桥面最低高程应计入两岸超高的 1/2,即 $0.5\Delta h_w$。

$$\Delta h_w = \frac{v^2}{g}\frac{B}{R} = \frac{2.61^2}{9.80} \times \frac{229.95}{430} = 0.37(\text{m})$$

凹岸对水流中线的超高为 $0.5\Delta h_w = 0.5 \times 0.37 = 0.19(\text{m})$。

4)桥面最低高程计算

(1)按设计洪水通过要求的桥面最低高程。

$$\begin{aligned} H_{\min} &= H_s + \sum \Delta h + \Delta h_j + \Delta h_D \\ &= 63.65 + 0.5\Delta z + 0.86\Delta h_z + 0.5\Delta h_w + \Delta h_j + \Delta h_D \\ &= 63.65 + 0.13 + 0.87 + 0.19 + 0.50 + 1.20 \\ &= 66.54(\text{m}) \end{aligned}$$

(2)按Ⅵ-(1)级航道通航标准,要求的桥面最低高程。

Ⅵ-(1)级航道最高通航水位的重现期为 5 年,对应的最高通航水位,由 $P = 20\%$ 的流量即 $Q_{20\%}$,计算相应的水位 $H_{20\%}$ 求得,$H_{20\%} = 61.70$ m;通航净空高度为 4.50 m;通航净宽为 22.00 m。

$$\begin{aligned} H_{\min} &= H_{tn} + H_M + \Delta h_D \\ &= 61.70 + 4.50 + 1.20 \\ &= 67.40(\text{m}) \end{aligned}$$

以上计算结果表明,通航要求控制桥面高程,桥面最低高程确认为 $H_{\min} = 67.40$ m。

需要说明的是,这仅是从水力水文角度提出的最低建筑标高界限,桥面和引道路堤的设计标高还应综合考虑排水、纵向坡度和两岸路线接线标高等因素。

复习思考题

9-1 一般地区的桥位选择有哪些方面的要求?

9-2 桥位调查主要包括哪些内容?

9-3 桥位选择和桥孔布设有什么区别?

9-4 桥面最低高程与桥面设计高程,引道路堤最低设计高程与引道路堤设计高程有何区别与联系?

9-5　接第八章例 8-2 的资料，该桥位地处次稳定河段，桥梁上部采用标准跨径 L = 35 m的预应力钢筋混凝土简支梁，梁高 1.6 m（包括桥面铺装）。下部为重力式桥墩，墩顶宽为 1.4 m（见图 9-13），采用 U 形桥台，台长为 7 m。试计算最小桥孔长度，并进行桥孔布设。

9-6　某河段上拟建一座大桥，设计流量 Q_P = 5 320 m^3/s；设计水位时水面比降 i = 0.001 65。河床各层土壤均为中等密实，中砂层 d_{50} = 0.6 mm，砾石夹粗砂 d_{50} = 2 mm。经调查，桥位上游 1 km 处为河湾，汛期沿浪程方向为 6 级风，沿浪程向的平均水深 $\bar{h}$ = 3.2 m。无水拱和河床淤积影响。本桥位不通航，无导流堤，引道路堤边坡系数 m = 1.5，坡面植草皮。要求桥前最大壅高不超过1 m。试推求桥面最低高程和引道路堤最低设计高程。

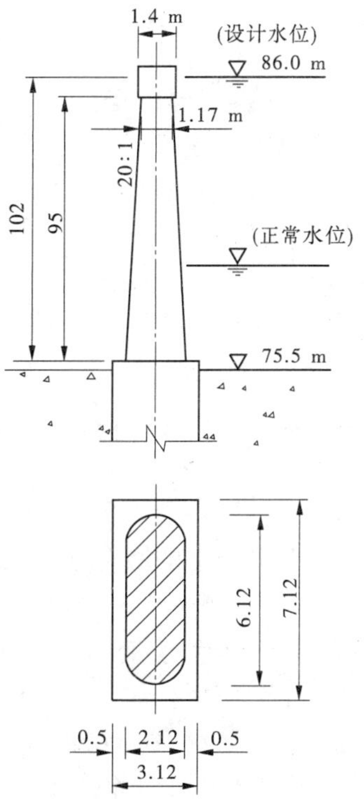

图 9-13　桥墩示意图　(单位:m)

第十章　桥梁墩台冲刷计算

本章重点

包括桥下断面一般冲刷深度的计算方法;桥下局部冲刷的计算方法;桥下河槽最低冲刷线高程的确定方法;调治构造物的设置。

第一节　墩台冲刷类型

冲刷计算的目的是确定桥下最大冲刷深度及桥梁基础最浅埋置深度;从水力水文的角度,为既安全又经济的墩台基础设计提供重要依据。

桥梁墩台冲刷是一个综合冲刷过程,大致可分为三部分:

(1)桥位河床自然演变而引起河床的自然演变冲刷。自然演变冲刷造成的河床变形有4种类型:①河流发育成长过程中河床纵断面的变形,如河源段的逐年下切,河口段的逐年淤积;②河槽横向移动所引起的变形,如边滩下移,河弯发展,移动和裁弯取直等;③河段中泓线摆动引起的冲刷变形;④在一个水文周期内,河槽随水位、流量变化而发生的周期性变形。

(2)因建桥后水流被压缩而引起的桥下整个河床断面普遍存在的一般冲刷。这部分冲刷是由于河床的边界条件发生了变化而引起的。原来是天然河段,而建桥后,经过桥位断面的来水、来沙条件相比自然形态时重新进行分配。但河床地质、土质条件、河床比降并没有明显的变化,因此桥下的整个河床断面又逐渐地形成自动调整状态,进入新的自然河床演变冲刷。

(3)由于桥梁墩台阻水而引起的河床局部冲刷,也就是桥梁墩台冲刷深度。假定这三种冲刷先后进行,即可分别计算,然后叠加。除上述自然变形外,当河道经过整治或桥位上下游修建水工建筑物后,也会引起河床的显著变形,这些变形也应在桥下冲刷中予以考虑。

对于河床的自然演变冲刷,目前尚无可靠计算方法,一般可通过利用桥位上下游水文站实测断面资料分析确定;也可通过对桥位河段的实地调查,了解河道特性和历史演变情况,据以推算在桥梁使用年限内河床可能下降或上升的幅度,合理地增(减)墩台基础的埋置深度。

本章主要依据《公路桥位勘测设计规范》中的冲刷公式,分别介绍一般冲刷的计算以及桥梁基底最浅埋置深度的确定方法。

第二节　桥下断面一般冲刷深度

桥孔上游水流急速地集中流入桥孔,在桥孔稍下游处形成收缩断面。这里过水面积最小，流速最大，冲刷也最深。这段水流流速的大小和方向都在急剧变化，流速梯度大，床面切应力也大，河床泥沙运动剧烈，床面冲刷明显。

收缩断面再往下游，水流逐渐扩散，在相当远处恢复到天然状态。桥下河床断面的一般冲刷计算就是指收缩断面的冲刷计算。但是，桥梁墩台设计时，偏安全地把桥梁轴线断面处的冲刷深度看做与收缩断面相同。

对于两岸有导流堤的桥梁，桥下收缩断面大约就出现在桥轴线附近；对于无导流堤的桥梁，收缩断面在桥轴线下游不远处，因此，上述处理是合理的。洪水变化难测，这种偏安全的处理也是必要的。

一、根据输沙平衡原理建立的公式

输沙不平衡引起河床变形。对于一个过水断面或某一河段，在一定时段内上游来沙量小于该断面（或该河段）被冲走的泥沙量，该断面或该河段就出现冲刷、下切，反之，该断面或该河段则出现淤积。输沙不平衡引起的冲刷称为动床冲刷。

当桥梁上游进入桥下河槽断面的泥沙数量小于桥下断面急速水流冲走的泥沙数量时，桥下断面就出现冲刷。这就是一般冲刷。

冲刷发生后，水深和桥下过水断面逐渐增大，桥下流速逐渐减小，水流挟沙能力也逐渐降低，桥下冲刷随之减缓。最终上游来沙量 G_1 和桥下输沙量 G_2 趋于平衡，冲刷趋于停止，达到最大冲刷深度。桥孔过水断面压缩水流引起的河床变形主要是由河床质中颗粒较大的推移质的运动来完成的。粒径很细的悬移质悬浮在洪水中流向下游，难以实现桥位断面的泥沙交换，不影响桥位断面的河床变形。

桥下断面输沙平衡应是该断面推移质输沙量 G 的输沙平衡，即

$$\text{上游天然断面}\ G_1 = \text{桥下断面}\ G_2$$

即

$$B_1 \cdot g_{s_1} = B_2 \cdot g_{s_2} \tag{10-1}$$

式中 B_1——上游天然断面的河槽宽度 B_c，m；

g_{s_1}——上游天然断面的单宽输沙率，kg/（s·m）；

B_2——桥下河槽宽度，m，一般沙性土河床建桥后，桥下河槽可扩宽至整个桥孔，即 $B_2 = L_q$，若桥下河槽不能扩宽时，B_2 为桥下河槽宽度 B_c；

G_1、G_2——上游断面和桥下断面的输沙量，kg/s；

g_{s_2}——桥下断面单宽输沙率，kg/（s·m）。

式（10-1）代入输沙率公式后，可导出冲刷深度公式的一般形式：

$$h_p = K\left(\frac{Q_2}{Q_1}\right)^{x_1}\left(\frac{B_1}{B_2}\right)^{x_2} h_{\max} \tag{10-2}$$

各国学者在公式（10-2）中由于引入的单宽输沙率公式及推导中的一些资料不同，式中的指数 x_1 和 x_2 也不同（见表 10-1）。

1964 年“全国桥渡冲刷学术会议”推荐由交通部科学研究院甘城道研究员导出的公式为全国试用公式，即

$$h_p = K\left(A\frac{Q_2}{Q_1}\right)^{4m_1}\left[\frac{B_1}{\mu(1-\lambda)B_2}\right]^{3m_1} h_{\max} \tag{10-3}$$

表 10-1　x_1、x_2 的数值

指数	公式							
	Loursen 1960	АНПpeed 1960	沙玉清 1964	Andersen 1968	Gill 1981	甘城道 1964	高冬光 1984	高冬光 1989、2002
$\frac{Q_2}{Q_1}$的指数 x_1	0.86	1.00	1.06	0.86		$4m_1$ 0.84～0.97	0.96	0.903
$\frac{B_1}{B_2}$的指数 x_2	0.59～0.69	0.75	0.71	0.75～0.86	0.714	$3m_1$ 0.63～0.73	0.72	0.655

$$K = 1 + 0.02\lg\frac{H_{max}}{\sqrt{Hd}} \tag{10-4}$$

$$A = \left(\frac{\sqrt{B}}{H}\right)^{0.15} \leqslant 1.8 \tag{10-5}$$

式中　h_p——一般冲刷后最大水深，m；

h_{max}——桥下河槽最大水深，m；

K——综合指数；

H_{max}——造床流量时的最大水深，m；

H——造床流量时的断面平均水深，m；

d——床沙平均粒径，m；

A——单宽流量集中系数；

B——造床流量下的河槽宽度，m，一般为河槽宽度 B_c；

m_1——与相对糙率 h_{max}/d_{95} 有关的指数，$m_1 = 0.216 \sim 0.243$，d_{95} 是土样中质量占95%的土粒都比它小的那种大粒径，由粒径级配曲线查取；

其他符号意义同前。

1984～1990 年，总结式(10-3)使用经验，根据理论论证和我国实桥资料分析，建立简化公式

$$h_p = 1.04\left(A\frac{Q_2}{Q_1}\right)^{0.90}\left[\frac{B_1}{\mu(1-\lambda)B_2}\right]^{0.66} h_{max} \tag{10-6}$$

式中　Q_1——计算断面的天然河槽流量 Q_c，m^3/s；

Q_2——桥下河槽通过的流量，m^3/s，当桥下河槽能够扩宽至全桥孔时，$Q_2 = Q_s$，当桥下河槽不能扩宽时，$Q_2 = \frac{Q_c}{Q_c + Q_1''} \cdot Q_s$，其中 Q_1'' 为天然状态下，桥下河滩部分通过的流量，m^3/s；

其他符号意义同前。

二、根据冲止流速建立的公式

1. 沙性土河槽的一般冲刷

桥下一般冲刷停止时的垂线平均流速称为冲止流速，以 v_z(m/s)表示。桥下断面内

任意垂线在一般冲刷过程中垂线平均流速降低到该垂线的冲止流速时，冲刷即停止。此时达到一般冲刷垂线最大水深 h_p。

根据水力学连续性原理

$$q = hv \tag{10-7}$$

式中 q——单宽流量，m^2/s；

h——垂线水深，m；

v——垂线平均流速，m/s。

一般冲刷停止时，桥下最大水深 h_p 与桥下最大单宽流量之间 q_{max} 的关系：

一般冲刷后最大水深 $$h_p = \frac{q_{max}}{v_z} \tag{10-8}$$

桥下平均单宽流量 $$\bar{q} = \frac{Q_s}{\mu L_j} \tag{10-9}$$

桥下最大单宽流量 $$q_{max} = \bar{q}\left(\frac{h_{max}}{h}\right)^{\frac{5}{3}} = \frac{Q_s}{\mu L_j}\left(\frac{h_{max}}{h}\right)^{\frac{5}{3}} \tag{10-10}$$

冲止流速 $$v_z = Ed^{\frac{1}{6}}h_p^{\frac{2}{3}} \tag{10-11}$$

式中 E 按表 10-2 选用。

表 10-2　E 值

含沙量 ρ(kg/m³)	<1.0	1～10	>10
E	0.46	0.66	0.86

注：含沙量 ρ 采用历年汛期月最大含沙量平均值。

将式(10-9)、式(10-10)和式(10-11)代入式(10-8)整理后，得

$$h_p = \left[\frac{A\dfrac{Q_2}{\mu L_j}\left(\dfrac{h_{max}}{h_c}\right)^{\frac{5}{3}}}{Ed^{\frac{1}{6}}}\right]^{\frac{3}{5}} \tag{10-12}$$

式中符号意义同前，d 的单位取 mm。

式(10-12)是铁道部科学研究院阚译等制定的(1964 年)，称 64-1 公式。铁路有关规范推荐在生产中应用。

2. 沙性土河滩的一般冲刷

河槽中流速大，并且大于床沙的起动流速，洪水发生时，总是处于泥沙运动状态；河滩上水深小，糙率大，流速小，只有洪水漫滩后，才有水流，一般流速小于床沙起动流速，无推移质运动，冲刷后没有上游来沙的补偿，称为清水冲刷。桥下河滩冲刷后，只有当流速降低到土壤容许(不冲刷)流速时，才逐渐停止，其冲止流速为河滩土壤的容许(不冲刷)流速。桥下河滩部分的一般冲刷深度为

$$h_p = \left[\frac{\dfrac{Q'_t}{\mu B'_t}\left(\dfrac{h_{mt}}{\bar{h}'_t}\right)^{\frac{5}{3}}}{v_{H1}}\right]^{\frac{5}{6}} \tag{10-13}$$

其中 $$Q'_t = \frac{Q''_t}{Q_c + Q''_t} Q_s \tag{10-14}$$

冲止流速 $$v_z = v_{H1} h_p^{\frac{1}{5}} \tag{10-15}$$

式中 h_p——桥下河滩部分一般冲刷最大水深，m；

Q'_t——桥下河滩部分通过的部分设计流量，m^3/s；

Q''_t——天然状态（建桥前）河滩部分通过的流量，m^3/s；

h_{mt}——桥下河滩最大水深，m；

$\overline{h'_t}$——桥下河滩平均水深，m；

B'_t——桥下河滩部分桥孔过水净宽，m；

v_{H1}——河滩水深 1 m 时，非黏性土不冲刷流速，m/s，见表 10-3。

表 10-3　水深 1 m 时非黏性土不冲刷流速 v_{H1}

河床泥沙		$\bar{d}$(mm)	v_{H1}(m/s)	河床泥沙		$\bar{d}$(mm)	v_{H1}(m/s)
砂	细	0.05～0.25	0.35～0.32	卵石	小	20～40	1.50～2.00
	中	0.25～0.50	0.32～0.40		中	40～60	2.00～2.30
	粗	0.50～2.00	0.40～0.60		大	60～200	2.30～3.60
圆砾	小	2.00～5.00	0.60～0.90	漂石	小	200～400	3.60～4.70
	中	5.00～10.00	0.90～1.20		中	400～800	4.70～6.00
	大	10～20	1.20～1.50		大	>800	>6.00

3. 黏性土河床的桥下断面一般冲刷

按泥沙颗粒大小分类，一般认为粒径小于 0.05 mm 的泥沙属于黏性土；粒径小于 0.005 mm 的泥沙颗粒称为黏粒。按黏粒的质量含量不同，黏性土又分为黏沙土、沙黏土和黏土。

黏性土颗粒极细，颗粒表面形成很薄而且结合很牢的黏结水膜，粘滞性很大，颗粒间存在黏结力。黏性土的抗冲能力取决于黏结力的大小，黏结力越大，抗冲能力越强。

黏性土的物理状态和性质与其粒间孔隙大小和含水量关系密切。含水量是土中所含水质量与颗粒质量的比值，以百分数表示。黏性土随含水量的增大，可以从固态变成流态，物理性质也随之变化。

若含水量极小，粒间不能形成黏结水膜，颗粒分散无黏结力；若含水量过大，在粒间水膜之外还存在自由水，黏结力减小，甚至变成流态。含水量为塑限时，黏结力最大，抗冲刷能力最强。

流限含水量与塑限含水量的差值称为塑限指数 I_P，即 $I_P = w_L - w_P$。塑限指数大，表明极细颗粒含量多,形成黏结水膜越多,黏结力和抗冲能力越大。

黏性土的物理状态可用液限指数 I_L 来表示:

$$I_L = \frac{w_0 - w_P}{w_L - w_P} = \frac{w_0 - w_P}{I_P} \tag{10-16}$$

式中 I_L——黏性土的液性指数;

w_0——黏性土的天然含水量;

w_P——黏性土的塑限含水量;

w_L——黏性土的流限含水量;

I_P——黏性土的塑性指数。

《铁路桥渡勘测设计规范》(TBJ 17—86)和《铁路工程水文勘测设计规范》(TBJ 0017—99)给出下列黏性土河床的桥下一般冲刷公式。

1)河槽部分

冲止流速
$$v_z = 0.33\left(\frac{1}{I_L}\right)h_p^{\frac{3}{5}} \tag{10-17}$$

一般冲刷后水深
$$h_p = \left[\frac{A\dfrac{Q_2}{\mu B_c'}\left(\dfrac{h_{mc}}{\bar{h}_c}\right)^{\frac{5}{3}}}{0.33\left(\dfrac{1}{I_L}\right)}\right]^{\frac{5}{8}} \tag{10-18}$$

式中 A——单宽流量集中系数,$A = 1.0 \sim 1.2$;

I_L——冲刷范围内的液限指数,本公式中 I_L 范围为 0.16 ~1.19;

其他符号意义同前。

2)河滩部分

冲止流速
$$v_z = 0.33\left(\frac{1}{I_L}\right)h_p^{\frac{1}{6}} \tag{10-19}$$

一般冲刷后水深
$$h_p = \left[\frac{A\dfrac{Q_t'}{\mu B_t'}\left(\dfrac{h_{mt}}{\bar{h}_t}\right)^{\frac{5}{3}}}{0.33\left(\dfrac{1}{I_L}\right)}\right]^{\frac{6}{7}} \tag{10-20}$$

式中符号意义同前。

第三节 墩台局部冲刷深度

修建在河床内的桥墩经受着桥位河段及桥下断面的一般冲刷,同时桥墩阻挡水流,水流在桥墩两侧绕流,形成十分复杂的、以绕流旋涡体系为主的绕流结构,引起桥墩周围急剧的泥沙运动,形成桥墩周围局部冲刷坑。为了便于分析计算,假定桥墩局部冲刷是在一般冲刷完成后的基础上进行的。桥墩计算公式中的墩前水深和流速都是采用一般冲刷后的水深和流速。

一、桥墩局部冲刷机理

1. 桥墩周围的水流和起冲点

桥墩周围的水流主要包括墩前水面涌波、桥墩迎水面的向下水流和尺度很大的旋涡体系。旋涡体系是一个复杂的综合水流结构，包括两侧绕流旋涡和墩前向下水流在床面附近形成的马蹄形旋涡、桥墩两侧边界层分离形成的尾流旋涡（见图10-1）以及床面附近形成的小旋涡。每个急速旋转并向下游移动旋涡的中心形成负压，吸起床沙，带往下游。在桥墩下游两侧旋涡相汇，泥沙沉积，形成很长的沙脊。当行近流速较小时，在桥墩下游约8倍墩宽（墩径）处，旋涡逐渐消失。

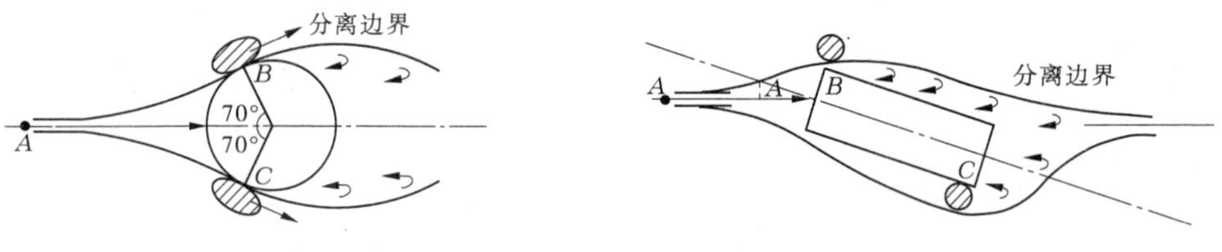

(a)圆柱墩　　(b)矩形墩

图10-1　桥墩的绕流和起冲点 B、C

桥墩迎水面两侧 B 点和 C 点附近，绕流流速的大小和方向急剧变化，流速梯度最大，床面切应力也最大，对床面泥沙的作用也最强。当这里的流速达到床沙起动流速时，床沙开始向下游移动，桥墩开始冲刷。这时上游 A 点附近的行近流速 v_0' 称为桥墩起冲流速。起冲流速 v_0' 等于0.4～0.6倍的床沙起动流速 v_0。

2. 冲刷深度和行近流速

行近流速是指桥墩上游不远处未受绕流影响的墩前天然流速。由于假定局部冲刷是在一般冲刷后完成的，故取一般冲刷终止后的墩前流速作为墩前行近流速，相应的墩前行近水深也是取一般冲刷后的最大水深 h_p 来计算。

桥墩局部冲刷深度 h_b 与行近流速 v 的关系。实桥观测资料（江西宁河桥6号墩）如图10-2所示。模型试验资料也呈现类似规律。h_b 与 v 的关系呈现为下端（清水冲刷，$v \leqslant v_0$）较陡、上端（动床冲刷，$v \geqslant v_0$）较缓的一条连续的下凹曲线。在清水冲刷和动床冲刷的分界点，即 $v = v_0$ 处，并无明显变化。1964年，桥渡冲刷学术会议为了制定桥墩局部冲刷计算公式，假定清水冲刷（$v_0 \leqslant v$）的冲刷深度 h_b 随行近流速 v 直线增加；动床冲刷（$v \geqslant v_0$）的冲刷深度 h_b 随行近流速 v 呈下凹曲线形式增大；在 $v = v_0$ 处这两种状态是连续的（见图10-3）。

3. 行近水深和行近流速

假定局部冲刷是在一般冲刷完成后进行的，应取一般冲刷后最大水深作为行近水深，取一般冲刷后垂线平均流速作为行近流速。计算桥墩局部冲刷时，应根据所采用的一般冲刷公式，选用其对应的行近流速公式。

（1）按输沙平衡原理公式计算一般冲刷时，可近似取

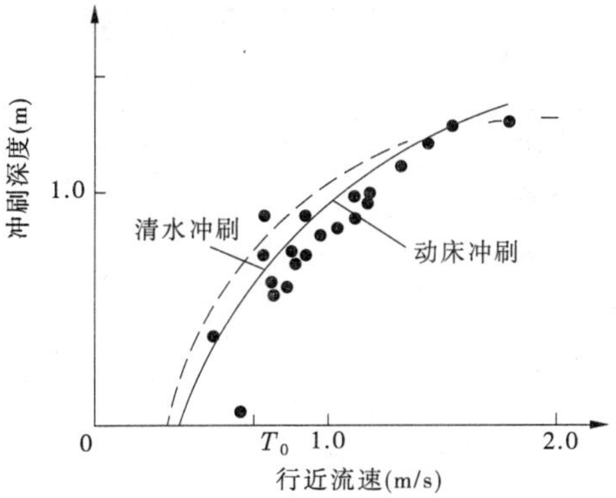

图 10-2　冲刷深度和行近流速的关系(宁河桥)

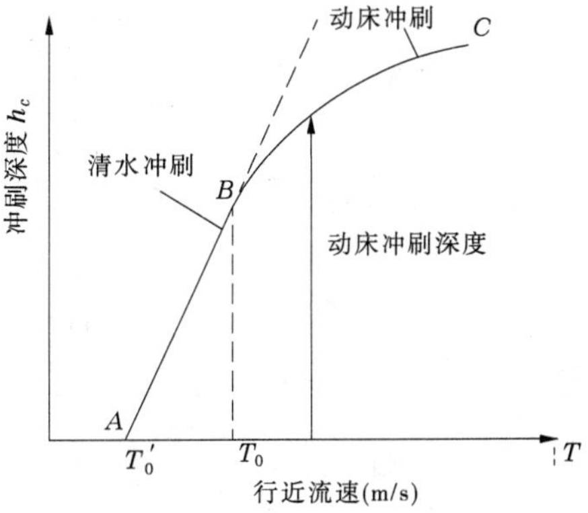

图 10-3　冲刷深度和行近流速的关系(1964)

$$v = \frac{A^{0.1}}{1.04}\left(\frac{Q_2}{Q_c}\right)^{0.1}\left[\frac{B_c}{\mu(1-\lambda)B_2}\right]^{0.34}\left(\frac{h_{\max}}{h_c}\right)^{0.66} v_c \tag{10-21}$$

(2)按冲止流速公式计算一般冲刷时,取该公式对应的冲止流速公式计算,例如对于沙性土河槽

$$v_z = Ed^{\frac{1}{6}} h_p^{\frac{2}{3}} \tag{10-22}$$

二、65-2 公式和 65-2 修正公式

1.65-2 公式

当 $v \leqslant v_0$ 时,

$$h_b = K_\zeta K_\eta B_1^{0.60} h^{0.15}\left(\frac{v - v_0'}{v_0}\right) \tag{10-23}$$

当 $v > v_0$ 时,

$$h_b = K_\zeta K_\eta B_1^{0.60} h^{0.15}\left(\frac{v - v'_0}{v_0}\right)^n \tag{10-24}$$

式中 h_b——桥墩局部冲刷深度,m,从一般冲刷后床面算起;

K_ζ——墩形系数,见表 10-4;

B_1——计算墩宽,m,见表 10-4;

h——一般冲刷后水深,m;

K_η——系数,$K_\eta = \dfrac{0.0023}{d^{2.2}} + 0.375d^{0.24}$;

d——冲刷层平均粒径,mm;

v——行近流速,m/s,取一般冲刷后墩前流速;

v_0——河床泥沙起动流速,m/s,$v_0 = 0.28(d + 0.7)^{0.5}$;

v_0'——桥墩起冲流速,m/s,$v_0' = 0.12(d + 0.5)^{0.55}$;

n——指数,$n = \dfrac{1}{\left(\dfrac{v}{v_0}\right)^{0.23 + 0.19\lg d}}$。

表 10-4　墩形系数表

<table>
<tr><th>序号</th><th>墩形示意图</th><th>墩形系数 K_ζ</th><th>墩形计算宽度 B_1</th></tr>
<tr><td>1</td><td>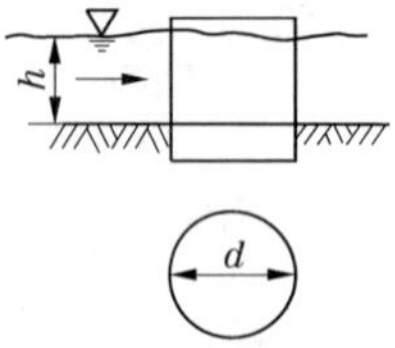</td><td>1.00</td><td>$B_1=d$</td></tr>
<tr><td>2</td><td>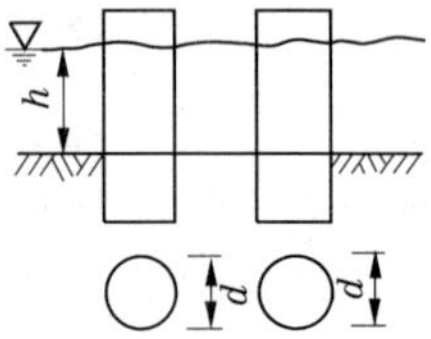</td><td>不带联系梁：K_ζ=1.00
带联系梁：<table><tr><td>α</td><td>0°</td><td>15°</td><td>30°</td><td>45°</td></tr><tr><td>K_ζ</td><td>1.00</td><td>1.05</td><td>1.10</td><td>1.15</td></tr></table></td><td>$K_\zeta=1.00$</td></tr>
<tr><td>3</td><td>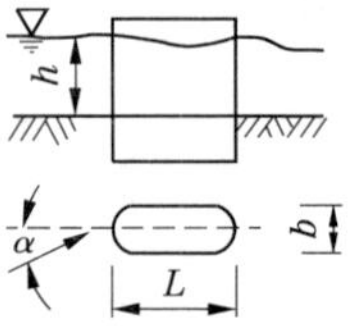</td><td>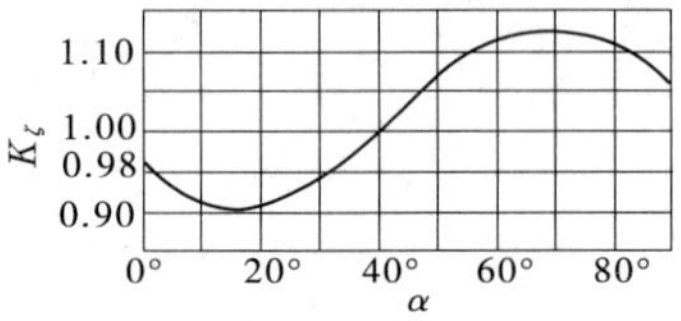</td><td>$B_1=(L-b)\sin\alpha+b$</td></tr>
<tr><td>4</td><td>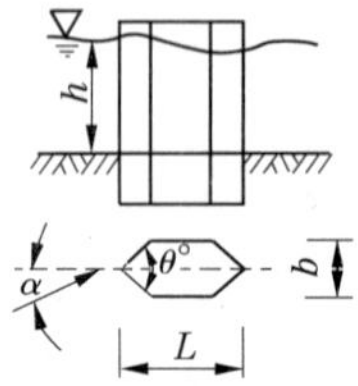</td><td>与水流正交时各种迎水角系数<table><tr><td>θ</td><td>45°</td><td>60°</td><td>75°</td><td>90°</td><td>120°</td></tr><tr><td>K_ζ</td><td>0.70</td><td>0.84</td><td>0.90</td><td>0.95</td><td>1.10</td></tr></table>迎水角 θ=90°与水流斜交时的系数 K_ζ
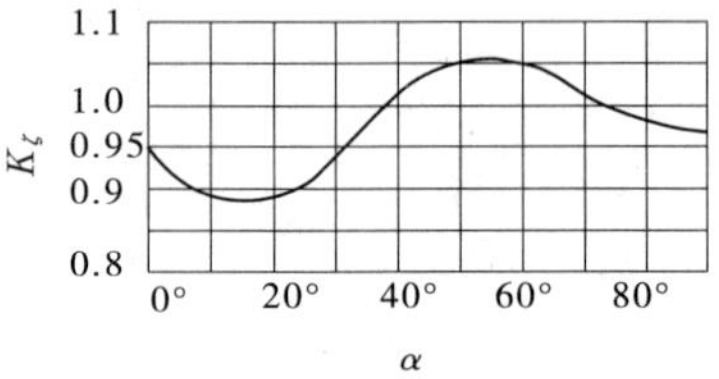</td><td>$B_1=(L-b)\sin\alpha+b$
（为了简化，可按圆形墩计算）</td></tr>
<tr><td>5</td><td>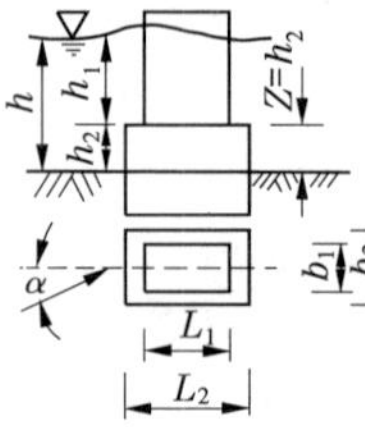</td><td>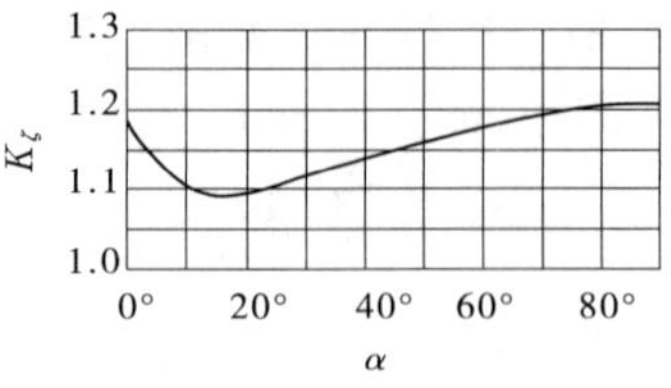</td><td>与水流正交时：
$B_1=\dfrac{b_1h_1+b_2h_2}{h}$
与水流斜交时：
$B_1=\dfrac{B_1'h_1+B_2'h_2}{h}$
$B_1'=L_1\sin\alpha+b_1\cos\alpha$
$B_2'=L_2\sin\alpha+b_2\cos\alpha$</td></tr>
</table>

续表 10-4

序号	墩形示意图	墩形系数 K_ζ	墩形计算宽度 B_1
6	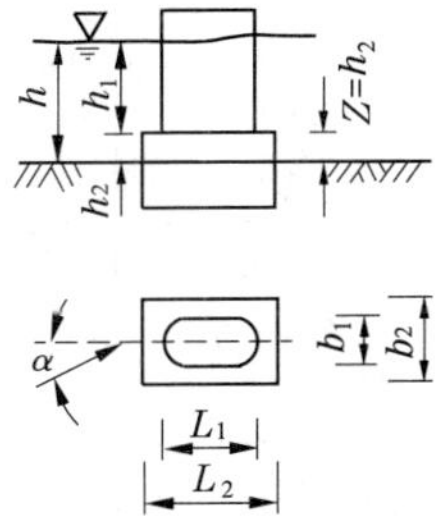	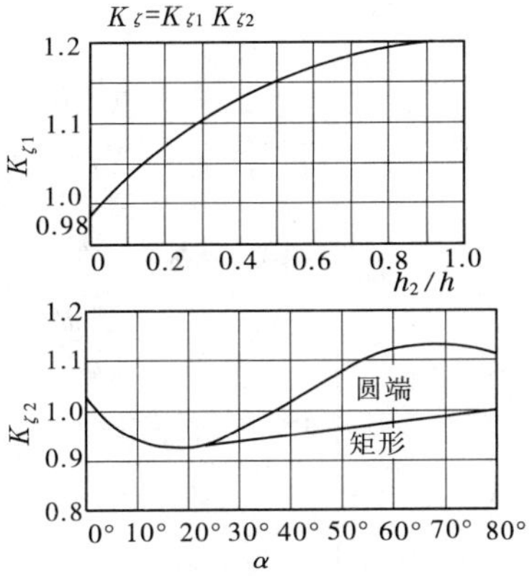 注：沉井与墩身的 K_ζ 相差较大时，根据 h_1、h_2 的大小，在两线间按比例定点取值	与水流正交时： $B_1=\frac{b_1h_1+b_2h_2}{h}$ 与水流斜交时： $B_1=\frac{B_1'h_1+B_2'h_2}{h}$ $B_1'=(L_1-b_1)\sin\alpha+b_1$ $B_2'=L_2\sin\alpha+b_2\cos\alpha$
7	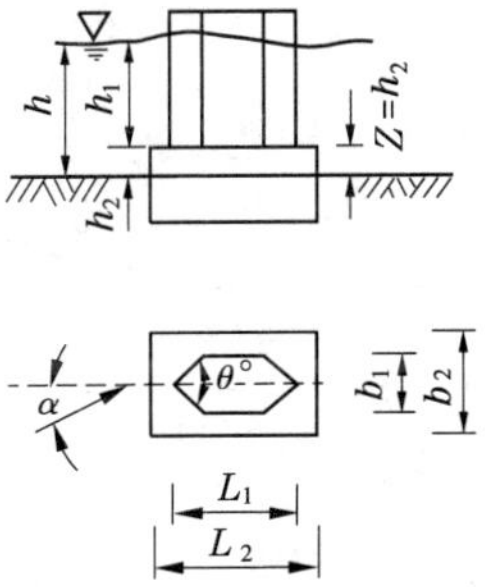	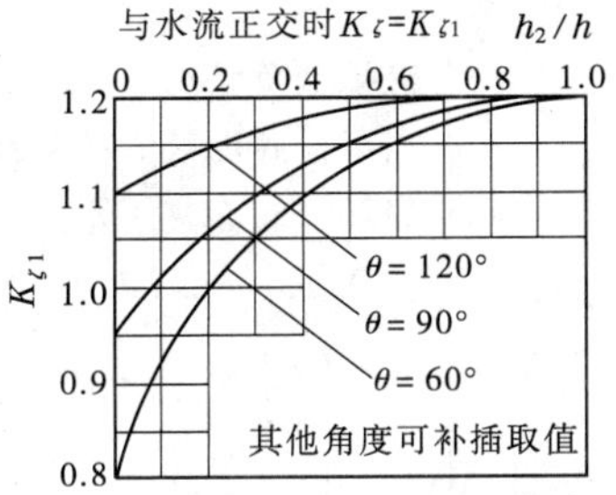 迎水角θ=90° 与水流斜交时 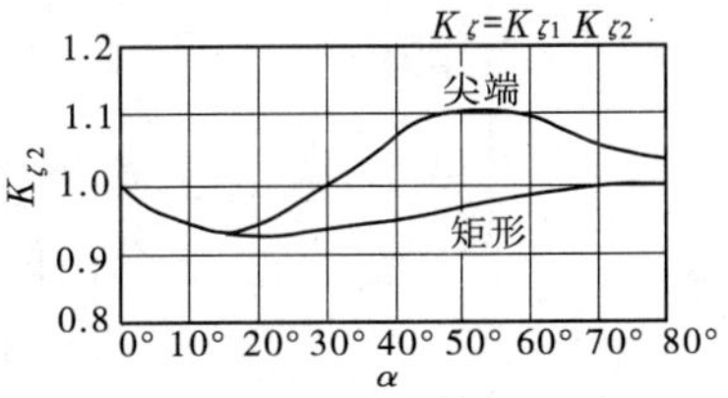 注：沉井与墩身的 $K_{\zeta2}$ 相差较大时，根据 h_1、h_2 的大小，在两线间按比例定点取值	与水流正交时： $B_1=\frac{b_1h_1+b_2h_2}{h}$ 与水流斜交时： $B_1=\frac{B_1'h_1+B_2'h_2}{h}$ $B_1'=(L_1-b_1)\sin\alpha+b_1$ $B_2'=L_2\sin\alpha+b_2\cos\alpha$
8	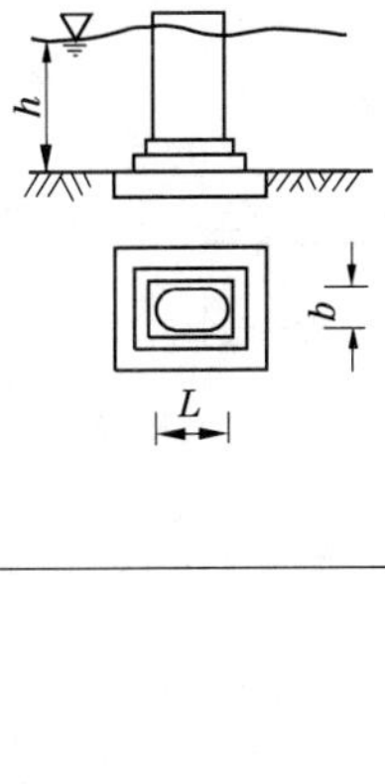	扩大基础采用与水流正交时的墩身系数	与水流正交时： $B_1=b$ 与水流斜交时： $B_1=(L-b)\sin\alpha+b$

续表 10-4

序号	墩形示意图	墩形系数 K_ζ	墩形计算宽度 B_1
9	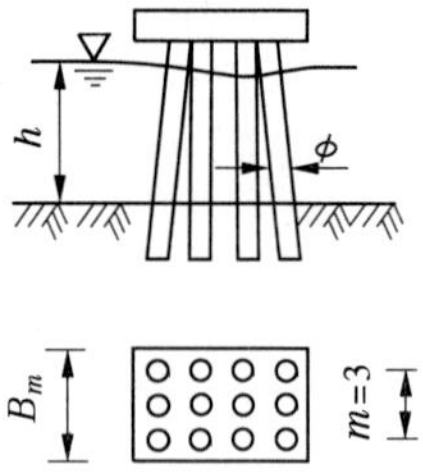	$K_\zeta = K'_\zeta K_{m\phi}$ 其中 $K_{m\phi} = 1 + 5\left[\frac{(m-1)\phi}{B_m}\right]^2$ 式中 K'_ζ——单桩形状系数，按序号 1、2、3、5 墩形确定（如多为圆柱，$K_\zeta = 1.0$ 可省略）； $K_{m\phi}$——桩群系数； B_m——桩群垂直水流方向的分布宽度； m——桩的排数（垂直水流方向）	$B_1 = \phi$
10	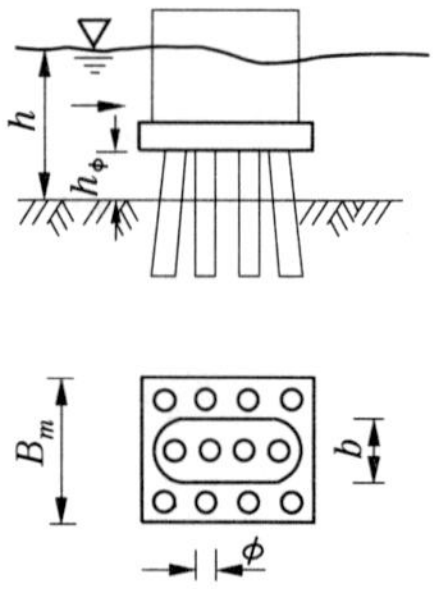	桩承台桥墩局部冲刷计算方法： 当承台底面低于一般冲刷线时，上部实体计算； 当承台底面高于水面，应为上述排架墩，承台底面相对高度在 $0 \leq h_\phi/h \leq 1.0$ 时，冲刷深度 h_b 按下式计算： $h_b = (K'_\zeta K_{m\phi} K_{h\phi} \phi^{0.6} + 0.85 K_{\zeta1} K_{h2} B_1^{0.6}) \times K_\eta (v_0 - v'_0) \times \left(\frac{v - v'_0}{v_0 - v'_0}\right)^n$ 其中 $K_{h\phi} = 1.0 - \frac{0.001}{(h_\phi/h + 0.1)}$ 式中 $K_{h\phi}$——淹没桩体折减系数； K_{h2}——墩身承台减少系数； K_η、v、v_0、v'_0、n 意义同前。 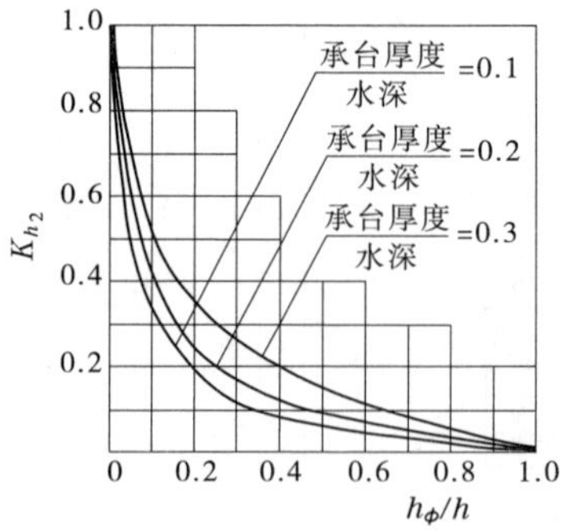	

续表 10-4

序号	墩形示意图	墩形系数 K_ζ	墩形计算宽度 B_1
11	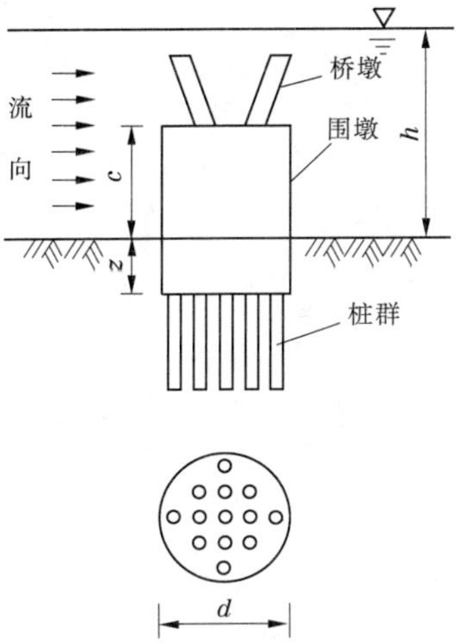	按下式计算局部冲刷深度 h_b $h_b = K_{od} h_{by}$ $K_{od} = 0.2 + 0.4\left(\frac{c}{h}\right)^{0.3}\left[1 + \left(\frac{z}{h_{by}}\right)^{0.6}\right]$ K_{od}——人直径围堰群桩墩形系数； h_{by}——按序号 1 墩形计算的局部冲刷深度适用范围； $0.2 \leqslant \frac{c}{h} \leqslant 1.0, 0.2 \leqslant \frac{z}{h_{by}} \leqslant 1.0$	$B_1 = d$
12	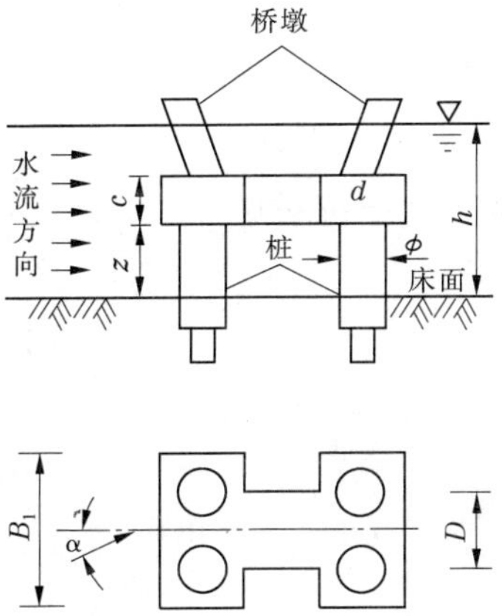	按下式计算局部冲刷深度 h_b $h_b = K_\alpha K_{Zh} h_{by}$ $K_{Zh} = 1.22 K_{h2}\left(1 + \frac{h_\phi}{h}\right) + 1.18\left(\frac{\phi}{B_1}\right)^{0.6} \cdot \frac{h_\phi}{h}$ $K_\alpha = -0.57\alpha^2 + 0.57\alpha + 1$ h_{by}——按序号 1 墩形计算的局部冲刷深度； K_{Zh}——工字承台大直径基桩组合墩墩形系数； α——桥轴法线与流向的夹角（以 rad 计）适用范围； $D = 2\phi$ $0.2 < \frac{h_2}{h} < 0.5, 0 < \frac{h_\phi}{h} < 1.0$ $\alpha = 0 \sim 0.785$	B_1

2.65-2 修正公式

$$h_b = KK_\zeta B_1^{0.60} h^{0.15} d^{-0.068} \left(\frac{v - v_0'}{v_0 - v_0'} \right)^n \tag{10-25}$$

式中 h_b——桥墩局部冲刷深度,m,从一般冲刷后床面算起;

K——系数,h_b 取回归值(出现几率最大),$K=0.46$,h_b 取上限值(外包线,置信区间上限),$K=0.60$;

K_ζ——墩形系数,见表 10-4;

B_1——桥墩计算墩宽,m,以垂直于水流方向桥墩的投影宽度计算,反映水流冲击角对冲刷的影响,见表 10-4;

h——墩前行近水深,一般为冲刷后水深,m;

d——冲刷层内泥沙平均粒径,mm;

v——墩前行近流速,以一般冲刷完成时流速计,m/s;

v_0——床沙起动流速,m/s,$v_0 = \left(\frac{h}{d}\right)^{0.14} \left(29d + 0.000\,000\,605\frac{10+h}{d^{0.72}}\right)^{0.5}$;

v_0'——桥墩迎水面两侧泥沙起冲流速,m/s,$v_0' = 0.645\left(\frac{d}{B_1}\right)^{0.053} v_0$;

n——指数,$n = \left(\frac{v_0}{v}\right)^{9.35+2.23\lg d}$,当 $v \leqslant v_0$ 时,取 $n=1.0$。

65-2 修正公式是根据 500 余座实桥观测资料由回归分析得到的结果。修编“规范”时,该修正公式成为《公路桥位勘测设计规范》(JTJ 062—91)的首选公式。1992 年,该修正公式通过美国、加拿大、新西兰、前苏联、前南斯拉夫等国共 263 座桥梁洪水观测资料验证,认为计算结果与各国实测资料符合较好。

三、黏性土河床桥墩局部冲刷公式

现行铁路、公路有关规范推荐应用下列公式计算黏性土河床桥墩局部冲刷深度:

当 $h_p \geqslant 2.5B_1$ 时

$$h_b = 0.83K_\zeta B_1^{0.6} I_L^{1.25} v \tag{10-26}$$

当 $h_p < 2.5B_1$ 时

$$h_b = 0.55K_\zeta B_1^{0.6} h_p^{0.1} I_L v \tag{10-27}$$

式中 I_L——冲刷范围内黏性土液限指数,本公式取值范围为 0.16 ~1.48;

其他符号意义同前。

四、桥台冲刷

桥台是位于桥梁两端,与路基相连接,支撑上部结构和承受台背土压力的结构物。在没有导流堤时,桥台突出于洪水中,河滩流量较大时,冲刷十分严重。

1995 年,根据交通部“八五”行业科技攻关课题成果,从研究桥台冲刷机理出发,应用大量水工模型试验和现场观测数据及图像资料,通过数值分析和处理,建立了桥台冲刷计算公式。

1. 沙性土河床

根据对西安公路交通大学和国内外大量桥台平衡冲刷试验资料分析发现，桥台冲刷深度随桥台路堤阻水长度 L_D、被阻水流的深度 h 和水流佛汝德数 Fr（水流流态判别数）有显著的关系，通过数值分析得到桥台冲刷深度 h_s 为

$$h_s = 1.95Fr^{0.20}(L_D h)^{0.50} \tag{10-28}$$

或

$$h_s = 1.95Fr^{0.20}A_Z^{0.50} \tag{10-29}$$

以上是水流与桥轴线正交（挑角 $\alpha = 90°$）时得到的结果。当水流与桥轴线斜交时，两岸桥台挑角 α 不同，一岸 $\alpha > 90°$，另一岸 $\alpha < 90°$。两岸桥台冲刷深度也不同，上式中应引入挑角系数 C_α，即

$$C_\alpha = \left(\frac{\alpha}{90°}\right)^{0.15} \tag{10-30}$$

另外，桥台的形状对绕流也有明显影响，形状越接近流线型，绕流最大流速 $v_{\theta 1\max}$ 和生成旋涡的尺度及强度越小，冲刷则越浅。上式中应引入桥台形状系数 C_A，取：

桥台前墙带边坡（埋入式桥台），上下游设锥坡或八字墙，$C_A = 0.85$；

竖直前墙，带锥坡或八字墙 $C_A = 0.90$。

桥台冲刷深度计算公式为

$$h_s = 1.95Fr^{0.20}(L_D h)^{0.50}C_\alpha C_A \tag{10-31}$$

或

$$h_s = 1.95Fr^{0.20}A_Z^{0.50}C_\alpha C_A \tag{10-32}$$

式中 h_s——桥台平衡冲刷深度，即给定水力条件，冲刷趋向平衡时的极限深度，自床面平均高程算起（设计水位或平均水深），包括一般冲刷和局部冲刷深度，m；

Fr——受阻挡水流天然状态的佛汝德数，$Fr = \frac{v^2}{gh}$，v 和 h 分别为受阻挡水流天然的平均流速和水深；

L_D——桥台路堤阻水长度，以垂直水流方向投影长度计，m；

h——受阻水流平均水深，m；

A_Z——桥台路堤阻挡水流的面积，m^2，以垂直流向投影长度计，宽浅河床近似地取 $A_Z = L_D h$；

C_α——挑角系数；

C_A——桥台形状系数。

2. 黏性土河床

根据桥台附近流速分布导出桥台附近最大单宽流量 $q_{\max}$ 表达式，同时，根据实桥观测资料建立了黏土河槽冲止流速 v_z 表达式，将式（10-28）、式（10-31）代入单位宽度水流连续性方程 $q_{\max} = h_p v_z$，得黏性土河床桥台冲刷深度：

$$h_s = \left[\bar{q}I_L\left(\frac{3}{1-\lambda} + 1.05e^{1.97\lambda}\right)\right]^{\frac{5}{8}}C_\alpha C_A \tag{10-33}$$

式中 h_s——桥台附近最大冲刷深度，自床面平均高程（设计水位减去平均水深）算起，包

括一般冲刷和局部冲刷,m;

$\bar{q}$——天然条件下河床平均单宽流量,m^2/s;

λ——桥台路堤阻水比,$\lambda = \frac{L_D}{B}$;

I_L——黏性土液限指数,$I_L = 0.16 \sim 1.19$。

第四节　桥下河槽最低冲刷线

一、最低冲刷线高程

在设计桥梁时,把计算的桥墩、桥台全部冲刷完成后的床面位置用最低冲刷线高程来表示。

桥墩的最低冲刷线高程 H_{min}(m)为

$$H_{min} = H_s - h_p - h_b \tag{10-34}$$

桥台的最低冲刷线高程 H_{min}(m)为

$$H_{min} = H_s - h - h_s \tag{10-35}$$

式中　H_{min}——桥墩、桥台的最低冲刷线高程,m;

H_s——设计水位,m;

h_p——一般冲刷后最大水深,m;

h_b——桥墩冲刷深度,m;

h——桥台所在位置(河滩或河槽)的平均水深,m;

h_s——桥台冲刷深度,m。

二、确定墩台基底埋置深度

对非岩性河床天然基础墩台基底埋深安全值,可参照表 10-5 确定。桥梁各墩台基底最浅埋置标高为

$$H_{JM} = H_{min} - \Delta \tag{10-36}$$

表 10-5　基底埋深安全值 Δ

桥梁类别	总冲刷深度(m)				
	0	5	10	15	20
一般桥梁	1.5	2.0	2.5	3.0	3.5
特殊大桥	2.0	2.5	3.0	3.5	4.0

注:1. 总冲刷深度为自河床面算起的冲刷总深度,即最大冲刷深度 h_s 减去天然水深 h;

2. 表列数字为墩台基底埋入总冲刷深度以下的最小限值,若计算流量、水位和原始断面资料无十分把握或河床演变尚不能获得准确资料时,安全值可适当加大;

3. 若桥址上下游有已建桥梁或属旧桥改建,应调查旧桥的特大洪水冲刷情况,新桥墩台基础埋深应在旧桥最大冲刷深度上酌加必要的安全值。

【例 10-1】 第九章计算实例例 9-2 中的公路桥，根据钻探资料，河槽床面以下 21 m 内为砂砾层，平均粒径为 2 mm，河滩床面以下 12 m 内为中砂，再以下为砂砾；根据地质资料和地表形态判断，建桥后桥下河槽可扩宽至全桥孔；汛期洪水含沙量 $\rho=0.6\ kg/m^3$。

桥孔上部结构采用 4 孔 30 m 预应力钢筋混凝土箱形梁，双柱式桥墩，钢筋混凝土灌注桩基础，桩径 1.40 m，墩柱直径 1.60 m。

试计算桥台和桥墩的最低冲刷线高程。

解：1. 桥下断面一般冲刷后水深 h_p

（1）按一般冲刷简化公式（10-6）计算。

$$h_p = 1.04\left(A\frac{Q_2}{Q_c}\right)^{0.90}\left[\frac{B_c}{\mu(1-\lambda)B_2}\right]^{0.66}h_{\max}$$

且 $A=\left(\frac{\sqrt{B_c}}{\overline{H}}\right)^{0.15}=\left(\frac{\sqrt{108.83}}{9.60}\right)^{0.15}=1.0125$，$Q_2=3500\ m^3/s$，$Q_c=3272\ m^3/s$，

$B_c=108.83\ m$，$B_2=120\ m$，桥下河槽水深 $h_{\max}=12.39\ m$

$\mu=1-0.375\frac{v_c}{l_j}=1-0.375\times\frac{3.13}{28.4}=0.959$（因涡流阻水引起桥下过水面积折减系数）

对于宽浅河流 $\lambda=\frac{b}{l}=0.053$（因桥墩阻水引起桥下过水面积折减系数）

所以 $h_p=1.04\times\left(1.0125\times\frac{3500}{3272}\right)^{0.90}\times\left[\frac{108.83}{0.959\times(1-0.053)\times120}\right]^{0.66}\times12.39$

$=13.83(m)$

（2）按一般冲刷公式（10-12）计算。

$$h_p=\left[\frac{AQ_2}{\mu L_j E d^{\frac{1}{6}}}\right]^{\frac{3}{5}}\frac{h_{\max}}{h_c}$$

查表 10-2，得 E 值为 0.46

桥孔净长度 $L_j=K\left(\frac{Q_s}{Q_c}\right)^n B_c=0.95\times\left(\frac{3500}{3272}\right)^{0.87}\times108.83=109.63(m)$，$h_c=9.60(m)$

$$h_p=\left[\frac{1.0125\times3500}{0.959\times109.63\times0.46\times2^{\frac{1}{6}}}\right]^{\frac{3}{5}}\times\frac{12.39}{9.60}=15.84(m)$$

2. 桥墩局部冲刷深度 h_b

桥墩为双柱墩，墩柱直径为 1.60 m，查墩形系数表 $K_\zeta=1.0$，计算墩宽 $B_1=1.60\ m$

（1）65-2 公式 $$h_b=K_\zeta K_\eta B_1^{0.60}h_p^{0.15}\left(\frac{v-v_0'}{v_0}\right)^n$$

行近水深 $h_p=14.74\ m$，$v=\frac{A^{0.1}}{1.04}\left(\frac{Q_2}{Q_c}\right)^{0.1}\left[\frac{B_c}{\mu(1-\lambda)B_2}\right]^{0.34}\left(\frac{h_{\max}}{h_c}\right)^{0.66}v_c$

且根据【例 9-1】计算得 $v_c=3.13\ m/s$，将上述数据代入即得

行近流速 $v=3.59\ m/s$

起动流速 $v_0=0.28(d+0.2)^{0.5}=0.46\ (m/s)$

起冲流速 $v_0' = 0.20\ (d+0.5)^{0.55} = 0.20\ (\mathrm{m/s})$

当 $v > v_0$，为动床流速。$K_\eta = \dfrac{0.0023}{d^{2.2}} + 0.375d^{0.24} = 0.44337$，得

$n = \dfrac{1}{\left(\dfrac{v}{v_0}\right)^{0.23+0.19\lg d}}$，得 $n = 0.5543$

将数据代入 65-2 公式，得 $h_b = 2.66$ m

(2)65-2 修正公式 $h_b = KK_\zeta B_1^{0.60} h^{0.15} d^{-0.068} \left(\dfrac{v - v_0'}{v_0 - v_0'}\right)^n$

式中 d ——粒径，m。

行近水流 $h = 14.74$ m，$v = 3.59$ m/s

起动流速 $v_0 = \left(\dfrac{h}{d}\right)^{0.14} \left(29d + 0.000000605\dfrac{10+h}{d^{0.72}}\right)^{0.5}$，

代入数据即得 $v_0 = 0.85$ m/s

起冲流速 $v_0' = 0.645\left(\dfrac{d}{B_1}\right)^{0.053} v_0$；

代入数据即得 $v_0' = 0.38$ m/s

指数 $n = \left(\dfrac{v_0}{v}\right)^{9.35+2.23\lg d}$，

代入数据，得 $n = 0.0082$

将数据代入 65-2 修正公式，得 $h_b = 2.67$ m

查墩形系数表 $K_\zeta = 1.0$，计算墩宽 $B_1 = 1.60$ m

取回归值 $K = 0.46$，并代入数据即得

$$h_{b(H)} = 0.46K_\zeta B_1^{0.60} h_p^{0.15} d^{-0.068} \left(\frac{v - v_0'}{v_0 - v_0'}\right)^n = 1.42(\mathrm{m})$$

取上限值 $K = 0.60$，并代入数据即得

$$h_{b(s)} = 0.60K_\zeta B_1^{0.60} h_p^{0.15} d^{-0.068} \left(\frac{v - v_0'}{v_0 - v_0'}\right)^n = 1.85(\mathrm{m})$$

以上计算发现 65-2 公式计算值偏大，65-2 修正公式计算较小，如何确定采用值呢？问题主要在于 65-2 公式中因子$\left(\dfrac{v - v_0'}{v_0}\right)^n$和 65-2 修正公式中$\left(\dfrac{v - v_0'}{v_0 - v_0'}\right)^n$的不同，这也是修正公式中要修正的主要因素。根据输沙平衡原理，当流速大于起动流速很多时，将出现冲刷坑内输沙平衡，冲刷不再增加。而在例题中冲刷深度 h_b 还以 0.55 次方的指数增加，与实桥资料分布趋势不符。故取 $h_{b(s)}$ 值较为适宜。

3. 桥墩的最低冲刷线高程

$$\begin{aligned} H_{\min} &= H_s - h_p - h_b \\ &= 63.65 - 14.74 - 1.85 \\ &= 47.06(\mathrm{m}) \end{aligned}$$

4. 桥台冲刷

桥位断面左岸有河滩，左岸桥台前墙桩号为 K0151 + 604. 00，阻挡河滩水流长度，阻水较多，桥台冲刷较深。按交通部科技攻关公式 95-1 公式计算：

桥台形式采用带竖直前墙和上下游锥坡，左岸河滩受阻水流佛汝德数

$$Fr = \frac{v^2}{gh} = \frac{1.03^2}{9.8 \times 2.75} = 0.039\ 37$$

左岸路堤阻水面积 $A_z = L_D h = 104 \times 2.75 = 286(\text{m}^2)$

桥台冲刷深度（当桥台前墙竖直，上下游带锥坡，取 $\alpha = 90°$）

$$\begin{aligned} h_s &= 1.95 Fr^{0.20} A_z^{0.50} C_\alpha C_A \\ &= 1.95 \times 0.039\ 37^{0.20} \times 286^{0.50} \times 1.0 \times 0.90 \\ &= 15.54(\text{m}) \end{aligned}$$

5. 桥台的最低冲刷线高程

上式计算的桥台冲刷深度是在平均床面高程以下的一般冲刷和局部冲刷总深度。左河滩平均水深 $h_t = 2.75$ m

桥台的最低冲刷线高程

$$\begin{aligned} H_{\min} &= H_s - h_t - h_s \\ &= 63.65 - 2.75 - 15.54 \\ &= 45.36(\text{m}) \end{aligned}$$

6. 计算结果分析

桥墩最低冲刷线高程为 47. 06 m，桥台最低冲刷线高程为 45. 36 m，表明设计流量通过时，桥下河滩的沉积层将被冲走，河槽和桥下河滩将冲刷至高程约 46 m 处。桥台和桥墩基础埋深应统一考虑。另外左河滩路堤阻水长达 104 m，为避免桥台和路堤上游一侧出现过大冲刷，应设置导流堤。桥墩冲刷计算也可用“桥位设计软件 QW1. 0”程序计算来完成。

桥孔上部结构也可以考虑取 5 孔 30 m 梁桥，冲刷深度较小，导流堤是否可以不设将作为桥孔布置方案比较。

7. 绘制桥孔布置方案

例 10-1 和例 9-1 的计算结果，桥面最低高程取 67. 40 m，可绘制桥孔布置方案见图 10-4。

第五节　调治构造物

调治构造物是桥梁工程的重要组成部分，主要包括各种形式的导流堤、丁坝及其他桥头防护工程，见图 10-5。调治构造物用以调节水流，使水流均匀顺畅地流过桥孔，防止桥下断面和上下游附近河床、河岸发生不利变形，确保桥梁安全。

调治构造物的布设要顺应水势，因势利导，因地制宜。还应结合河段特性、水文、地形和地质等自然条件，桥头路堤位置、通航要求、水利设施等因素综合考虑，兼顾两岸、上下游、洪枯水位确定总体布设方案。

水文及河床变形复杂的河段，桥孔和调治构造物布设应做水工模型试验，进行分析

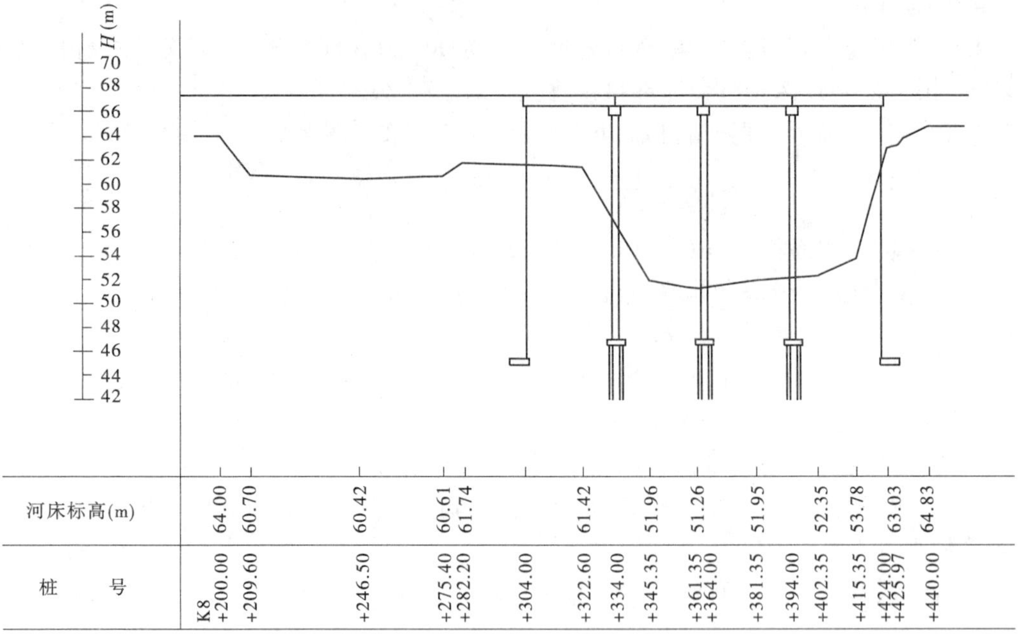

图 10-4　桥孔布置方案

验证。

导流堤的设计洪水频率应与桥梁的设计洪水频率相同。丁坝或其他调治构造物的设计洪水频率应与所依托的工程的设计洪水频率相一致。

一、导流堤

河滩流量较大时，桥上游应修建导流堤，引导上游水流和河滩水流逐渐改变方向，形成平行水流，平顺地通过桥孔，使桥下断面的流速、水深及输沙等分布都较为均匀，避免桥下和桥头出现集中冲刷。

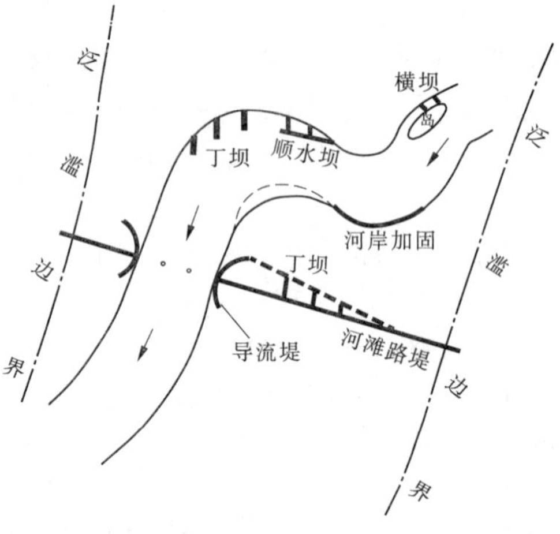

图 10-5　桥梁上下游的调治构造

是否设置导流堤，应根据河滩流量占总流量的比例来确定。被桥头路堤阻断的河滩流量占总流量的 15%（单侧河滩）或 25%（双侧河滩）以上时应设置导流堤；小于上列数值时可修建梨形堤；小于 5% 时加固桥头锥坡即可。当桥位上游有支汊汇入、水流紊乱时，应视地形、流向及地质条件设置导流堤。

（一）导流堤的绕流

导流堤水流的绕流决定了导流堤合理的平面线形，以与绕流流线吻合较好、堤长适当、设计施工简便的线形为最佳。河滩水流弯曲绕过上游堤头 A 点，这里水流集中，流速很大，水面壅高，见图 10-6。然后水流沿导流堤流入桥孔。在 B 点附近，来自河滩的水流与靠近河槽的水流相遇,形成第二个高速流区。这样,在坝头附近的 AB 范围内,流速大小和方向急剧变化,流速梯度和床面切应力很大,形成坝头冲刷区。

水流通过 B 点后,如果导流堤平面线形合理,将沿导流堤平顺地流到桥轴断面 C 点,在桥下平顺地流出桥孔。流出桥孔的水流以 5 ~ 6 倍的扩散角向桥梁下游两岸扩散。

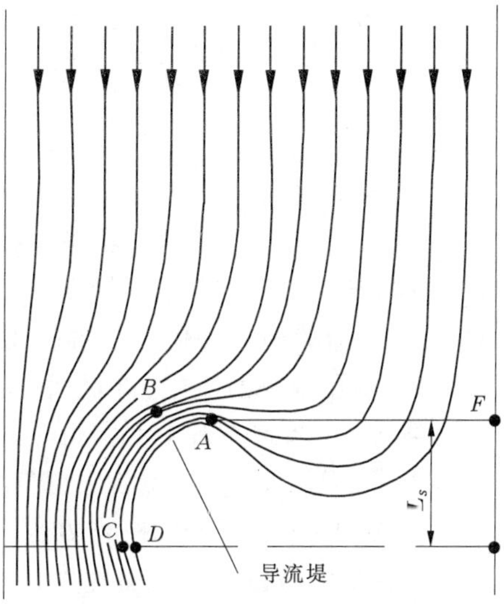

图 10-6　导流堤绕流的流线

(二)导流堤的平面线形

曲线导流堤平面线形有两大类,即椭圆堤和圆曲线组合堤。椭圆堤出现最早,至今上游堤为 1/4 椭圆(长短轴之比)的导流堤是美国联邦公路总署推荐的桥梁导流堤标准形式,见图 10-7。

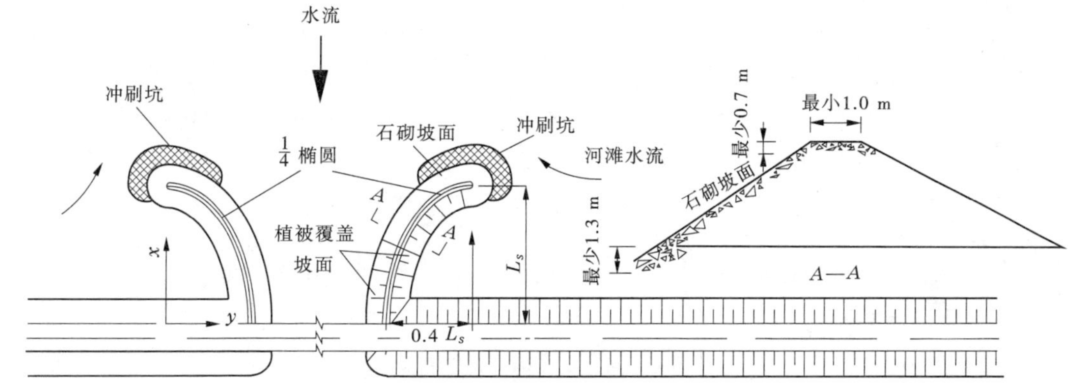

图 10-7　上游椭圆堤(1978 年)

我国应用最多的堤形是圆曲线组合堤(包尔达柯夫,1938 年),这种形式是曾被前苏联规范推荐的。1985 年,我国铁道部科学研究院陆浩等提出了改进的、长度较短的圆曲线组合堤,见图 10-8。

封闭式长导流堤修建在山前冲积扇和山前变迁性河段上。长堤使河槽逐渐缩窄,引导水流和泥沙平顺地通过桥孔。

改进圆曲线组合堤(见图 10-8)的平面轴线是由 3 种不同半径的圆曲线构成。

基本半径 R_0 为

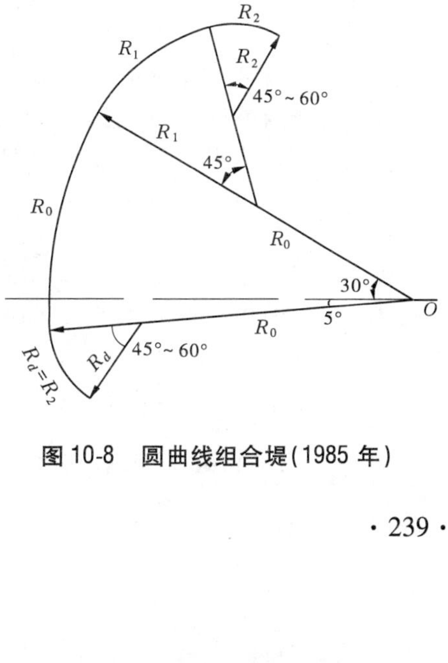

图 10-8　圆曲线组合堤(1985 年)

$$R_0 = \frac{B_{td}}{k}\left(1+\frac{1-E}{10}\right)\left(\frac{Q_{te}}{Q_{td}}\right)^{7/8} \tag{10-37}$$

其中
$$E = 1 - \frac{Q_{xi}}{Q_{da}} \tag{10-38}$$

式中 B_{td}——导流堤所在一侧河滩宽度,m;

Q_{td}——天然状态的河滩流量,m^3/s;

E——桥孔偏置率(偏置系数);

Q_{te}——导流堤所在一侧的路堤拦阻流量,m^3/s;

Q_{xi}——桥孔两侧河滩中,被阻挡较小一侧的天然流量,m^3/s;

Q_{da}——桥孔两侧河滩中,被阻挡较大一侧的天然流量,m^3/s;

k——与桥位河段水流宽深比有关的系数,当 $B/h > 1\,000$ 时 $k = 30$,当 $B/h = 1\,000 \sim 500$时 $k = 25$,当 $B/h = 500 \sim 200$ 时,$k = 20$,当 $B/h < 200$ 时 $k = 15$,其中 B 为桥位河段水流宽度,h 为桥位河段水流深度。

$R_1 = 0.50R_0$,　　圆心角 $\theta_1 = 45°$

$R_2 = 0.25R_0$,　　圆心角 $\theta_1 = 45° \sim 60°$

$R_d = R_2$,　　圆心角 $\theta_1 = 45° \sim 60°$

上游堤长度

$$S_{st} = \left(\frac{30°}{180°}\right)\pi R_0 + \left(\frac{45°}{180°}\right)\pi R_1 + \left(\frac{\theta_2}{180°}\right)\pi R_2 = \pi\left(\frac{R_0}{6}+\frac{R_1}{4}\right) + \left(\frac{\theta_2}{180°}\right)\pi R_2 \tag{10-39}$$

下游堤长度

$$S_{xt} = \left(\frac{5°}{180°}\right)\pi R_0 + \left(\frac{\theta_d}{180°}\right)\pi R_2 = \frac{\pi}{36}R_0 + \left(\frac{\theta_d}{180°}\right)\pi R_2 \tag{10-40}$$

(三)导流堤冲刷

根据模型试验和现场观测,导流堤附近的流速分布和冲刷地形都比较复杂。从上游堤端开始,沿堤的迎水面坡脚有一条冲沟,延伸到桥下,再向桥梁下游发展。导流堤迎水面坡脚最大冲刷深度范围,在从上游堤头开始到上游大约 1/3 堤长附近。若导流堤平面线形不好,冲刷范围还要扩大。

洪水退水过程中,导流堤上游端背水面将出现冲刷;同时,堤背水面水位高,迎水面水位低,形成堤身内渗透压力,也会引起导流堤破坏。

《公路工程水文勘测设计规范》(JTGC 30—2002)推荐导流堤按下式计算:

$$h_s = 3.37\left(\frac{L}{B}\right)^{0.42} Fr^{0.38} h C_m \tag{10-41}$$

式中 h_s——堤头冲刷深度自平均床面算起,m;

L——上游堤端至河岸的距离以垂直流向投影计,m;

B——当另一侧河滩设导流堤时,等于设计水位时的水面总宽度,当两侧均设导流堤时,计算一侧岸边设计水位线至河槽深泓线的距离,m;

Fr——堤头行近水流佛汝德数(天然水流 Fr),$Fr = \frac{v^2}{gh}$;

h——堤头天然水深,m;

C_m——边坡减冲系数,$C_m = e^{-0.07m}$;

m——边坡系数,即边坡为 1∶m。

式(10-41)是根据沙性土床面圆曲线组合堤水工模型试验资料制定的(高冬光,1985年)。

(四)导流堤的横断面和坝顶高程

导流堤横断面尺度按表 10-6 采用。

表 10-6　导流堤横断面尺度

堤顶宽(m)		边坡		
堤头	堤身	堤头	堤身	
			迎水面	背水面
3~4	2~3	1∶2~1∶3	1∶1.5~1∶2	1∶1.5~1∶1.75

堤顶高程,上游堤头的高程应考虑设计水位沿堤长向上游的升高、桥前壅水高度、波浪爬坡高度(侵袭高度)、床面淤积等水面升高,还应加 0.25 m 的安全值。

导流堤各断面的堤顶高程,可从上游端堤顶高程按水面比降来推算。

二、丁坝

丁坝是一种与河岸或路堤成一定角度伸入水中的构造物。丁坝将水流挑离河岸或路堤,使坝下游的河岸或路堤免受冲刷,形成有利的水流结构和河床变形。

丁坝常设置在桥头引道的一侧或桥梁附近的河岸一侧,特别是在河流弯道凹岸的一侧,将水流挑离桥头引道或河岸,使泥沙在坝后淤积,形成新的水边线,达到对凹岸及桥台防护的目的。

丁坝对上下游水流甚至对岸都有一定影响,适合修建在较宽的河段,在山区狭窄急流河段应慎用。

若需要防护的路堤或河岸较长,可采用数个丁坝组成丁坝群进行水流调治和河岸防护,将各个坝头的连线设计成一条平滑的曲线或直线,称为导治线。导治线是设计的水边线或弯道凹岸的深泓线,导治线两端应与河岸平顺连接(见图 10-9)。

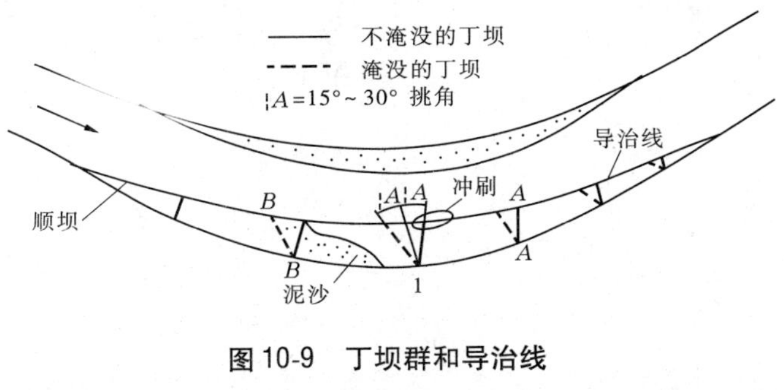

图 10-9　丁坝群和导治线

根据设计洪水位和坝高的相对关系可分为漫水丁坝和不漫水丁坝两类。坝顶高程高于设计洪水位称为不漫水丁坝，挑水能力强，相应地坝头冲刷也严重。坝顶高程低于设计洪水位的丁坝称为漫水丁坝或淹没式丁坝。漫水丁坝的坝顶高程常取在相当于常水位或平均洪水位上下。洪水位时为漫水丁坝，常水位及枯水位时为不漫水丁坝。

这样，除洪水期以外的大部分的时间，丁坝工作在不漫水丁坝状态，有较大的调治水流和稳定河床的作用。大洪水期间，丁坝坝顶淹没，不会过多阻挡水流，避免坝头过深冲刷，被淹没的丁坝之间河底流速仍然很小，仍可发挥其护岸作用。桥头防护和沿河路堤防护中，漫水丁坝及漫水丁坝群应用较多。

丁坝长度愈大，坝头冲刷愈深，挑水能力愈强，对上下游甚至对岸的影响也愈大。一般不宜采用过长的丁坝。不透水丁坝的长度（丁坝长度按垂直于流向的丁坝投影长度计）最大不应超过河槽宽度的15%；桩、排架等组成的透水丁坝，透水性达到80%时，丁坝长度不得超过河槽宽度的35%。经验表明，山区河流桥头及沿河路堤的丁坝，长度不宜超过10 m。

丁坝群一般可做成正挑（挑角 $\alpha=90°$），其中1号坝做成正挑，但其长度取后坝长度的一半。1号坝也可做成下挑（挑角 $\alpha=60°\sim90°$）。

丁坝不漫水时坝头冲刷的原理和计算方法与桥台基本相同，但漫水丁坝的冲刷是因底流坝头绕流所致，随坝顶漫水（淹没）深度的增大而减小。

丁坝冲刷深度计算可根据式（10-29）$h_s=1.95Fr^{0.20}A_z^{0.50}$ 引入边坡减冲系数和漫水减冲系数计算：

$$h_s=1.95Fr^{0.20}A_z^{0.50}C_\alpha C_m C_{sm} \tag{10-42}$$

式中 h_s——丁坝头附近最大冲刷深度，自平均床面高程算起，包括一般冲刷和局部冲刷，m；

Fr——行近水流佛汝德数，$Fr=\dfrac{v^2}{gh}$；

A_z——丁坝阻水面积，以垂直流向的投影面积计，对于宽浅断面 $A_z=L_D h$，L_D 为丁坝长度（垂直水流方向），m^2；

h——行近水流平均水深，m；

C_α——挑角系数，$C_\alpha=\left(\dfrac{\alpha}{90°}\right)^{0.15}$，其中 α 为丁坝轴线与水流斜交时的挑角；

C_m——边坡减冲系数，$C_m=e^{-0.07m}$（m 为边坡系数）；

C_{sm}——漫水冲刷系数。

对于顺直河岸丁坝

$$C_{sm}=1-\left(\frac{\Delta h}{h}\right)^{0.5} \tag{10-43}$$

对于凹岸丁坝

$$C_{sm}=1-0.5\left(\frac{\Delta h}{h}\right)^{0.5} \tag{10-44}$$

式中 Δh——淹没深度，即水面到坝顶的深度；

$\dfrac{\Delta h}{h}$——淹没程度，不漫水丁坝 $\Delta h=0$，$C_{sm}=1.0$。

【例10-2】 由例9-2和例8-2资料，左岸有较宽的河滩，左岸桥台前墙桩号为K8+604.00，右岸桥台前墙桩号K8+724.00。左岸路堤阻水长度达104 m，致使左岸桥台冲刷较严重。试在左岸桥台处修建一个圆曲线组合型导流堤,设计导流堤轴线和横断面,计算堤头冲刷深度。

解:(1)圆曲线组合堤轴线设计。

根据地形取上游堤端圆心角 $\theta_1=60°$

下游堤端圆心角　$\theta_d = 45°$,如图 10-10 所示。

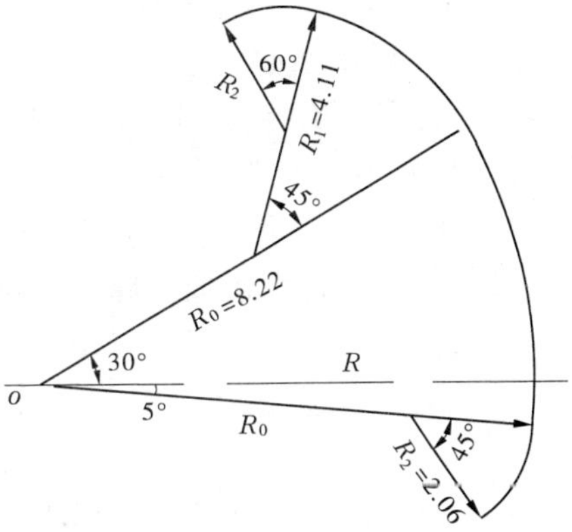

图 10-10

河滩宽度　$B_{td} = 121.57$ m

河滩平均水深　$h_t = 2.61$ m

河滩平均流速　$v_t = 0.99$ m/s

河滩流量(有导流堤一侧)　$Q_{td} = 316\ m^3/s$

路堤拦阻流量　$Q_{te} = 260.45\ m^3/s$

$Q_{da} = 316\ m^3/s$

$Q_{xi} = 0$

偏置系数　$E = 1 - \dfrac{Q_{xi}}{Q_{da}} = 1 - \dfrac{0}{316} = 1$

查出宽深比系数 $k = 15$

计算

$$R_0 = \frac{B_{td}}{k}\left(1+\frac{1-E}{10}\right)\left(\frac{Q_{te}}{Q_{td}}\right)^{7/8} = \frac{121.57}{15}\times\left(1+\frac{1-1}{10}\right)\times\left(\frac{260.45}{316}\right)^{7/8} = 6.84(\mathrm{m})$$

$$R_1 = 0.5R_0 = 0.5\times 6.84 = 3.42(\mathrm{m})$$

$$R_2 = 0.25R_0 = 0.25\times 6.84 = 1.71\ (\mathrm{m})$$

上游堤长度

$$S_{st} = \pi\left(\frac{R_0}{6}+\frac{R_1}{4}\right)+\left(\frac{\theta_2}{180°}\right)\pi R_2 = \pi\left(\frac{6.84}{6}+\frac{3.42}{4}\right)+\left(\frac{60°}{180°}\right)\pi\times 1.71 = 8.05(\mathrm{m})$$

下游堤长度

$$S_{xt} = \frac{\pi}{36}R_0+\left(\frac{\theta_d}{180°}\right)\pi R_2 = \frac{\pi}{36}\times 6.84+\left(\frac{45°}{180°}\right)\pi\times 1.71 = 1.94(\mathrm{m})$$

导流堤轴线全长 $S_t = S_{st} + S_{xt} = 8.05 + 1.94 = 9.99(\mathrm{m})$

(2)导流堤上游端附近的冲刷。

取上游堤头到水边的距离 $L = 104$ m

断面水面宽度 $B = 229.95$ m(河床宽度)

拦阻水流　$Fr = \dfrac{v_t^2}{gh_t} = \dfrac{0.99^2}{9.80\times 2.61} = 0.038\ 3$

堤头天然水深　$h_t = 2.61$ m

迎水面堤头附近冲刷深度(取导流堤迎水面边坡 1:2)

$$h_s = 3.37\left(\frac{L}{B}\right)^{0.42}Fr^{0.38}hC_m$$

$$= 3.37\times\left(\frac{104}{229.95}\right)^{0.42}\times 0.038\ 3^{0.38}\times 2.61\times e^{-0.07\times 2}$$

$$= 1.59(\mathrm{m})$$

导流堤最低冲刷线高程

$$H_{\min} = H_s - h_t - h_s = 63.65 - 2.61 - 1.59 = 59.45(\mathrm{m})$$

(3)导流堤横断面。

取堤头宽度 $B_{t0} = 3.0$ m,堤顶宽 $B_{di} = 2.0$m;边坡采用迎水面为 1:2,背水面为 1:1.5,堤头为 1:2.5。

(4) 建议。

堤长较小,堤背水边坡与路堤边坡处理可统一考虑,做成梨形堤形式。

复习思考题

10-1　冲刷计算的目的是什么?

10-2　桥下冲刷可分为哪几部分?

10-3　何谓桥下一般冲刷?

10-4　何谓桥下局部冲刷?

10-5　影响局部冲刷的主要因素有哪些?

10-6　调治构造物的主要作用是什么?

10-7　接第九章习题 6,根据钻探资料,河滩表层为黏土,平均粒径 $\bar{d}_{\mathrm{I}} = 0.002$ mm;河床第Ⅱ层(高程在 79.00 m 以下)为中砂,$\bar{d}_{\mathrm{II}} = 0.7$ mm;河床第Ⅲ层(高程在 73.00 m 以下)为砾石夹粗砂,$\bar{d}_{\mathrm{III}} = 2.5$ mm。桥位河段历年汛期洪水含沙量 $\rho = 0.7$ kg/m^3。据分析桥下河槽能扩宽至全桥,但自然演变冲刷 $\Delta h = 0$。本桥为一般性桥梁,试确定最大冲刷线高程和桥梁墩台最浅埋置深度(高程)。

第十一章　小桥涵勘测设计

本章重点

了解并熟悉小桥涵勘测设计所包含的内容、位置选择与勘测调查，重点掌握小桥涵类型的选择和布置、孔径计算。

第一节　小桥涵勘测设计内容

一、设计的任务与内容

小桥涵勘测设计任务分为外业勘测和内业设计两部分。其外业勘测包括调查收集公路沿线的工程地质、水文地质、水文、气象、地震、地形、农田水利、环境保护、有关建设及施工条件等资料，按不同设计阶段进行相应的勘测工作；内业设计包括对已有资料的综合分析和研究，进一步从技术上使设计方案具体化，完成《公路工程基本建设项目设计文件编制办法》规定的设计图标资料，据以为概、预算的编制和工程施工提供依据。

小桥涵勘测设计的内容包括：

(1)小桥涵位置及类型选择。

(2)水文资料收集、整理与分析计算，确定设计流量和设计水位。

(3)按设计流量，通过水力计算确定：①小桥涵孔径尺寸；②河床加固类型和尺寸；③桥涵前壅水高度；④桥涵进出口的冲刷防护与处理措施。

(4)标准图的选用，对于特殊设计应绘结构设计图。

(5)工程数量计算与设计文件编制。

二、设计原则与要求

(一)设计原则

小桥涵设计时，在符合《公路桥涵设计通用规范》的基础上，应力求技术先进、安全适用、经济合理、环保美观。新建桥涵的设计应尽量采用标准化的装配式结构，在条件允许的情况下尽量采用机械化和工厂化施工。其有关设计原则如下：

(1)根据所在公路的使用任务、性质和未来发展需要，力求安全、经济、适用和美观。

(2)因地制宜，就地取材，便于施工养护。

(3)考虑农田排灌的需要及综合利用。

(二)设计的一般要求

小桥涵是公路的一个重要组成部分，用以连接中断的线路，维持公路的正常通行，保证桥涵排水或通航。

1. 行车要求

小桥涵设计首先应满足车辆行驶安全、迅速、经济和舒适的要求。设计必须满足《公路工程技术标准》、《公路桥涵设计通用规范》等规定的桥涵净空、路基宽度、设计荷载、小桥涵的线形及其与公路的衔接符合路线布设等。

2. 排水要求

小桥涵设计还必须保证设计流量能够得到安全宣泄及桥涵位上游村镇和农田的安全,使其不受壅水淹没的危害,并保证路基的稳定不受影响。此外,应根据不同的结构类型,保证桥涵下有足够的净空,以保证结构物的安全正常使用。桥涵下净空可按计算水位或最高水流面确定。对于桥下净空必须满足《公路桥位勘测设计规范》中规定的要求。

3. 构造要求

桥涵结构在制造、运输、安装和使用过程中应具有规定的强度、刚度、稳定性和耐久性;结构形式应便于制造、施工和养护;并应视需要设置必要的变形缝和伸缩缝,以适应温度变化、混凝土收缩徐变、地基不均匀沉降以及其他外力所产生的影响。

小桥涵进出口和桥涵所在范围可将河床挖深,进行整治和加固,必要时也可在进出口处设置减冲、防冲设施。

4. 其他要求

当公路与公路或公路与铁路相交,需修建立体交叉跨线桥时,桥下净空应符合所跨越的公路或铁路的净空界限要求。乡村道路从公路下面通过,设置的通道净空可根据当地通行的车辆组成和交叉情况而定。

第二节　小桥涵位置选择

一、小桥涵位置选择的原则

(1)选择小桥涵的位置时应服从路线走向。

(2)如图 11-1 所示,逢沟设桥或涵。

(3)适应路线平纵要求并与路基排水系统相协调。

(4)使进出口水流平顺畅通:小桥轴线应与河沟流向垂直;涵洞轴线应与水流方向一致。

(5)小桥涵的位置应选择在河道顺直、河床地质良好的河段。

(6)应进行方案比选,使主体、附属工程的总工程量最小,造价最低。

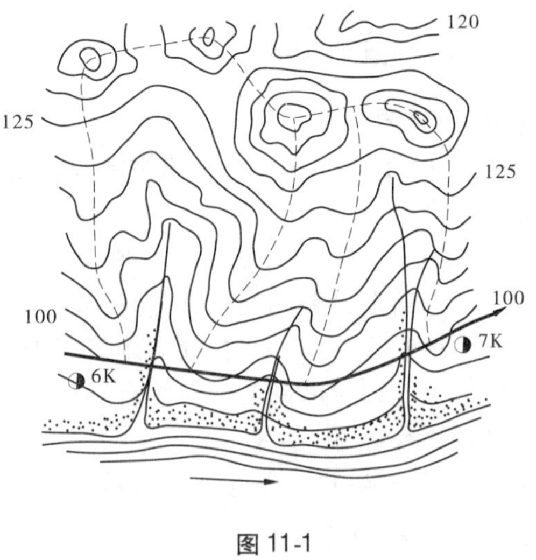

图 11-1

二、小桥定位与布设

(1)服从路线走向。但定位时容许

对路线作适当调整，按小桥需要选择桥位。

(2)小桥轴线应与河沟流向(或洪水主流方向)垂直。否则应使墩台轴线与水流方向平行，以减小水流对墩台的冲刷。

(3)桥位应布设在两岸地质良好、土石方少、承载力大、河宽小、滩窄而高、汊流少的河段。在使路线平顺衔接的同时，尽量避免通过淤泥沉积地段，当必须通过支流汇合口时，应在支流汇合口的下游跨越并远离汇合口，如图 11-2(a)所示。

(4)桥位应布设在顺直河段。当遇到河湾时，桥位应设在河湾的上游；若桥位必须设在河湾下游时，桥位应远离河湾；当跨越溪沟时，桥位应设在大河倒灌水位线的范围以外，如图 11-2(b)所示。

(5)对于沿溪路线，应有较好的线形条件。例如，必要时可利用河湾、"S"形河段及采取斜交办法跨河，如图 11-2(c)所示。

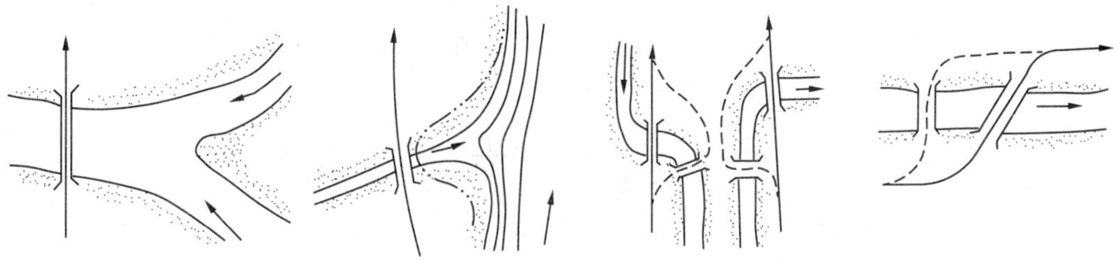

(a) (b) (c)

图 11-2

三、涵洞的定位与布设

(一)平原地区涵洞的定位与布设

(1)河心涵洞是指设于河沟中心的涵洞。一般与路线方向正交，并且进口对准上游沟心。

(2)灌溉涵洞是指设于灌渠线上的涵洞。

(3)截弯取直设涵洞，当路线经弯曲河沟或多支汊河沟时可截弯取直改设涵或改沟整流设涵，如图 11-3 所示。

(二)山岭地区涵洞的定位与布设

(1)山区河沟坡陡流急，洪水迅猛，应顺沟设涵。当必须在河湾处设涵时，涵位应设在凹岸一侧，有利于汇集水流。

(2)路线纵坡成凹形的低处或路线纵坡由陡变缓的变坡点应设涵。

(3)旁山内侧截水沟及路基排水边沟出口处应设涵，如图 11-4(a)所示；陡坡急弯处，路线偏角大于 90°，平曲线半径小，在弯道起(止)点附近应设涵，如图 11-4(b)所示。

(4)土质密实，边坡稳定河沟，可改沟设岸坡涵，对原河沟应作片石盲沟排水。岸坡涵可缩短涵洞长度，有利于泄水，如图 11-5 所示。

(5)并沟设涵。两溪相近或汇水面积小、纵坡小、水流小、含沙量低的河沟可并沟设涵，但应做好旧河沟堵塞及截水墙和路基的加固工程。此外，也可改沟不设涵，如图 11-6

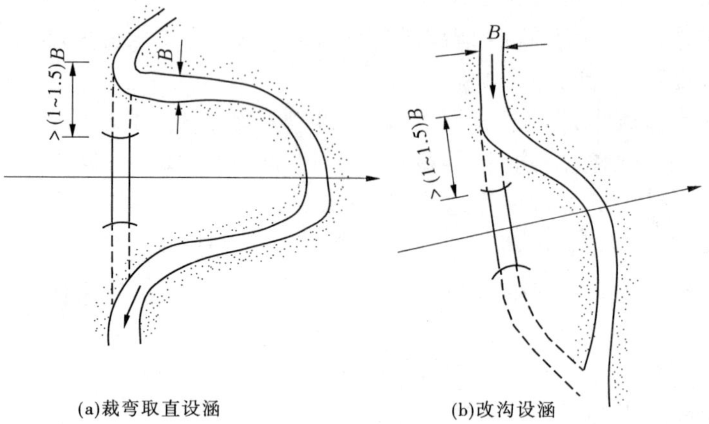

(a)裁弯取直设涵

(b)改沟设涵

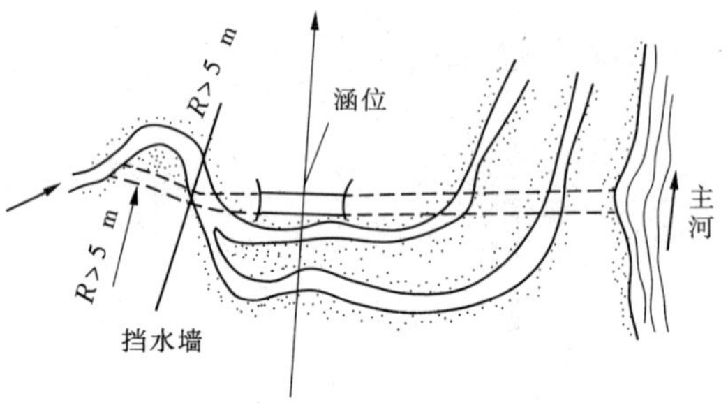

(c)改沟整流设涵

图 11-3

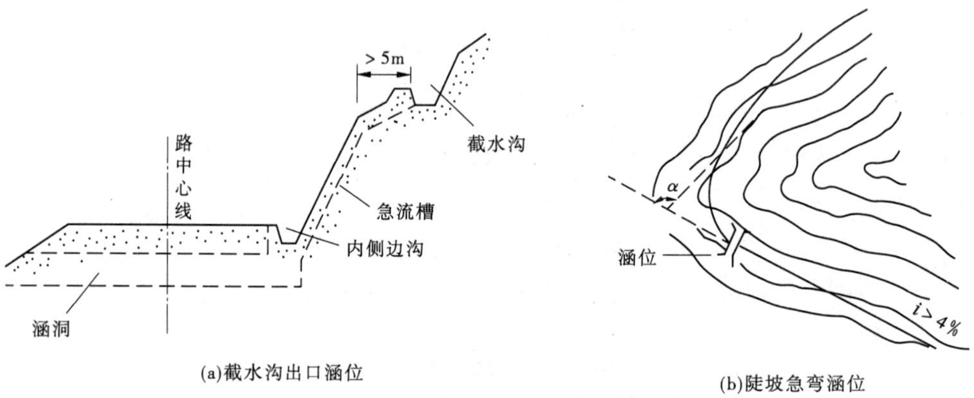

(a)截水沟出口涵位

(b)陡坡急弯涵位

图 11-4

所示。

(6)路线跨越丘陵地区的山脊线时,在马鞍形底部可开挖明沟排水不设涵洞,如图 11-7所示。

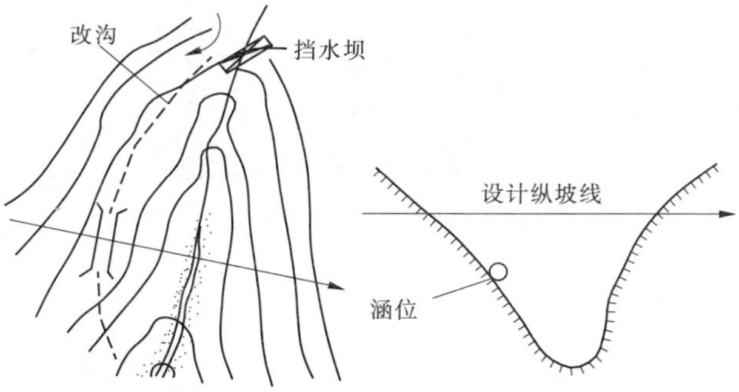

图 11-5

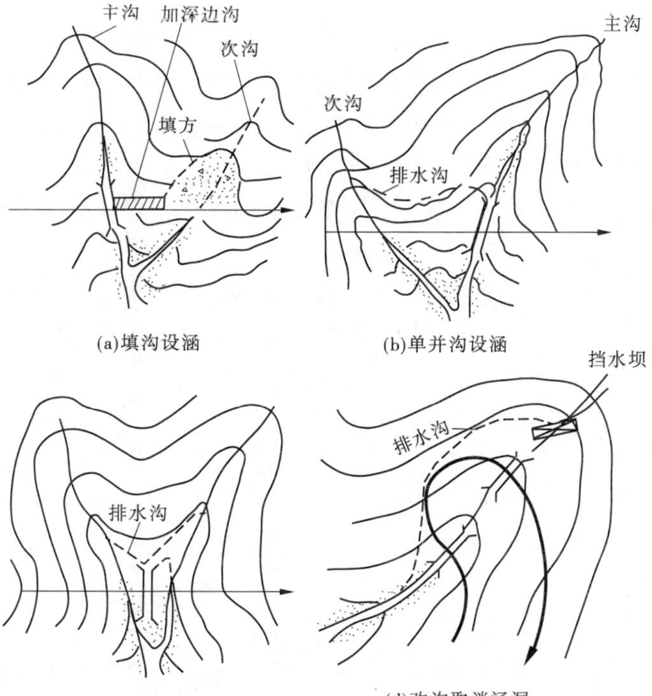

(a)填沟设涵　(b)单并沟设涵

(c)双交沟设涵　(d)改沟取消涵洞

图 11-6

第三节　小桥涵勘测与调查

一、水文勘测与调查

为确定小桥涵的设计流量、水位、桥涵孔径，须进行必要的水文勘测。不同的水文计算方法，可有不同的勘测内容。

(1)类比确定设计流量及水位，按现有小桥涵的经验数据来确定小桥涵孔径，我们把这种方法称为直接类比法。勘测调查的内容有：①现有小桥涵的结构类型、尺寸、洞口形

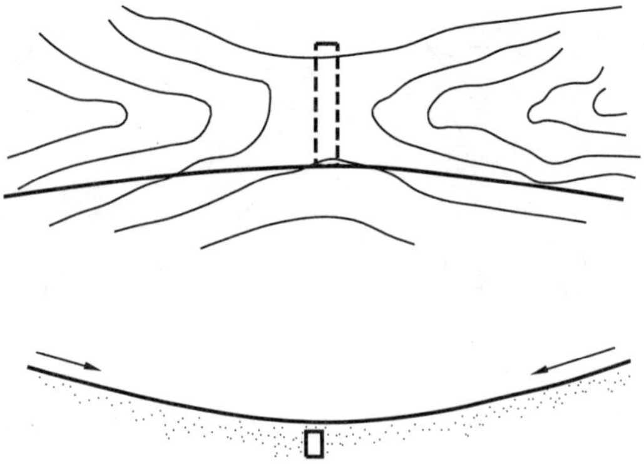

图 11-7

式与加固方式;②现有小桥涵所在的位置,主河沟长度、汇水面积、平均比降、桥涵前水深、下游河沟的天然水深、设计标准、设计流量与水位、地质地貌等;③现有小桥涵的桥涵孔径、总长、基础类型及埋置深度、承载能力、修建年月及使用情况等。

(2)通过现场勘测调查推求设计流量及水位,即形态调查法。勘测调查的内容有:①选定形态断面及其测量;②洪水调查、洪痕高程、位置及测算洪水比降;③调查河段特征及选定糙率。

(3)由降水资料推求流量和水位,即暴雨径流法。勘测调查的内容有:①汇水面积及主河沟纵坡测量;②汇水区的土壤类属、植被情况及地面特征;③农田水利情况;④地区暴雨参数图表、等值线图。

二、小桥涵位置测量

小桥涵位置测量包括:现场勘定位置、确定其中心桩、实地检查初步选择和布设的桥涵位置方案的合理性,为路线的设计标高控制提供依据。

(一)断面测量

1. 小桥

(1)施测范围:上游为 100 ~ 200 m,下游为 50 ~ 100 m,河岸以上或两侧泛滥线以外为 10 ~ 20 m。

(2)比例尺为 1∶50 ~ 1∶200。

(3)要求在桥台范围上、中、下三处施测 3 个断面并将断面图绘于同一图中,断面图中应标明地面线、中心桩号、测时水位、调查洪水位、设计洪水位、土壤类别、地质探坑及钻孔柱状图等,如图 11-8 所示。

2. 涵洞

涵洞布图一般只需纵剖面图,即只需在涵洞中心处测一个河沟纵断面。

(二)小桥涵址平面图绘制

小桥涵址平面图用于室内设计时回忆和了解桥涵位置情况。一般只绘平面示意图,其中应标示地形、地貌特征、桥涵位置方向、主要地名、沟名以及现场拟定的改沟开挖示意线等,如图 11-9 所示。

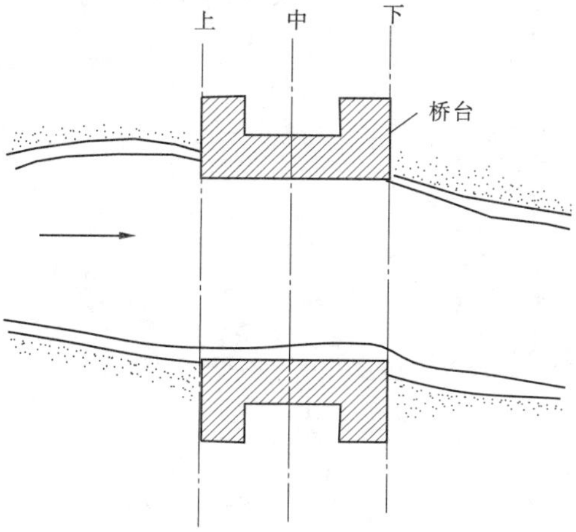

(a)

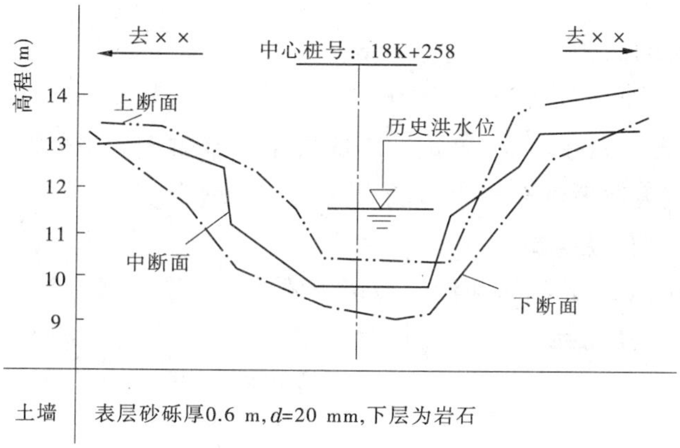

(b)

图 11-8

当地形特别复杂、上下游改河河道范围大、附属工程较多时，应考虑实测地形图。实测范围：上游为河宽的 4 倍，下游为河宽的 2 倍，满足桥涵布图需要；地形图比例尺为1∶200 ~ 1∶500，范围大时可用 1∶1 000；等高线间距通常为 1 m，地形十分平坦时，可用0.5 m。

三、小桥涵现场勘测内容

(一) 汇水面积

利用地形图勾绘。

(二) 主河沟平均坡度估算

1. 山区河流

当主河沟长度大于 500 m 时，平均坡度按河沟陡坡转折点至涵位沟底间高差与两点间水平距离的比值计算；当主河沟长度小于 500 m 时，平均坡度取分水岭至涵位沟底高差与相应两点间水平距离的比值。

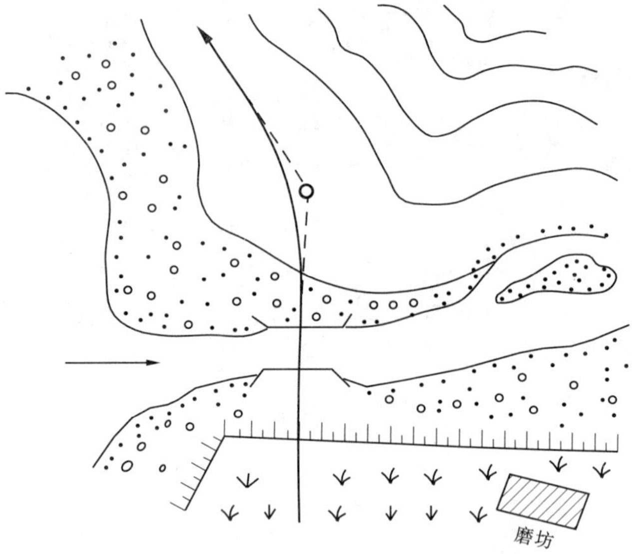

图 11-9

2. 平原河流

当主河沟长度大于 800 m 时,平均坡度取近桥涵主河沟的平均坡度;当主河沟长度小于 800 m 时,平均坡度取桥涵至分水岭的主河沟平均坡度。

(三)主河沟断面形状折算

小汇水面积坡面集流时间对河沟流量影响不大,通常以河沟取代并把不规则的天然河沟断面概化为三角形。当底宽为零时,有

$$边坡系数 = \frac{河沟水面宽度}{2 \times 水深}$$

(四)工程地质调查

小桥涵工程地质勘测以调查为主,挖探为辅。调查的方法一般采用目测和访问结合,主要是为了了解基底土壤承载力、地质构造、地下水情况及其对桥涵结构稳定性的影响,以便确定基础埋置深度及采取有关防护措施。其主要内容有地基土壤的名称、颜色、各种粒径所占百分比、密实程度、含水干湿与可塑性、地下水情况、岩层走向、倾角及风化程度等。

当工程规模较大又难以判定地质情况时,可辅以挖探、钎探、钻探。土质河床一般采用挖探与钎探结合,探孔布置如图 11-10 所示。图中"●"为布设两孔时的探孔位置。"○"为布设一孔时的探孔位置。若地质较复杂时,可在上游或下游增加一个探孔,其位置如图中"⊗"所示。探孔深度一般应在预定基底标高以下 1 ~2 m。

(五)建筑材料调查

建筑材料的调查一般采用调查与实地勘查相结合的方法进行,其目的是为了经济合理地选择桥涵结构类型和贯彻就地取材原则。其内容包括工程材料产地、分布、蕴藏量、质量、规格、价格、开采条件及运输条件等。

(六)其他调查

(1)已建灌溉渠道的设计流量、灌溉面积、渠道断面、渠底标高、比降、糙率、当地群众

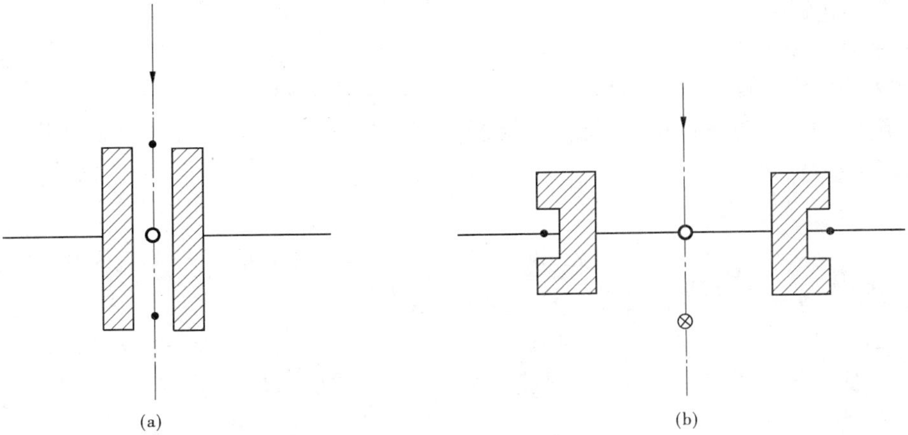

图 11-10

对跨越渠道的意见等,以便确定桥涵类型、孔径和加固措施。

(2)当桥涵还需兼作行人、牲畜、大车、汽车或航行通道时,应调查有关跨径、净空及位置是否满足要求。

(3)桥涵濒临大河时,应调查重现期为 1 年、25 年、50 年的大河倒灌洪水位范围。

(4)山洪暴发时的泥石流情况的柴草、竹木等漂浮物数量、大小、产生原因。

(5)气温、风力、雨量、冰情及地震情况等。

第四节　小桥涵类型选择与布置

一、小桥涵分类

(一)小桥分类

按结构形式来分,小桥可以分为梁式小桥和拱式小桥。

1. 梁式小桥

(1)按上部结构有无预应力可以分为普通钢筋混凝土小桥和预应力混凝土小桥。

(2)按小桥是否与水流方向正交,梁式小桥可分为正交小桥和斜交小桥。

(3)按上部结构的受力情况,又可以分为简支梁(板)小桥、连续梁小桥和钢构小桥。

(4)按桥梁的受力体系和下部结构形式,梁式小桥又可分为一般简支梁式小桥和四铰框架式轻型墩台小桥。

2. 拱式小桥

(1)按拱轴线形式来分,拱式小桥可分为圆弧拱小桥和悬链线拱小桥。

(2)按所用材料来分,有石拱桥、混凝土拱桥、钢筋混凝土拱桥。

(3)按拱圈结构来分,拱式小桥分为板拱桥、双曲拱桥、肋拱桥、钢架拱桥等。

(4)按行车道和拱圈的相对位置,拱桥分上承式拱桥、中承式拱桥、下承式拱桥。

(5)按桥梁在公路轴线上的位置,可以分为直线桥、曲线桥和直曲线桥。

(二)涵洞分类

1. 按材料分类

按材料分类可将涵洞分为砖涵、石涵(有石盖板涵和石拱涵)、混凝土涵(有四铰管涵、拱涵等)、钢筋混凝土涵(有管涵、盖板涵、箱涵、拱涵等)、木涵、瓦管涵、铸铁管涵、石灰三合土拱涵等。

2. 按构造型式分类

(1)管涵。又称圆管涵,其直径一般为0.5~1.5 m,受力情况和适应基础的性能好,仅需设置端墙,不需墩台,圬工量小,造价低,但清淤不便。

(2)盖板涵。较适用于低填土的路基,还可做成明涵。

(3)拱涵。是一种常用型式,其超载潜力大,便于就地取材,易于施工。

(4)箱涵。适用于软土地基。但因施工困难、造价较高,一般不常用。

3. 按洞顶填土情况分类

(1)明涵。洞顶不填土或填土小于0.5 m,适用于低路堤涵洞。

(2)暗涵。洞顶填土高度大于0.5 m,适用于高路堤涵洞。

4. 按水力性能分类

(1)无压力式涵洞。洞内水流具有自由表面,其入口水深低于进口高度,如图11-11(a)所示。其中可有缓坡涵洞($i<i_k$)、急坡涵洞($i>i_k$)及临界坡涵洞($i=i_k$)。

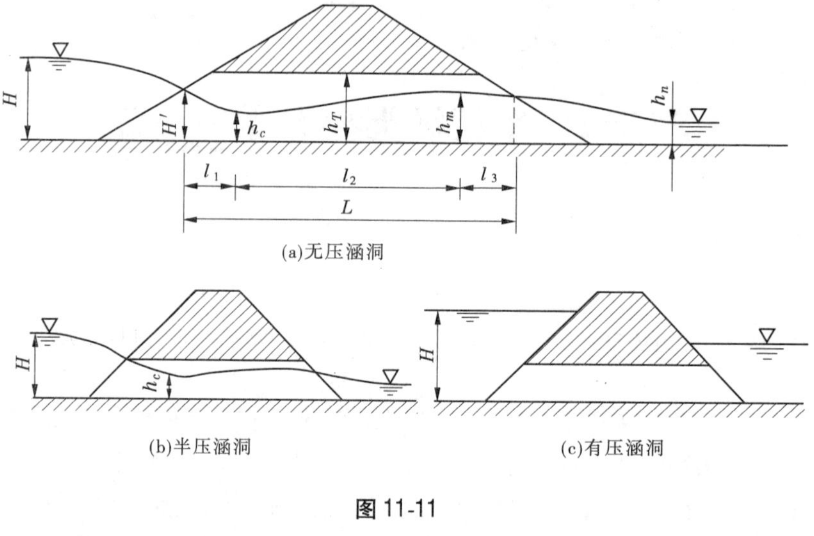

图11-11

(2)半压力式涵洞。如图11-11(b)所示,水流仅封闭洞口,洞内仍为无压流。

(3)有压力式涵洞。如图11-11(c)所示,入口水深大于洞口高度,全涵为有压流。常见的倒虹吸管属于此类。

(4)倒虹吸管涵洞。路线两侧水深都大于涵洞进出水口高度,进出水口设置竖井,水流充满全涵身,适用于横穿路线的沟渠水面高程基本等于或略高于路基高程的情况。此类涵洞属有压力式涵洞,且涵洞中常年有水,易于堵塞和冒水浸泡路基,在选线时应尽可能避免,通常当灌溉渠横跨公路,比路面高又达不到设渡槽的净空高度时,不得已才采用这类涵洞。

5. 按涵洞洞身型式分类

(1)平置式坡涵,如图11-12(a)所示。

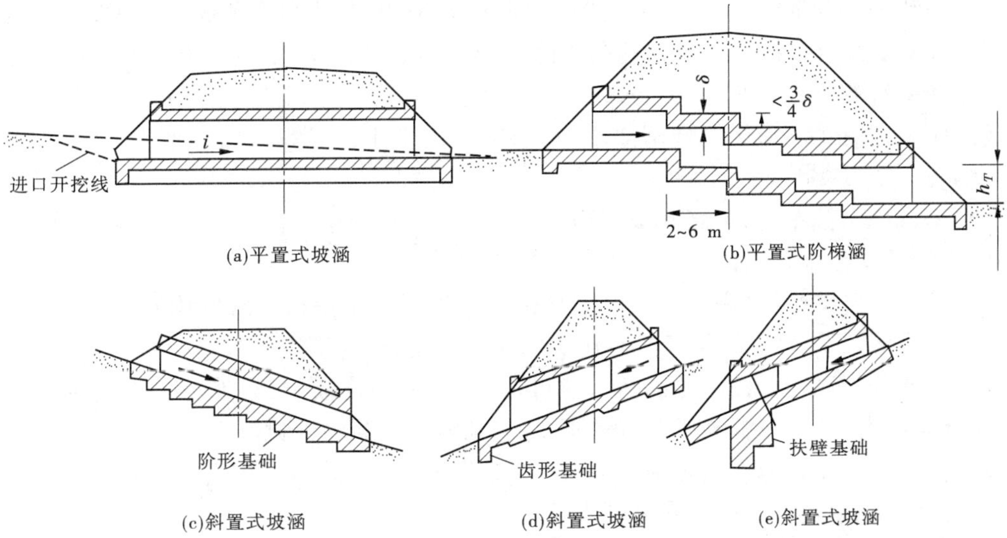

图11-12

(2)平置式阶梯涵,如图11-12(b)所示。

(3)斜置式坡涵,如图11-12(c)、(d)、(e)所示。

6. 按涵洞与路线的夹角分类

按涵洞与路线的夹角分类可分为正交和斜交两种。斜交涵洞又分为斜交斜做和斜交正做两种形式。盖板涵和箱涵一般采用斜交斜做。拱涵和圆管涵与路线斜交,为改善受力和方便施工一般采用斜交正做。

二、小桥涵类型选择

一般跨越常年流量较小、路堤高度能满足壅水高度要求的小河沟宜采用涵洞;当沟槽设计流量较大、桥位处于陡岩深谷或冲积堆上、河道漂浮物较多或有泥石流运动时,宜采用小桥。

(一)小桥类型的选择

小桥类型的选择是桥梁设计中的一项重要内容,应与孔径选定综合起来考虑。一般先根据水力计算需要或现场洪水调查或被交线情况确定桥下净空(立交桥),初步确定孔径后再进行桥式选择,有时也可在选定桥式后再调整孔跨。

小桥类型选择的一般原则有:

(1)桥型选择应在保证运营安全的前提下,尽量就地取材,节约木材、钢材、水泥和投资。在一段线路内,尽量减少小桥的类型,以便施工和养护。

(2)小桥一般采用钢筋混凝土简支板梁、T形截面梁桥或预应力混凝土空心板桥。由于T形桥梁构造复杂,小桥多采用简支实心或空心板桥。在高等级公路上结构物很多,便于集中预制时,也可采用先张法预应力混凝土结构的板式桥。小桥的标准跨径有6.0

m、8.0 m、10.0 m、13.0 m、16.0 m，采用标准化跨径的桥涵宜采用装配式结构，机械化和工厂化施工。

(3)石拱桥和混凝土拱桥在有可能就地取材时采用，是山区公路最常采用的一种结构形式，适用于盛产石料的地区。具有造价低、易施工、结构坚固、寿命长、自重及超载潜力大、可避免制梁和架梁等优点。

(4)钢筋混凝土箱形梁对地基要求较低，梁的高度小，但造价高，一般在软土地段采用。

(5)基础施工简单、桥头路基填土较低的小桥，可采用小跨多孔；填土较高或跨越深沟小桥，宜采用较大跨径的单孔。

(6)位于市区的小桥、高速公路的立交桥或风景区的小桥在满足使用、设计、施工、经济等要求的前提下尽可能使桥梁具有优美的建筑外形，并与周围的景物相协调。

(7)对于跨越高速公路的公路桥、人行桥一般可采用连续梁、T形钢构、钢架拱、双曲拱桥等结构形式，要尽可能地减少结构厚度，达到轻巧美观的视觉效果。

(8)高等级公路跨越农村道路时，一般要布设通道，通道多采用简支板桥，位于山区的通道，当建筑高度较大时，可采用拱桥形式。

(二)涵洞类型的选择

1.石拱桥涵

这是山区公路最常用的一种结构形式。其优点是可就地取材，造价低，易施工，结构坚固寿命长，自重及超载潜力大。适用于盛产石料地区，可用于流量大于10 m^3/s，跨径大于2 m，路堤高度在2.5 m以上，地基条件良好的河沟；适应填土高度一般可达30 m；缺点是建筑高度大，难以预制施工，难修复，占劳力多，工期长，对地基要求高。其常用孔径有0.75~6.00 m。

2.石盖板涵

此类桥涵的优点是可以就地取材，结构坚固，建筑高度小，对地基要求不高，施工简便，易于修复。适用于盛产石料地区；可用于流量在10 m^3/s以下，跨径在2 m以下的河沟。其缺点是力学性能较差。

3.钢筋混凝土盖板涵

这类小桥涵的优点是建筑高度较小，不受填土高度限制，可预制拼装，施工简便，对基础要求不高，易于修复。适用于缺乏石料、流量大、填土高度受限制及高等级公路。其缺点是钢材用量大，造价高。这类小桥涵适应的填土高度一般为12 m，通常可预制或现场浇制。预制拼装可节约模板，缩短工期，不受气候影响，适用于桥涵多而集中并有运输吊装条件的公路；现场浇制整体性好，适用于小桥涵工程分散、改建旧路中的单个桥涵及高标准公路的桥涵。

4.钢筋混凝土箱涵

这类涵洞适用于较软弱的地基，但因造价高，施工困难，一般少用。

5.钢筋混凝土圆管涵

这类小桥涵的优点是力学性能好、构造简单、工程量小、工期短、施工方便，适用于石料缺乏地区，可用于孔径为0.5~1.5 m、流量为10 m^3/s以下的小型涵洞。一般采用单孔较为经济，其缺点是清淤困难。其适应的填土高度可达 15 m。

小桥涵的孔数取决于流量大小、建筑高度限制条件及地基情况等综合因素。实践得出，小桥涵一般多用单孔。

三、小桥涵布置要求

（一）平面布置

（1）位于洪水主流区。

（2）小桥轴线与洪水主流向正交；涵洞与洪水主流向平行。

（3）符合小桥涵位置选择条件。

（二）立面布置

小桥的立面布置包括合理布置桥孔，确定桥面中心标高；涵洞的立面布置主要是选定洞底中心标高和涵洞底坡、确定引水及出水渠槽、洞口以及进、出口沟床的防冲刷消能措施。其立面布置经验有。

1. 纵坡 $i<5\%$ 的平坦河沟

（1）顺坡设涵。即使涵洞底坡与天然河沟底坡一致。

（2）急坡设涵。当河沟纵坡较大时，可以涵洞出口处沟床标高作起坡控制点，使 $i>i_k$（i_k 为临界底坡），在进口处作适当开挖，如图 11-12（a）所示。

2. $5\%<i<10\%$ 的非岩石河沟或 $5\%<i<30\%$ 的岩石河沟

对于这类河沟，可采用斜置式坡涵。结合地形、地质情况，其基础可有台阶形（如图 11-12（b）、（c）所示）、齿形与扶壁形。

3. $10\%<i<30\%$ 的河沟

这类河沟可采用洞身为阶梯形的平置坡涵，如图 11-12（b）所示。其立面布置要求有：

（1）分节段长度一般为 2 ~ 6 m，且随纵坡增大而减小。相邻两节段的最大高差一般不超过涵洞上部厚度的 3/4，如图 11-13（a）所示；否则，应在节间加设矮墙，如图 11-13（b）所示，矮墙高度应小于 0.7 m 或 1/3 的涵洞净高。分节长度一般应大于台阶高度的 10 倍，否则，台阶长度应按多级跌水计算确定。矮墙高度应避免过多压缩涵洞过水断面。

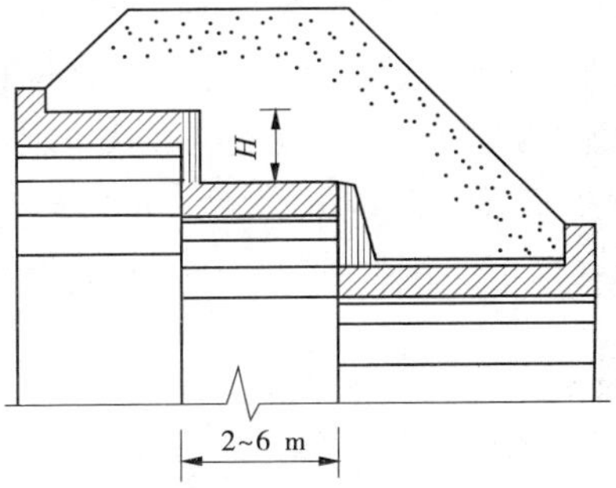

(a)阶梯形平置坡涵的矮墙

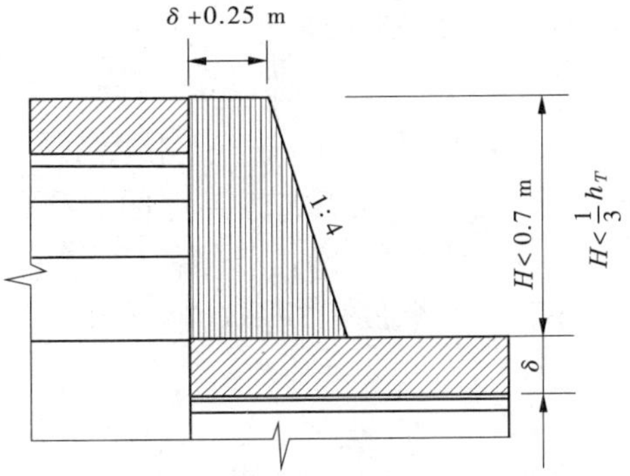

(b)矮墙大样

图 11-13

（2）当河沟纵坡变化较大时，可适应地形条件采用不等长分节洞身，不等高的阶梯形；跌水段长度应大于涵洞孔径，必要时应按多级跌水计算确定。

（3）涵洞采用的孔径应大于计算值，每节间应设沉降缝。

第五节 小桥及涵洞孔径计算

孔径是指桥涵下过水净空的大小，是桥涵设计的基本尺寸。其尺寸应根据设计流量、河床地质、河床及进出水口加固形式所允许的平均流速等条件确定。

小桥和涵洞孔径计算方法的比较：

（1）共同点。小桥和涵洞都应控制桥涵内的允许流速，都需控制桥涵前的壅水高度。

（2）区别点。小桥桥下有净空要求，有时还有通航要求，小桥主要是侧向压缩水流，水力计算用宽顶堰理论；涵洞孔径小，但是涵身长，涵内可有自由表面，也可充满水流，水流除侧向压缩外，涵前水深可高于涵顶，水力计算用孔口出流理论。相对于小桥，公路沿线涵洞多，故以查表确定孔径为主。

一、小桥孔径计算

小桥的孔径一般以计算为主，查表为辅。本节只介绍计算法，计算步骤如下。

（一）确定拟建桥前的天然水深 h_t、天然流速或断面平均流速 v_t

1. 应收集的资料

应收集的资料包括拟建桥位处天然设计洪峰流量 Q_p、形态断面的几何形状实测资料、主河沟粗糙系数 m 或糙率 n、附近河床的纵坡 i（或主河沟平均坡度 I_z）。

2. 根据谢才－曼宁公式计算天然水深 h_t 和 v_t

在拟建桥位形态断面上，假定不同水位，从而得出不同水深 h，并计算相应的流速和流量，对比拟建桥位处天然设计洪峰流量 Q_p，当 $90\% Q_p < Q < 110\% Q_p$ 时，$h_t = h$、$v_t = v$；否则重新计算。

（二）根据初拟的桥型、桥孔情况，确定桥下临界水深 h_k，并进行水力计算图式判定

1. 桥下水流平均临界水深 h_{kj} 的计算通式

根据桥下河床土质或拟建的加固类型，通过设计流量的天然平均水深 h_t，从“非黏性土的允许（不冲刷）平均流速”、“黏性土的允许（不冲刷）平均流速”、“石质土的允许（不冲刷）平均流速”、“人工加固工程的允许（不冲刷）平均流速”表中选取允许（不冲刷）平均流速 v_y。在计算孔径时，必须使桥下临界流速 v_k 不大于 v_y。选定 v_y 之后，可假定 $v_k = v_y$，则桥下任意形状断面的平均临界水深 h_{kj} 可由式（11-1）计算。

$$h_{kj} = \frac{v_k^2}{g} \approx \frac{v_y^2}{g} = 0.102 v_y^2 \tag{11-1}$$

2. 矩形、梯形桥孔断面的 h_k

对于矩形桥孔断面（计算图式判别时可不考虑多孔小桥的桥墩阻水面积），由于实际水面宽度 B 等于临界水深 h_k 时的水面宽度 B_k，所以 $h_k = h_{kj}$。

对于宽而浅的梯形桥孔断面 $h_k \approx h_{kj}$（宽深比大于 10 的断面为宽浅断面）。

对于窄而深的梯形断面，h_k 可由已知的 h_{kj} 及 B_k 按式(11-2)计算：

$$h_k = \frac{B_k - \sqrt{B_k^2 - 4mB_kh_{kj}}}{2m} \tag{11-2}$$

式中　m——梯形桥孔断面的边坡系数；

B_k——天然洪峰设计流量 Q_p、水深 h_k 时对应的水面宽度，m。

如图 11-14 所示，由于水流通过小桥以自由出流图式为多数，因此 B_k 值可先假定(参阅小桥孔径计算步骤(三))。

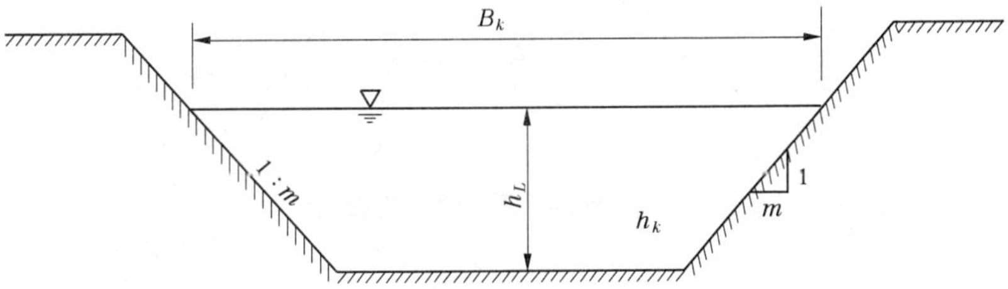

图 11-14　梯形断面中 h_k、B_k 示意图

3. 小桥计算图式判别

当 $1.3h_k \geq h_t$ 时，桥下水流为自由出流；当 $1.3h_k < h_t$ 时，桥下水流为非自由出流。

(三)确定小桥桥孔孔径和桥长

根据设计流量和施工技术条件，大致估计拟采用的小桥跨径和孔数。

1. 计算自由出流时桥下的水面宽度 B_k 和 L

(1)如果考虑桥台和桥墩侧向束挟水流的影响，则按式(11-3)计算 B_k：

$$B_k = \frac{Q_pg}{\varepsilon v_k^3} + Nd \tag{11-3}$$

式中　ε——桥梁的挤压系数；

v_k——桥下临界流速，m/s，可根据 v_y 查表；

N——桥墩个数，当为单孔时，按 $N=0$ 计算；

d——单个中墩沿 B_k 水面线上的宽度，m。

(2)当桥孔断面为矩形时，$L=B_k$。

(3)当桥孔断面为梯形时，如图 11-15 所示，其孔径长度按式(11-4)计算：

$$L = B_k + 2m \cdot \Delta h \tag{11-4}$$

式中　m——横向边坡系数；

Δh——小桥上部结构底面高出桥水面的距离，$\Delta h = H - h_k + \Delta_1$，m；

Δ_1——自积水时的壅水位到上部结构底面的净高，通航时按通航净空高度计算，不通航时 $\Delta_1 = 0.5$ m，有流水的河沟 $\Delta_1 = 0.75$ m；

H——桥前背水高度，m。

2. 非自由出流时，计算桥下 $\frac{1}{2}h_t$ 处的水流平均宽度 B_0 和孔径长度 L

(1)下游天然水深 h_t 会造成桥下一定程度的回流影响。其 B_0 可按式(11-5)计算：

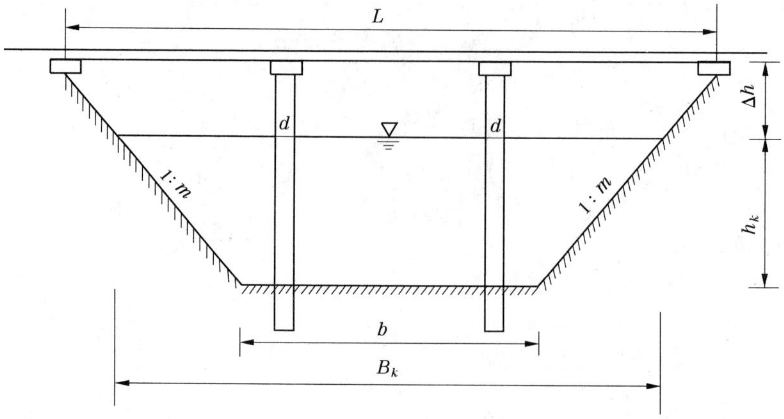

图 11-15　梯形桥孔断面(自由出流)

$$B_0 = \frac{Q_p}{\varepsilon h_t v_y} + N \cdot d_1 \tag{11-5}$$

式中　ε——桥梁的挤压系数；

v_y——桥下临界流速，m/s；

N——桥墩个数，当为单孔时，按 $N=0$ 计算；

d_1——中墩沿 B_0 时的宽度，m。

(2)当桥孔断面为矩形时，$L=B_0$。

(3)当桥孔断面为梯形时，如图 11-16 所示，其孔径长度按式(11-6)计算：

$$L = B_0 + mh_t + 2m\Delta h = B_0 + m(h_t + 2\Delta h) \tag{11-6}$$

其中

$$\Delta h = H - h_t + \Delta_1$$

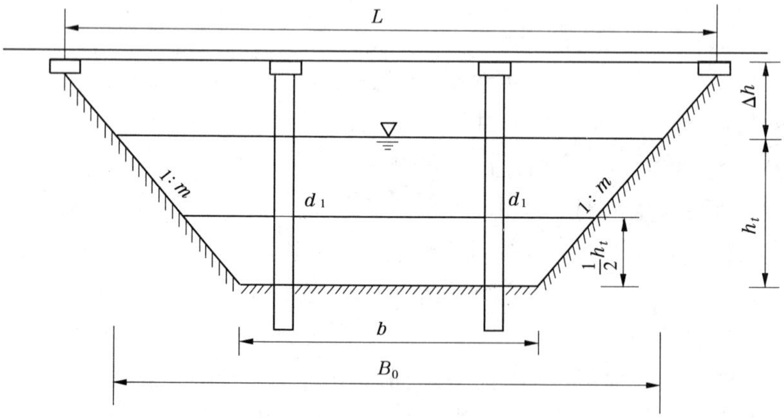

图 11-16　梯形桥孔断面(非自由出流)

(四)确定桥前壅水高度 H，并且推求桥头路堤、小桥桥面的最低标高

1. 确定桥前壅水高度 H

(1)桥下为自由出流时

$$H = h_k + \frac{v_k^2}{2g\varphi^2} - \frac{v_0^2}{2g} = h_k + \frac{h_{kj}}{2\varphi^2} - \frac{v_0^2}{2g} \tag{11-7}$$

式中　φ——桥下水流的流速系数，根据不同的桥台形状，可查表确定；

v_k、h_k、h_{kj}——最后选定的孔径所确定的桥下临界流速、临界水深、平均临界水深。

当桥孔断面为矩形时，式(11-7)可简化为

$$H = h_k + \frac{v_k^2}{2g} = \frac{v_k^2}{g} + \frac{v_k^2}{2g} \approx 0.153v_k^2 \tag{11-8}$$

(2)桥下为非自由出流时

$$H = h_t + \frac{v_y^2}{2g\varphi^2} - \frac{v_0^2}{2g} \tag{11-9}$$

当行近流速 $v_0 \leqslant 1.0$ m/s 时，式(11-9)可简化为

$$H = h_t + \frac{v_y^2}{2g} \tag{11-10}$$

2. 确定桥头路堤、小桥桥面的最低标高

小桥孔径计算除了解决桥跨长度外，还应考虑建桥压缩河床后引起桥前壅水对路堤和桥面高度的影响，故还需进行桥头路堤和小桥桥面的最低标高验算。

如图 11-17 所示，确定桥头路堤、小桥桥面的最低标高：

桥头路堤最低标高 = 桥前河沟底面标高 + H + Δ

小桥桥面最低标高 = 桥前河沟底面标高 + H + Δ_1 + D

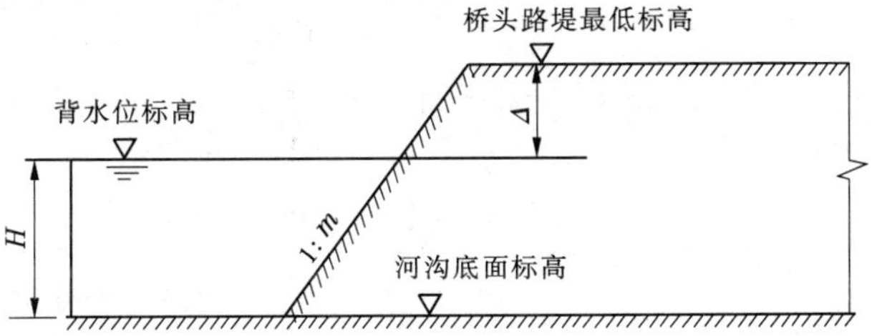

(a)桥头路堤最低标高

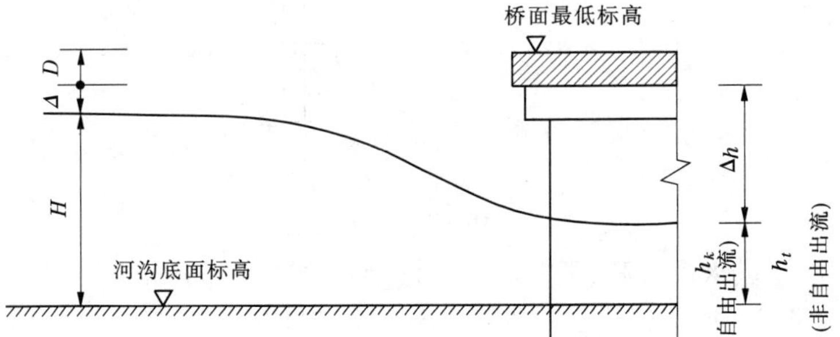

(b)桥面最低标高

图 11-17　桥头路堤及桥面最低标高

式中　H——雍水高度；

Δ——安全值，一般取 0.5 m；

D——上部构造的建筑高度，由上部结构设计而定。

二、涵洞孔径计算

与小桥相比，涵洞的孔径小、孔道长、河沟底纵坡较大、涵前水深可高于涵洞高度。其水力计算图式有无压力式、半压力式、压力式 3 种，当路基顶面标高低于横穿沟底的水面标高时也可设倒虹吸管涵洞。

（一）无压力式涵洞

如图 11-18 所示，当底坡为临界坡度（即 $i=i_k$）时，涵内水深为临界水深 h_k；当底坡为

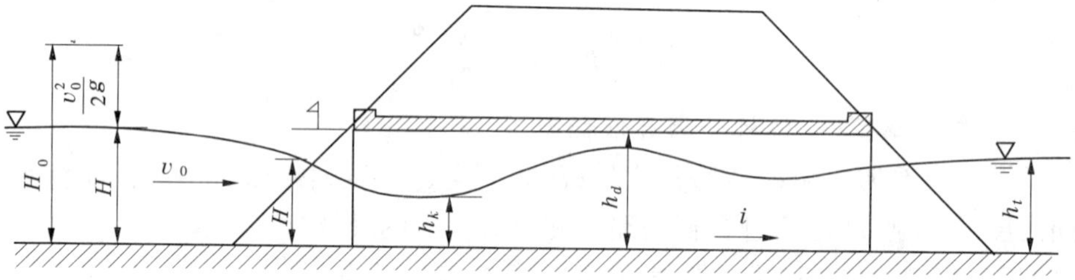

图 11-18　无压力式涵洞

陡坡（即 $i>i_k$）时，涵内正常水深 $h_0<h_k$；当底坡为缓坡（即 $i<i_k$）时，涵内水深和涵洞净空高度都较大。

无压力式涵洞进水口处，涵内的最高流水面与涵洞顶之间要保留一个最小的净空高度 Δ，如表 11-1 所示。

表 11-1　无压力式涵洞净空高度 Δ

涵洞净空高度 Δ(m)		涵洞类型		
		圆管涵	拱涵	矩形涵
涵洞进口净高或内径 h'_d(m)	<3	$\geq h/4$	$\geq h/4$	$\geq h/6$
	≥3	≥0.75	≥0.75	≥0.5

从涵前水深 H 至进水口水深 H' 的降落系数为 0.87，则

$$H=\frac{H'}{0.87}=\frac{h'_d-\Delta}{0.87} \tag{11-11}$$

式中　h'_d——涵洞进水口净高，无升高管节时与涵高 h_d 相同，m。

无压力式涵洞基本公式为

$$Q=\varepsilon\varphi A_k\sqrt{2g(H_0-h_k)} \tag{11-12}$$

$$v_k=\frac{Q}{\varepsilon A_k} \tag{11-13}$$

$$H_0 = h_k + \frac{v_k^3}{2g\varphi^2} \tag{11-14}$$

$$H = H_0 - \frac{v_0^2}{2g} \tag{11-15}$$

式中 Q——过涵流量，m^3/s，应大于等于设计流量 Q_p；

h_k——涵洞内进水口附近的临界断面水深，m，此处涵内收缩断面水深 $h_c = 0.9h_k$；

v_k——临界断面的流速，m/s；

A_k——过水断面面积，m^2；

v_0、H_0——涵前行近流速，m/s 和包括$\frac{v_0^2}{2g}$项在内的涵前总水头，m；

φ——流速系数，矩形涵 $\varphi = 0.95$，拱涵、圆管涵 $\varphi = 0.85$；

ε——涵洞侧向压缩系数，$\varepsilon = 1/\sqrt{\alpha}$，其中 α 为流速分布系数，对于无升高管节的拱涵，取 $\alpha = 1.1$，则 $\varepsilon = 0.96$，对于其他涵，取 $\alpha = 1$，则 $\varepsilon = 1$。

（二）半压力式涵洞

当路堤较高，上游较高的壅水水位不致使附近农田、房屋遭受严重影响时，可采用半压力式涵洞。其水流图式如图 11-19 所示。

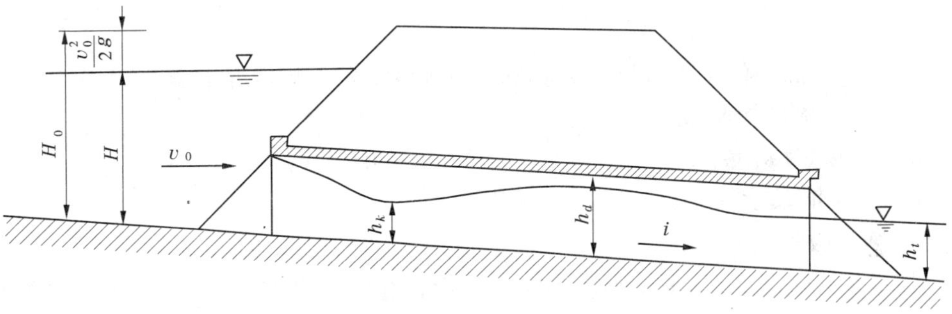

图 11-19　半压力式涵洞

基本公式为

$$Q = v_c A_c = \varphi A_c \sqrt{2g(H_0 - h_c)} \tag{11-16}$$

$$H_0 = h_c + \frac{v_c^2}{2g\varphi^2} \tag{11-17}$$

式中 h_c——收缩断面水深，m，当进水口为不升高式时，$h_c = 0.6h_d$（h_d 为涵身净高），当进水口为升高式时，$h_c = 0.6h'_d$（h'_d 为进水口净高）；

φ——流速系数，当进水口为不升高式时，$\varphi = 0.85$，当进水口为升高式（或流线型）时，$\varphi = 0.95$；

H_0——涵前总水头，m。

（三）压力式涵洞

压力式涵洞的水流图式如图 11-20 所示。涵洞的进出口及全部长度内都充满水流时可按水力学中的短管计算。

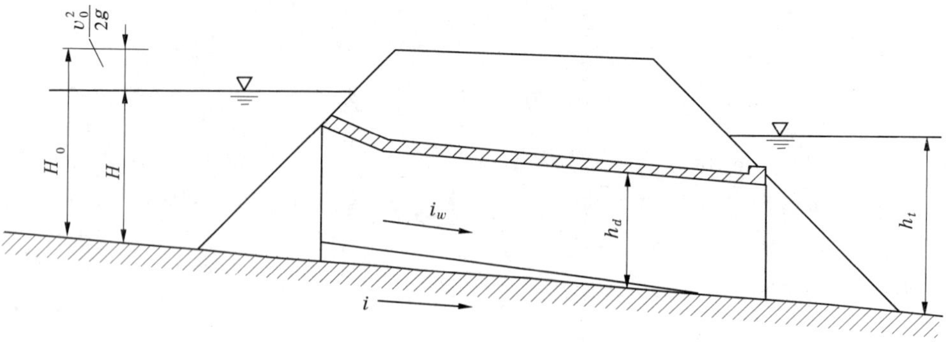

图 11-20　压力式涵洞

其基本计算公式为

$$Q = \varphi A \sqrt{2g(H_1 - h_d)} \tag{11-18}$$

$$v = \varphi \sqrt{2g(H_1 - h_d)} \tag{11-19}$$

$$H_1 = H - L(i_w - i) \tag{11-20}$$

式中　φ——流速系数；

A——涵洞洞身断面的全部面积，m^2；

h_d——涵洞洞身净高，m；

H——涵前水深，m；

H_1——从假想的摩阻坡度线起算的涵前水深，m，一般情况下 $H_1 \approx H$；

i_w——涵洞的摩阻坡度；

i——涵底实际坡度；

L——涵洞长度，m。

（四）倒虹吸管涵洞

公路路基通过平原区，填土高度不能满足设置涵洞的要求或在浅路堑时，可考虑采用倒虹吸管。公路上常采用的是竖井式倒虹吸管涵洞，如图 11-21 所示。涵身断面一般有方形和圆形两种，方形常用于钢筋混凝土方涵或浆砌条石盖板涵，圆形常用于钢筋混凝土管或混凝土管涵。除了钢筋混凝土方涵和管涵适用于较高水头外，混凝土管和浆砌条石盖板涵仅适用于 3 m 以下的水头。

其计算公式如下：

（1）断面为方形时

$$b = \sqrt{\frac{Q_p}{4.43\mu\sqrt{z}}} \tag{11-21}$$

（2）断面为圆形时

$$d = \sqrt{\frac{Q_p}{3.48\mu\sqrt{z}}} \tag{11-22}$$

式中　Q_p——设计流量，m^3/s；

d——倒虹吸管净管径，m；

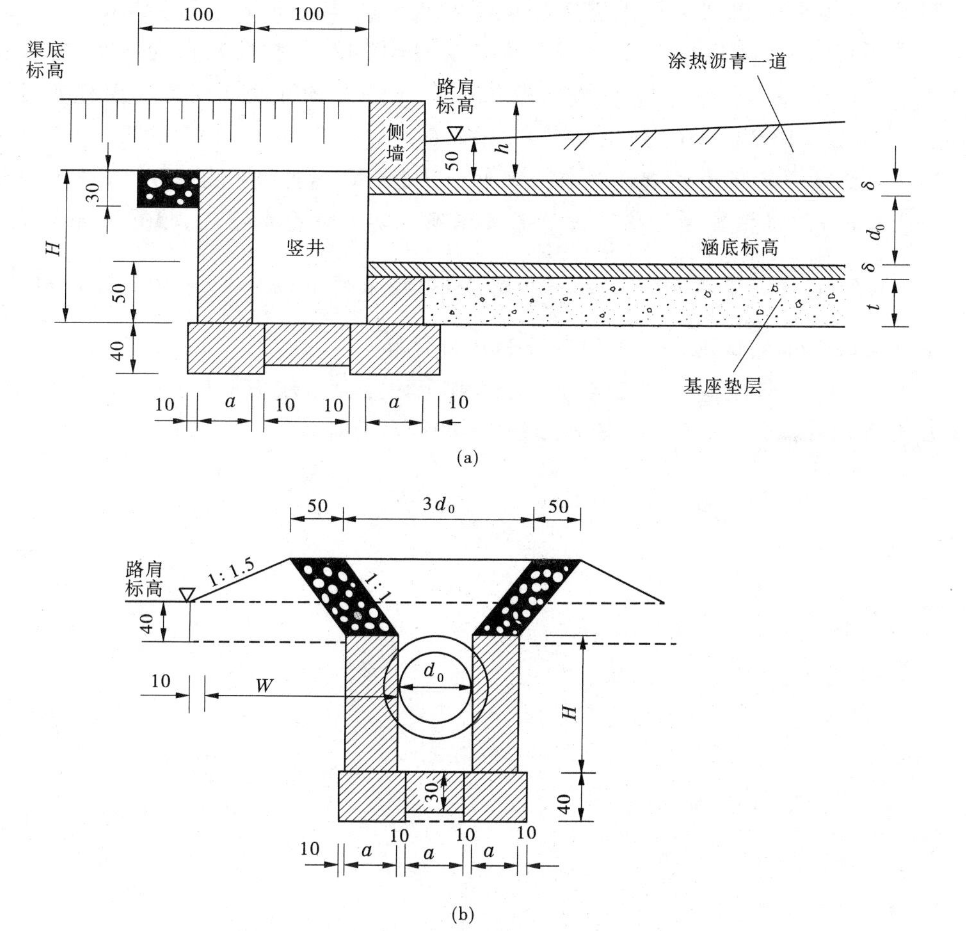

图 11-21　倒虹吸圆管涵及洞口　(单位:cm)

b——正方形断面的净孔径,m;

z——上下流水面的水位差,m;

μ——水头损失系数,包括沿程摩擦损失、进出口和转弯的局部损失,$\mu = \dfrac{1}{\sqrt{\sum_{i=1}^{n}\xi_i}}$,其中 ξ_i 为各项阻力系数。

复习思考题

11-1　什么是小桥涵?

11-2　简述小桥孔径的计算方法与步骤。

11-3　简述涵洞孔径的计算方法与步骤。

11-4　小桥孔径确定与涵洞孔径确定有何异同?

11-5　小桥及涵洞孔径计算中,为什么要对桥涵前的水深进行控制?

11-6　拟建钢筋混凝土板式桥。已知设计流量 $Q_p=22\ m^3/s$，下游水深 $h_t=1.2$ m，河沟沟底最高标高 $\nabla_0=100.00$ m，上部结构高度 $D=0.42$ m，桥孔断面为矩形，容许不冲刷流速 $V_{max}=3.5m/s$。求桥孔长度，桥面最低标高及桥头路肩最低标高。设标孔行近流速断面面积为 $A_0=10H^2$，$\varepsilon=0.85$，$\varphi=0.9$，$\psi=1.0$。

11-7　拟建一无压力式钢筋混凝土盖板涵，进水口不升高。已知所需通过的设计流量 $Q_p=5.0\ m^3/s$，根据确定的路堤设计高程以及上游允许壅水情况，推算的涵前允许最大水深 $H=1.5$ m，行近流速 v_0 引起的$\frac{v_0^2}{2g}$项略去不计；采用浆砌片石铺砌涵底，$n=0.016$，允许流速 $v_y=6.0$ m/s，试选择涵洞的孔径和水力计算。

11-8　已知设计流量 $Q_p=2.4\ m^3/s$，涵前允许最大水深 $H=1.5$ m，拟建进水口升高的无压力式圆管涵，试选择圆管涵的管径，并进行水力计算。

第十二章　水力学实验

实验一　静水压强实验

一、实验目的和要求

(1)验证水力学基本方程。
(2)测量静止液体中任意一点的压强。
(3)演示真空现象,测量真空压强。
(4)掌握U形管和连通管的测压原理,提高运用等压面概念分析问题的能力。

二、实验仪器设备

静水压强仪如图12-1所示。

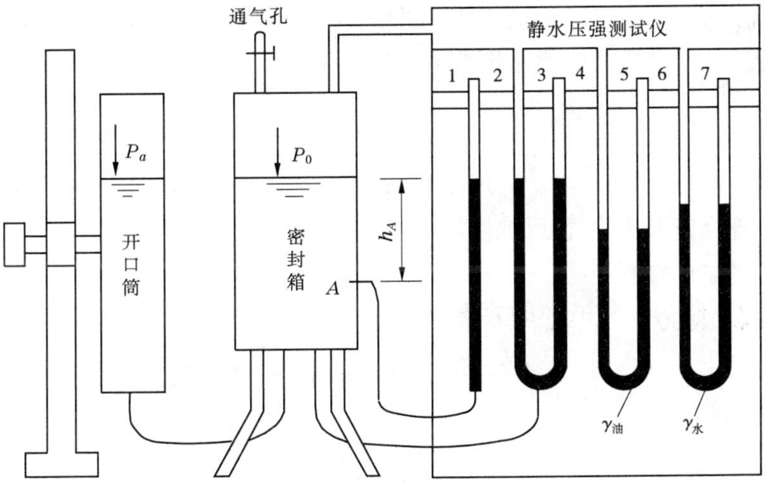

图12-1　静水压强仪示意图

三、实验原理和公式

(1)连通器原理。在均质连通的静止液体中水平面必然为等压面,即 $z_1 + \frac{p_1}{\gamma} = z_2 + \frac{p_2}{\gamma}$。

(2)帕斯卡原理。仅在重力作用下的静止液体中,液体的表面压强可以大小相等地传递到液体内部任意一点,即 $p = p_0 + \gamma h$。

(3)当液体中某一点的绝对压强小于大气压强则称该处存在真空。

式中 z——液体中某一点在基准面的相对位置高度；

p——液体中某一点的静水压强，用相对压强表示，以下同；

p_0——液体的表面压强；

γ——液体的容重；

h——液体中某一点在液面下的深度。

四、实验方法和步骤

(1)先熟悉仪器，检查密封水箱的气密性。

(2)调节开口筒至合适的位置，大致与密封水箱的位置等高。打开通气孔，使密封水箱与大气相通，则密封箱中表面压强 p_0 等于大气压强 p_a。那么开口筒水面、密封箱水面及连通管水面均应在同一水平面上。

(3)关闭通气孔，将开口筒向上提升到一定高度。水由开口筒流向密封箱，并影响其他测压管。密封箱中水面抬高使空气的体积减小而压强增大。待稳定后，开口筒与密封箱两液面的高差即为压强差 $p_0 - p_a = \gamma h$，这个水柱高度 h 等于 $\nabla_1 - \nabla_2$ 及 $\nabla_3 - \nabla_2$，而 U 形管两液面的压差也应等于 $p_0 - p_a$。

(4)如果将开口筒向下降到一定高度，使其水面低于密封箱中的水面，则密封箱中的水流向开口筒。因此，密封箱中的空气的体积增大而压强减小，此时 $p_0 < p_a$，待稳定后，其压强差称为真空，以水柱高度表示即为真空度：

$$\frac{p_a - p_0}{\gamma} = \nabla_2 - \nabla_1 = \nabla_2 - \nabla_3$$

$$p_0 = p_a - \gamma(\nabla_2 - \nabla_1)$$

(5)由于连通管和 U 形管反映着同一水平面的压差，故有

$$p_0 - p_a = \gamma(\nabla_3 - \nabla_2) = \gamma'(\nabla_5 - \nabla_4) = \gamma(\nabla_7 - \nabla_6)$$

由此可以求得另一种液体的容重 γ'

$$\gamma' = \gamma\frac{(\nabla_7 - \nabla_6)}{(\nabla_5 - \nabla_4)} = \gamma\frac{(\nabla_3 - \nabla_2)}{(\nabla_5 - \nabla_4)}$$

五、实验报告

静水压强仪编号：________

1. 实验数据记录

实验数据记录见表 12-1。

表 12-1　实验数据记录

名 称	测压管液面高程读数						
液面高程	∇_1(cm)	∇_2(cm)	∇_3(cm)	∇_4(cm)	∇_5(cm)	∇_6(cm)	∇_7(cm)
$p_0 > p_a$	1 2						

续表 12-1

名称	测压管液面高程读数						
液面高程	∇_1(cm)	∇_2(cm)	∇_3(cm)	∇_4(cm)	∇_5(cm)	∇_6(cm)	∇_7(cm)
$p_0 < p_a$	1 2						

2. 数据整理计算

数据整理计算见表 12-2。

表 12-2　数据整理计算　　（单位:cm）

顺序	项目	$p_0 > p_a$		$p_0 < p_a$	
		1	2	1	2
1	$\nabla_1 - \nabla_2 = \nabla_3 - \nabla_2 = \nabla_7 - \nabla_6$				
2	$p_0 = p_a + \gamma(\nabla_7 - \nabla_6)$				
3	$p_A = \gamma[(\nabla_1 - \nabla_2) + h_{0A}]$				
4	$p'_A = p_a + p_A$				
5	$p_0 - p_a = \gamma(\nabla_7 - \nabla_6) = \gamma'(\nabla_5 - \nabla_4)$				
6	$\gamma' = \gamma \dfrac{(\nabla_7 - \nabla_6)}{(\nabla_5 - \nabla_4)}$				

注:设 A 点在水箱水面下的深度 h_{0A} = ____________ cm。

3. 实验结果分析

(1)如何选择等压面？水平面与测压管的相交面是不是等压面？确定等压面的条件有哪些？举例说明。

(2)第 1、2、3 号管和 4、6 号管,可否取等压面？为什么？

(3)相对压强、绝对压强、真空压强间有什么关系？

实验二　伯诺里方程实验

一、实验目的和要求

(1)通过实验进一步理解伯诺里能量方程的物理意义和几何意义;

(2)观察恒定流情况下,水流所具的位置势能、压强势能和动能,以及在各种边界条件下能量的守恒和转换规律;

(3)观察测压管水头线和总水头线沿程变化的规律以及水头损失现象;

(4)测定和绘制总水头线和测压管水头线。

二、实验仪器设备

(1)伯诺里方程实验仪,如图 12-2 所示。

(2)量筒、秒表。

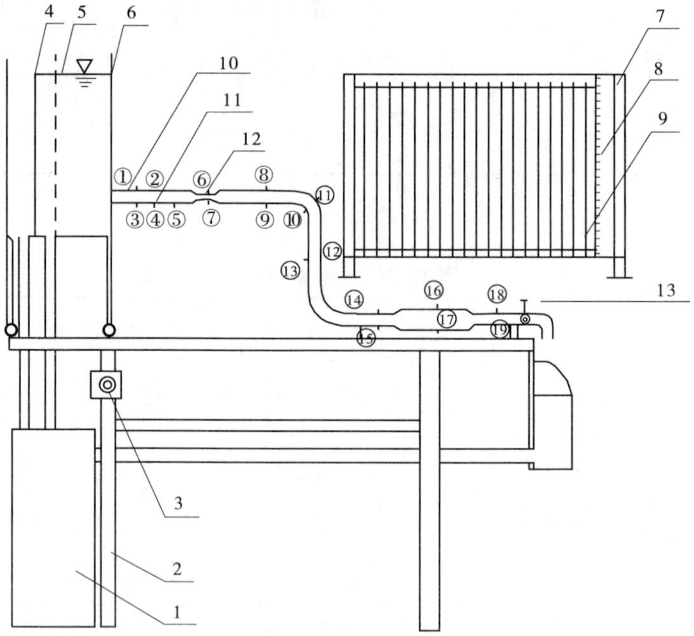

图 12-2　自循环伯诺里方程实验装置图

1—自循环供水器；2—实验台；3—可控硅无级调速器；4—溢流板；5—稳水孔板；6—恒压水箱；7—测压计；8—滑动测量尺；9—测压管；10—实验管道；11—测压点；12—毕托管；13—实验流量调节阀

三、实验原理和公式

(1)实际液体在有压管道中作恒定流时，其能量方程为

$$z_1 + \frac{p_1}{\gamma} + \frac{\alpha_1 v_1^2}{2g} = z_2 + \frac{p_2}{\gamma} + \frac{\alpha_2 v_2^2}{2g} + h_w$$

上式表明：液体在流动过程中，液体所具有的各种机械能（单位位能、单位压能和单位动能）是可以相互转化的。但由于实际液体存在黏性，液体运动时为克服阻力而要消耗一定的能量，也就是一部分机械能转化为热能而散逸，即水头损失。因而总机械能应沿程减小。

(2)测压管中水柱的高度 $h = \frac{p}{\gamma}$。

(3)在实验管路中沿管内水流方向取 n 个过水断面，列出进口断面 1 至断面 i 的伯诺里方程式为

$$z_1 + \frac{p_1}{\gamma} + \frac{\alpha_1 v_1^2}{2g} = z_2 + \frac{p_2}{\gamma} + \frac{\alpha_2 v_2^2}{2g} + h_{w1-2}$$

$$= z_i + \frac{p_i}{\gamma} + \frac{\alpha_i v_i^2}{2g} + h_{w1-i}$$

取 $\alpha_1 = \alpha_2 = \cdots = \alpha_i = 1$，选好基准面，从已设置的各断面的测压管中读出 $z + \frac{p}{\gamma}$ 值，测出通过管路的流量即可算出各断面平均流速 v 及 $\frac{\alpha v^2}{2g}$，从而可得到各断面测压管水头和总水头。

式中 z——总流过水断面上任一点的位置高度，代表该点的单位位能，称为比位能或位置水头；

$\frac{p}{\gamma}$——总流过水断面上同一点的压强高度，也称为比压能或压强水头；

$\frac{\alpha v^2}{g}$——总流过水断面上同一点的压强高度，称为比动能或流速水头；

$z + \frac{p}{\gamma}$——总流某过水断面的单位势能，称为比势能或测压管水头；

$z + \frac{p}{\gamma} + \frac{\alpha v^2}{2g}$——总流某过水断面的单位机械能，又称总比能或总水头，并以 E 表示；

h_w——单位质量液体从过水断面Ⅰ流至断面Ⅱ所散失的平均机械能，称为单位能量损失或水头损失，水头损失包括沿程水头损失 h_f 和局部水头损失 h_j；

γ——液体的容重。

四、实验方法和步骤

(1)熟悉实验设备，分清各测压管与各测压点，分辨哪些是普通测压管和毕托管测压管及两者功能的区别(毕托管探头对准水流的方向)，毕托管各测点的对应关系。

(2)打开开关供水，使水箱充水，待水箱溢流后，关闭流量调节阀 13 检查所有测压管水面是否平齐，若不平则进行排气调平。一定要将管道和测压管中的空气排净，否则影响实验结果。

(3)缓慢打开流量调节阀 13 观察测压管水头线和毕托管总水头线的变化趋势及位置水头、压强水头之间关系；观察当流量增加或减少时测压管水头和毕托管总水头的变化情况。注意测压管中水位的变化，不要使测压管中的水位上升过大，以免影响演示效果。

(4)调节流量调节阀 13 开度，待流量稳定后，测记各测管液面读数，同时用量筒和秒表按体积法测记流量(毕托管总水头作演示用，不必测记读数)。

(5)变换流量调节阀 13 开度 1 ~ 2 次，按以上 4 步重复测量，并使其中一次阀门开度最大。

五、实验报告

1. 实验记录

有关常数：实验台编号：____________，水箱液面高程 ∇_0 = ______________ cm，上管道轴线高程 ∇_z = ____________ cm，均匀段 D_1 = ____________ cm，缩管段 D_2 = ____________ cm，扩管段 D_3 = ____________ cm。

(1)管径记录(见表 12-3)。

表 12-3　管径记录

测点编号	①*	② ③	④	⑤	⑥* ⑦	⑧ ⑨	⑩ ⑪	⑫* ⑬	⑭* ⑮	⑯* ⑰	⑱* 19
管 径 d(cm)											
两点间距离(cm)	4	4	6	6	4	13. 5	6	10	29	16	16

注:1. 测点②、③为直管均匀流同一断面上的两个测压点,⑩、⑪为弯管非均匀流同一断面上的两个测点;

2. 测点⑥、⑦所在断面内径为 D_2,测点⑯、⑰所在断面内径为 D_3,其余均为 D_1。

(2)$z+\dfrac{p}{\gamma}$数值记录及流量计算(见表 12- 4)。

表 12-4　$z+\dfrac{p}{\gamma}$数值记录及流量计算

实验项目		$z+\dfrac{p}{\gamma}$						实验流量		
测压管号								水体积 V (cm^3)	时间 T (s)	流量 Q (cm^3/s)
实验次数	1									
	2									
	3									

注:基准面取在标尺的零点上。

2. 数据计算

(1)计算流速水头(见表 12-5)。

表 12-5　流速水头计算

管径 d (cm)	$Q_1=$　　cm^3/s			$Q_2=$　　cm^3/s			$Q_3=$　　cm^3/s		
	A_1 (cm^2)	v_1 (cm/s)	$\dfrac{v_1^2}{2g}$ (cm)	A_2 (cm^2)	v_2 (cm/s)	$\dfrac{v_2^2}{2g}$ (cm)	A_3 (cm^2)	v_3 (cm/s)	$\dfrac{v_3^2}{2g}$ (cm)
1									
2									
3									
4									

(2)计算总水头(见表 12-6)。

表 12-6　总水头计算

实验项目		$z+\frac{p}{\gamma}+\frac{v^2}{2g}$						实验流量 Q (cm^3/s)
测压管号								
实验次数	1 2 3 ⋮							

3. 实验结果分析

(1)恒定总流的能量方程反映了哪些物理量之间的关系？

(2)如何确定管中某点的位置高度、压强高度、流速水头、测压管水头和总水头？

(3)总水头线和测压管水头线是否总是沿程下降？突然扩大和突然缩小段测压管水头线是否总是上升？

(4)毕托管所显示的总水头线与实测绘制的总水头线一般都会略有差异，试分析其原因。

实验三　雷诺实验

一、实验目的和要求

(1)观察层流与紊流两种流态及其相互转换的过程;

(2)观察液体在不同流态时液体质点的运动规律;

(3)测定临界雷诺数,掌握圆管流态判别标准。

二、实验仪器设备

图 12-3 为自循环雷诺实验装置示意图,实验时只要微微打开流量调节阀及有色水开关,有色水经有色水管注入玻璃管道,通过调节管中流量,从而调节管中流速,可根据有色水散开与否判别流态,即可显示出是层流或紊流。

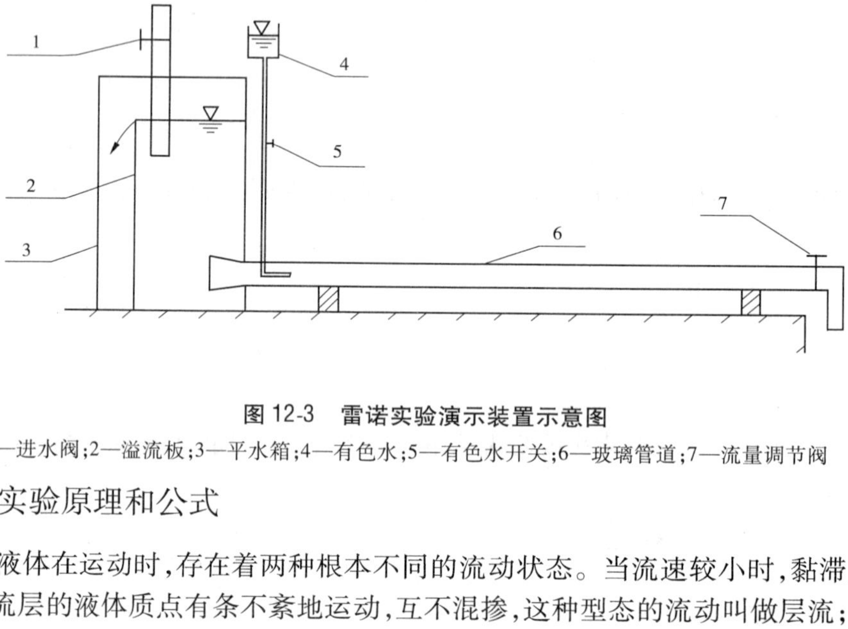

图 12-3　雷诺实验演示装置示意图

1—进水阀;2—溢流板;3—平水箱;4—有色水;5—有色水开关;6—玻璃管道;7—流量调节阀

三、实验原理和公式

(1)液体在运动时,存在着两种根本不同的流动状态。当流速较小时,黏滞力占主导地位,各流层的液体质点有条不紊地运动,互不混掺,这种型态的流动叫做层流;当有色水流入玻璃管中,可以看到有色水变成一根细线,分层有序地流动,不与周围的水体发生混掺。

(2)当流速较大时,惯性力占主导地位,各流层或各微小流束上的液体质点形成涡体,并脱离原流层,互相混掺,杂乱无章,这种型态的流动叫做紊流。可以看见原来的有色细线看不见了,因为与周围水体发生了混掺。

(3)用雷诺数 Re 来判别流态,当流态从紊流变为层流时的雷诺数称为下临界雷诺数 Re_k,从层流变为紊流时的雷诺数为上临界雷诺数 Re_k。上临界数不为定值,下临界数一般在 2 000 左右,公认为 2 320,故用下临界数来判别流态。

(4)当水流的雷诺数 $Re > Re_k$ 为紊流,$Re < Re_k$ 为层流。

(5)对圆管流

$$Re = \frac{vd}{\nu}$$

$$v = \frac{Q}{A}$$

$$Re = \frac{4Q}{\pi d\nu} = kQ$$

故

$$k = \frac{4}{\pi d\nu}$$

式中 d——管道直径；

A——管道截面积；

Q——管道流量；

ν——运动黏滞系数，cm^2/s，$\nu = \dfrac{0.01775}{1+0.0337t+0.000221t^2}$；

t——水温。

上式中 d、ν、π 为定值，通过改变 Q 来改变 Re 值，使其大于或小于 Re_k，则水流处于不同的流态。

四、实验方法和步骤

(1)熟悉实验设备，记录本实验有关常数。

(2)打开进水阀 1 使水箱充水至水箱溢流，使水箱水位保持恒定。

(3)观察两种流态。水流稳定后，微微打开流量调节阀 7 及有色液阀门开关 5，适当调节流量调节阀 7，使管中的有色液体呈一条直线，不与周围的水流混杂，这种水流状态即为层流，如图 12-4(a)所示。逐渐开大流量调节阀门 7，当管中流速增大到某一数值时，则管中的有色液体呈波形线状，这时流态属于过渡状态，如图 12-4(b)所示。再继续开大流量调节阀 7，可见管中有色液体由波状形变成微小涡体，并扩散到整个管内，且与周围水体混掺，这种水流状态即为紊流，如图 12-4(c)所示。以相反程序，将流量调节阀门 7 开度从大调到小，可以看见有色液体与周围水体扩散变为波形线状，再变为不与周围水体

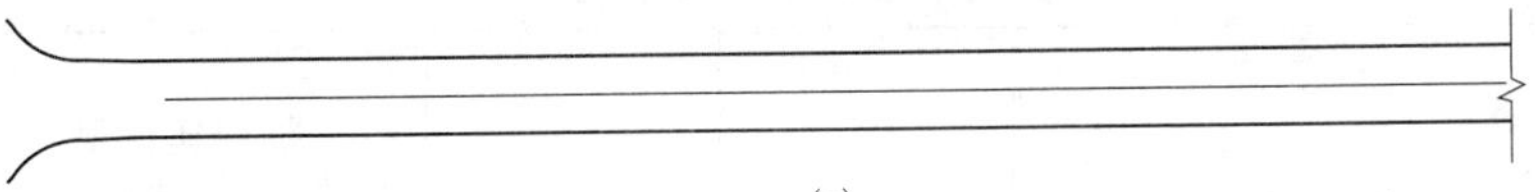

(a)

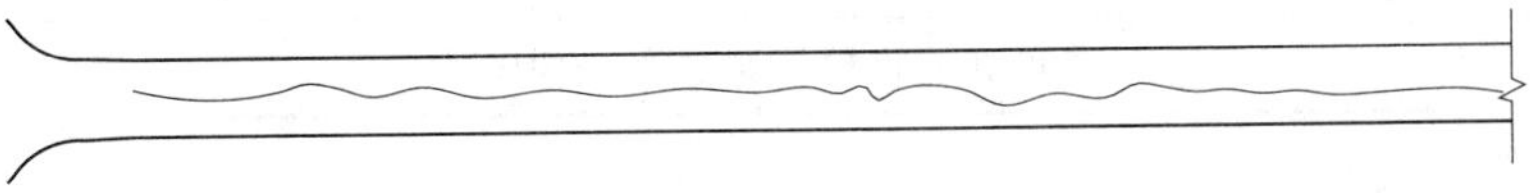

(b)

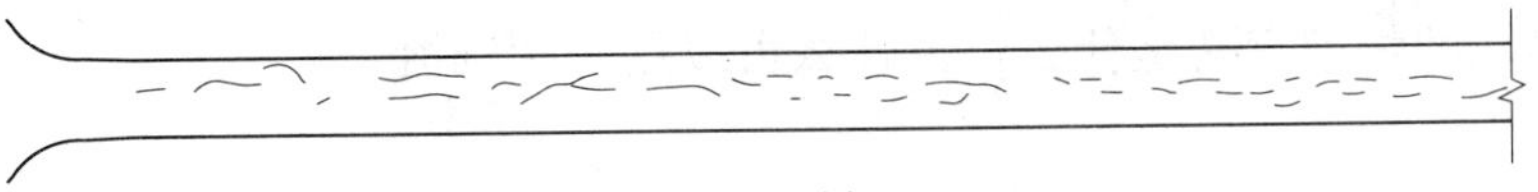

(c)

图 12-4　不同流态演示现象

混掺的状态，即水流从紊流变为层流。

(4)测量临界雷诺数。①将流量调节阀7打开，使管中水流呈完全紊流，再逐步关小流量调节阀7，使流量减小，当流量调节到有色水在全管中刚刚拉直成一直线状态(即下临界状态)为止；②用量筒及秒表按体积法测定流量，记录数据并计算下临界雷诺数；③重新打开流量调节阀7，使其形成完全紊流，按上述步骤测量下临界雷诺数3次；④同时由水箱中的温度计测记水温，利用公式求得水的运动黏度；⑤将测得的下临界雷诺数与公认值2 320比较，如偏离过大，需重测；⑥逐渐开启流量调节阀7，使管中水流由层流过渡到紊流，当有色水线刚开始散开时，即为上临界状态，按测量下临界数的方法测量上临界雷诺数，测定上临界雷诺数1～2次。

五、实验报告

1. 实验原始记录

实验台号No：____________，管径 d = ____________ cm，水温 t = ____________ ℃，运动黏滞性系数 $\nu = \dfrac{0.017\,75}{1+0.033\,7t+0.000\,221t^2}$ = ____________ cm^2/s，计算常数 $k = \dfrac{4}{\pi d\nu}$ = ____________ s/cm^3。

2. 记录与计算

数据记录与计算见表12-7。

表12-7　记录与计算

实验次数	有色水线形态	水体积 V (cm^3)	时间 T (s)	流量 $Q=\dfrac{V}{T}$ (cm^3/s)	临界雷诺数	备注
1 2 3					下临界雷诺数 $Re_k = kQ$	
实测下临界雷诺数平均值 =						
1 2					上临界雷诺数 $Re_k' = kQ$	
实测上临界雷诺数平均值 =						

3. 实验结果分析

(1)雷诺数的物理意义是什么？为什么可以用来判别流态？

(2)两种流态的基本区别是什么?

(3)为什么从层流到紊流的上临界流速大于从紊流到层流的下临界流速,实验结果能证明吗?

实验四　沿程水头损失实验

一、实验目的和要求

(1)加深了解圆管沿程水头损失随平均流速变化规律;

(2)掌握测定管道沿程水头损失系数 λ 的原理和方法。

二、实验仪器设备

沿程阻力仪如图 12-5 所示。

根据压差测法不同,有两种形式的压差计:

(1)压差计测压差,如图 12-5 所示。低压差用水压差计量测,高压差用水银多管式压差计量测。

(2)电子量测仪测压差,如图 12-6 所示。低压差仍用水压差计量测,而高压差用电子量测仪(简称电测仪)量测。与前种形式相比较,该种压差在于水银多管式压差计被电测仪所取代。

三、实验原理和公式

(1)水头损失是由于克服摩擦阻力做功消耗能量而损失水头,对圆管,沿程水头损失计算公式

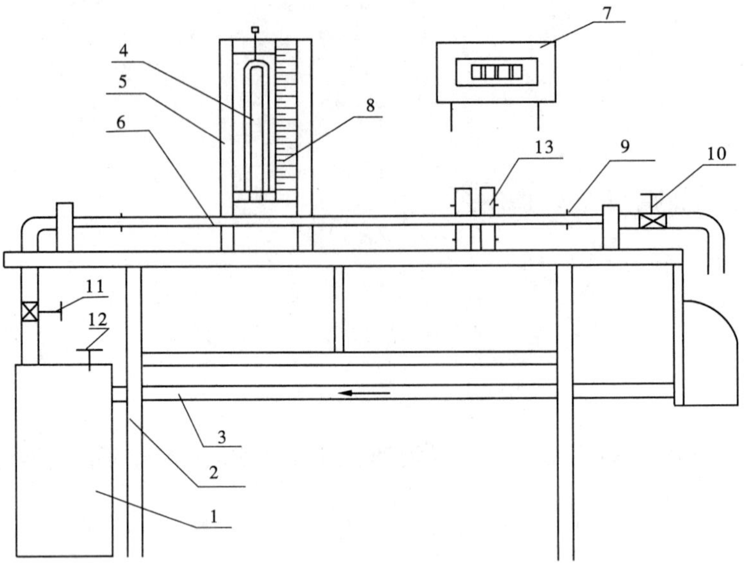

图 12-5　自循环沿程水头损失实验装置

1—自循环高压恒定全自动供水器;2—实验台 ;3—回水管;4—水压差计;
5—测压针;6—实验管道;7—水银压差计;8—滑动测量尺 ;9—测压点;
10—实验流量调节阀;11—供水管及供水阀;12—旁通管及旁通阀;13—稳压筒

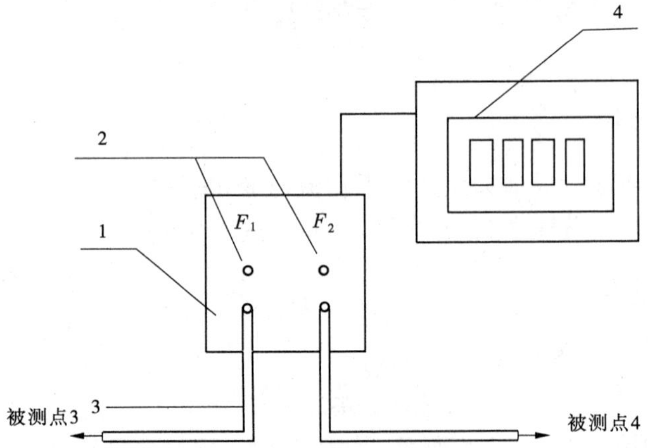

图 12-6　电子量测仪测压计

1—压力传感器;2—排气旋钮;3—连通管;4—主机

$$h_f = \lambda \frac{l}{d} \frac{v^2}{2g}$$

则沿程水头损失系数 λ 为

$$\lambda = \frac{h_f}{\frac{l}{d} \frac{v^2}{2g}}$$

一般认为 λ 与相对粗糙度$\frac{\Delta}{d}$及雷诺数 Re 有关,即 $\lambda = f(\frac{\Delta}{d}, Re)$。

$$\lambda = \frac{2dgh_f}{lv^2} = \frac{2d(\frac{1}{4}\pi d^2)^2 gh_f}{lQ^2} = K\frac{h_f}{Q^2}$$

其中

$$K = \frac{\pi^2 d^5 g}{8l}$$

式中 d——圆管直径;

l——实验段长度;

h_f——实验段沿程水头损失;

v——过水断面的平均流速;

Δh——两测压管中的水位差,即势能差。

(2)在水平等直径管道恒定水流管路中取一实验段,其长度为 l,应用能量方程可得

$$h_f = \frac{p_1 - p_2}{\gamma}$$

压差可用压差计或电测。对于多管式水银压差有下列关系

$$h_f = \frac{p_1 - p_2}{\gamma} = (\frac{\gamma_m}{\gamma_w} - 1)(h_2 - h_1 + h_4 - h_3) = 12.6\Delta h_m$$

$$\Delta h_m = h_2 - h_1 + h_4 - h_3$$

式中 γ_m、γ_w——水银和水的容重;

Δh_m——汞柱总差。

四、实验方法和步骤

(1)熟悉实验设备,搞清楚各组成部分的名称、作用及其工作原理,检查蓄水箱水位是否够高及旁通阀 12,是否已关闭,否则予以补水并关闭阀门。

(2)记录有关实验常数:工作管内径 d 和实验管长 l。

(3)启动水泵,本供水装置采用的是自动水泵,接通电源,全开旁通阀 12,打开供水阀 11,水泵自动开启供水。

(4)调解量测系统。

(5)实验管道排气及其连通管内排气。夹紧水压计止水夹,打开出水阀 10 和进水阀 11(逆时针),关闭旁通阀 12(顺时针),启动水泵排除管道中的气体。

(6)全开旁通阀 12,关闭出水阀 10,松开水压计止水夹,并旋松水压计之旋塞 F_1,排除水压计中的气体。随后,关进水阀 11,打开出水阀 10,使水压计的液面降至标尺零指示附近,即旋紧 F_1,再次开启进水阀 11 并立即关闭出水阀 10,稍候检查水压计是否齐平,如不齐平则需重调。

(7)水压计齐平时,则可旋开电测仪排气旋钮,对电测仪的连接水管进行通水、排气,并将电测仪调到“000”显示。

(8)实验装置通水排气后,即可进行实验测量。①在旁通阀 12、进水阀 11 全开的前提下,逐次开大出水阀 10,每次调节流量时,均需稳定 2 ~ 3 min,流量愈小,稳定时间愈

长；测流时间为 8 ~ 10 s；分别测读压差计各测压管液面读数，并用量筒和秒表按体积法测量流量；②测流量的同时，需测记压差，小压差用水压差计，大压差改用水银压差计（或电测仪）；③用温度计测水温一次。

（9）结束实验前，应全开旁通阀 12，关闭出水阀 10，检查水压计与电测仪是否指示为零，若均为零，则关闭进水阀 11，切断电源，否则表明压力计已进气，需重做实验。

五、实验报告

1. 实验原始记录

圆管直径 $d =$ ____________ cm，量测段长度 $l =$ ____________ m，实验装置台号：NO. ________，水温 $t =$ ________℃，运动黏滞性系数 $\nu = \frac{0.01775}{1+0.0337t+0.000221t^2} =$ ________ cm^2/s，计算常数 $K = \pi^2 gd^5/8l =$ ________ cm^5/s^2。

2. 记录及计算

数据记录及计算见表 12-8。

表 12-8　数据记录与计算

<table>
<tr><td rowspan="2">实验次数</td><td rowspan="2">体积 V (cm^3)</td><td rowspan="2">时间 T (s)</td><td rowspan="2">流量 Q (cm^3/s)</td><td rowspan="2">流速 v (cm/s)</td><td rowspan="2">雷诺数 $Re = \frac{vd}{\nu}$</td><td colspan="4">水压差计读数</td><td rowspan="2">水头损失 h_f(cm)</td><td rowspan="2">阻力系数 λ</td><td rowspan="2">$Re < 2\,320$ $\lambda = \frac{64}{Re}$</td></tr>
<tr><td colspan="2">h_1 (cm)</td><td colspan="2">h_2 (cm)</td></tr>
<tr><td>1
2
3</td><td></td><td></td><td></td><td></td><td></td><td colspan="2"></td><td colspan="2"></td><td></td><td></td><td></td></tr>
<tr><td colspan="6" rowspan="2"></td><td colspan="4">水银压差计读数</td><td colspan="3" rowspan="2"></td></tr>
<tr><td>h_1 (cm)</td><td>h_2 (cm)</td><td>h_3 (cm)</td><td>h_4 (cm)</td></tr>
<tr><td>1
2
3</td><td></td><td></td><td></td><td></td><td></td><td></td><td></td><td></td><td></td><td></td><td></td><td></td></tr>
</table>

3. 实验结果分析

（1）为什么压差计的水柱差就是沿程水头损失？压差计中的读数是否随着实验管道的倾斜放置而发生变化？是否影响实验成果？

(2)沿程水头损失与管中断面平均流速有何关系？

实验五　局部水头损失实验

一、实验目的和要求

(1)掌握管道局部水头损失系数 ζ 的测定方法。

(2)将管道局部水头损失系数的实测值与理论值进行比较。

(3)观测管径突变情况下测压管水头线的变化情况和水流情况。

二、实验仪器设备

局部水头损失仪如图 12-7 所示。

实验管道由小→大→小 3 种已知管径的管道组成，共设有 6 个测压孔，测孔 1 ~ 3 和 4 ~ 6 分别测量突扩和突缩的局部阻力系数。

三、实验原理和公式

由于边界形状的急剧改变，水流就会与边界分离，出现旋涡以及水流流速不均匀分布，从而消耗一部分机械能。单位重量液体的能量损失就是水头损失。

边界形状的改变有水流断面的突然扩大或突然缩小、弯道及管路上安装阀门等。

如图 12-8 所示，以管轴线为基准面，在突扩前断面 1—1 和突扩后断面 2—2 列能量方程

$$z_1 + \frac{p_1}{\gamma} + \frac{\alpha_1 v_1^2}{2g} = z_2 + \frac{p_2}{\gamma} + \frac{\alpha_2 v_2^2}{2g} + h_w$$

$z_1 = z_2$(因为仪器水平放置)，并令 $\alpha_1 = \alpha_2 = 1.0$，由于断面 1—1 与断面 2—2 相距较近，沿程水头损失可不计，则

$$h_j = (\frac{p_1}{\gamma} + \frac{\alpha_1 v_1^2}{2g}) - (\frac{p_2}{\gamma} + \frac{\alpha_2 v_2^2}{2g})$$

局部水头损失

$$h_j = \zeta \frac{v^2}{2g}$$

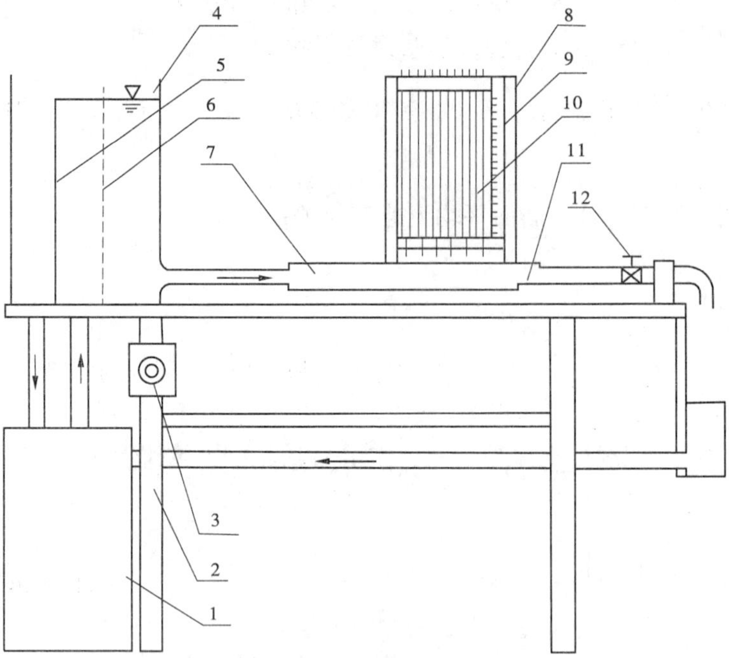

图 12-7　局部阻力系数实验装置

1—自循环供水器；2—实验台；3—可控硅无级量速器；4—恒定水箱；
5—溢流板；6—稳水孔板；7—突然扩大实验管段；8—测压计；9—滑动测量尺；
10—测压管；11—突然收缩实验管段；12—实验流量调节阀

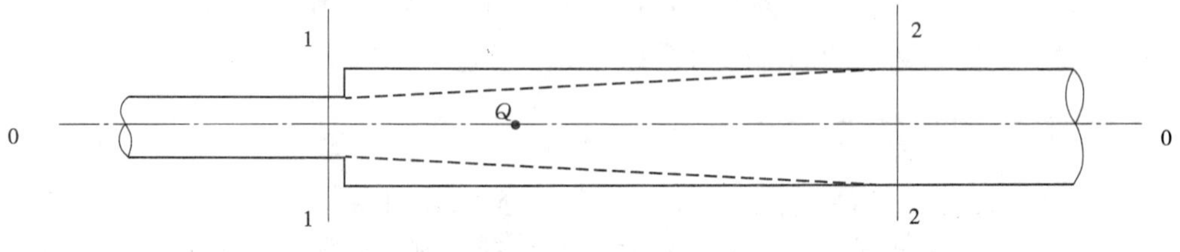

图 12-8

$$\zeta = \frac{h_j \times 2g}{v^2}$$

式中　ζ——局部水头损失系数。

管道局部水头损失目前仅有突然扩大可采用理论分析，并可得出足够精确的结果。其他情况则需要用实验方法测定 ζ 值。突然扩大的局部水头损失可应用动量方程与能量方程及连续方程联合求解得到如下公式

$$h_j = \zeta_2 \frac{v_2^2}{2g}, \quad \zeta_2 = \left(\frac{A_2}{A_1} - 1\right)^2$$

$$h_j = \zeta_1 \frac{v_1^2}{2g}, \quad \zeta_1 = \left(1 - \frac{A_1}{A_2}\right)^2$$

式中　A_1 和 v_1——突然扩大上游管段的断面面积和平均流速；
　　A_2 和 v_2——突然扩大下游管段的断面面积和平均流速。

实验所得 ζ 值，可与理论导出的突然扩大阻力系数 $\xi_{扩大} = (1 - \frac{A_1}{A_2})^2$ 和借助经验而得出的突然缩小阻力系数 $\xi_{缩小} = 0.5(1 - \frac{A_1}{A_2})$ 进行比较。

四、实验步骤和方法

(1)熟悉仪器，记录有关常数。

(2)打开电子调速器开关，使恒压水箱充水，排出实验管道中的滞留气体。待水箱溢流后，检查溢流阀全关时各测压管液面是否齐平，若不齐平，则需排气调平。

(3)慢慢打开流量调节阀 12 至最大开度，待水流稳定后，正确读出并记录突然扩大或突然缩小处前后渐变流断面测压管上的水面读数，水面波动时取均值。

(4)用体积法测量管道流量。

(5)改变流量调节阀 12 开度 3 ~ 4 次，分别测记测压管水面读数和测量实验流量。

五、实验报告

1. 实验原始记录

实验装置台号：NO. ____________

(1)突然扩大记录。

圆管直径 d_1 = ____________ cm，d_2 = ____________ cm。

(2)突然收缩记录。

圆管直径 d_1 = ____________ cm，d_2 = ____________ cm。

2. 记录及计算

见表 12-9、表 12-10。

3. 实验结果分析

(1)将实测的局部水头损失系数与理论计算值进行比较，试分析产生误差的原因。

(2)如不忽略管段的沿程水头损失 h_j，所测出的 ζ 值比实际的 ζ 值偏大还是偏小？在使用此值时是否可靠？

表 12-9　突然扩大记录与计算

实验测次	水体积 V (cm^3)	时间 T (s)	流量 Q (cm^3/s)	断面Ⅰ					断面Ⅱ					局部损失 h_j (cm)	阻力系数	
				测压管高度 h_1 (cm)	A_1 (cm^2)	v_1 (cm/s)	$\frac{v_1^2}{2g}$ (cm)	$h_1+\frac{v_1^2}{2g}$ (cm)	测压管高度 h_2 (cm)	A_2 (cm^2)	v_2 (cm/s)	$\frac{v_2}{2g}$ (cm)	$h_2+\frac{v_2^2}{2g}$ (cm)		实测 $\zeta_{扩}$	理论 $\zeta_{扩}$
1																
2																
3																
4																

表 12-10　突然收缩记录与计算

实验测次	水体积 V (cm^3)	时间 T (s)	流量 Q (cm^3/s)	断面Ⅰ					断面Ⅱ					局部损失 h_j (cm)	阻力系数	
				测压管高度 h_1 (cm)	A_1 (cm^2)	v_1 (cm/s)	$\frac{v_1^2}{2g}$ (cm)	$h_1+\frac{v_1^2}{2g}$ (cm)	测压管高度 h_2 (cm)	A_2 (cm^2)	v_2 (cm/s)	$\frac{v_2^2}{2g}$ (cm)	$h_2+\frac{v_2^2}{2g}$ (cm)		实测 $\zeta_{缩}$	理论 $\zeta_{缩}$
1																
2																
3																
4																

实验六　非均匀流的基本水力现象演示实验

一、实验目的和要求

(1)观察在不同底坡情况下矩形明槽中非均匀渐变流的水面曲线,掌握12种水面曲线的产生条件。

(2)熟悉明槽恒定渐变流12条水面曲线的变化规律;加深非均匀渐变流的水面曲线的感性认识。

二、实验仪器设备

多功能变坡实验水槽,如图12-9所示。

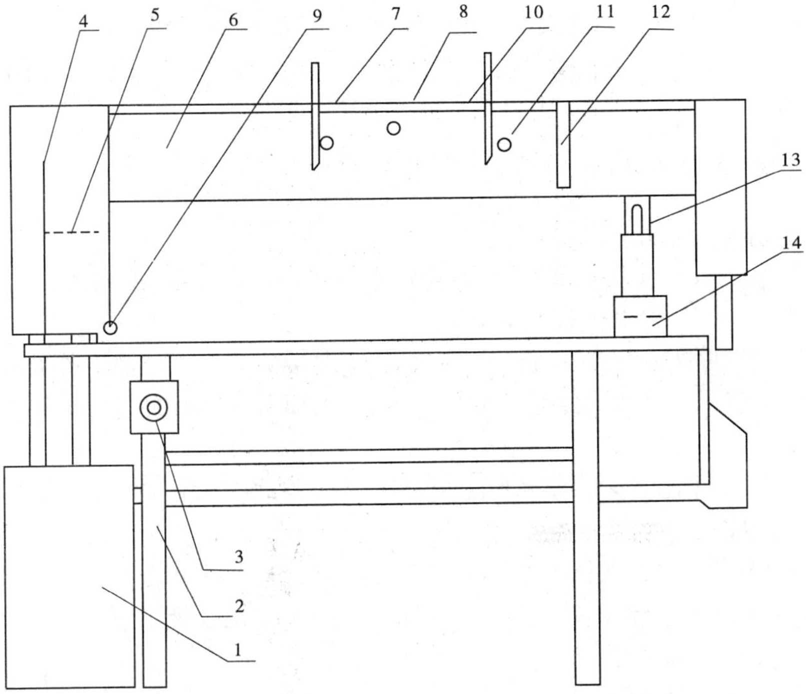

图12-9　多功能变坡实验水槽

1—自循环供水器;2—实验台;3—可控硅无级调速器;4—溢流板;5—稳水孔板;6—变坡水槽;7—闸板;8—底坡水准泡;9—变坡轴承;10—长度标尺;11—闸板锁紧轮;12—垂向滑尺;13—带标尺的升降杆;14—升降机构

三、实验原理和公式

12种水面线分别产生于5种不同的底坡,因此,必须先确定底坡性质,其中需确定的也是最关键的是底坡为平坡还是临界坡。

在流量保持不变的情况下，明槽临界流时的水深为

$$h_k = \sqrt[3]{\frac{\alpha q^2}{g}}$$

此时临界坡为

$$i = \frac{g\chi_k}{aC_k^2 B_k}$$

$$\chi_k = B_k + 2h_k$$

$$C_k = \frac{1}{n} R_k^{\frac{1}{6}}$$

$$R_k = \frac{B_k h_k}{B_k + 2h_k}$$

式中 χ_k、C_k、B_k、h_k、R_k——明槽临界流时的湿周、谢才系数、槽宽、水深和水力半径；

n——糙率。

临界坡确定后，保持流量不变，改变渠槽底坡，就可形成陡坡（$i>i_k$）、缓坡（$0<i<i_k$）、平坡（$i=0$）和逆坡（$i<0$），分别在不同坡度下调节闸板开度，则可得到不同型式的水面曲线。

四、实验步骤和方法

（1）熟悉仪器，记录有关常数；

（2）开启进水阀门，使供水流量最大，待稳定后测量过槽流量，重测两次取平均值；

（3）计算临界水深 h_k 及临界底坡 i_k 值；

（4）操纵升降机构至所需的高程读数，使槽底坡度 $i=i_k$，观察槽中临界流（均匀流）时的水面曲线，然后插入闸门 2，观察闸前和闸后出现的 a_3、c_3 型曲线，并将曲线绘于记录纸上；

（5）调整升降机构使 $i>i_k$，使底坡尽量陡些，插入闸板 2，调节开度，使渠道上同时出现 a_2、b_2、c_2 水面曲线，并绘于记录纸上；

（6）操纵升降机构，使槽中分别出现 $0<i<i_k$（使底坡尽量接近于 0）、$i=0$、$i<0$，插入闸板 1，调节开度，使槽分别出现相应的水面曲线，并绘在记录纸上（缓坡时，闸板 1 开启适度，能同时呈现 a_1、b_1、c_1 型水面线）；

（7）实验结束，关闭水泵。

五、实验报告

1. 实验原始记录

$B=$ ____________ cm，$n=$ ____________，$L_0=$ ____________ cm（两支点间距）。

2. 测量数据记录及计算

测量数据记录及计算见表 12-11、表 12-12。

表 12-11　数据记录

水体积 $V(cm^3)$			
时间 $t(s)$			
流量 $Q(cm^3/s)$			

表 12-12　临界底坡计算

$\nabla_z =$ ______________ cm

$Q(m^3/s)$	$b_k(m)$	$A_k(m^2)$	$\chi_k(m)$	$R_k(m)$	$C_k(m^{0.5}/s)$	$B_k(m)$	i_k

3. 定性绘制水面曲线，并注明线型于图上

4. 实验结果分析

（1）当改变水槽中的流量 Q 时，i_k 和 h_k 的数值将如何变化，水面曲线的形式是否也发生变化？

（2）流量 Q 不变时，水面曲线的变化与哪些因素有关？

附录Ⅰ 梯形、矩形、圆形断面渠道中临界水深h_k求解图

(长度以m计，流量Q以m^3/s计)

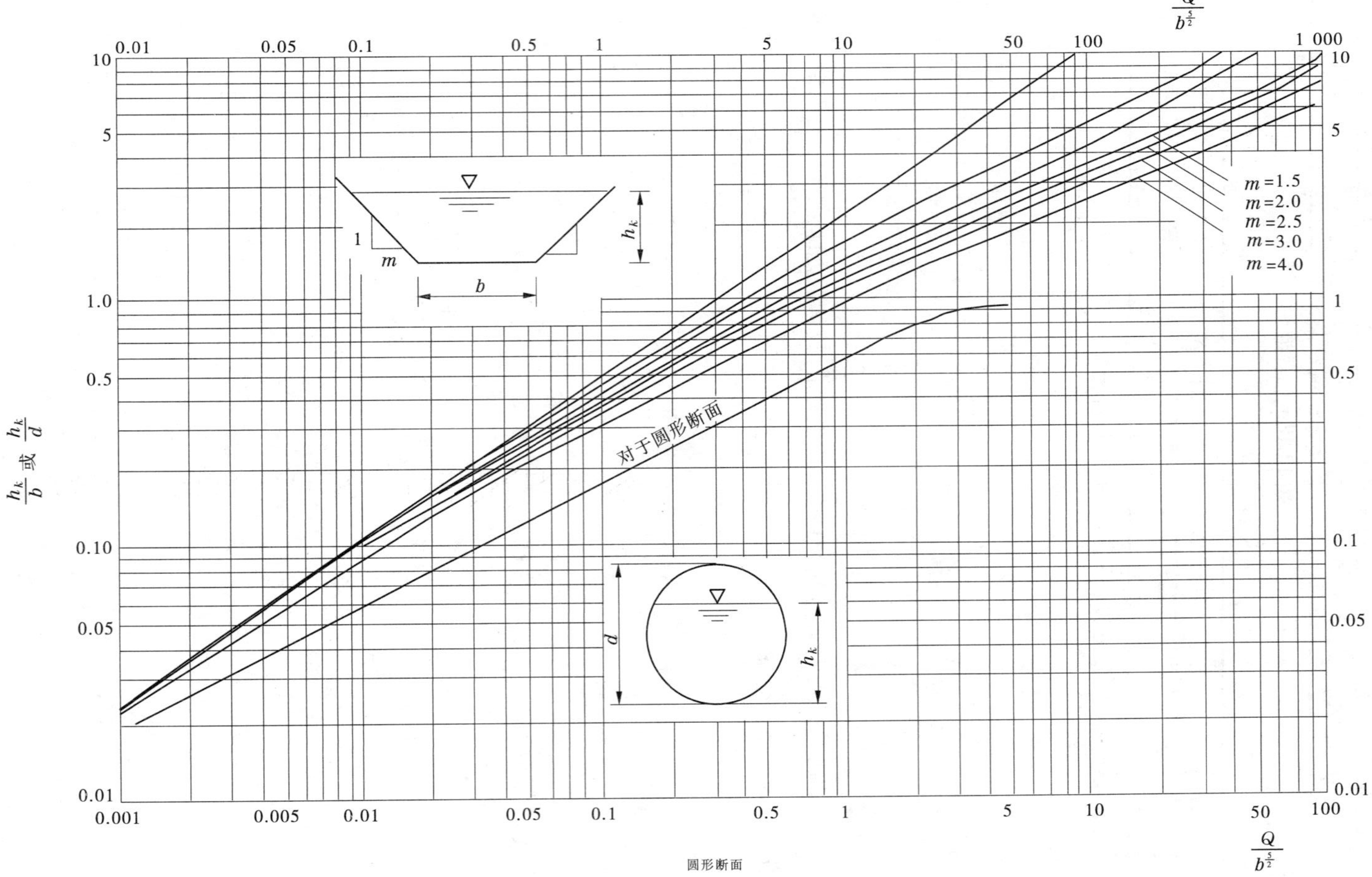

附录Ⅱ 矩形渠道收缩断面水深及水跃共轭水深求解图

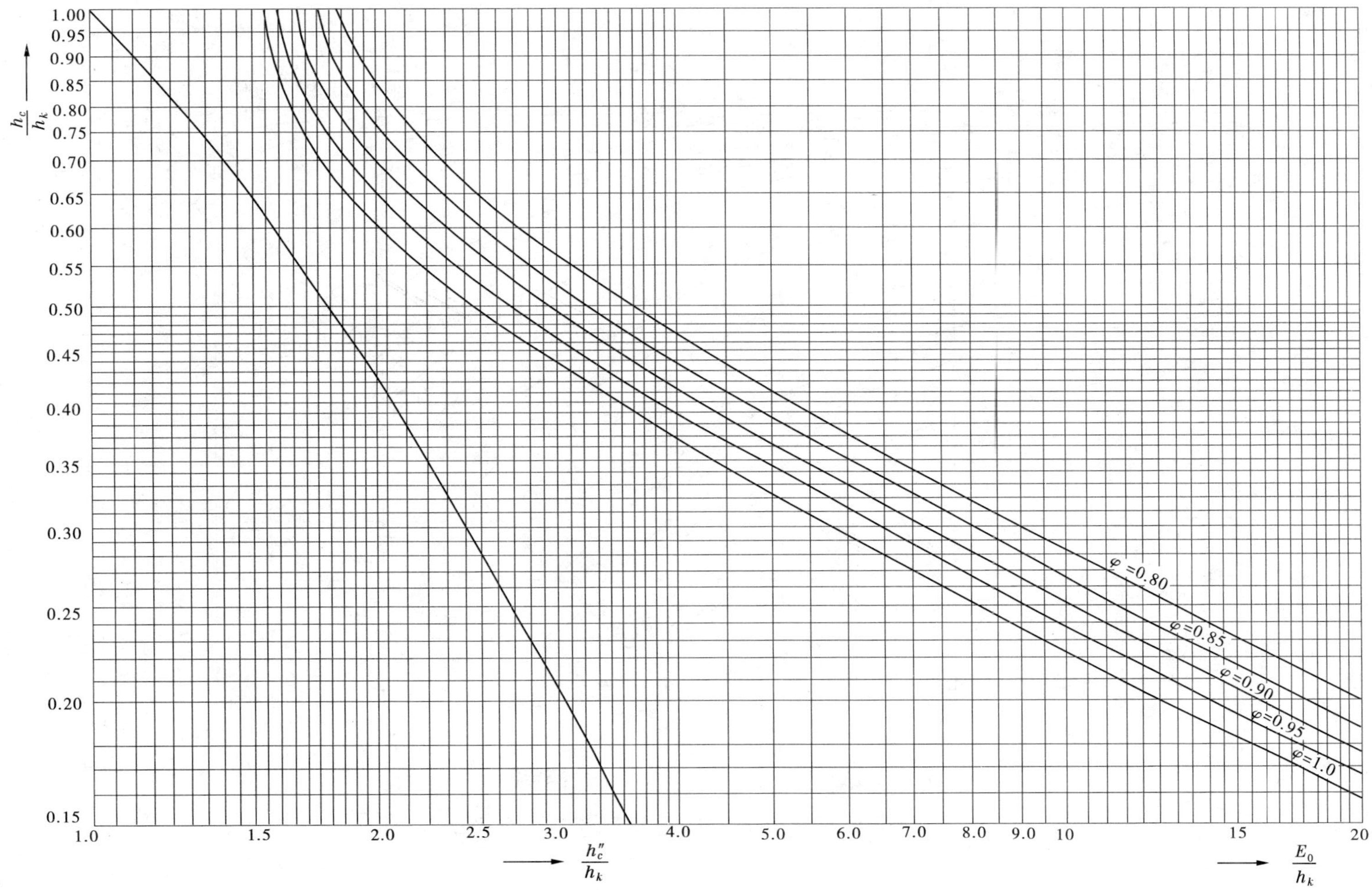

附录Ⅲ 无压圆涵管水跃共轭水深求解图

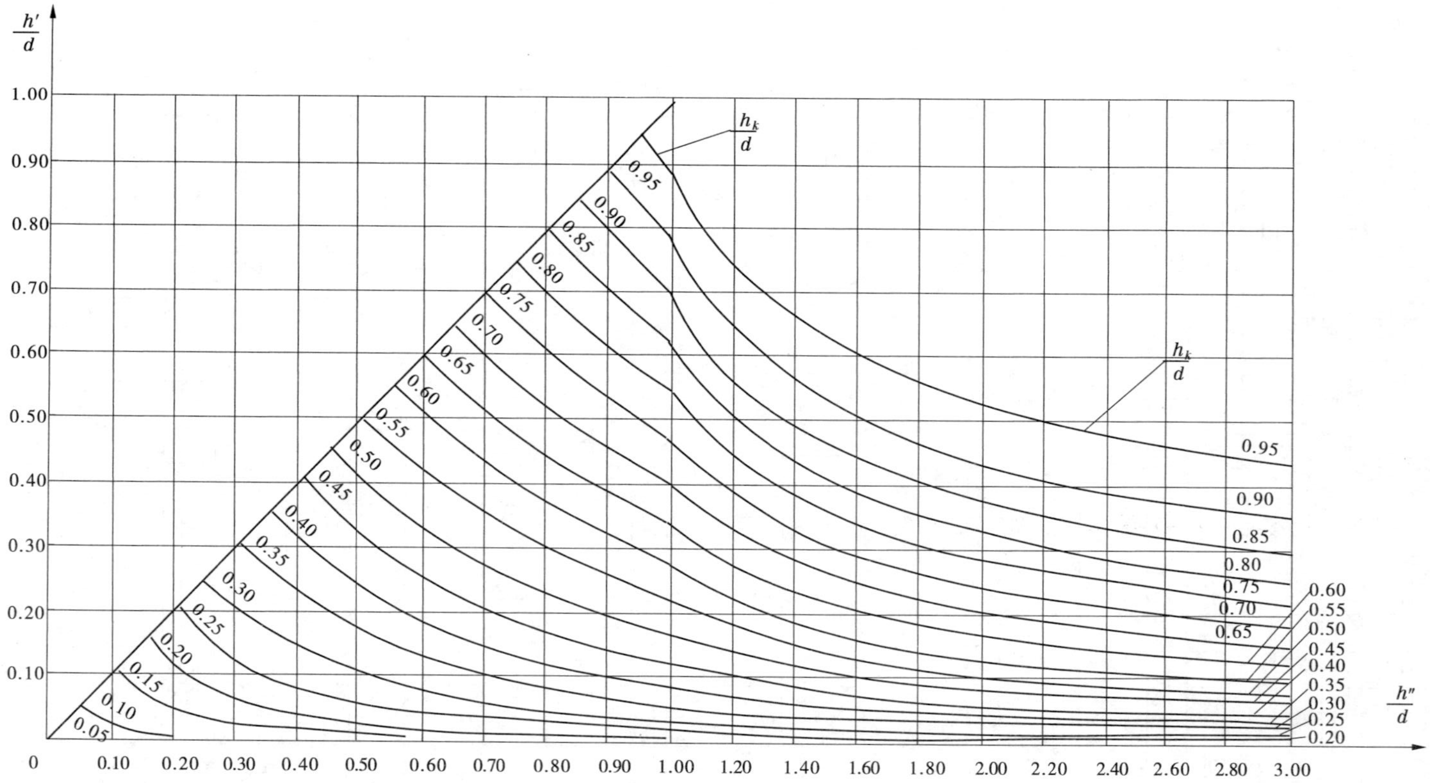

参考文献

[1] 叶振国. 水力学及桥涵水文[M]. 北京:人民交通出版社,2001.
[2] 俞高明. 桥涵水力水文[M]. 北京:人民交通出版社,2005.
[3] 朱岐武. 水文与水利水电规划[M]. 郑州:黄河水利出版社,2002.
[4] 崔振才. 水文及水利水电规划[M]. 北京:中国水利水电出版社,2007.
[5] 俞高明. 桥涵水力水文[M]. 北京:人民交通出版社,2002.
[6] 高冬光. 桥涵水文[M]. 北京:人民交通出版社,2006.
[7] 薛安顺,陈秋玲,等. 公路小桥涵勘测设计与实例[M]. 北京:人民交通出版社,2006.
[8] 舒国明. 桥涵水力水文[M]. 第2版. 北京:人民交通出版社,2005.
[9] 孙家驷. 公路小桥涵勘测设计. 第3版. 北京:人民交通出版社,2004.
[10] 交通部. 公路桥涵设计通用规范. JTG D60—2004. 北京:人民交通出版社,2004.
[11] 向华球. 水力学[M]. 北京:人民交通出版社,1993.
[12] 吴英辉. 桥涵水力水文[M]. 北京:人民交通出版社,1998.
[13] 叶振国. 土木工程水力学原理及习题解法指南[M]. 北京:人民交通出版社,2002.
[14] 浙江大学水力学实验室. 水力学实验指导书[M]. 2002. 1.
[15] 重庆交通学院水力学实验室. 水力学 工程流体力学实验指导书[M]. 2006. 1.